교육심리학 ^{5판}

Educational Psychology

신명희 강소연 김은경 김정민 노원경 서은희 송수지 원영실 임호용 공저

학지사

5판 머리말

시대적 환경 변화에 따라 교육현장에도 변화의 바람이 불기 시작했다. 그간 온라인 기반의 교수·학습은 보조적 역할이나 특정 상황에서만 이루어지는 것으로 인식되었는데 이제는 온라인과 오프라인 교수·학습에 대한 경계가 불분명해졌다. 이러한 변화에 교수자나 학습자는 어떤 태도를 갖고 어떻게 대처해야 할까? 이 물음에 대한 답을 찾는 데 교육심리학이 많은 도움이 될 것이다.

교육현장에서 발생할 수 있는 다양한 상황 속에서 교수자와 학습자의 심리를 연구하고 이해하는 교육심리학은 보다 좋은 교육을 위해 고민하고 노력하는 교사와 예비교사, 나아가 교육에 관심 있는 모든 사람에게 유용한 학문이다. 저자들은 교육심리학에 대한 정확한 이해를 돕고, 다양한 교육심리학 이론을 교육현장에 적용할 수 있도록 이끌어 주는 교재를 만들고자 2010년 2월에 이 책을 처음 출간하였다. 이후 교육심리학에서의 새로운 연구 결과와 동향, 그리고 다양한 피드백을 반영하는 등 여러 번의 개정을 거쳐 책의 완성도를 높이고자 노력하였다. 이번 5판 역시 이러한 개정 의도와 같은 맥락에서 진행되었다.

이 책은 총 4부 16장으로 구성되었다. 도입 부분인 제1장 교육심리학의 기초에서는 교육심리학의 학문적 성격과 연구방법을 다루었다. 제1부는 학습자에 대한 이해 영역으로, 발달 및 개인차 이론으로 구성되었다. 발달 관련으로는 인지발달, 성격 및 사회성 발달, 도덕성 발달 이론을, 개인차 관련으로는 지능, 창의성, 특수학습자, 학습자의 다양성을 다루었다. 제2부는 교수 및 학습에 대한 이해 영역으로, 행동주의 학습이론, 인지주의 학습이론, 동기화, 교수·학습이론 및 교수방법 등 교수·학습에 시사점을 주는 주요 이론에 대해 살펴보았다. 제3부는 교수자에 대한 이해 영역으로, 교사의 자질, 학급운영 방법 등 교사가 갖추어야 할 전문성에 대해 논의를 전개하였고, 나아가 교사에게 실질적인 도움을 줄 수 있는 생활지도 방법 및 상담이론을 제시하였다. 제4부는 평가에 대한 이해 영역으로, 학습자의 다양한 측면을 측정·검사·평가하는 데 필요한 이론과 방법, 그리고 표준화 검사에 대한 이해와 대표적인 표준화 검사 등 교육평가와 관련하여 교사가 알아야 할 실질적인 내용을 개괄하였다. 각 장마다 교육심리학의 주요 이론과 함께 교육적 시사점을 다루어 실제 교육현장에서 발생하는 문제를 해결하는 데 도움을 줄 수 있도록 하였다.

각 장의 집필자로 제1장은 신명희, 제1부의 인지발달은 서은희, 성격 및 사회성 발달과 도덕성 발달은 김은경, 지능은 원영실, 창의성은 강소연, 특수학습자는 원영실과 김정민, 학습자의 다양성은 김정민이 집필하였다. 제2부의 행동주의 학습이론은 송수지, 인지주의 학습이론은 서은희, 동기화는 김은경과 원영실, 교수·학습이론 및 교수방법은 노원경, 김은경, 서은희가 집필하였다. 제3부의 교사의 자질과 학급운영, 생활지도 및 상담은 노원경, 제4부의 교육평가와 표준화 검사는 임호용이 집필하였다. 각 장별로 집필자가 있으나, 저자 모두가 윤독 및 윤문을 함께하며 책의 구성과 세부 내용에 대해 검토하고 결정하였다.

5판에서 가장 큰 변화가 있는 부분은 제5장 지능과 제12장 교수·학습이론 및 교수방법이다. 우선, 제5장에서의 변화는 좀 더 쉽게 지능을 이해할 수 있도록 지능이론을 일반요인이론, 다요인이론, 위계지능이론, 삼원지능이론, 다중지능이론으로 체계화하여 재구성하였다는 점이다. 이에 따라 각 이론을 설명해 주는 그림을 추가하였고 그에 대한 설명을 보완하였다. 제12장에서의 변화는 학습자의 능동적이고 적극적인 역할에 초점을 둔 구성주의 학습이론을 추가하였고 학교현장에서의 시사점에 대해 기술하였다. 그 밖에 제3장 성격 및 사회성 발달에서 각 성격발달 이론의 시사점 및 비판점을 수정·보완하였고, 제6장 창의성에서는 구성을 재배치하고 몇 가지의 창의성 검사가 추가되었다. 제7장 특수학습자 중 영재교육 부분에서 어린 연령대의 추정 영재에게서 발견되는 과흥분성을 추가하여 설명하였고, 우리나라 교사 관찰추천제의 내용을 간결하게 서술하였다. 또한 특수교육에서는 자폐 범주성 장애가 추가되었다. 제8장 학습자의 다양성에서는 다문화 부분을, 제10장 인지주의 학습이론에서는 초인지 부분을 수정 및 보완하였다. 제16장 표준화 검사에서는 대표적인 표준화 검사의 최신판을 소개하였다.

　5판 개정판을 출간하기까지 많은 이의 노고가 있었다. 우선, 이 책을 개정하는 데 도움을 주신 학지사 김진환 사장님과 한승희 부장님, 그리고 편집과정에서 수고하신 관계자 분들에게 진심으로 감사의 인사를 올린다. 이번 5판 개정을 준비하면서 저자 모두가 한자리에 함께 모여 윤독 및 윤문할 수 있는 시간이 얼마나 소중하고 감사한 일인지 깨달았다. 건강한 모습으로 모일 수 있음에 저자들에게 고마움을 전한다. 특히 저자 모두가 존경하는 은사이신 신명희 교수님의 가르침과 지도로 이 책을 집필하고 지속적으로 개정을 할 수 있었기에 5판 출간을 앞두고 교수님께 다시 한번 진심으로 감사드린다. 교수님께서는 학문에 대한 깊은 통찰과 열정으로 제자들에게 항상 지적 자극을 주고 한 걸음 더 나갈 수 있도록 이끌어 주시는 참된 교육자의 역할을 몸소 보여 주셨고 제자들의 마음과 기억 속에 오래 간직될 것이다. 언제나 그 자리에서 서로에게 힘이 되어 주고 격려해 주는 저자 모두에게 건강과 행복이 가득하길 희망한다.

2023년 4월
저자 일동

대부분의 대학에서 '교육심리학' 강좌가 개설되고 있으며, 많은 학생들이 심리학이나 교육학의 특별한 기초 지식 없이 교육심리학을 접하고 있다. 그동안 교육심리학을 가르치면서 학생들이 교육심리학에 흥미를 가지고 쉽게 이해할 수 있게 도와주는 교재가 필요하다는 점에 여러 동료들이 의견을 같이하게 되면서, 이 책을 기획하게 되었다. 이 책은 교육학을 전공으로 하는 대학생 및 대학원생과 교직과목을 이수하는 학생, 그리고 현직 교사를 포함한 교육과 학습에 관심이 있는 사람들에게 폭넓게 활용될 수 있도록 교육심리학에 대한 기본 개념을 설명하고 교육심리학적 지식이 교육현장에서 활용될 수 있도록 돕는 내용을 담고 있다.

이 책은 4부 15장으로 구성되어 있다. 도입 부분인 1장은 교육심리학의 기초로 교육심리학의 학문적 성격과 연구방법을 다룬다. 제1부는 학습자에 대한 이해로 인지발달, 성격 및 사회성 발달, 도덕성 발달, 지능, 창의성, 특수학습자, 학습자의 다양성 등 발달과 개인차에 대하여 설명한다. 제2부는 교수-학습과정에 대한 이해로 행동주의 학습이론, 인지주의 학습이론, 수업이론, 동기 등 교수활동에 중요한 시사점을 주는 이론을 다룬다. 제3부는 교수자에 대한 이해로 교사의 자질과 학급경영, 생활지도 및 상담이론을 통해서 유능한 교사, 숙련된 교사는 어떤 특성을 가진 사람이며, 실제 교육현장에서 교사가 해야 한 일은 무엇인지에 대해 살펴본다. 제4부는 평가로서 다양한 검사와 성적 평가 동에 대해 개괄해 본다. 각 장마다 교육심리학의 이론과 함께 교육적 시사점을 다루어 실제 교육현장에서 발생하는 문제를 해결하는 데 도움을 줄 수 있도록 하였다.

올해는 신명희 교수님께서 연세대학교 교육학과에서 봉직하신 지 20년이 되는 해다. 교수님의 20년 봉직을 기념하여 교수님의 가르침을 받아 박사학위를 받은 제자들이 교수님을 모시고 책을 집필하게 되어 매우 뜻깊다. 우리는 이 책의 집필을 계기로 하여 자주 만나 따뜻한 정을 나눌 수 있었고, 교육심리학에 대한 이해를 더욱 깊이 할 수 있었다. 각자 시간에 쫓기면서도 맡은 역할을 성실히 수행해 준 저자 모두에게 고마움을 전하고 싶다.

이 책은 장별로 각 저자가 분담 집필하였으며 신명희는 1장, 강소연은 6장, 김은경은 3장, 4장, 김정민은 7장, 8장, 노원경은 12장, 13장, 14장, 박성은은 15장, 서은희는 2장, 10장, 원영실은 5장, 7장, 11장, 황은영은 9장을 맡았다. 이 책을 내는 데 처음부터 끝까지 기꺼이 도움을 아끼지 않은 박사과정의 이미진 양에게 저자 모두 고마운 마음을 전한다. 끝으로 이 책의 출간을 흔쾌히 맡아 주신 학지사 김진환 사장님과 최임배 상무님, 그리고 편집과정에서 수고해 주신 관계자 여러분께 감사드린다.

더 좋은 책을 집필하기 위해 저자 모두 최선을 다했으나 그럼에도 남아 있는 부족한 점은 앞으로 개정판을 준비하면서 수정, 보완해 나가도록 하겠다. 이 책을 통하여 교육심리학을 접하는 사람들이 교육심리학에 관하여 더욱 정확한 이해를 갖게 되기 바란다.

2010년 2월
저자 일동

차례

제1부

학습자의 이해

제2장 인지발달 • 35

제3장 성격 및 사회성 발달 • 63

제4장 도덕성 발달 • 93

제5장 지능 • 113

제2부

교수 · 학습의 이해

제9장 행동주의 학습이론 • 207

제10장 인지주의 학습이론 • 243

제16장　표준화 검사 • 425

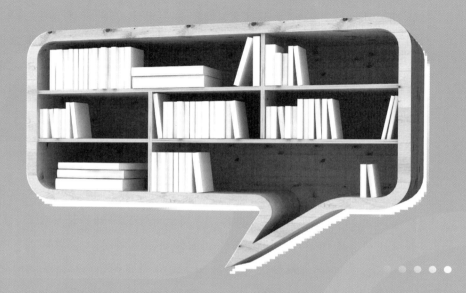

제1장

교육심리학의 기초

교육을 '백년지계(百年之計)'라고 한다. 이 말은 곧 교육이 그 사회의 미래를 만 듦을 뜻한다. 더 나은 내일을 만들기 위하여 우리는 오늘 더 좋은 교육을 하기 위한 끊임없는 노력을 한다. 교육심리학은 좋은 교사, 좋은 학생, 좋은 교육방안을 연구하여 더 나은 교육을 만들어 나가려는 학문이며, 교사가 유능한 교육 전문가로서의 역할을 잘 수행할 수 있도록 효율적인 도구를 제공하는 학문이다.

1. 교육 전문가로서의 교사

가르치는 교사와 배우는 학생의 상호작용이 교육이라면, 교사는 교육의 집행을 맡고 있는 핵심 주체이다. 교육 전문가로서의 교사의 전문성과 그 전문성이 학생의 학습에 미치는 효과에 대한 지대한 학문적 관심은 '교육의 질은 곧 교사의 질'이라는 말로 표현된다. 교사의 전문적인 자질은 다양하게 논의될 수 있지만, 대개는 가르치는 영역의 전공지식과 가르치고 배우는 과정에 관한 전문지식, 그리고 학습자에 대한 헌신적 소명감으로 정리된다. 유능한 교사는 학습자에 대한 소명감과 열정을 가지고 학생의 특성을 잘 이해하며, 풍부한 전공영역의 지식을 능숙하게 전수하고, 교육상황에서 일어나는 모든 문제를 해결하기 위하여 자신의 지식과 경험을 효율적으로 사용하는 교육 전문가이다.

1) 전공에 관한 지식

교사가 첫 번째로 갖추어야 하는 것은 풍부한 전공영역의 지식이다. 어떤 주제를 충분히 이해하지 못한다면 그것을 잘 가르치는 것 역시 어렵다. 이러한 자기 확신의 명제는 교사의 지식과 교수행위의 관계를 조사한 연구들(Bransford, Derry, Berliner, Hammerness, & Beckett, 2005; Darling-Hammond & Baratz-Snowdon, 2005; Shulman, 1986)에 잘 정리되어 있다. 지식을 체계적으로 조직하고 효율적으로 전달할 수 있는 통찰력과 융통성은 그 주제에 관하여 깊이 이해하고 폭넓은 지식을 가지고 있을 때 가능해진다.

2) 교육에 관한 지식

가르치는 일에 교사의 전공지식은 필요조건이지만 충분조건은 아니다. 많이 아는 것과 잘 가르치는 것은 다르다. 이런 현상은 특히 대학교수에게서 흔히 나타나는데, 전공분야에서 괄목할 만한 연구업적을 가지고 있는 사람이 가르치는 일에는 매우 서툰 경우가 종종 있다. 즉, 전공지식과 교육에 관한 전문지식은 밀접한 관계가 있지만 완전히 같은 것은 아니다.

교육에 관한 지식이란 어떻게 가르칠 것인가(교수방법)에 관한 지식, 학생의 특성을 이해하는 것에 관한 지식, 학습과 학습방법에 관한 지식, 학습동기를 향상하는 방법에 관한 지식, 교실에서 학생을 관리하는 방법에 관한 지식, 평가를 계획하고 시행하는 방법에 관한 지식 등과 같이 교수와 학습과정에 관련된 지식을 말한다. 아무리 풍부한 전공지식을 가지고 있어도 그것을 어떤 학생에게, 어떤 방법으로, 언제, 어떻게 제시하여, 어떻게 배우게 할 것인지를 알지 못한다면 유능한 교사가 되기 어렵다.

3) 학습자에 대한 헌신적 소명감

풍부한 전공지식과 교육에 관한 전문지식을 갖추는 것만으로 유능한 교사로서의 자질이 완성되는 것은 아니다. 가르치는 일과 학생에 대한 끊임없는 열정과 소명의식이 없다면 결코 유능한 교사가 될 수 없다. 학습자에 대한 헌신적 소명감이야말로 훌륭한 교육 전문가를 만드는 기본 자질이다. 교사의 과업은 아침부터 저녁까지 교실에 앉아 있는 것이 아니라, 학생을 하나의 온전한 인격체로 바라보고 이해하는 것이다. 좋은 교사는 자신의 일을 단순히 직업으로 보기보다 소명으로 생각한다. 교육에 대한 소명의식은 곧 학생을 위한 전문적인 배려로 나타난다. 깊은 관심과 뜨거운 열정으로 학생을 대하고, 학생의 특성을 잘 이해하여 지도하며, 학습동기를 유발하여 자발적인 학습참여를 유도한다. 또한 효율적인 교육방안을 끊임없이 연구하고 시도하며 학생의 성취와 발전에 모든 노력을 기울인다.

교육에 열정과 소명의식을 가진 교사는 당연히 좋은 교육자, 유능한 교사가 되기를 원한다. 그렇다면 어떻게 해야 유능한 교사가 될 수 있을까?

유능한 교사가 되는 하나의 방법은 경험을 통하여 실전의 지혜를 획득하는 것이다. 그러나 경험이 모든 것을 해결해 주지는 않는다. 수년 혹은 많게는 수십년의 교사 경험을 했음에도 여전히 갈등을 느끼며 어려움을 겪는, 유능한 교사로 평가받지 못하는 많은 교사가 있다. 그뿐 아니라 사명감과 열정을 가지고 교직에 들어서는 많은 초임교사에게 경험을 쌓다 보면 유능한 교사가 되니 마냥 기다리라고만 할 수도 없다.

또 다른 방법은 교육심리학의 다양한 연구를 이용하는 것이다. 교육심리학자들은 교육현장에서 벌어지는 수많은 문제에 대한 답을 찾기 위하여 연구를 하고, 그 연구의 결과물을 축적하여 교사를 위한 교육지식을 구축한다. 교육심리학은 교사가 하루빨리 유능한 교육 전문가로 발전하는 데 필요한 지식을 제공한다.

"가르치는 일의 작은 기쁨들은 셀 수도 없다."

2. 교육심리학의 성격

1) 교육심리학의 정체성과 정의

교육심리학의 학문적 정체성은 심리학과 교육학의 사이에서 끊임없이 논의되어 왔다. 심리학이 인간의 생각과 행동을 과학적인 방법으로 연구하는 학문이라면, 교육학은 가르치고 배우는 과정을 통하여 인간을 완성해 가는 실천적인 학문이라 할 수 있다. 심리학과 교육학의 학문적인 목적과 관심의 차이를 정리해 보면 다음과 같다(이성진, 1996). 첫째, 심리학은 인간행동에 대한 보편적 원리와 법칙을 확립하는 데 목적이 있는 반면, 교육학은 개별 학습자의 특성을 변화시키는 데 그 목적이 있다. 둘째, 보편적인 법칙을 확립하고자 하는 심리학은 그 방법에서 정밀성과 경제성을 중요시하지만, 교육학은 정밀성과 경제성이 떨어지더라도 학습자의 행동에 의미 있는 변화를 일으키는 변인에 관심을 가지고 생태학적 타당성(ecological validity)을 중요시한다. 셋째, 일반적으로 심리학은 가치중립적이고 기술적(descriptive)인 반면, 교육학은 가치지향적이며 처방적(prescriptive)이다. 넷째, 심리학의 이론과 법칙이 주로 통제된 실험실에서 확립된다면, 교육학은 예측 불가능한 교실상황 혹은 교육현장에서 일어나는 과정에 기초한다.

일반적인 법칙을 발견하는 것을 목적으로 하는 심리학은 인간의 여러 가지 행동에 대하여 기술하고 설명하며 예측하고자 하는 과학이다. 이와는 달리 교육학은 의학이나 법학, 경영학 등과 같이 그 최대의 관심을 실천에 두고 있다. 교육자들은 매일매일 실행의 현실에 부딪힌다. 실행의 세계에서는 과학적 연구가 부족하거나 없다고 해서 그대로 멈출 수가 없다. 예를 들어, 의사가 하던 수술을 연구가 부족하다고 멈추거나 교육자가 학교 문을 닫을 수는 없는 일이다.

교육현장을 이해하는 데 있어서 심리학의 역할은 중요하다. 인간이 어떻게 생각하고, 행동하며, 의사를 전달하고, 상호작용하고, 학습하는지에 대한 과학적인 연구들은 인간을 대상으로 하는 교육의 기본이 되며 학교교육을 효율적으로 하기 위해 필요한 내용들이다. 그러나 실험실에서 연구되는 학습의 원리와 예상하지 못한 문제가 언제나 일어날 수 있는 교실상황에서 학생들의 학습은 다른 문제일 수 있다. 즉, 학습에 관한 심리학의 일반적인 법칙은 학습과 교수(teaching)의 과정이 상호작용하는 교육현장에서는 전혀 다르게 나타날 수 있다. 따라서 교수와 학습이 하나의 집단행동으로 이해되고 연구되어야 하며, 이것이 바로 교육심리학이 관심을 가지는 부분이다.

교육심리학은 이론과 실천, 두 가지에 모두 관련되어 있는 학문이며, 그 다리를 놓는 학문이다. 교육심리학은 가르치고 배우는 과정과 관계된 인간의 생각과 행동을 과학적으로 연구한다. 즉, 교수·학습과정(teaching and learning process)에 관한 과학적인 이해를 통해 인간을 만들어 가는 교육에 대한 연구를 하는 것이 교육심리학이다.

교육심리학의 성격에 관한 논쟁의 핵심은 교육심리학이 심리학의 이론과 법칙을 교육 실제에 적용하는 심리학의 응용분야인지, 아니면 그 자체의 이론구조를 가진 독립적인 기초학문인지 하는 것이다. 그러나 많은 학자가 동의하는 일반적인 견해는 교육심리학이 심리학의 이론이나 방법을 교실과 학교에서 그대로 적용하는 응용학문이 아니라, 그 자체의 이론과 연구주제, 연구방법을 가진 독자적인 학문이라는 것이다.

Merle Wittrock(1992)은 "교육심리학은 그 근본 목적이 교육에 대한 이해와 개선이기 때문에 심리학과는 구별된다."라고 규정하였다. 그는 교육심리학을 일반심리학의 응용학문으로 규정하였을 때 제기되는 문제점으로 심리학의 이론 및 연구와 교육적인 적용을 분리하게 된다는 것을 지적한다. 이때 심리학의 이론과 연구가 우위를 차지하게 되고 대부분의 실험실 연구는 실제 교육의 상황과는 동떨어진 맥락에서 전개되기 때문에 교육심리학자들은 심리학의 부분적인 지식만 취하게 된다.

그런데 이런 이원론적 구분은 일반심리학의 이론 정립에 오히려 방해가 될 수 있다. 역사적으로 볼 때 학습과 측정, 개인차, 발달, 인지 등 많은 분야에서 교육심리학의 연구는 일반심리학의 발전에 지대한 공헌을 하였기 때문이다. 예를 들어, E. L. Thorndike의 학습에 관한 교육심리학 연구는 심리학의 학습이론 구축에 절대적인 공헌을 하였고, D. P. Ausubel의 유의미학습이나 J. S. Bruner의 발견학습과 같은 교육심리 연구는 심리학의 초기 인지모형의 성립에 중요한 역할을 하였다. 이와 같은 이유로 교육심리학을 단지 심리학의 응용학문이 아니라 독자적인 이론체제와 연구방법을 가진 독립적인 학문으로 보는 것이 더 타당하다고 하는 것이다. 독립적인 학문으로서 교육심리학의 핵심은 교수·학습과정을 이해하고 그 과정을 개선하는 방법을 개발하는 것이다.

이처럼 교육심리학은 교육현장에 내재하는 모든 심리적인 과정을 과학적으로 연구하는 학문이다. 교육심리학은 심리학의 이론과 방법을 적용하고 그 자체의 이론과 방법을 가진 교수·학습과정을 연구하는 학문으로 정의된다.

2) 교육심리학의 역할

교육현장에서 교사는 각양각색의 학생을 만나고, 해결이 필요한 수많은 문제에 부딪힌다. 수업을 거부하는 아이, 항상 공격적이고 적대적인 아이, 언제나 외톨이거나 혹은 집단 괴롭힘의 대상이 되는 아이, 자아존중감이 낮거나 자아개념이 부정적인 아이, 정상수업으로는 잠재력 개발이 어려운 학습장애나 정서장애아, 지적장애아 혹은 영재아 등 여러 유형의 학습자를 만난다. 그리고 이들에게 적용할 수업방안과 수업목표 설정, 학습의 동기화, 학습의 기억과 전이의 강화, 효율적인 학급운영, 공정하고 정확한 평가와 같은 지적 측면의 문제뿐만 아니라 바람직한 가치와 태도, 올바른 사회관계의 기술, 자아개념의 형성과 같은 정의적 측면의 교육문제에 이르기까지, 매일 부딪히고 해결해야 하는 많은 문제가 있다. 교실은 교사에게 언제나 새로운 도전이며, 하루에도 수십 번씩 복잡하고 분명하지 않은 상황에서 결정을 내려야 하는 실행의 장소이다. 한 조사연구에서는 교사가 하루에 800건의 결정을 해야 할 때도 있는 것으로 나타났다 (Jackson, 1968). 그런데 아무리 많은 결정 사항이 있어도 어느 누구도 이러한 결정에 도움을 주지 않으므로 교사는 오로지 스스로 해결하고 결정해야만 한다.

　직관이 뛰어나고 경험이 풍부한 교사라면 이와 같은 여러 유형의 문제상황을 잘 해결하고 적절한 결정을 내릴 수 있을 것이다. 그리고 경험이 적은 교사라고 하더라도 학습자에 대한 지식과 더불어 교수·학습에 대한 지식과 기술을 가지고 있다면 문제를 효과적으로 해결하고 바른 결정을 할 수 있을 것이다.

　공학자가 공학을 연구하고 행정가가 행정의 지식을 축적하듯이, 교육자는 교수와 학습, 학급운영의 이론과 기술에 친숙해져야 한다. 교사는 학습자의 심리를 이해해야 하며 학습과 동기에 대한 원리를 알아야 한다. 그뿐 아니라 교실 안에서 그 효율성을 극대화할 수 있는 과정을 알아야 한다. 유능한 외과의사라면 해부학, 생물학, 병리학은 물론 어디를 어떻게 절개해야 하는지도 잘 알아야 하는 것처럼, 유능한 교사라면 발달론, 학습론, 동기이론과 사회심리를 잘 파악하고 교실 안에서 학생들을 어떻게 동기화하고, 학습을 지도하며, 다루어야 하는지 알아야 한다. 의사가 특정한 병을 치료하는 다양한 방안과 각 방안의 효과와 경비 등을 알고 있듯이 교사는 교실에서 생기는 문제에 대한 다양한 해결방안과 그것이 학생의 학습, 동기, 수업에 어떠한 영향을 미치는지 알아야 한다. 교사는 가르친다는 일에 기술과 창의성을 가지고 그것을 적용할 수 있는 지적 기능인이어야 한다.

　교육심리학은 교사에게 이러한 교육의 문제를 다룰 수 있도록 효율적인 도구를 마련해 주고, 교육현상에 대한 통찰력을 제공하는 역할을 한다.

3) 교육심리학의 영역

교육에 대한 이해와 개선을 근본 목적으로 하고, 교수자에게 효율적인 도구를 마련해 주는 역할을 하는 교육심리학은 앞서 밝힌 바와 같이 단순히 교수·학습에 적용하기 위해 심리학에서 가져온 지식이거나 혹은 학교와 학습생활을 연구하기 위해 심리학적 방법을 적용한 심리학의 응용분야가 아니다. 교육심리학은 그 자체의 연구대상과 연구주제, 그리고 연구방법을 가진 독자적인 과학이며 다음과 같이 심리학과는 구별되는 고유한 연구영역을 가지고 있다.

- 인지수준, 성격, 사고유형 등의 개인차에 따른 교수방법의 조정
- 교실에서의 동기 유발과 운영의 원리
- 교사-학생 간 상호작용의 역동성
- 교실수업과 학습의 모형과 이론
- 교수와 평가에서 수업목표 설정과 사용을 위한 전략

이와 같은 교육심리학의 주제는 심리학과는 달리 가치를 지향하며, 실험실이 아닌 교육현장에서 연구되는 주제이다.

교육심리학의 주제를 영역별로 정리하면 다음과 같다. 이러한 영역은 이 책의 각 장에서 상세히 다룬다.

첫째, 교육의 대상인 학습자에 대한 이해이다. 학습자의 특성에 대한 올바른 이해가 없이는 효과적인 교육을 할 수 없다. 교육과 관련된 학습자의 특성은 지능, 창의성과 같은 인지적인 요인과 성격, 사회성, 도덕성과 같은 정의적인 요인이 있다. 학습자의 이해는 이러한 요인의 시기에 따른 발달적인 변화와 그 수준을 이해하는 측면과 더불어, 각각의 학습자가 지닌 개인차를 이해하는 측면으로 다루어진다.

교수자는 학습자가 무엇을 생각하고 어떻게 생각하는지 그 인지발달의 수준을 알아야 적합한 수업을 설계하고 교수방법을 선정할 수 있다. 또한 학습자에게 어떤 도움이 필요한지를 결정하기 위하여 학습자의 성격, 사회성, 도덕성의 발달에 관한 지식도 필요하다. 그뿐 아니라 교수자는 교실에서 아주 다양한 학

습자를 만나게 된다. 지능과 창의성의 개인차는 학업성취에 주요한 영향을 주는 변수이다. 학습자의 학습유형과 문화적 배경은 교수자와의 상호작용에 영향을 준다. 특히 특수아동의 존재는 초임교사에게 큰 도전이 된다. 최근 통합교육의 경향으로 거의 모든 교사에게 특수교육이 필요한 아동에 대한 이해와 지도방법의 습득이 필요해졌다.

둘째, 학습과 교수과정에 대한 이해이다. 학습이 어떻게 일어나는지에 대한 설명은 행동주의이론과 인지주의이론으로 나누어진다. 학생들의 행동을 다루는 교사는 행동주의 학습원리를 이해해야 한다. 이것은 학습자의 바람직한 행동은 증가시키고 바람직하지 못한 행동은 감소시키는 데 매우 유용하다. 인지주의 학습이론은 사고의 변화에 초점을 둔다. 학습하는 동안 정보를 처리하고 표상하는 것의 바탕이 되는 정신기제를 강조한다. 학습의 기제를 이해함으로써 학습과정에 영향을 주는 여러 가지 요인을 식별하고 효과적인 학습을 조정할 수 있는 통찰력을 갖게 된다. 효과적인 교실수업을 위한 교수이론과 다양한 교수방법에 대한 이해도 교육심리학의 주요 내용이다. 유능한 교사는 이러한 교수이론과 교수방법을 학습자의 개인차를 고려한 교실수업으로 어떻게 효율적으로 전개할 수 있는지를 알고 있다. 그러나 무엇보다도 학습자의 학습동기 유발은 교사에게 매우 중요한 과제이다. 교사가 아무리 훌륭한 교재와 수업을 준비하여도 학습자가 교사의 수업을 들을 마음이 전혀 없다면 학업성취는 이루어지지 않는다. 교사는 여러 유형과 다양한 연령의 학습자를 어떻게 동기화하여 성공적인 학업성취로 이끌 수 있는지를 알아야 한다.

셋째, 교수자에 대한 이해이다. 교육은 교육의 대상인 학습자와 교육의 주체인 교수자의 상호작용 과정이다. 학습자에 대한 이해 못지않게 교수자에 대한 이해 또한 중요하다. 교수자의 특성은 자신이 수행하는 다양한 교수활동과 관계될 뿐 아니라 학습자의 학업성취와 행동에도 영향력을 행사한다. 교수자의 학급경영능력과 더불어 교수자의 인성과 심리적 안정감, 교수효능감, 교수자의 기대 등과 같은 교수자의 자질은 학습자의 학업성취뿐 아니라 태도와 동기화에도 중대한 영향을 미친다.

마지막으로, 평가에 대한 이해이다. 평가는 학습목표의 달성을 측정할 뿐 아니라 앞으로의 학습목표를 설정하는 기반이 된다. 평가는 학습자의 동기와 학습을 증진하며, 교수자가 자신의 수업을 개선하는 데 도움을 준다. 교수자는 평가를 통해 수업목표의 달성을 확인하고, 교수·학습과정을 설계하는 데 피드백을 받을 수 있다. 학습자는 자신이 얼마나 배웠는지를 확인하고, 이는 학습자의 동기 유발에 영향을 준다.

학습자의 학업성취를 제대로 공정하게 측정하기 위하여 교사는 어떤 검사유형을 사용하고 어떻게 문항을 구성할 것인지, 좋은 검사란 어떤 검사인지, 표준화 검사는 어떤 것이며 어떤 종류가 있는지, 표준화 검사의 점수는 어떻게 해석하고 그 결과는 어떻게 활용할 수 있는지를 알아야 한다.

이상과 같이 교육심리학은 학습자, 교수·학습, 교수자, 평가를 중심으로 교육과 관련된 광범위한 영역에서 이론체계를 확립하고 그것을 실제 교실상황에 효과적으로 적용하기 위한 학문이라고 할 수 있다.

[그림 1-1] 교육심리학의 영역

3. 교육심리학의 연구방법

교육심리학자들이 겪는 어려움 중 하나는 대부분의 사람이 교육에 대하여 잘 알고 있다고 스스로 생각한다는 점이다. 교육은 어떤 분야보다도 우리의 생활에 더 광범위하게 밀착되어 있기 때문에 10여 년간의 학교생활에서 교사의 행동을 지켜보아 온 대부분의 성인은 너나없이 이미 아마추어 교육심리학자이다. 이런 이유로 교육심리학자들은 종종 '당연한 것'을 쓸데없이 연구한다는 비난을 받는다.

그러나 당연한 것이 항상 옳은 것은 아니다. 예를 들어, 사람들은 능력별 학급편성이 학생들의 능력 범위를 좁혀 교사가 더 효과적으로 가르칠 수 있게 하므로 학생들의 학업성취가 높아지는 것이 당연하다고 생각한다. 그러나 연구결과, 낮은 수준 학급에 속한 학생들의 학업성취가 떨어지는 것으로 나타남으로써 사람들이 당연하게 생각해 왔던 확신이 틀린 것으로 드러났다(Good & Marshall, 1984; Slavin, 1987).

이처럼 사람들에게 친숙한 분야에서는 많은 경우에 사람들이 일반적으로 가지고 있는 생각이 적합하지 않을 수 있다. 교육심리학의 연구 목적은 교육에 관련된 이처럼 당연한 혹은 모호한 질문을 과학적인 방법을 사용하여 실험하고 검증하는 것이다.

교육과 관련된 많은 문제와 질문에 답하기 위한 시도로 교육심리학자들은 여러 종류의 연구를 설계하고 실행한다. 가장 보편적인 연구방법으로는 기술연구, 상관연구, 실험연구를 들 수 있다.

1) 기술연구

교육심리학자들은 그들이 관심을 가지고 있는 어떤 현상이나 사건을 있는 그대로 관찰하고 조사하여 기술한다. **기술연구**(descriptive research)는 실제 생활 속에서 일어나는 사건들을 기술하는 것으로, 어떤 조작이나 통제도 하지 않고 자연적인 상황에서 있는 그대로를 파악하여 정확하게 기술하는 것을 연구의 목적

> **기술연구**
> 검사, 면담, 설문, 관찰 등의 방법을 사용하여 한 현상의 상태나 특징을 기술하는 연구

으로 한다.

기술연구는 어떠한 상황이나 현상의 특징을 기술하기 위하여 관찰이나 검사, 면담, 설문 등의 방법을 사용한다. 유능한 교사의 특징을 알기 위하여 연구자는 교사의 학급을 자세히 관찰하여 기술하거나 혹은 교사와의 면담을 녹음한 자료를 함께 분석하여 초임교사와 유능한 교사의 차이를 기술할 수 있다. 또한 학생이나 교사의 입장에서 행동을 이해하기 위하여 직접 그 학교나 교실에서 같이 활동하며 관찰하는 **참여관찰**(participant observation)을 할 수도 있다. 한 특정 집단을 장기간에 걸쳐서 심층적인 조사를 하는 **민속지학**(문화기술지)(ethnography)의 방법도 있다. 민속지학이란 한 집단 내의 생활에 초점을 두고 장기간의 관찰을 통해 그 집단의 사람들에게 미치는 사건의 의미를 이해하기 위하여 하는 연구이다. 예를 들어, 새로운 교육정책에 대한 반응을 이해하기 위하여 1년 동안 특정 학교에 머물며 학생과 교사를 면담하고 관찰하여 결과를 기술하는 것이다. 한 개인이나 상황에 대한 집중적인 연구를 사용하기도 하는데, 예를 들어 교사가 어떻게 교안을 작성하는지 혹은 학생이 특정 과제를 어떻게 학습하는지에 대한 심층 조사를 하여 상세하게 기술한다. 이를 **사례연구**(case study)라고 한다.

기술연구는 아동의 발달적 특성을 알아내기 위한 방법으로 흔히 사용된다. 교육심리학의 중요한 부분인 J. Piaget의 인지발달이론은 자신의 아이들이 여러 가지 과제를 수행하는 것을 주의 깊게 관찰하여 그 결과를 이론으로 발전시킨 것이다.

기술연구는 교육 상황에 관한 귀중한 정보를 제공하지만, 미래의 사건을 예측하게 하거나 관계를 기술하지는 않는다. 변수 간의 관계를 발견하는 것은 상관연구이다.

2) 상관연구

아마도 교육심리학에서 가장 많이 사용되는 연구방법은 **상관연구**(correlational research)일 것이다. **상관**(correlation)은 두 개 이상의 변수 간 관계를 말한다. 상관연구는 변수의 통제나 조작이 어려운 경우에 자연적 상황에서 여러 변수 간의 관계를 조사하는 것이다.

변수들은 서로 정적으로 상관되기도 하고 부적으로 상관되기도 하며 전혀 상관이 없을 수도 있다. 정적 상관(positive correlation)이란 한 변수의 값이 높아질 때 다른 변수의 값도 높아지는 것을 말한다. 예를 들어, 교사의 행동과 학생의 성취관계의 연구에서 교사의 질문 횟수와 학생들의 성취는 정적 상관으로 나타났다(Shuell, 1996). 부적 상관(negative correlation)은 한 변수의 값이 높아질 때 다른 변수의 값은 낮아지는 것을 의미한다. 예를 들어, 교사가 교재(teaching material)를 설치하거나 유인물을 나누는 것과 같은 비수업 행동에 소비하는 시간량과 학생들의 성취는 부적 상관으로 나타났다(Brophy & Good, 1986).

변수 간 관계의 정도는 상관계수(correlation coefficient)로 나타내고 기호로는 r로 표시하는데, 상관계수의 크기는 관계의 강도를 의미하고 부호는 관계의 방향을 의미한다. 상관계수의 범위는 1에서 −1까지이며, ±1에 가까울수록 두 변수 간의 관계는 강하다. 이는 한 변수로 다른 변수를 정확하게 예측할 수 있음을

정적 상관
한 변수의 높은 수준이 다른 변수의 높은 수준에 상응되는 변수 간의 상관

부적 상관
한 변수의 높은 수준이 다른 변수의 낮은 수준에 상응되는 변수 간의 상관

상관계수
둘 혹은 그 이상의 변수 간의 상관의 방향과 정도를 기술하는 1.00에서 −1.00까지의 범위를 가진 숫자

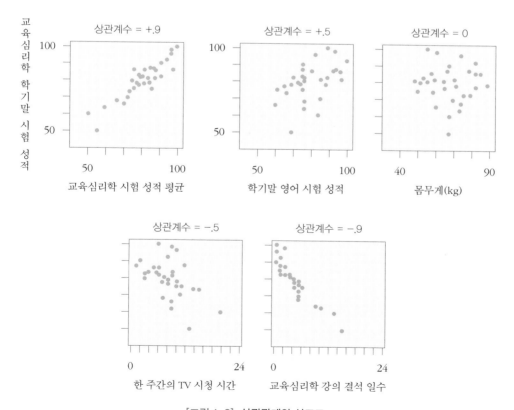

[그림 1-2] 상관관계와 산포도

뜻한다. 상관계수가 1인 것은 두 변수가 완전한 정적 상관이며, −1인 것은 두 변수가 완전한 부적 상관, 상관계수가 0인 것은 두 변수가 전혀 상관이 없음을 뜻한다. 그러나 실제 생활에서는 완전한 정적 혹은 부적 상관은 거의 드물다.

두 변수를 각각 X, Y축에 설정하고 각 변수의 값을 표시하여 나타내는 산포도를 통해 두 변수의 관계를 살펴보자. [그림 1−2]는 교육심리학의 학기말 시험 성적이 다른 다섯 개의 변수와 어떻게 상관이 있는지를 보여 주는 가설 자료이다. 교육심리학의 학기말 시험 성적은 교육심리학의 이전 시험 성적 평균과 매우 강한 상관을 가지고, 영어 성적과는 덜 강한 상관을 가지며, 몸무게와는 전혀 상관이 없다. 그리고 TV를 시청한 시간 수와 교육심리학 강의에 결석한 일수는 부적으로 상관이 있다. 여기에서 ±.9의 상관은 거의 직선에 가깝다.

상관연구의 장점은 연구자가 인위적인 상황을 만들지 않고 변수를 있는 그대로 연구할 수 있고, 여러 변수의 상호관계를 동시에 연구할 수 있다는 것이다. Lahaderne(1968)는 초등학생의 주의집중도와 지능, 성적의 상관을 연구하였는데, 주의집중도와 지능지수와 성적은 강한 정적 상관, 부주의도와 지능지수와 성적은 강한 부적 상관이 있음을 보고하였다. 상관연구는 한 변수의 정보를 가지고 다른 변수를 예측할 수 있다는 장점이 있다. 주의집중을 잘하는 학생은 성적이 높을 것이라고 예측할 수 있다. 그러나 어떤 변수가 다른 변수의 원인이 되는지 그 인과관계는 밝힐 수 없다. 주의집중도가 높은 성적의 원인인지, 아니면 지능과 성적이 높은 학생은 주의집중을 더 잘하는지 그 인과관계는 설명할 수 없는 것이다. 마찬가지로 결석 일수가 많으면 성적이 낮을 것이라고 예측할 수는 있지만, 결석 일수 자체가 낮은 성적의 원인이 된다고는 말하기 어렵다.

3) 실험연구

실험연구
어떤 변화(처치)를 주고 그 것의 결과(영향)를 보는 연구

상관연구가 자연적 상황에서 변수 간의 관계를 찾는다면, 실험연구(experimental research)는 원인과 결과를 결정하기 위하여 변수를 체계적으로 조작한다. 연구자는 어떤 인위적인 처치(treatments=원인)를 하고 그것의 영향(effects=결과)을 분석한다.

실험연구는 보통 상관연구의 연장으로 이루어진다. 정적 상관으로 나타

난 교사의 질문 횟수와 학생의 성취 간 관계 연구를 예로 들어 보자. 이 연구에서 연구자는 교사들을 실험집단과 통제집단으로 무선할당하였다. **무선할당**(randomassignment)은 실험 전에 실험집단과 통제집단의 동질성을 확보하기 위한 시도로, 두 집단이 비교가 가능하다는 것을 확인시켜 준다. 실험집단의 교사들은 학생들이 질문의 답에 실패했을 때 조언과 암시를 제공하도록 훈련을 받았는데, 연구자는 이 훈련을 통해 '교사의 빈번한 조언' 변수를 계획적으로 조작하였다. 통제집단의 교사들은 아무런 훈련도 받지 않았고 평상시에 그들이 하는 방식으로 수업하였다. 학년말에 이 두 집단 교사들이 가르친 학생들의 읽기 성적을 비교하였는데, 실험집단 교사들이 가르친 학생들의 성적이 통제집단 교사들이 가르친 학생들의 성적보다 통계적으로 유의미하게 더 높았다(L. Anderson, Evertson, & Brophy, 1979). 이 연구는 교사의 조언 제공이 학생의 성취를 높이는 원인이라는 결론을 내리게 한다.

이처럼 실험연구에는 연구자가 조작하는 변수(교사의 조언)와 그 변수의 영향을 받는 변수(학생의 성취)가 있는데, 조작변수를 **독립변수**(independent variables)라고 하고 독립변수에 영향을 받는 변수를 **종속변수**(dependent variables)라 한다. 그리고 처치(조언훈련)를 받는 집단을 **실험집단**(experimental group), 처치를 받지 않는 집단을 **통제집단**(control group)이라 한다.

실험연구가 변수 사이에 존재하는 인과관계를 밝혀 줄 수 있는 강력한 방법이기는 하지만, 앞에서 예를 든 연구처럼 실험실이 아닌 **현장실험연구**(field experiment research)의 경우에는 처치변수 외에 결과에 영향을 줄 수 있는 다른 변수를 철저하게 통제하기 어려울 수 있다. 또한 비록 무선할당으로 실험집단과

> **무선할당**
> 집단의 동질성을 확립하기 위하여 우연에 의해 집단을 뽑는 것

> **독립변수**
> 다른 변수에 미치는 영향을 결정하기 위하여 실험자가 조작하는 변수

> **종속변수**
> 독립변수의 영향을 받는 변수

> **실험집단**
> 실험 중 처치를 받는 집단

> **통제집단**
> 실험 중 처치를 받지 않는 집단

> **현장실험연구**
> 현실 상황에서 실행하는 실험연구

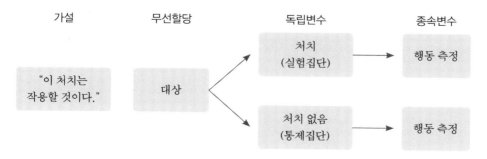

[그림 1-3] 단순실험설계

통제집단의 동질성을 확보하였다고는 하나, 각 집단에 속한 개인의 특성을 모두 철저하게 통제하기는 어렵다. 그러나 실제 교실 상황에서 장기간 실험이 이루어졌다는 것은 실험결과의 일반화 가능성, 즉 실험결과가 실제 상황에 적용되는 정도가 클 수 있음을 의미한다. 실제로 현장실험연구는 새롭게 시도하는 교수방법을 시험하거나 교육 프로그램을 평가하는 데 유용하게 사용되고 있다.

이상의 기술연구, 상관연구, 실험연구는 교육심리학의 주요 연구방법인데, 실제 연구에서는 어느 한 가지 방법만을 쓰기보다는 여러 방법을 혼합하여 사용하는 경우가 많다. 주어진 교육문제와 질문에 답할 수 있는 적절한 방법을 선택하기 위해서는 가능한 한 많은 연구방법을 잘 알고 있어야 한다.

연구문제

1. 가장 기억에 남는 교사의 특징을 유능한 교사의 조건을 준거로 논의하시오.

2. 개선해야 할 우리 교육의 문제점을 지적하시오.

3. 지적된 교육 문제점을 해결하기 위한 적합한 연구방법을 설계하시오.

01

제1부

학습자의 이해

제2장

인지발달

인지발달(cognitive development)은 사고의 변화 과정을 말한다. 즉, 개인이 정보를 지각하고 이해하며 평가할 수 있는 지적인 능력을 습득하는 과정을 뜻한다. 학자들은 학습자의 인지능력이 시간의 흐름에 따른 성숙과 환경의 상호작용을 통해 발달한다고 보았으나, 그 세부적인 발달과정과 상호작용의 내용에 대해서는 서로 의견을 달리한다. 이 장에서는 학습자의 인지발달에서 생물적 성숙과 물리적 환경의 중요성을 주장한 Piaget의 인지발달이론과 사회문화적 환경의 영향력을 강조한 Vygotsky의 인지발달이론을 살펴보기로 한다.

1. Piaget의 인지발달이론

8세 현지와 5세 성규는 아빠 생신 선물 준비로 고민이 많다.

> 성규: 아빠 생신 선물로 내 공룡 인형을 줄 거야. 왜냐하면 내가 가장 좋아하는 인형이니까 아빠도 제일 좋아해.
> 현지: 공룡 인형은 너나 좋아하지! 아빠는 인형 안 좋아해! 나는 아빠에게 편지를 쓸 거야. 지난 어버이날에 아빠께 편지를 드렸더니 굉장히 좋아하셨거든.

5세 성규는 왜 아빠가 공룡 인형을 제일 좋아할 것이라고 생각할까? 반면, 8세 현지의 아빠 생신 선물은 어떤 의미를 가질까?

1) Piaget 인지발달이론의 개념

Piaget는 우리의 인지가 환경과의 끊임없는 상호작용을 통해 발달한다고 하였다. 즉, 우리는 도식(schema)이라고 하는 인지구조를 끊임없이 재구성함으로써 주어진 환경에 효과적으로 맞추어 나간다. 도식이란 우리의 머릿속에 저장된 외부 세계에 대한 정신적 표상, 지식 또는 행동유형을 말한다. 예를 들면, 공에 대한 '운동감각적 도식'은 공이 말랑말랑하고 둥글다는 것, 공을 던지려면 팔을 휘

도식
우리의 머릿속에 저장된 외부 세계에 대한 정신적 표상, 지식 또는 행동유형

Jean Piaget (1896~1980)

스위스에서 태어난 Jean Piaget는 어렸을 때부터 생물학에 관심이 많았다. 그는 11세의 나이에 공원에서 본 색소결핍증 참새를 관찰하여 논문을 발표하였고, 고등학교 시절에는 연체동물에 대한 논문을 발표하였으며, 22세에는 생물학 박사학위를 받았다. 그의 논문들은 과학자들로부터 큰 호평을 받았고, 대학도 들어가기 전에 자연사 박물관 관장을 맡아 달라는 제의를 받았다.

박사학위를 받은 후, Piaget는 취리히 대학교에서 새로운 학문 분야인 심리학에 관심을 가지기 시작하였고, 1920년 파리에 있는 Binet 연구소에서 지능검사를 표준화하는 작업에 참여하게 되었다. 그곳에서 Piaget는 비슷한 연령의 아동들이 어떤 문제에 같은 오답을 한다는 사실을 발견하였다. 즉, 아동의 오류가 연령집단에 따라 질적으로 다르다는 사실을 발견한 것이다. 이러한 발견을 통해 Piaget는 아동의 사고과정이 성인의 사고과정과 근본적으로 다르다는 결론을 내리고 아동의 사고발달을 본격적으로 연구하기 시작하였다.

1923년 Piaget는 결혼하여 세 자녀를 두었는데, 세 자녀가 성장하는 과정을 주의 깊게 관찰함으로써 인지발달이론을 정립하였다. 발달심리학자이기 이전에 과학자였던 Piaget는 생물학적 원리와 방법을 인지발달 연구에 상당 부분 적용하였다. 그는 수백 편의 논문과 60권이 넘는 책을 집필하였고, 73세가 되던 1969년에 유럽인으로서는 최초로 '미국심리학회'로부터 '특별 과학 공헌상'을 수상하였다. 오늘날 그는 심리학 역사상 가장 영향력 있는 발달심리학자로 평가받는다.

둘러야 한다는 것이며, 공에 대한 '상징 도식'은 한글로 '공' 또는 영어로 'ball'이다. 신생아기의 '빨기 도식'은 입에 들어오는 모든 대상을 반사적으로 빠는 행동유형을 말하고, '유목화 도식'은 꽃이 개나리와 진달래보다 상위의 개념임을 이해하는 것을 뜻한다.

Piaget는 과학자로서 논리적인 사고를 중요시하였기 때문에 조작(operation)의 발달에 주목하였다. 조작은 5개의 공 중에서 2개를 빼면 3개가 남는 것을 이해하는 것과 같이 논리적인 정신작용을 뜻한다. '모든 사람은 죽는다. 소크라테스는 사람이다. 따라서 소크라테스는 죽는다'의 삼단논법도 조작의 한 예이다. Piaget는 조작능력이 어느 정도 발달했느냐에 따라 인지발달단계를 구분하였다. 즉, 전조작기는 논리적인 정신작용이 발달하기 전 단계이고, 구체적 조작기는 논리적인 정신작용이 발달하기 시작하였으나 구체적인 또는 물리적인 상황에서만 논리적인 사고가 가능한 시기이다. 형식적 조작기는 추상적인 상황을 포함한 모든 상황에서 논리적인 사고가 가능한 시기를 말한다.

조작
논리적인 정신작용

도식은 적응과 조직의 과정을 통하여 형성되는데, 모든 유기체는 이 두 가지
경향성을 가지고 태어난다. 적응(adaptation)은 동화와 조절의 통합적인 기능이
라고 할 수 있다. 동화(assimilation)는 자신이 이미 가지고 있는 도식 속에 새로운
대상을 받아들이는 인지과정이다. '네발로 다니는 동물은 멍멍이다'라는 도식을
가진 아이는 공원에서 본 치와와와 고양이를 가리키며 "멍멍이!" 하고 외칠 것이
다. 이것은 동화이다. 조절(accommodation)은 자신의 기존 도식이 새로운 대상
을 받아들이는 데 적합하지 않을 때, 새로운 대상에 맞도록 이미 가지고 있는 도
식을 바꾸는 인지과정이다. 고양이를 보며 "멍멍이"라고 부르는 아이를 보며 엄
마는 "멍멍이는 멍멍 짖어야지 멍멍이야. 저 동물은 야옹야옹 울기 때문에 야옹
이야."라고 설명해 준다. 이제 이 아이는 개와 고양이의 차이점을 이해하고, '네
발로 다니고 멍멍 짖어야만 멍멍이다'라고 기존의 도식을 수정한다. 이것이 조
절이다.

동화
자신이 이미 가지고 있는
도식 속에 새로운 대상을
받아들이는 인지과정

조절
자신의 기존 도식이 새로
운 대상을 받아들이는 데
적합하지 않을 때, 새로운
대상에 맞도록 이미 가지
고 있는 도식을 바꾸는 인
지과정

 물건을 잡아 자기에게 끌어당기는 도식을 가진 아기가 자신이 가진 도식대로 행동하였으나
(동화) 칸막이에 걸려 가져올 수 없게 되자, 이번에는 자신의 도식을 바꾸어 물건을 다른 방향
으로 잡아 끌어당겨(조절) 목표를 달성하였다(적응).

[그림 2-1] 인지활동

동화와 조절을 통해 인지과정은 균형을 이룬 **평형화**(equilibrium) 상태에 도달한다. 하지만 우리는 끊임없이 새로운 환경에 노출되며, 새로운 환경은 우리를 인지적 갈등(cognitive conflict)이 생기는 불평형(disequilibrium) 상태로 만든다. 우리는 불평형 상태를 줄이기 위해 동화와 조절의 인지활동을 한다. 그리하여 평형상태를 이루게 되고, 우리는 이전보다 더 높은 인지수준에 도달하게 된다. 즉, 인지발달이 이루어진 것이다.

성인도 끊임없이 동화와 조절을 통한 인지적 평형화를 이끌어 낸다. 예를 들어, 새로 산 휴대전화로 전화를 걸 때, 우리는 예전의 휴대전화를 다루던 방식으로 상대방 전화번호를 누른 후 '통화' 버튼을 누른다. 즉, 동화이다. 하지만 문자를 보낼 때, 우리는 예전 휴대전화와 새로 산 휴대전화의 문자를 보내는 방식이 다른 것을 발견한다. 이때 우리는 기능 버튼을 이리저리 눌러 봄으로써 새로운 휴대전화로 문자 보내는 방법을 익힌다. 즉, 조절이다. 이와 같이 남녀노소를 불문하고 우리는 끊임없이 동화와 조절의 인지활동을 통해 새로운 환경에 적응해 나간다.

조직(organization)은 유기체가 일관성 있는 체계를 형성하도록 통합하는 기능을 의미한다. 예를 들면, 아기는 물건을 잡는 도식과 시각 초점을 맞추는 도식을 가지고 있으나, 발달 초기에는 이 두 도식이 독립적으로 움직인다. 하지만 어느 정도 발달이 이루어지면, 아기는 두 가지 행동 도식을 조직하여 물건을 보면서 잡는 높은 수준의 도식을 가지게 된다. 또 다른 예를 들면, 물고기가 가지고 있는 여러 가지의 구조, 즉 운동기관인 지느러미, 호흡계인 아가미, 신체 조직인 부레 등이 함께 작용하여 물고기가 물에서 생활하는 것을 가능하도록 한다. 이것이 물고기의 조직기능이라고 할 수 있다. 즉, 조직이란 물리적 또는 심리적 구조를 보다 높은 수준의 체계로 통합하는 것이다.

이와 같이 Piaget는 '도식' '조작' '적응' '조직'이라는 새로운 개념을 도입하여 인지발달의 과정을 설명하였다.

> **평형화**
> 현재의 인지구조와 새로운 정보 간의 균형을 회복하는 과정

> **조직**
> 물리적 또는 심리적 구조를 보다 높은 수준의 체계로 통합하는 기능

2) Piaget 이론의 인지발달단계

Piaget는 적응과 조직의 과정을 통해 새롭게 형성된 도식이 기존의 도식과 질

적으로 상이하다는 사실을 발견하고, 이러한 인지구조의 질적인 변화를 크게 묶어서 4단계의 인지발달단계를 제안하였다.

Piaget의 인지발달단계의 전제는 다음과 같다.

첫째, 각 단계는 서로 질적으로 다른 인지구조와 능력의 출현으로 특징지을 수 있다.

둘째, 각 단계의 순서는 모든 아동이 동일하며, 이전 단계의 발달을 완성하여야만 이후 단계로 나아갈 수 있다. 즉, 전조작기의 발달과업을 완성한 후에 구체적 조작기로 넘어갈 수 있다. 또한 전조작기를 뛰어넘어 감각운동기에서 구체적 조작기로 넘어갈 수 없다.

셋째, 각 단계에 도달하는 나이는 아이의 경험, 문화, 성숙도에 따라 다를 수 있다. 즉, 6세이지만 구체적 조작기에 있는 유아가 있을 수 있고, 8세이지만 전조작기에 머물러 있는 아동이 있을 수 있다.

각 단계와 그에 해당하는 연령, 주요 특성을 제시하면 〈표 2-1〉과 같다.

표 2-1 Piaget의 인지발달단계

단계	연령	주요 특성
감각운동기	출생~2세	• 감각운동적 도식 발달 • 반사행동에서 목적을 가진 행동으로 발전 • 대상영속성 습득
전조작기	2~7세	• 언어와 상징과 같은 표상적 사고능력의 발달 • 직관적 사고와 중심화 • 자아중심성
구체적 조작기	7~11세	• 구체적인 상황에서의 논리적 사고 발달 • 가역성, 유목화, 서열화 개념 습득 • 사회지향성
형식적 조작기	11세 이후	• 논리적으로 추상적인 문제해결 • 가설 연역적 추리 가능 • 조합적 추리 가능

(1) 감각운동기(sensorimotor period, 출생~2세)

태어나서 2세까지의 영아기가 이 단계에 해당한다. 감각운동기는 주로 감각이나 운동을 통해서 환경을 경험해 나가는 시기이다. 이 시기의 영아는 손에 잡힌 모든 대상물을 입에 가져간다. 그리고 두드린다. 즉, 이들은 입의 촉감과 두드리는 운동을 통해 대상을 인식하고 환경에 적응해 나간다. 따라서 이 시기 영아의 입은 성인의 눈에 비유된다. 즉, 이 시기에 입으로 가져가는 물건을 뺏는 것은 학생이 공부하려고 책을 보는데 눈을 가리는 것과 마찬가지이다.

영아는 태어나면서 반사 행동을 보이나 이러한 반사 행동은 다양한 감각운동적 도식으로 변화하며 목적이 있는 행동으로 바뀌게 된다. 즉, 갓 태어난 신생아는 입 속에 들어온 모든 대상을 무조건적으로 빠는 빨기 반사 행동을 보이나, 점점 자신이 배고플 때에만 빠는 목적 행동으로 바꾼다.

감각운동기에 일어나는 가장 중요한 인지발달의 변화는 대상영속성(object permanence)의 습득이다. 대상영속성은 대상이 시야에서 사라지더라도 계속 존재한다는 것을 인식하는 능력이다. 갓 태어난 영아는 대상영속성을 가지고 있지 않다. 즉, 영아가 가지고 놀던 인형을 종이로 가리면 영아는 그 인형을 찾지 못한다(그림 2-2| 참조). 그러나 영아가 자라면서 어떤 물건이 눈앞에서 사라진다 하더라도 그 물건이 여전히 존재한다는 것을 알며 그 물건을 찾는 행동을 하게 된다. 감각운동기가 끝날 즈음 영아는 언어와 같은 기본적인 상징 도식이 발달하기 시작함으로써 정신적인 표상을 할 수 있게 된다.

> 대상영속성
> 대상이 시야에서 사라지더라도 계속 존재한다는 것을 인식하는 능력

[그림 2-2] 영아의 대상영속성 실험

(2) 전조작기(preoperational period, 2~7세)

전조작기는 상징 도식이 활발하게 발달하는 시기이다. 유아기로 넘어오면서 이들은 상징(symbol)을 사용하기 시작한다. 이제 유아는 '사탕'이라는 단어를 들으면 머릿속으로 사탕을 떠올리며 침을 꿀꺽 삼킬 수 있다. 이러한 표상적 사고(representational thought)능력이 생기면서 유아의 사고는 이전과는 질적으로 다른 도약을 하게 된다. 이 시기의 유아는 소꿉놀이, 병원놀이 등 가상놀이를 할 수 있게 되고, 이들이 그리는 그림에는 내면의 심리가 반영된다.

하지만 이 단계의 유아는 아주 단순한 수준의 정신적인 조작을 할 수 있으며, 논리적인 추리보다는 비논리적인 추리를 한다. 즉, 이 시기 유아는 직관적 사고, 중심화, 자아중심성의 특징을 보인다.

직관적 사고(intuitive thinking)는 현저한 지각적 특성으로 대상을 파악하는 사고를 말한다. 즉, 이 시기의 유아는 귀신 가면을 쓴 엄마를 보고 귀신이라 생각하여 무서워한다. 이는 겉모습(appearance)과 실재(reality)를 구별하지 못하고 겉모습이 곧 실재라고 생각하기 때문에 나타나는 현상이다. 중심화(centration)는 사물의 한 가지 차원에만 초점을 두고 다른 중요한 특성은 간과하는 경향성을 뜻한다. Piaget는 보존(conservation) 실험을 통해 전조작기 유아의 직관적 사고와 중심화 특성을 설명하였다. [그림 2–3]에서 유아는 자기 앞에 놓인 두 개의 컵에 같은 양의 주스가 채워지는 것을 본다. 유아는 "어느 컵의 주스가 더 많을까?"라는 질문에 같다고 대답한다. 그 후 유아는 한쪽 컵의 주스가 길고 좁은 컵으로 옮겨 부어지는 것을 지켜본다. 그리고 다시 "어느 컵의 주스가 더 많을까?"라고 물으면, 유아는 길고 좁은 컵의 주스가 더 많다고 대답한다. 이것은 주스의 높이라는 시각적 인상에 의해 유아의 사고가 지배당하는 직관적 사고 때문에 보이는

표상적 사고
마음속의 어떤 것을 그릴 수 있는 정신능력

직관적 사고
대상의 지각적인 특징으로 그 대상의 특성을 파악하는 사고

중심화
사물의 한 가지 차원에만 초점을 두고 다른 중요한 특성은 간과하는 경향성

보존
물질의 모양이나 위치가 변하여도 물질의 속성은 동일하다는 개념

[그림 2–3] Piaget의 보존 실험

오류이다. 또한 주스의 높이에만 주목하고 넓이의 변화는 간과하는 중심화 때문에 나타난 현상이다.

보존 개념을 이해하기 위해서는 가역성, 동일성, 상보성을 획득하여야 한다. 가역성(reversibility)은 처음의 상태로 돌이켜 생각할 수 있는 능력을 말한다. 이 실험에서 유아는 길고 좁은 컵으로 옮겨진 주스를 다시 원래의 컵으로 옮길 수 있는 가역적인 정신작용이 불가능하였다. 동일성(identity)은 아무것도 더하거나 빼지 않았으므로 그 양은 같다는 논리이다. 즉, 이 실험에서 유아는 컵의 주스가 옮겨지는 과정에서 더해지지 않았으므로 그 양이 같다는 사고를 하지 못하였다. 상보성(compensation)은 여러 특성의 관계를 상호 비교하고 통합하는 조작능력을 뜻한다. 이 실험에서 유아는 새로운 컵의 높이가 높아진 만큼 넓이는 줄어들었다는 것을 고려하지 못하였다. 이와 같이 이 시기의 유아는 물질의 모양이나 위치가 변하여도 물질의 양은 보존된다는 원리를 이해하지 못한다.

전조작기의 또 다른 특성인 **자아중심성**(egocentrism)은 타인의 생각, 감정 등이 자신과 동일하다고 믿고 타인의 관점을 이해하지 못하는 경향을 말한다. 이는 중심화의 한 현상으로, 내가 중심이 되는 것이다. 예를 들어, 이 시기의 유아는 자신이 제일 아끼는 장난감을 엄마도 제일 좋아할 것이라고 믿으며, 엄마의 생신 선물로 이 장난감을 주기로 결심한다. Piaget는 전조작기 유아의 자아중심성을 밝히기 위해 세 산 모형 실험을 하였다([그림 2-4] 참조). Piaget는 전조작기 유

> **자아중심성**
> 타인의 생각, 감정 등이 자신과 동일하다고 믿고 타인의 관점을 이해하지 못하는 경향

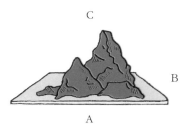

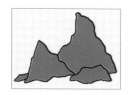
A 위치에서 본 산

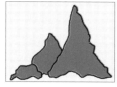
B 위치에서 본 산

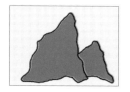
C 위치에서 본 산

[그림 2-4] Piaget의 세 산 모형 실험(신명희 외, 2013)

아를 A에 앉히고 인형을 C에 앉힌 후, 유아에게 산들의 모습이 어떻게 보이는지 물었다. 그리고 나서 유아에게 C에 앉은 인형은 어떤 산의 모습을 보겠느냐고 물었다. 그러자 유아는 C에 앉은 인형도 A에 앉은 자신과 동일한 산의 모습을 본다고 말하였다.

자아중심성은 유아의 언어에서도 명백히 나타난다. 유아가 모여 노는 모습을 멀리서 지켜보면 같이 잘 노는 것처럼 보인다. 하지만 가까이 다가가서 대화 내용을 들으면 실제적인 상호작용이나 대화 없이 각자 자신의 말을 열심히 할 뿐이다. Piaget는 이것을 '집단독백(collective monologue)'이라고 부른다.

이 외에도 이 시기의 유아는 전인과적 사고(precausal thinking), 인공론(artificialism), 물활론(animism)의 사고 특성을 보인다. 전인과적 사고란 원인과 결과에 대한 논리적 추론능력이 부족하여 나타나는 비논리적이고 주관적인 인과적 사고를 말한다. 예를 들어, 이 시기의 유아는 묘지에 가면 죽는다고 생각하여 묘지에 가는 것을 두려워한다. 이는 묘지가 죽음을 결정짓는 원인이라고 추론하였기 때문에 나타나는 현상이다. 인공론은 세상의 모든 것이 사람을 위해, 사람의 필요에 의해 만들어졌다고 믿는 사고이다. 예를 들어, 이 시기의 유아는 사람들이 길을 찾을 수 있도록 해와 달이 만들어졌다고 믿는다. 물활론은 생명이 없는 대상에게 생명과 감정을 부여하는 사고로, 이 시기의 유아는 인형도 밥을 먹고 잠을 자야 한다고 생각한다. 또한 문지방에 걸려 넘어진 후, 문지방을 때리며 "나빠! 맴매!" 하는 것도 물활론적 사고에 기인한 행동이다.

(3) 구체적 조작기(concrete operational period, 7~11세)

구체적 조작기의 아동은 인지능력의 극적인 변화로 인해 이전 단계의 유아와는 전혀 다른 사고를 하게 된다. 이들은 체계적이고 논리적인 사고를 할 수 있게 되고 가역성의 개념을 획득하여 보존 과제를 성공적으로 수행할 수 있게 된다.

그렇다고 구체적 조작기의 아동이 갑자기 모든 보존 개념 실험을 성공하게 되는 것은 아니다. 보존 개념의 획득은 앞에서 제시된 양에 대

보존 과제	획득 연령	최초 배열	변형	변형된 배열	원리
수	6~7세	A줄과 B줄에 같은 수의 바둑알이 있는가?	한 줄을 길게 늘린다. 	A줄과 B줄에 바둑알 수가 같은가?	재배열 후에도 수는 동일하다.
질량	6~8세	찰흙으로 만든 A공은 B공과 같은 양인가? 	B공을 눌러서 납작하게 바꾼다. 	A와 B는 같은 양인가?	모양이 변해도 찰흙 양은 동일하다.
길이	7~8세	막대 A와 B의 길이는 같은가? 	막대 하나를 왼쪽이나 오른쪽으로 움직여 배열을 변화시킨다. 	A와 B는 같은 길이인가?	배열이 변화해도 길이는 변하지 않는다.
용액	7~8세	A컵과 B컵의 물은 같은 양인가? 	A컵의 물을 넓고 얕은 컵에 붓는다. 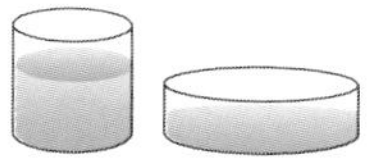	A와 B의 물은 같은 양인가?	물을 담은 컵의 모양이 변하더라도 물의 실제 양은 동일하다.
면적	8~9세	여기 두 농장이 있는데 각 농장에는 풀들이 있다. 소가 농장에서 풀을 뜯어 먹는다. 소는 A와 B에서 같은 양의 먹을 풀을 갖고 있는가? 	한 농장의 풀들의 간격을 벌려 놓는다. 	A와 B에서 같은 양의 먹을 풀을 갖고 있는가? 아니면 왜 그렇지 않은가?	면적을 덮고 있는 물체의 위치를 옮겨도 덮이지 않은 전체 면적은 변함이 없다.
무게	9~10세	A와 B는 공 모양의 찰흙덩어리인데 둘 다 같은 무게인가? 	질량의 보존에서와 같이 A나 B 찰흙공 하나를 눌러서 납작하게 만든다. 	저울에 올려놓으면 A와 B는 같은 무게일까?	모양이나 부피가 변해도 무게는 동일하다.
부피	10~15세	같은 모양의 찰흙공 A와 B를 물에 넣으면 올라오는 높이가 같은가? 	찰흙공 하나의 모양을 눌러서 변형시킨다. 	A와 B가 용기 속의 물을 똑같은 높이로 올릴 것인가?	모양이 변해도 부피는 변하지 않으므로 물 높이는 동일하다.

[그림 2-5] 여러 가지 형태의 보존 과제(신명희 외, 2013)

한 보존 실험 이외에도 길이나 부피 등의 여러 영역에서 이루어지며, 과제의 형태에 따라 습득되는 시기가 다르다. [그림 2-5]에서 보듯이 처음에는 수에 대한 보존 개념을 습득하고, 그다음에는 질량, 길이, 면적, 무게, 마지막으로 부피 순으로 보존 개념을 습득한다. Piaget는 이렇게 동일한 개념이 과제의 형태에 따라 습득되는 시기가 달라지는 현상을 **수평적 격차**(horizontal decalage)라고 하였다.

이 시기의 아동은 또한 타인의 관점과 생각이 자신과 다를 수 있음을 이해하게 됨으로써 탈중심화가 일어난다. 즉, 아동은 타인의 감정과 사고에 관심을 가지는 사회지향적인 특성을 보인다. 이제 이들은 자신이 제일 아끼는 장난감을 엄마가 꼭 좋아하지는 않는다는 것을 알게 된다.

구체적 조작기에 습득되는 또 다른 중요한 개념은 유목화와 서열화이다. **유목화**(class-inclusion)는 부분과 전체의 논리적 관계, 상하의 위계적 관계를 이해하는 것이다. 즉, 전체는 부분보다 크며, 상위 유목은 하위 유목보다 많다는 것을 이해하는 것이다. 유목화 개념이 없는 전조작기 유아는 5명의 남자아이와 2명의 여자아이로 구성된 놀이반에서 "아이들이 많니, 남자아이들이 많니?"라고 물으면, 남자아이들이 많다고 대답한다. 하지만 구체적 조작기의 아동은 아이들이 남자아이들의 상위 개념임을 이해하고 아이들이 더 많다고 대답할 수 있게 된다([그림 2-6] 참조).

서열화(seriation)는 크기나 무게와 같은 하나의 기준에 따라 대상을 순서대로 배열할 수 있는 능력을 뜻한다. 예를 들어, 연필을 길이 순으로 차례대로 나열할

수평적 격차
동일한 개념이 과제의 형태에 따라 습득되는 시기가 달라지는 현상

유목화
부분과 전체의 논리적 관계, 상하의 위계적 관계를 이해하는 것

서열화
크기나 무게와 같은 하나의 기준에 따라 대상들을 순서대로 배열할 수 있는 능력

[그림 2-6] 유목화 실험: 남자아이가 많을까, 아이가 많을까?

수 있느냐는 것이다. 이 개념 또한 구체적 조작기에 와서야 완성할 수 있다. 이 개념을 획득하면 아동은 서열조작능력의 하나인 추이성(transitivity)의 개념 또한 습득하게 된다. 즉, A<B이고 B<C이면, A<C임을 이해할 수 있게 된다.

구체적 조작기 아동의 사고는 전조작기 유아의 사고와 큰 차이를 보이지만 아직 성인의 사고와는 다르다. 이 시기의 논리적 조작은 개인적인 경험과 밀접하게 관련되어 있어서 자신에게 친숙한 경우에만 가능하며, 추상적인 상황에서는 논리적 오류를 보일 수 있다.

(4) 형식적 조작기(formal operational period, 11세 이후)

사춘기에 접어들면서 청소년은 추상적인 개념을 가지고 논리적 사고를 할 수 있게 된다. 즉, '지금 여기'의 상황뿐 아니라 가능성까지 논리적으로 생각할 수 있게 됨으로써 논리적인 사고능력이 완전하게 기능할 수 있게 된다. 따라서 이 시기의 청소년은 사실과 반대되는 명제를 형성하고 다룰 수 있다. 예를 들어, 미술 시간에 교사가 "사람에게 눈이 하나 더 있다면 어디에 있는 것이 좋을까?"라는 질문을 하면, 구체적 조작기의 아동은 눈이 얼굴에 있다는 사실에서 크게 벗어나지 못한다. 따라서 양쪽 눈 사이에 눈 하나를 추가하는 정도밖에 생각하지 못한다. 그러나 형식적 조작기의 학생은 손끝에 있는 눈 또는 등에 있는 눈과 같이 사실과는 다른 가상의 상황을 즐길 수 있다. 즉, 융통성 있는 사고가 가능해진다.

이 시기에 습득되는 능력으로 우선 **추상적 사고**(abstract thinking)능력이 있다. 추상적 사고는 눈에 보이지 않는 추상적 개념뿐 아니라 추상적 관련성을 이해하는 것을 말한다. Piaget(1952)는 10개의 속담과 각 속담이 내포하는 의미를 찾는 문제를 제시하였다. 이 실험에서 구체적 조작기의 아동은 속담의 추상적인 의미를 이해하는 데 어려움을 토로하였다. 예를 들어, '소 잃고 외양간 고친다'라는 속담에 대해 구체적 조작기의 아동은 소를 도둑맞고 빈 외양간을 고친다는 사실 그대로만 설명할 수 있을 뿐, 속담 속에 담긴 비꼬는 의미를 이해하지 못한다.

둘째, 이 시기의 청소년은 **가설 연역적 추리**(hypothetico-deductive reasoning)를 할 수 있다. 이 시기의 청소년은 다양한 현상에 대해 여러 가설을 세우고, 이를 검증하는 자료를 수집할 수 있다. 구체적 조작기의 아동도 연역적으로 사고할

> **추상적 사고**
> 눈에 보이지 않는 추상적 개념뿐 아니라 추상적 관련성을 이해하는 것

> **가설 연역적 추리**
> 현상에 대해 연역적이면서 체계적으로 여러 가설을 세우고, 이를 검증하는 자료를 수집하여 문제해결에 도달하는 전략

수 있지만 그들의 사고가 친숙한 사물이나 상황에 제한되는 반면, 형식적 조작기의 청소년은 가설을 가지고 추상적으로 사고할 수 있는 능력을 가지게 된다. Piaget는 가설 연역적 추리가 가능해짐에 따라 '어린 과학자'로서의 사고기능을 성공적으로 수행할 수 있게 된다고 하였다.

조합적 추리
문제해결에 필요한 요인들을 골라내어 체계적으로 구성하는 전략

셋째, 이 시기의 청소년은 조합적 추리(combinational reasoning)를 할 수 있다. 이 시기의 청소년은 문제해결에 필요한 요인을 골라내어 체계적으로 구성할 수 있다. Inhelder와 Piaget(1958)는 [그림 2-7]과 같은 액체 실험을 통해 청소년의 조합적 추리능력을 밝혀냈다. 이 실험에서 구체적 조작기의 아동은 여러 가지 방법으로 액체를 조합할 수는 있었지만 모든 경우의 조합을 만들 수는 없었다. 그러나 형식적 조작기의 청소년은 모든 경우의 조합을 체계적으로 만들어 낼 수 있었다.

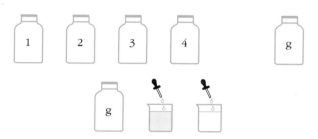

칼륨옥화은을 담은 시약병(g)과 액체가 들어 있는 네 개의 병이 있다. (1)번에서 (4)번까지 번호가 붙은 네 개의 병에 들어 있는 무색무취의 액체는 각각 황산(1), 물(2), 과산화수소(3), 디오황산(4)이다. 실험자는 아이가 지켜보는 앞에서 아래에 따로 준비되어 있는 두 개의 비커 속 액체에 추출기를 사용하여 (g)병에 들어 있는 칼륨옥화은을 각각 떨어뜨렸다. 두 개의 비커 중 하나는 (1)+(3)[황산과 과산화수소]이 들어 있고 다른 하나는 (2)[물]가 들어 있었는데 (1)+(3)의 액체가 황색으로 변하였다. 이제 실험자는 아동에게 위의 네 개 병의 액체와 시약을 사용하여 황색의 액체를 만들도록 지시한다.

이 실험에서 가능한 논리적 조합은 다음과 같으며 이 중에서 (6)번과 (11)번의 조합에서 액체는 황색이 된다.

(1) g+1	(5) g+1+2	(9) g+2+4	(13) g+1+3+4
(2) g+2	(6) g+1+3	(10) g+3+4	(14) g+2+3+4
(3) g+3	(7) g+1+4	(11) g+1+2+3	(15) g+1+2+3+4
(4) g+4	(8) g+2+3	(12) g+1+2+4	

[그림 2-7] **액체 실험**(Inhelder & Piaget, 1958)

3) Piaget 이론의 비판점

Piaget의 이론은 인지발달을 이해하는 데 핵심적인 역할을 하였지만 다음과 같은 점에서 비판을 받는다.

첫째, Piaget의 이론은 감각운동기와 전조작기 유아의 인지능력에 대해서 과소평가하였다. 즉, 전조작기 유아의 실제 능력은 Piaget가 생각했던 것보다 더 뛰어나다는 것이다. 최근 연구들(Gelman, 2000; Siegler, 2006)은 전조작기 유아가 보존 과제 실험과 세 산 모형 실험에서 실패하였던 이유는 과제가 친숙하지 않았기 때문이라고 주장한다. 만약 유아에게 세 산 모형 대신 친숙한 장난감 자동차를 가지고 실험을 하면 많은 유아가 다른 위치에서 보이는 모습을 말할 수 있으며, 보존 과제 수행에서 과제나 질문을 쉽게 하면 성공적으로 수행할 수 있다는 것이다. 감각운동기 영아의 대상영속성 또한 Piaget가 제안한 시기보다 더 빨리 나타나는 것으로 최근 연구(Baillargeon, Graber, DeVos, & Black, 1990)에서 밝혀졌다.

둘째, 오늘날의 연구자들은 Piaget가 제안한 것처럼 서로 질적으로 다른 인지발달단계가 실제로 존재하는지에 대해 의심을 갖는다. 이후의 연구들은 하나의 개념이 여러 발달단계에 걸쳐 습득된다는 사실을 밝혀냈다(Halford & Andrews, 2006). 예를 들어, 보존 개념에서의 수평적 격차와 같이 질량에 관한 보존 과제는 구체적 조작기 아동이 해결할 수 있으나, 수에 대한 보존 과제는 전조작기 유아도 성공할 수 있고, 부피에 관한 보존 과제는 형식적 조작기에 이르러야 해결할 수 있다. 즉, 동일한 개념이 과제의 형태에 따라 여러 발달단계에 걸쳐 습득될 수 있으므로 질적으로 확실하게 구분되는 인지발달단계가 있다고 단언하기 어렵다. 또한 특정한 상황에서 사람들의 사전지식과 경험이 Piaget가 제안한 것보다 그들의 논리적인 능력에 더 크게 영향을 미친다(Alexander, 2006; Cole, Cole, & Lightfoot, 2005). 예를 들어, 형식적 조작기의 대학생이라 할지라도 처음 배우는 운전에서는 구체적 조작기에 해당하는 행동을 많이 한다. 즉, 체계적으로 신호등과 차선을 염두에 두고 운전대와 브레이크를 조절하지 않고 무질서하게 모든 것을 시도하려 한다.

이와 같이 인지발달은 개인의 선행 경험과 주위 환경의 영향을 많이 받지만,

Piaget는 발달에 있어 사회·문화적 환경보다 생물적 성숙이 더 크게 영향을 미친다고 주장하였다(Cole et al., 2005). 그러나 사회와 문화는 아동의 경험, 가치, 언어, 상호작용에 지대한 영향을 미친다. 우리는 발달에서의 문화의 역할을 Vygotsky의 인지발달이론에서 살펴볼 것이다.

4) Piaget 이론의 교육현장에서의 시사점

Piaget의 인지발달이론이 교육현장에 시사하는 점은 다음과 같다.

첫째, 아동의 사고능력을 키워 주는 교육을 실시한다. Piaget는 교육의 목표가 지식의 양을 증가시키는 것에 있는 것이 아니라 발견하고 발명할 수 있는 가능성을 창조하는 데 있다고 하였다. 따라서 주입식 수업 대신 아동이 직접 실험하고 탐구하며 발견할 수 있는 환경을 조성해 주는 것이 중요하다.

둘째, 눈높이 교육을 실시한다. 아동은 나름의 사고 틀을 가지고 있는 적극적인 사고가이다. 하지만 그 틀이 성인의 사고 틀과는 동일하지 않다. 교사는 아동의 인지발달단계를 이해하는 지적 공감(intellectual empathy)을 갖추어야 한다. 즉, 감각운동기의 영아는 가능하면 많이 빨고 만져 보는 것이 공부가 된다. 전조작기 유아에게 가상놀이는 상징 도식을 활발하게 확장하는 최고의 공부이며, 구체적 조작기의 아동에게는 직접 경험하게 하는 체험학습이 중요하다.

셋째, 발달단계를 훌쩍 뛰어넘는 선행학습은 지양한다. Piaget는 발달에 기초하여 학습이 이루어진다고 하였다. 따라서 교사가 아무리 훌륭한 수업계획을 구상하였더라도 아동이 수업을 이해하는 데 필요한 인지구조나 조작능력을 가지고 있지 못하면 수업은 무의미해진다. 즉, 수업내용은 아동의 인지수준에 맞는 것이어야 한다. 오늘날 우리 교육현실에서 선행학습은 당연시되어 있다. 특히 특정 학교에 입학하기 위해 많은 초등학생이 중학교 수학책을 붙들고 씨름을 하고 있다. 하지만 Piaget의 이론에 따르면, 구체적 조작기에 머물러 있는 초등학생에게 중학교 수준의 수학을 가르치는 것은 무의미하다. 이들이 중학교 수학 문제를 풀었다면, 이는 암기에 의한 것이지 이해하고 푼 것이라고 보기는 어렵다.

넷째, 수업에 대립전략(confrontation strategy)을 활용한다. 우리는 새로운 자극으로 인지적 불평형 상태에 놓이면 동화와 조절의 인지활동을 통해 평형상태를 이루려고 하고, 이 과정에서 인지발달이 이루어진다. 따라서 우리는 학생들에게 언제나 조금은 새로운 내용을 제시함으로써 그들로 하여금 동화와 조절의 인지활동을 활발히 할 수 있도록 유도해야 한다. 하지만 이때 제시되는 새로운 환경은 학생의 인지발달단계를 훌쩍 뛰어넘는 것이어서는 안 된다.

2. Vygotsky의 인지발달이론

민호가 농구대 앞에서 슈팅 연습을 하고 있다. 민호는 공을 힘껏 던졌으나, 공은 링 근처에도 가지 못하고 그냥 떨어졌다. 이를 본 체육 선생님이 다가와서 슈팅 시범을 보여 주며 "무릎을 최대한 낮추고 용수철처럼 뛰어올라 봐!"라고 조언을 해 주었다. 민호는 선생님이 말씀하신 대로 따라 했더니 공을 링 안에 넣을 수 있었다.

민호는 어떻게 슈팅을 성공할 수 있었을까?

1) Vygotsky 인지발달이론의 개념

Vygotsky는 자기 자신뿐 아니라 모든 아동이 부모와 친구, 교사와의 상호작용을 통해 많은 것을 배운다는 사실에 주목하고 이러한 사회관계 속에서 인지발달이 이루어진다고 보았다. 즉, 그의 인지발달이론에서는 사회 · 문화적 영향력을 중시한다. 이러한 관점은 그 당시 서구 심리학을 지배하던 개인주의 그리고 Piaget의 이론과 상반되는 것이었다. 즉, 서구 심리학에서는 인지발달이 개인 내부에서 시작된다고 가정하였으나, Vygotsky는 인지발달이 사람들 사이에서 발생한다고 가정함으로써 인지발달의 사회적 기원을 주장하였다.

Lev Semyonovich Vygotsky (1896~1934)

러시아의 심리학자 Lev Semyonovich Vygotsky는 유복한 유대인 가정에서 태어났다. 은행 지점장인 아버지와 교사교육을 받은 어머니는 따뜻하고 지적인 가정환경을 제공하였다. 특히 8남매의 둘째로 태어난 Vygotsky는 형제들과의 토론을 즐겼다. 어린 시절 Vygotsky는 가정교사에게서 소크라테스식 문답법에 기초한 교육방법으로 지도를 받았는데, 이 교육방법은 그의 사고를 일깨워 주는 데 중요한 역할을 하였다. 15세 때 그는 철학, 문학, 예술, 역사에 관한 지적 토론을 자주 이끌었기 때문에 '꼬마 교수'로 불리기도 했다. 이러한 그의 성장배경은 이후 그의 이론 정립에 영향을 미친다.

매우 영특했던 그는 유대인에게 대학입학 정원의 단 3%만을 허용하는 모스크바 대학교에 입학하였다. 모스크바 대학교와 샤니아프스키(Shaniavsky) 인민 대학교에서 법학과 문학, 철학, 예술, 심리학을 공부한 Vygotsky는 1924년 Pavlov의 조건반사이론을 비판하는 논문을 발표하면서 관심을 끌기 시작하였다. 그는 아동의 인지발달에서 사회·문화적 맥락의 중요성을 강조하였으며, 1934년에 결핵에 걸려 38세의 젊은 나이로 요절할 때까지 180편이 넘는 논문과 책을 출판하였다.

그는 심리학의 모차르트로 불릴 만큼 천재적인 심리학자로 평가받고 있으며, 만약 그가 Piaget처럼 장수하면서(Piaget는 Vygotsky와 같은 해에 출생하여 1980년에 사망하였다) 소련의 탄압을 받지 않고 자유롭게 연구활동을 할 수 있었다면 현대 심리학의 판도가 달라졌을 것이라는 평가까지 나오고 있다.

(1) 근접발달영역

Vygotsky는 발달 수준을 실제적 발달 수준과 잠재적 발달 수준으로 구분하였다. 즉, 실제적 발달 수준은 아동이 주위의 도움 없이 스스로 문제를 해결할 수 있는 수준을 말한다. 한편, 잠재적 발달 수준은 도움을 받아서 문제를 해결할 수 있는 더 높은 수준을 말한다. 이 두 수준 사이에 존재하는 영역이 **근접발달영역**(zone of proximal development: ZPD)이다([그림 2-8] 참조). 즉, 근접발달영역은 혼자서는 문제를 해결할 수 없지만, 성인의 안내를 받거나 친구와 협동하면 성공적으로 문제를 해결할 수 있는 영역을 말한다.

Vygotsky는 현재의 발달 수준이 같더라도 근접발달영역은 개인에 따라 다를 수 있음을 강조하였다. [그림 2-9]에서와 같이 A 아동과 B 아동은 도움이 없는 상황에서 비슷한 수준의 성취를 보이나, 도움이 주어지는 상황에서는 B 아동이 A 아동보다 더 높은 수준의 성취를 보인다. 즉, B 아동이 더 큰 근접발달영역을 가진다.

근접발달영역
혼자서는 문제를 해결할 수 없지만, 성인의 안내를 받거나 친구와 협동하면 성공적으로 문제를 해결할 수 있는 영역

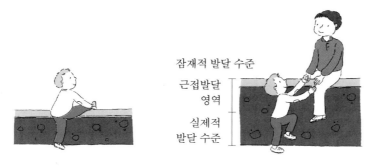

[그림 2-8] 근접발달영역

　지능검사에서 정신연령이 7세로 나온 두 아동에게 답을 유도하는 질문을 던지거나, 예를 들어 주거나, 시범을 보여 주는 등의 도움을 주면 이 두 아동 중 한 아동은 자신의 실제 발달 수준보다 2세 높은 문제까지 쉽게 해결하고, 다른 아동은 자신의 발달 수준보다 6개월 앞선 문제까지만 푼다. 스스로 문제를 푸는 활동에서는 두 아동이 같은 수준이나, 그들의 잠재적 수준은 전혀 다르다. 이런 식으로 아동을 평가한다면 완성된 과정, 성숙이 완료된 상태뿐 아니라, 이제 시작되는 상태, 성숙해 가는 상태 혹은 발달 중인 과정도 측정할 수 있다(Vygotsky, 1956, pp. 446-448).

　근접발달영역은 또한 학습이 일어나야 할 수준을 알려 준다. 학생들은 이미 알고 있는 내용이어서 학습에 지루함을 느끼는 상황에 놓여서도 안 되고, 아직 학습할 준비가 되어 있지 않거나 학습할 수 없는 내용이어서 좌절감을 느끼는 상황

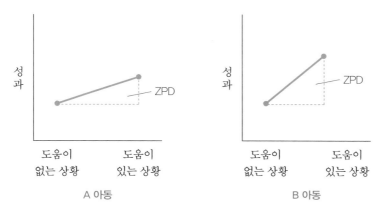

[그림 2-9] 두 아동의 근접발달영역의 예

에 놓여서도 안 된다. 학생들은 자신의 현재 인지발달 수준을 조금 넘어서는 수준에서 학습해야 하고 교사 또는 다른 학생의 도움이 제공될 수 있어야 한다. 가끔은 자신보다 좀 더 우수한 친구가 성인인 교사보다 더 나은 교수자일 수 있다. 왜냐하면 지금 자신이 풀지 못한 문제의 해결방법을 방금 알아챈 친구의 실제적 인지발달 수준이 나의 근접발달영역에 해당하기 때문이다. 따라서 교사가 설명할 때에는 이해할 수 없었던 것을 친구가 설명하면 더 쉽게 이해하곤 한다. 이러한 상호작용을 통해 근접발달영역은 고정되지 않고 역동적으로 변해 간다.

(2) 비계설정

Vygotsky는 아동이 홀로 인지적 조작의 원리를 발견하지는 못한다고 생각하였다. 이 발견은 가족, 교사, 친구 등의 중재나 도움을 통해 이루어진다. 그리고 이러한 중재나 도움을 Wood, Bruner와 Ross(1976)는 비계설정(scaffolding)이라고 명명하였다. 비계설정은 근접발달영역에서 제공되는 더 뛰어난 친구나 성인의 도움을 뜻한다. Wood 등(1976)은 Vygotsky의 근접발달영역에서 학생이 어떻게 발달할 수 있는가를 연구하였고, 근접발달영역 내에서 비계설정이 이루어져야 한다고 주장하였다.

> **비계설정**
> 개인의 잠재적 발달 수준에 제공되는 지원체계

[그림 2-10]과 같이 비계는 건물을 지을 때 높은 곳에서 공사를 할 수 있도록 임시로 설치하는 안전 가설물을 칭한다. 비계는 건물을 조금 더 빨리 그리고 효율적으로 건설할 수 있도록 돕는다. 학습에서도 마찬가지이다. 문제해결을 위한

[그림 2-10] 비계

교사의 힌트 또는 친구들과의 협동학습은 학습자의 인지발달을 앞당길 수 있다. 이러한 도움과 지원이 제공되지 않는다면, 인지발달이 늦어지거나 불완전해질 수 있다. 그러나 효과적인 비계설정은 학습자 스스로 할 수 있도록 지원해 주는 것으로 국한해야 한다. 교사와 부모는 도움을 줄 수 있을 뿐, 실제로 학습하는 주체는 학습자 자신이어야 한다.

또한 학습에서의 비계설정은 초기 단계에는 많은 도움을 제공하다가 점점 지원을 줄여서 스스로 할 수 있는 단계까지 이끌어 나가야 한다. 자전거를 처음 배울 때 처음에는 아빠가 뒤에서 양손으로 잡아 주지만 우리가 중심을 잡을 수 있게 되면 한 손을 놓았다가 결국에는 모든 손을 놓았던 것을 기억할 것이다. 이처럼 끝까지 양손으로 잡아 주기만 하면 발달이 완성되지 않으므로 어느 단계에서는 스스로 타도록 해야 한다. 〈표 2-2〉는 교수과정에서 제공될 수 있는 다양한 비계설정의 유형이다.

(3) 언어

Vygotsky는 Piaget와 달리 언어가 인지발달에 중요한 역할을 한다고 하였다. 즉, Piaget는 언어를 현재의 생물적 인지발달 수준을 보여 주는 통로쯤으로 간주하였으며, 아동의 사고과정에서 언어가 중요한 역할을 하지 않는다고 생각했다.

표 2-2 교수과정에서 비계설정의 유형

비계설정의 유형	예시
모델링	체육 교사는 농구 수업에서 슈팅 시범을 보인다.
소리 내어 생각하기	수학 교사는 이차방정식 풀이 과정을 칠판에 판서하면서 말로도 똑같이 말한다.
질문하기	수학 교사는 이차방정식 문제를 푼 후, 이차방정식에 대한 이해를 높이기 위하여 일차방정식과의 공통점과 차이점에 대한 질문을 던진다.
수업 자료 조정하기	체육 교사는 뜀틀 수업에서 처음에는 3단 뜀틀로 연습을 시키다가 학생들이 능숙해지면 4단 뜀틀로 높이를 높인다.
길잡이와 힌트	과학 교사는 태양계의 행성들을 암기할 때, 행성의 앞 글자를 딴 '수금지화목토천해'를 제시한다.

그러나 Vygotsky는 비계설정을 포함하여 대부분의 사회적 상호작용이 언어를 통해 이루어지며 언어는 학습자로 하여금 다른 사람이 이미 가지고 있는 지식에 접근하도록 해 준다고 하였다. 또한 언어는 스스로 문제를 해결할 수 있도록 돕는다. 즉, 그는 아동이 목표를 달성하기 위해 언어를 사용한다는 사실을 발견했다. 예를 들어, 높은 곳에 사탕을 놓아서 직접 꺼낼 수 없게 하자 4세 여아는 사탕을 꺼내려고 적극적으로 노력하는 과정에서 다음과 같은 말을 하였다.

> (걸상 위에 서서 조용히 선반을 쳐다보고 막대기로 선반을 더듬는다.) "걸상 위에서." (실험자를 쳐다보고, 막대기를 다른 손으로 옮겨 잡는다.) "저것이 정말 사탕인가요?" (망설인다.) "다른 걸상에 올라가면 사탕을 꺼낼 수 있을 거야. 걸상에 올라가서 사탕을 꺼내자." (두 번째 걸상에 올라간다.) "아니야, 꺼낼 수 없어. 막대기를 사용해 보자." (막대기를 잡고서 사탕을 두드린다.) "이제 사탕이 움직일 거야." (사탕을 두드린다.) "사탕이 움직였어. 걸상 위에서는 사탕을 꺼낼 수 없었지만, 하지만, 하지만 막대기는 쓸모 있었어." (Levina, 1938)

이와 같은 실험을 통해 Vygotsky는 아동이 말하기의 도움을 받아 과제를 해결한다는 사실을 발견하였다. 즉, 목표를 달성하는 데 있어 언어가 중요한 역할을 한다는 것이다. 그는 이처럼 혼잣말의 형태로 나타나는 언어를 사적 언어(private speech)라고 하였다. 사적 언어는 외부의 사회적 지식을 내부의 개인적 지식으로 바꾸어 주는 기제이며, 자기 자신의 생각을 조절하고 반영하는 수단이다. 사적 언어는 어린 아동에게서 쉽게 발견되며 복잡한 과제일수록, 직접적으로 해결할 수 없는 과제일수록 더 많이 사용된다. 즉, 아동은 자신의 실제 능력보다 약간 더 어려운 문제에 직면했을 때 사회적 언어를 통해 주변 사람의 도움을 구하거나, 자신의 행동에 수반되는 혼잣말을 함으로써 문제를 해결하고자 노력한다. 그러나 과제를 수행하는 동안 아동에게 말을 하지 못하게 하면 주어진 과제를 완수하지 못할 수도 있다. 여러 연구에 따르면, 사적 언어를 열심히 사용한 아동이 그렇지 않은 아동보다 복잡한 과제를 더 효과적으로 학습하는 것으로 나타났다(Emerson & Miyake, 2003; Schneider, 2002).

성장하면서 사적 언어는 내적 언어로 변환되어 우리는 더 이상 밖으로 소리

내어 말하지 않는다. 하지만 이 사적 언어는 여전히 중요한 역할을 한다. 성인도 밖으로 소리 내어 말하지 않을 뿐 머릿속으로 끊임없이 혼잣말을 한다. 심지어 밖으로 소리 내어 혼잣말을 하기도 한다. 특히 당황할 때나 불확실한 상황에서 혼잣말이 많아진다.

2) Vygotsky 이론의 비판점

Vygotsky의 이론은 다음과 같은 점에서 비판을 받는다(Wertsch & Tulviste, 1994).

첫째, Vygotsky의 이론은 유럽 중심적인 경향을 보였다. 그 당시 러시아인은 유럽의 문화, 특히 프랑스의 문화가 러시아를 비롯한 다른 나라에 비해 우월하다고 평가하고 유럽의 문화를 동경하는 경향이 있었다. 이러한 영향을 받은 Vygotsky는 다른 문화에 비해 우월한 문화가 존재한다고 생각하였고, 유럽의 문화적 도구와 정신기능이 다른 민족의 문화보다 우월하다고 생각하였다.

둘째, Vygotsky는 생물적 인지발달에 대해 거의 언급하지 않았으며 명확하게 설명하지 않았다. 그는 문화적 영향력이 생물적 인지발달에 미치는 과정에만 초점을 맞추었을 뿐, 생물적 인지발달이 문화의 영향을 받은 인지발달에 어떠한 영향을 미치는지에 대해서는 거의 언급하지 않았다.

셋째, Vygotsky는 아동의 발달이 환경의 산물이므로 개체의 능동적인 발달이 일어나기 어렵다고 주장하였다. Vygotsky는 환경이 발달의 원천이므로 발달의 일차적인 힘이 개인 밖에서 온다고 설명하는데, 이런 관점에서 보면 개인이 발달을 위해 능동적으로 할 수 있는 것은 거의 없어 보인다. 따라서 그의 이론은 인간의 창의성과 개혁성을 충분히 설명하지 못한다는 점에서 비판을 받는다.

이 외에도 Vygotsky가 제안한 근접발달영역은 개념적으로 이해가 가능하지만 실제 측정이 어렵다는 한계점을 가진다.

3) Vygotsky 이론의 교육현장에서의 시사점

Vygotsky의 인지발달이론이 교육현장에 시사하는 바는 다음과 같다.

첫째, 수업은 발달에 선행하도록 계획되어야 한다. 즉, 교육장면에서 교사의 지도는 실제적 발달 수준보다 발달 가능한 잠재력을 고려해야 한다. Vygotsky는 학교교육에서 학생들이 혼자서 공부를 하도록 하는 것은 아동의 인지발달을 늦춘다고 하였다. 따라서 교사는 아동의 근접발달영역을 찾아낸 후 근접발달영역 내에서 수업을 이끌어 나가야 한다.

둘째, 협동학습을 적극적으로 활용한다. Vygotsky는 친구와의 상호작용이 아동의 사고를 향상시키는 데 매우 가치가 있음을 인정하였다. 그의 이론은 함께 과제를 수행하면서 서로 배울 수 있는 협동학습의 활용을 지지한다. 친구들과의 상호작용은 근접발달영역 내에서 이루어지며, 서로에게 좀 더 발전된 모델을 제공해 준다. 또한 협동학습은 아동의 내적 언어를 소리 내어 말하도록 이끌며, 이는 친구들의 각기 다른 추론과정에 대한 통찰을 얻을 수 있게 해 준다. 이때 주의할 점은 집단을 구성할 때 아동의 능력 수준이 서로 다르도록 해야 한다는 것이다. 더 뛰어난 친구가 가르쳐 줌으로써 근접발달영역 안에서의 성장을 촉진할 수 있다.

셋째, 문제해결을 위해 사적 언어를 활용하도록 지도한다. 어떤 초등학교 교사는 수업시간이 매우 조용해야 한다고 생각한다. 하지만 아동으로 하여금 사적 언어 사용을 부끄러워하지 않고 적극적으로 활용하도록 지도해야 한다. 그리고 조금 소란스러운 교실환경을 감내해야 한다.

넷째, 비계설정을 활용한다. 학교에서 학습자에게 다양한 비계설정을 제공해 주면 학생들이 해결할 수 있는 문제의 범위는 넓어진다. 따라서 학생들이 문제 해결에 어려움이 있을 때 교사는 부분적으로 해답을 제공하거나, 적극적으로 시범을 보여 주거나, 학생들이 자신의 사고과정을 소리 내어 말할 수 있도록 허용해야 한다.

3. Piaget와 Vygotsky의 공통점과 차이점

Piaget와 Vygotsky의 인지발달이론은 학습자를 소극적인 존재가 아닌 지식을 구성해 나가는 적극적인 존재로 파악하고, 발달이 환경과의 역동적인 상호작용을 통해 이루어진다는 점에서 견해를 같이한다. 특히 두 학자 모두 강의와 설명식 교수법 대신 학생들이 인지활동을 활발히 할 수 있는 학습활동을 설계해야 한다고 주장한다. 그러나 두 학자는 아동과 발달에 대한 이해, 인지발달과 학습의 관계, 인지발달과 언어의 관계에 대해서는 서로 다른 견해를 가진다.

1) 아동과 발달에 대한 이해

Piaget는 아동을 잠재력이 있는 꼬마 과학자로 보았다. 그리고 개인 내적 지식이 사회적 지식으로 확대·외면화되면서 지식이 형성되어 나간다고 하였다. 따라서 과학자로서 갖추어야 할 조작능력의 발달에 따라 인지발달단계를 구분하였으며, 과학자로서의 성장 가능성을 극대화하고 내적 지식을 쌓을 수 있는 풍부한 물리적 환경의 조성을 중요시하였다.

반면, Vygotsky는 아동을 사회적 존재로 보았다. 그의 이론에 따르면, 인간은 혼자 행동할지라도 본질적으로 사회·문화적이다. 지식 형성과정 또한 사회적 지식이 개인 내적 지식으로 내면화되는 것이다. 즉, 인간은 외부의 간섭에서 자유로울 수 없고 사회·문화의 영향을 받으며 성장하는 존재이다. 따라서 그는 아동의 인지발달을 위하여 사회·문화 그리고 역사적 환경이 잘 조성되어야 한다고 주장하였다.

2) 인지발달과 학습

Piaget는 발달이 학습에 선행한다고 보았다. 즉, 발달에 기초하여 학습이 이루어진다고 주장하였다. 개인의 발달 수준이 사고의 질을 결정하며 현재의 발달 수준을 넘어선 교육을 제시한다면 학습이 일어나지 못한다고 보았다.

Vygotsky는 학습이 발달에 선행하며 발달을 주도한다고 주장하였다. 발달과정은 학습과정에 뒤처지는 것으로 보며 아동이 혼자는 할 수 없어도 부모나 교사의 도움으로 문제를 해결할 수 있다고 보았다.

3) 인지발달과 언어

　Piaget는 언어를 인지발달의 부산물로 보았다. 즉, 인지발달의 수준에 따라 그에 맞는 언어발달이 자연스럽게 뒤따른다는 것이다. 반면, Vygotsky는 인지발달과 언어발달이 상호 독립적이며, 언어는 학습과 발달을 매개하는 중요한 요인이라고 하였다.

　혼잣말에 대해서도 Piaget와 Vygotsky는 서로 견해를 달리한다. Piaget는 혼잣말을 자기중심적 언어(egocentric speech)로 표현하며, 혼잣말을 가장 많이 하는 시기인 전조작기 유아의 미성숙하고 자기중심적인 성향을 대변해 주는 것이라고 하였다. 반면, Vygotsky는 혼잣말을 사적 언어라고 표현하며, 자신의 사고와 행동을 지도하기 위한 수단, 문제해결을 위한 사고의 도구로서 기능한다고 하였다. Vygotsky의 이론에 따르면, 처음에는 언어가 다른 사람과의 상호작용을 하기 위해서 필요하지만 나중에는 내적 언어로 전환되어 아동의 사고를 조직화하는 데 중요한 역할을 한다.

표 2-3 Piaget 이론과 Vygotsky 이론의 차이점

	Piaget	Vygotsky
아동관	꼬마 과학자	사회적 존재
지식 형성과정	개인 내적 지식이 사회적 지식으로 확대 또는 외면화된다.	사회적 지식이 개인 내적 지식으로 내면화된다.
환경	물리적 환경 중시	사회·문화, 역사적 환경 중시
학습과 발달의 관계	발달에 기초하여 학습이 이루어진다.	학습은 발달을 주도한다.
인지발달과 언어	언어는 인지발달의 부산물이다. 인지발달 후 언어발달이 이루어진다.	인지발달과 언어발달은 상호 독립적이며, 언어는 학습과 발달을 매개하는 역할을 한다.
혼잣말	미성숙하고 자기중심적인 성향을 대변하는 표상이다.	자신의 사고와 행동을 지도하기 위한 수단, 문제해결을 위한 사고의 도구이다.

연구문제

1. 선행학습에 대해 옹호 또는 반대하는 입장을 인지발달이론에 기초하여 논하시오.

2. 학습자의 인지발달을 촉진하기 위해 어떠한 교수 · 학습방법을 사용할 수 있는지 논의하시오.

제3장

성격 및 사회성 발달

영은이는 학교에서 성적이 매우 우수한 학생이다. 그러나 쉬는 시간에도, 점심시간에도 언제나 혼자 지낸다. 영은이가 혼자 지내는 것을 힘들어하지는 않지만, 정말 학교생활에 문제가 없는 걸까? 왜 영은이는 다른 친구들과 어울리지 못하는 것일까?

아동은 신체·인지 발달과 함께 다른 사람과 상호작용하는 방법을 발달시켜 나간다. 학습자의 대표적인 정의적 특성인 성격과 사회성은 학교 학습활동 전반에 큰 영향을 미칠 뿐 아니라 성인이 되어 사회 구성원으로서 살아가는 데도 매우 중요한 역할을 한다. 따라서 교사는 아동을 가르치고, 그들과 성공적으로 상호작용하기 위해 이러한 아동의 성격발달을 이해해야 한다.

1. 성격발달

병욱이는 새 학년이 되어 새로운 담임교사와 반 친구들을 만나게 되었다. "담임 선생님은 어떠시니?"라는 엄마의 질문에 병욱이는 "선생님 성격이 진짜 좋아."라고 답하였다. 성격이 좋다는 것이 의미하는 것은 무엇일까? 도대체 선생님의 무엇이 어떻다는 말인가?

우리는 사람들이 성격에 대해 이야기할 때 '성격이 좋다' 또는 '성격이 나쁘다'로 평가하는 경우를 종종 보게 된다. 그러나 성격은 좋고 나쁘다는 이분법적인 잣대로 표현하기에는 대단히 복잡하고 다양한 성질을 가지고 있다. 누군가의 성격에 대해 묘사하는 것은 다양한 정보를 통해 그 사람을 특징짓는 속성을 파악하려고 하는 시도로 볼 수 있다. 즉, 어떤 사람에 대한 일관성 있는 느낌이 성격으로 묘사된다.

성격에 대한 정의는 관점에 따라 다양하다. Allport(1961)는 성격을 한 개인의 독특한 행동과 사고 및 감정의 양상을 창조해 내는 개인 내부의 심리·신체적 체계의 역동적인 조직으로 정의하며, Sullivan(1953)은 인간 상호 관계 속에서 개인의 행동을 특징지어 주는 지속적인 심리적 특성으로 묘사하고 있다. 일반적으로 성격은 한 개인의 가장 현저하거나 또는 지배적인 특징으로 간주된다

(Mischel, 1986).

이 절에서는 정신분석이론에서의 Freud의 성격발달 견해와 이를 발전시킨 Erikson의 성격발달이론을 살펴보기로 한다.

1) Freud의 심리성적 발달이론

Sigmund Freud는 정신분석학(psychoanalysis)에서 성격발달단계를 최초로 설정하였고 성격이 생물적 성숙 요인에 의해 형성된다고 보았다. Freud는 정신결정론(psychic determinism)의 입장을 취하고 있고, 어릴 적 한번 형성된 성격은 회복 불가능하다고 주장한다. Freud는 청년기 이후 성인기에 대해서는 자세히 언급하지 않았고 성격발달에서 초기 아동기 경험의 중요성을 강조함으로써 그 후 아동기에 대한 연구에 많은 자극을 주었다.

Freud(1960)의 이론에서 의식은 수면 위로 드러난 빙산의 부분과 같이 마음 전체 중에서 표면에 해당하는 것이며, 빙산의 대부분이 수면 아래에 있는 것처럼 마음의 대부분은 무의식으로 존재한다. 따라서 인간의 심리현상과 행동은 주로 무의식에서 비롯된다.

> **정신결정론**
> 인간의 외적인 행동, 감정, 생각은 정신 내적인 원인에 의해 결정됨. 인간의 정신에서 우연히 일어나는 일은 없으며, 정신적 현상이나 심리적 경험에 원인이 있음

● Sigmund Freud (1856~1939)

Sigmund Freud는 오스트리아의 신경학자로 1859년 가족이 비엔나로 이주한 후 평생을 오스트리아에서 보냈다. 의과대학에서 신경의학(neurology)을 공부하였고 이후 히스테리 증상에 대해 연구하였는데, 환자들이 최면(hypnosis)을 통해 무의식으로 억압된 감정을 드러내도록 함으로써 히스테리 증상 치료에 성공하였다. 그러나 최면이 모든 환자에게 효과적이지 않다는 것을 깨닫고, 마음속에 떠오르는 생각을 자유롭게 이야기함으로써 무의식 속의 사고와 감정에 도달하게 하는 자유연상법(freeassociation)을 개발

하여 환자를 치료하였다. 1896년 이 치료법을 '정신분석'이라고 명명한다. 1900년 이후 꿈, 착각, 해학과 같은 정상 심리도 연구하고 소아성욕론도 주장하였다. 주요 저서로는 『히스테리의 연구(Studien über Hysterie)』(1895), 『꿈의 해석(Die Traumdentung)』(1900), 『성(性)이론에 관한 세 편의 논문(Drei Abhandlungen Zur Sexualtheorie)』(1905), 『정신분석입문(Abriß der Psychoanalyse)』(1917) 등 다수가 있다.

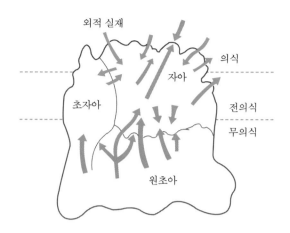

[그림 3-1] Freud의 성격 구조

원초아
태어날 때부터 가지고 있는 정신에너지의 원천적 저장고. 성욕이나 공격욕과 같은 본능적 충동을 주관하며 쾌락원리(pleasure principle)를 따름

자아
원초아의 욕구가 현실적으로 합당한 방법으로 만족을 얻을 수 있는 방도를 모색하고 계획함

초자아
사회적 가치와 도덕이 내면화된 것으로, 무엇이 옳고 그른가를 판단하는 원천이 되며 행동을 규제함

고착
각 발달단계에서 추구하는 욕구가 불충족되거나 과잉 충족되면 다음 단계로 발달하지 못하고 그 단계에 머무르게 됨

Freud는 성격을 **원초아**(id), **자아**(ego), **초자아**(super-ego)로 나누는데, 이 세 구조는 각기 고유한 기능과 특성, 기제 및 역동성을 가지고 있지만 서로 밀접하게 관련되어 있다. 원초아는 자아와 초자아가 작동하는 데 필요한 정신에너지를 제공한다. 인간은 태어난 직후에는 원초아만이 존재하지만 성장하면서 현실적인 제약과 다양한 요구에 직면하면서 자아가 발달하고, 초자아는 부모나 양육자와의 지속적인 관계에 의해 내면화된 사회의 이상과 가치를 자아에 요구하게 되면서 발달한다. 인간의 행동은 세 구조 간의 상호작용으로 나타나며 이들의 균형이 깨질 때 문제가 생긴다.

Freud는 성격이 생의 초기 몇 년 동안에 생물적·성적으로 관련된 욕구와 사회의 요구 사이에서 갈등을 처리하면서 형성된다고 믿었다. 그의 이론은 태어나서 5세까지의 유아기 경험이 성격발달에서 가장 중요하다고 보고 유아교육의 중요성을 일깨워 주었다. 그는 어떤 행동을 추진하게 하는 무의식적인 동기의 추진력(motivational forces)을 의미하는 본능적 욕구 개념을 제시하였다. 성격발달에 가장 영향력이 큰 것은 성 본능이며, 성적 에너지인 리비도(libido)가 일생 동안 정해진 순서에 따라 구강, 항문 및 성기와 같은 다른 신체 부위에 집중된다고 보고 일련의 발달단계를 기술하고 있어서 그의 이론을 심리성적이론(psychosexual theory)이라고 한다. 각 단계에서 아동이 성적 쾌감을 충분히 느끼지 못하여 욕구 불만이 생기거나 지나치게 몰두하면 **고착**(fixation)현상을 일으켜 다음 단계로 순조롭게 발달이 이루어지지 못한다. 발달과정에서 해결되지 못한 성격의 문제는 무의식 가운데서 계속 활동하다가 수년 후에 신경증의 원인이 되기도 한다.

(1) Freud의 심리성적 발달 5단계

① 구강기(Oral, 0~18개월)

구강기는 출생부터 18개월까지를 지칭하며, Freud는 이 단계를 'I get' 단계로 표현한다. 영아는 리비도가 입으로 집중되어 입, 혀, 입술을 통해 젖을 빠는 데서 쾌감을 느끼며 유아성욕(infantile sexuality)을 충족한다. 유아는 자아중심적이고 자신의 욕구중심적이다. 다른 대상에 대한 개념이 없어서 자기애와 자아도취가 특징적이다. 유아는 욕구를 충분히 만족하지 못하거나 과잉충족을 하게 되면 성격적 결함을 나타내는데, 구강기 성격적 결함은 손가락 빨기, 손톱 물어뜯기, 과식과 과음, 지나친 음주, 흡연, 약물남용 등의 특성을 나타낸다. 구강기 욕구가 적절히 충족되면 낙천적이고 먹는 것을 즐기는 성격이 된다.

② 항문기(Anal, 18개월~3세)

항문기는 18개월부터 3세까지로 리비도의 방향이 항문으로 이동하는 'I control' 단계를 말한다. 이 시기는 흔히 배변 훈련 시기이기도 한데 배설물을 참고 보유하거나 배출하는 데에서 쾌감을 얻는다. 유아는 본능을 충족하고 싶지만 배변 훈련자(부모)에 의해 자기 본능을 마음대로 충족할 수 없다. 따라서 자신의 욕구를 통제하는 배변 훈련자에 대해 적대감이 생기고, 이러한 적대감과 부모의 사랑을 받으려고 하는 욕구 간의 갈등을 해결해야 한다. 이때 청결, 질서, 정확함, 순종적 또는 반항적 태도를 발전시키게 된다. 부모가 대소변 가리기를 엄격하게 훈련하면 이 시기에 고착현상을 보이게 되고 성인이 되어서 항문기적 성격의 소유자가 된다. 항문기적 성격은 어지르고 무질서하며 물건을 낭비하는 특성을 나타내거나, 지나치게 깨끗한 것과 완전한 것을 찾는 결벽성 또는 완벽주의자의 특성을 나타낸다. 또한 배설활동을 통해 어머니를 조종하려고 하므로 다른 사람을 지배 또는 조종하려는 성격이나 규칙, 규범에 대한 맹종형, 구두쇠와 같은 인색한 성격 등의 양극적인 성격의 소유자가 된다. 부모가 대소변 통제를 적절하게 훈련시키면 성장해서 생산적이고 창의적인 사람이 된다.

③ 남근기(Phallic, 3~6세)

남근기는 3세 이후부터 5세까지를 말하며 'I am a Man' 단계이다. 이 시기는 아동이 성기에 관심을 가지게 되는 시기로서, 아동은 순진무구하지 않다는 Freud의 가설을 가장 단적으로 나타내는 단계이다. 남근기에는 가족의 로맨스가 생기는데, 남아는 오이디푸스 콤플렉스(Oedipus complex)를 갖는다. 오이디푸스 콤플렉스는 남아가 자기 어머니에게 성적인 애정을 가지고 아버지를 애정의 경쟁자로 생각하여 적대감을 갖게 된다는 것이다. 이러한 적대감 때문에 아버지에 대한 갈등이 야기되고 우세한 아버지가 자신의 성기를 제거할 것이라는 거세 불안을 가지게 된다. 거세 불안을 감소시키기 위해서 어머니에 대한 성적 욕망과 아버지에 대한 적대감을 억압하여 어머니의 인정을 얻게 되고, 자신과 성이 같은 아버지의 남성다움을 갖기 위해서 아버지와 동일시하게 된다. 여아는 아버지에 대한 성적 애착을 갖게 되는데 이를 엘렉트라 콤플렉스(Electra complex)라 부른다. 여아는 남근이 없기 때문에 남근을 갖고 싶어 하는 남근 선망을 갖는 동시에 열등감을 갖게 된다. 남근기 갈등의 성공적 해결은 동성 부모와의 동일시를 이룩하여 남성적·여성적 성격을 형성하며 자아와 초자아를 발달시키는 것이다. 이 시기에 고착되면 남근기적 성격 소유자가 된다. 남근기적 성격은 남성다움을 과시하거나 과장하고 야심적, 공격적이며 경쟁적 관계를 조절하는 능력이 부족하다. 성인이 되어 성불능이나 불감증 등의 성적 문제를 갖게 되기도 한다.

④ 잠재기(Latency, 6~11세)

잠재기는 6세부터 사춘기가 시작되기 전 11세까지를 말한다. 이 시기는 다른 단계에 비해서 평온한 시기로 성적 욕구가 억압되어서 앞의 세 단계에서 가졌던 충동이나 상상, 욕구 등이 잠재되어 있다. 사회관계를 확장하는 시기로 이성에 대한 관심은 줄어들고 동성 친구들과 어울리게 된다. 성적인 에너지가 지적 탐색을 통해 발휘됨으로써 실생활을 살아가는 기본적인 기술과 사회 속에서 다른 사람과 관계 맺는 것을 배운다. Freud는 이 시기에 도덕성이나 심미성이 강화된다고 보았고, 이 시기가 성격발달에서는 크게 중요하지 않다고 주장하였다. 그러나 이 시기에 고착될 경우에는 과도한 성욕의 억압에서 오는 수치감, 혐오감 등이 생길 수 있다고 하였다.

⑤ 성기기(Genital, 11세~　)

사회성이 발달하는 사춘기에 접어들면서 잠복해 있던 성적 욕구가 활발해지기 시작한다. 이제는 진정한 사랑의 대상을 찾아 만족을 얻기 원하므로 이성과 친밀한 관계를 형성하고, 일하는 것을 통해 사회에 기여하고자 한다. 남근기를 원만하게 거쳐 오지 못한 경우에는 이 시기에 생기는 성적 에너지를 적절하게 처리할 수 없어서 이성과의 성숙된 사랑을 할 수 없고 원만한 관계를 가질 수 없게 된다. 또한 이성에 대한 적응 곤란 및 일반적인 권위에 대한 반항심이 생긴다. Freud는 성기기까지 고착현상을 보이지 않고 원만한 발달을 이룬 사람은 세상에 대해 객관적인 시야를 갖게 되어 이타적이고 성숙한 성격의 소유자가 된다고 하였다.

(2) Freud 이론에 대한 시사점 및 비판점

Freud는 성격은 항상 움직이고 있는 역동적 성질을 가지는 것으로 성격 내부의 각 힘이 서로 조화를 이루어 작용하기도 하지만 상반되게 작용하기도 하여 끊임없이 수정되고 변형되는 것이라고 가정하였다. 그의 이론은 성격발달에 관한 중요한 기초 가설을 제공한다는 것과 건전한 성격의 아동을 키우기 위해 생리적 본능을 적절한 시기에 잘 충족하도록 도와야 함을 시사했다는 점에서 의미를 갖는다. 정신건강은 개인 내적인 힘들 간의 조절과 균형이 중요하다. 내면의 욕망에 집착하거나 완벽하게 도덕적으로 행동하려는 것은 원만하고 성숙한 성격 형성에 좋지 않다.

Freud의 이론은 다음과 같은 비판을 받았고 이후 Erikson은 이러한 비판점을 고려하여 Freud의 이론을 발전시켰다.

첫째, Freud의 발달이론은 가설적 실험 검증보다는 성인 정신병 환자의 치료과정에서 얻어진 자료에 근거하여 추론된 것이어서 비과학적이라는 비판을 받고 있다. 신경증의 치료과정에서 형성된 이론이 과연 일반 사람의 성격을 일반적으로 설명하는 데 적절한가의 문제이다.

둘째, 그의 이론은 성격이 생물적 성숙 요인에 의해서 형성되며 학령 전에 모든 중요한 성격이 형성된다고 주장하는 점에서 비판받고 있다. 인간의 성격은 생물적 성숙 요인의 영향을 받긴 하지만 성장과정에서의 환경적 영향을 크게 받는다. Vaillant(2002)는 『행복의 조건(Aging Well)』에서 하버드 대학교 연구팀이 1930년대 말에 입학한 2학년생 268명의 삶을 72년 동안 추적 연구한 결과를 소개하고 있는데, 어린 시절의 초기 경험이 성인이 된 이후의 성공, 행복과 관련되지 못하였다고 밝히고 있다. 정서적으로 안정된 어린 시절을 보낸 사람이 성인기 이후 행복하고 만족스러운 삶을 살게 될 확률이 높긴 했으나, 초기 경험보다는 그 이후의 삶에서의 환경적 영향이 노년의 행복하고 건강한 삶에 더욱 관련된다.

셋째, 그의 이론은 성적인 면을 지나치게 강조하고 있고 이에 대한 설명이 타당하지 못하다. 성적 본능인 리비도가 인간행동을 설명하기에 충분한가에 대해 논란이 있으며, 남아의 성역할 발달에 대한 이해를 확대하여 여아의 성역할 발달을 설명하고 있어서 여아의 성역할 발달을 제대로 설명하지 못하고 있다.

2) Erikson의 심리사회적 발달이론

Erik Erikson(1963, 1968)은 Freud의 이론을 사회 · 환경적 상황과 연계하여 확대하였다. 즉, 인간의 생애는 신체적 · 심리적으로 성장하는 유기체가 사회적 영향과 상호작용하면서 형성되므로, 생애주기를 통한 발달적 변화, 사회적 · 역사적 요인에 기초해 성격을 이해하는 것이 중요함을 강조하였다. Freud가 발달 초기의 경험이 성인의 정신병리를 일으키는 것을 설명하려 했다면, Erikson은 인간이 발달 시기에 따라 겪게 되는 중요한 인생 문제를 어떻게 극복하며, 이를 제대로 극복하지 못했을 때 성장한 후 어떤 어려움을 갖게 되는가를 설명함으로써 우리의 삶을 이해하는 데 초점을 두었다. Erikson은 점진적 분화의 원리(epigenetic principle)에 의해 심리사회적 발달이 이루어진다고 보고, 아동의 자아정체감 발달과 사회화에 관심을 기울였다. 또한 인간발달과 관련하여 최대의 관심을 기울여야 할 것은 자아라고 간주하고, 성적인 욕구를 중심으로 한 원초아를 인간 행동의 기초가 된다고 한 Freud와는 대조적으로 자아를 자율적인 성격구조로 보았다. 그는 생애주기를 8단계로 나누어 각 단계를 통하여 나타나는 자아의 특성

점진적 분화의 원리
발달이 선천적으로 예정된 시점에 따라 이루어진다는 것으로 어떤 발달이 정해진 시기에 이루어지지 못하면 결함으로 남음

Erik Erikson은 덴마크계 미국인 발달심리학자이자 정신분석학자이다. 그는 독일 프랑크푸르트에서 덴마크인 부모(어머니는 유대인)에게서 태어났다. 3세 때 아버지가 사망한 후 어머니의 재혼으로 유대인 의부를 갖게 된다. 어린 시절 그는 주위의 유대계인과 구별되는 덴마크인 용모로 인해 정체성 문제를 심하게 겪었고, 이 때문에 자아정체감이 그의 이론에서 중심이 되었던 것으로 보인다. 오스트리아 빈의 사립학교에서 교사를 하게 되면서 Sigmund Freud의 딸인 Anna Freud를 알게 되었고, 이후 정신분석학자가 되었다. 히틀러의 탄압으로 유럽을 떠나 미국에 정착한 후 아동분석가로 활동하고 인디언에 관한 문화인류학적 연구를 하였으며, 예일 대학교와 하버드 대학교에서 교수로 재직했다. Erikson이 Freud의 이론을 바탕으로 하여 사회 속에서의 개인의 성격발달에 대한 이론을 만들 수 있었던 것은 이민과 강제 이주, 인디언 문화 연구 등 그의 개인적인 체험에서 각 문화 사이의 비교 연구가 있었기 때문이다.

에 초점을 맞추고 이러한 인간발달은 모든 인간에게 공통적이라는 가정을 세웠다. Freud는 초기 아동기 경험을 중시하고 남근기 이후에는 성격이 변화되기 어렵다고 보고 있지만, Erikson은 사회적 경험의 영향을 강조하며 전 생애에 걸친 성격발달을 설명하고 성인도 발달과정에 있음을 설명한다.

성격의 단계는 미리 예정되어 있고 그 순서가 불변한다고 가정한 것은 Freud의 이론과 유사하다. 생애주기의 각 단계에는 그 단계가 우세하게 출현되는 최적의 시간이 있고, 또 모든 단계가 계획대로 전개될 때 완전한 기능을 하는 성격이 형성된다고 하였다. 각 단계에는 심리사회적 위기(psycho-social crisis)가 있으며, 각 단계의 위기를 성공적으로 해결했을 때 성격발달이 제대로 이루어진다고 보았다. 모든 사람이 심리사회적 위기를 같은 시기에 같은 정도로 경험하는 것은 아니며, 제시된 시기는 위기를 해결하기에 가장 적절한 시기를 나타낸 것이지 그때만 가능한 것은 아니다. 또한 어느 한 단계를 성공적으로 해결하지 못한다 하더라도 다음 발달단계를 겪게 된다고 보았다. 각 단계마다 해결해야 하는 발달적 위기를 잘 해결하지 못한 사람은 이후에도 계속 그 문제에 부딪히게 된다. Erikson은 자아의 중요성과 인간발달의 사회적 측면을 강조하였고, 인간관계를 가족, 사회, 문화와의 관련성 속에서 더욱 포괄적으로 설명했기 때문에 그의 이론을 **심리사회적 발달이론**(psycho-social development theory)이라고 한다.

심리사회적 발달이론
개인의 정서적 욕구와 사회적 환경의 관계를 서술하는 이론

표 3-1 Erikson의 심리사회적 발달단계

심리사회적 위기	연령	주요 사회관계	주요 특징	바람직한 결과
신뢰 대 불신	출생 ~ 18개월	어머니 (양육자)	유아는 일관성 있는 양육자에 대한 사랑과 신뢰감을 형성하며 양육자의 거부적 태도는 불신감을 발달시킨다.	신뢰, 희망
자율성 대 수치 및 의심	18개월 ~ 3세	부모	걷기, 잡기 등 통제를 포함하는 신체적 기술의 발달이 이루어지도록 허용하고 격려할 때 자율성이 발달한다. 도움이 부족하거나 과잉보호하는 것은 자신의 능력에 의심을 갖게 하여 수치심이 형성된다.	의지
주도성 대 죄의식	3~ 6세	가족	탐색할 수 있는 자유를 허용하고 아동의 질문에 충실히 답해 줄 때 주도성이 발달한다. 아동의 활동을 제한하거나 간섭하고 질문에 불성실하게 대하면 죄의식이 형성된다.	목적, 의도
근면성 대 열등감	6~ 12세	이웃, 학교	새로운 것을 학습할 기회를 부여하고, 성취한 것에 대한 인정을 받으면 근면성이 발달한다. 성취할 기회를 갖지 못하거나 결과에 대해 비난을 받으면 열등감이 형성된다.	유능감
정체감 대 역할혼미	청년기	또래집단, 리더십 모델	자신의 존재, 가치에 대한 인식이 정체감을 발달시킨다. 신체적 불안감, 성역할과 직업선택의 불안정은 역할혼미를 초래한다.	성실, 충성
친밀성 대 고립	성인 전기	친구, 연인, 회사 동료	타인과 친밀한 인간관계를 유지하는 능력을 발달시킨다. 친밀한 관계 형성에 실패하면 고립감을 느끼게 된다.	사랑
생산성 대 침체	성인 중기	노동 분화와 가사 분담	자녀나 다음 세대의 지도과정에 참여하여 타인과 사회를 위해 노력할 때 생산성이 발달한다. 이러한 활동에 참여하지 못할 때 침체감에 빠진다.	배려
통합성 대 절망	노년기	인류	자신의 인생이 만족스러웠다고 회상하고, 있는 그대로의 자신을 수용하고, 인생에 대한 관조를 할 수 있을 때 통합성이 형성된다. 인생을 후회하고 죽음을 두려워할 때 절망감에 빠진다.	지혜

(1) Erikson의 심리사회적 발달 8단계

① 1단계(출생~18개월): 신뢰 대 불신(trust vs mistrust)

1단계는 Freud의 구강기에 해당된다. Erikson은 이 시기가 인생의 초기 단계이므로 가장 중요하다고 보았다. 어머니는 어린아이의 세계에서 최초의 가장 중요한 존재로서, 이 단계에서 영아가 가지는 사회관계는 주로 어머니와의 관계이다. 어머니는 음식이나 애정을 통해 영아의 욕구를 충족해 주어야 하며, 어머니가 영아의 욕구를 충족해 주면 영아는 어머니를 신뢰하게 되면서 기초적 신뢰감을 형성한다. 예를 들어, 영아가 오줌을 쌌거나 배가 고플 때 어머니가 곧 이를 알아차려 영아의 요구에 잘 반응해 주면, 영아는 이런 경험에 기초해 다음에 비슷한 사태에 부딪혔을 때에도 어머니가 곧 자신의 필요를 충족해 주거나 고통을 덜어 줄 것이라고 기대하게 된다. 하지만 이때 어머니가 적절히 반응해 주지 못하거나 일관성 없이 대하면 영아는 좌절하고 불신감을 갖게 되는데, 이는 발달단계의 전 과정 동안 지속될 수 있다.

인생의 초기 단계에 신뢰감을 형성하는 것은 후에 맺게 되는 모든 사회관계에서의 성공 여부와 관련되어 있기 때문에 이 시기를 가장 중요한 시기로 보고 영아가 기본적 신뢰감을 경험하도록 해야 한다.

② 2단계(18개월~3세):
자율성 대 수치 및 의심(autonomy vs shame and doubt)

2단계는 Freud의 항문기에 해당된다. 이 시기의 유아는 여러 개의 상반되는 충동 사이에서 스스로 선택을 하고자 하며, 이러한 과정을 통하여 자신의 의지를 나타내고자 한다. 유아는 괄약근의 발달로 대소변의 통제가 가능해지고, 부모의 배변 훈련을 통해 사회의 기대와 사회적으로 적합한 행동을 알게 된다. 그런데 배변 훈련과정에서 실수를 하거나 부모가 너무 엄격하게 배변 훈련을 하는 경우, 유아는 수치심을 갖게 된다. 수치심이란 자신이 타인의 눈에 좋게 보이지 않는다고 생각할 때 갖는 느낌이다. 예컨대, 오줌을 싼 유아는 타인이 자신의 이러한 모습을 볼까 봐 부끄러워하게 된다. 수치심은 자신이 강한 존재가 아니며, 결국은 타인에 의해 자기가 통제받는다는 것을 느끼면서 나타나게 된다.

이 시기의 유아는 여러 개의 충동 가운데서 어떤 것을 스스로 선택하고자 하고 이를 통해 자신의 의지를 나타내려는 자율성을 갖는다. 자기 발로 서서 걷게 되면서부터 주위를 혼자서 열심히 탐색하게 되고, 음식도 남의 도움을 받지 않고 자신의 힘으로 먹으려고 한다. 이러한 자율성은 그들의 언어에서도 나타나는데, 예를 들어 '나' '내 것' 등의 말을 자주 반복하여 사용하며, 특히 '안 해!' '싫어!'라는 말을 씀으로써 자기주장을 표현한다. 부모가 유아로 하여금 자율적으로 무엇인가를 할 수 있도록 언제라도 잘 이끌어 주는 태도를 보일 때 유아는 자율성을 획득할 수 있다. 너무 엄격한 부모는 유아에게 무능감을 주게 되고, 이 때문에 유아는 사회가 기대하는 만큼 행동을 적절하게 수행하지 못하는 자신의 능력에 대해 수치심을 가지게 된다.

③ 3단계(3~6세): 주도성 대 죄의식(initiative vs guilt)

3단계는 Freud의 남근기에 해당된다. 이 단계의 아동은 언어능력과 운동기능이 성숙하면서 매우 공격적으로 환경을 탐색하고, 성인의 활동에 열정을 보이고 성인의 일에서 자기의 능력을 평가해 보려 한다. 아동은 자유롭게 움직이는 것을 허락하는 부모와 가족에 의해 주도성을 격려받게 되며, 자신이 독립적임을 확신하고 어떤 사람이 될 수 있는지 발견한다. 아동은 목표나 계획을 세울 수 있고 이러한 목표와 계획을 이루려는 목표지향적인 행동을 하게 된다. 그러나 이 시기에 아동이 무언가를 주도적으로 하려 할 때 부모가 심하게 꾸짖거나 자신이 세운 계획이나 목표를 이루지 못하는 것을 경험하면 죄의식을 느낀다. 부모가 아동의 주도적 활동과 환상(오이디푸스 콤플렉스)을 처벌하거나 억제하면, 아동은 새로운 활동을 나쁜 것이라고 느끼고 죄책감을 발달시킨다.

부모나 교사는 아동이 가지는 환상의 좌절, 죄의식, 처벌에 대한 두려움 등에 방해받지 않고 가치 있는 목표를 설정하고 추구하면서도 아동이 주도성을 발달시키도록 아동을 방해하지 않으면서 감독해야 한다.

④ 4단계(6~12세): 근면성 대 열등감(industry vs inferiority)

4단계는 Freud의 잠복기에 해당하는 시기이다. 이 시기는 인지적 기술과 사회적 기술을 습득하고 이것을 숙달시키려는 근면성이 형성된다. 아동이 학교에 들어가면 사회적 세계가 넓어지고, 교사와 친구들의 중요성이 커지면서 부모의 영향력은 줄어든다. 아동이 성공을 경험하면 근면성을 키우고 자신에 대해 유능감을 가지게 되지만, 실패할 경우에는 부정적 자아상과 열등감을 가지게 되어 미래의 학습에 영향을 준다.

⑤ 5단계(청년기): 정체감 대 역할혼미(identity vs role confusion)

5단계는 정신적 성장이 급격한 신체적 변화를 따라가지 못하는 변화의 시기이다. 청소년은 다른 사람이 어떻게 자신을 생각할 것인지에 관심이 많으며, 자신이 앞으로 어떤 교육을 받고 직업을 가질 것인지를 결정해야 하는 갈등에 직면하는 시기이다. 내가 누구인가에 대한 의문과 탐색을 통해 이제까지의 심리적 정체감을 재규정하게 된다. 청소년은 자신이 누구이며 잘할 수 있는 것이 무엇인지 알기 위해 직업, 교육, 성역할에 대해 시험해 보려 한다. 이 단계에서 청소년은 자신의 신체조건, 역할 등을 인정하고 받아들이며 자신의 가치를 발견하도록 노력해야 한다. 적절한 제한 속에서 스스로 독립적으로 행동하는 시도를 하게 될 때 정체감이 발달한다. 이 단계에서 긍정적인 **자아정체감**이 확립되면 이후의 심리적 위기를 적절히 넘길 수 있지만 방황이 계속되면 부정적인 정체감을 형성한다.

> **자아정체감**
> 현실 상황 속에서 자기 자신에 대한 주관적 · 객관적인 느낌이나 평가

Erikson은 청소년기에 이전의 발달적 위기가 다시 반복된다고 보았다. 1단계의 유아가 자신과 어머니에 대한 신뢰감을 발달시키는 것처럼 청소년은 믿고 따르는 우상을 찾는다. 2단계의 아동이 자율성을 추구하는 것과 같이 청소년도 독립적으로 자신의 미래를 선택하려고 하며 통제를 거부한다. 3단계 취학 전 아동이 놀이를 하면서 다양한 역할을 수행해 보는 것처럼 청소년은 자신의 미래 역할을 탐색한다. 4단계 취학 아동이 자신이 잘할 수 있는 일을 찾는 것처럼 청소

년은 자신의 직업을 선택하려 한다. 결국 역할혼미는 심리적 과거와 현재 그리고 미래를 통합하지 못한 결과이다.

⑥ 6단계(성인 전기, 20대부터): 친밀성 대 고립(intimacy vs isolation)

6단계는 성인 전기에 해당되는 시기로 부모에게서 독립하면서 직업을 선택하고, 사랑하며 삶을 함께 나눌 배우자를 만나게 된다. 젊은이는 다른 사람과 새로운 신뢰감과 친밀한 관계를 맺을 준비가 되어 있고 배우자나 직장에서의 동료 등 다른 사람과 친밀성을 이루는 것이 중요한 과업이며 상대방과 공유적 정체감을 갖게 된다. 청년기에 긍정적인 자아정체감을 획득해야 성인 전기에 진정한 친밀성을 이룰 수 있고, 친밀감을 추구하는 데 실패하면 자신에게만 몰두하여 고립된다.

⑦ 7단계(성인 중기, 60대까지): 생산성 대 침체(generativity vs stagnation)

7단계는 자녀를 낳아 키우고 교육하며 다음 세대를 양성하는 데 관심과 노력을 기울이는 시기이다. 이러한 생산성은 자신의 아이를 낳아 키우면서 발달하며, 다른 사람을 가르치거나 직업적 성취를 통해 나타날 수도 있다. 이 시기에 생산성을 제대로 발달시키지 못하면 침체하고 타인에 대한 배려심과 관대함이 결여되어 자신에게 더욱 몰두하는 경향을 보인다.

⑧ 8단계(노년기): 통합성 대 절망(ego integrity vs despair)

8단계는 노인기로 삶을 돌아보고 마지막 정체감 위기를 해결하는 시기이다. 신체적으로 노쇠하고 직장에서 은퇴하며, 친구나 배우자의 사망으로 인생의 무상함과 무력감을 느끼게 된다. 이 시기에는 신체적 · 사회적 퇴화를 어떻게 받아들이는가가 중요하다. 자신의 삶을 돌아보고 삶이 무의미한 것이었다고 느끼고 후회하면 절망에 빠지게 되지만, 삶이 보람되고 자신이 삶의 지혜를 가지게 되었다고 느끼면 보다 높은 차원의 인생철학을 발전시켜 통합성을 발달시킬 수 있다.

(2) Erikson 이론에 대한 시사점 및 비판점

Erikson의 이론은 사회 · 문화적 요인을 배경으로 성격이 일생 동안 진화한다는 전 생애 발달(life-span development)이라는 개념을 제안하였고 인간의 건강한 발달에 대해 새로운 통찰력을 부여했다는 점에서 의의가 있다. Erikson의 이론은 학생들이 발달의 과정에서 겪는 갈등의 유형을 이해하는 데 도움을 주며 초·중등학교 교육현장에 많은 시사점을 준다.

초등학교 학생은 학교에서 성공할 것이라고 기대하고 입학하지만 곧 상대적인 비교에 의해 성적이 주어지면서 그러한 기대감은 실패감으로 바뀌게 된다. 초등학생은 또래 아동과 관계를 맺으면서 또래 아동만큼 잘하려고 하는 경쟁적인 행동을 하게 된다. 아동은 3단계(주도성 대 죄책감), 4단계(근면성 대 열등감)의 위기를 해결하려고 하므로 그들이 새로운 과제를 수행하거나 새로운 도전과 만나게 될 때 '나는 할 수 있다'는 성취감을 느낄 수 있는 활동을 격려하는 것이 필요하다. 교사는 성공적으로 완수할 수 있는 적절한 수준의 과제를 제시하도록 하고, 학생들이 실패하는 경우에도 죄책감을 느끼기보다는 이를 학습과정의 자연스러운 부분으로 인식하도록 교실 분위기를 조성해야 한다. 교사는 이 시기의 아동이 주도적으로 행동하고 자기 행동에 대해 책임지는 것을 배우도록 하며, 높은 성취를 경험할 수 있도록 노력해야 한다.

중·고등학교 학생인 청소년은 급격한 신체적·정신적 변화로 인해 혼란을 느끼고 감수성이 매우 예민해진다. 청소년은 더 이상 '아동'으로 불리는 것을 원하지 않으며, 성인으로서 취급되기를 원한다. 교사는 공평하고 중립적인 입장에서 다른 학생들 앞에서 드러나지 않게 칭찬하고 잘못된 부분을 지적해야 학생들의 긍정적인 자아정체감 형성을 도울 수 있다. 또한 학생들이 다양한 상황을 경험하도록 하고 일기 쓰기 등을 통해 그들의 행동과 태도, 믿음을 평가하는 기회를 가지도록 함으로써 자신의 정체성을 탐색하도록 독려해야 한다. 교사는 '장래 희망이 무엇인가?' '얼마나 오랫동안 장래에 대해 생각해 왔는가?' '학생에게 가장 영향을 미치는 사람은 누구인가?' '진로를 선택했다면 자신의 선택에 대해 얼마나 확신하는가?' '선택한 분야 외에 다른 분야에 대한 고려는 해 보았는가?' '자신의 선택에 대한 느낌은 만족스러운가?' 등의 질문을 학생들에게 던지면서 교육적·직업적 관심에 관하여 이야기를 나눔으로써 학생들이 자아정체감을 형성하도록 적극적으로 도와야 한다.

Erikson의 이론은 주변 사람들의 행동을 해석하고 성격발달을 돕는 사회적 환경을 제공하는 데 많은 도움을 주고 있지만 발달단계의 구분에 대한 개념이 불명확하고 이론에 대한 실증적인 연구가 부족했다는 비판을 받는다. 자율성, 주도성, 근면성은 모두 아동이 능동적으로 활동할 수 있도록 격려해야 하는데 이는 결국 동일한 특성을 강조하는 것으로 발달단계별 개념의 구분이 모호하다는 것이다. 따라서 각 단계의 성격을 어떻게 측정해야 하고 각 단계의 성격발달을 위해 어떤 경험을 제공해야 하는지에 대한 지침이 실험을 통한 검증으로 이루어지지 못했다는 비판을 받는다.

(3) Marcia의 정체성 지위 이론

James Marcia(1980)는 Erikson의 이론을 발전시켜 정체성 지위(identity status)에 관한 연구를 하였다. 정체성 지위는 개인의 정체감 형성과정뿐 아니라 정체감 형성 수준의 개인차를 함께 진단하고자 하는 개념이다. 정체성 지위는 과업에 대한 전념(무엇인가에 전념하고 있는가)과 정체성 위기 경험 여부(정체감을 갖기 위해 노력하는가)라는 두 가지 기준에 따라 네 가지로 분류되었다. 일반적으로 정체감 성취와 유예 상태가 청소년에게 바람직한 것으로 볼 수 있다.

정체감 혼미(identity diffusion)는 방향성이 결여되어 있는 상태로서 다른 사람이 어떤 일을 하는지, 내가 이 일을 왜 하는지에 대해 관심이 없다. 이 상태에서는 정체감 위기를 느끼지 않으며, 미성숙하여 **자아존중감**이 낮고, 혼돈에 빠져 있어서 정체성 지위 중에서 가장 낮은 단계이다. 그대로 방치해 두면 부정적 정체감으로 빠져들 위험이 있다.

정체감 상실(identity foreclosure)은 스스로 심각하게 생각하거나 의문을 갖지 않고 타인의 가치를 받아들이는 상태이다. 권위에 맹종하므로 부모가 선택해 준 인생을 그대로 받아들인다. 다른 지위에 비해 사회적 인정의 욕구가 강하고, 부모에게서 영향을 받은 자신의 가치에 따라 생애의 방향을 결정하고, 부모와 긴밀한 관계를 유지한다. 부모의 과업을 물려받거나, 일찍 결혼하여 안정된 가정을 꾸려 나가는 청년에게서 흔히 발견된다. 이들은 청년기를 매우 안정적으로 보내는 것 같으나, 성인기에 들어서서 뒤늦게 정체성 위기를 경험하는 경우도 있다.

정체감 유예(identity moratorium)는 현재 정체감 위기나 변화를 경험하고 있는

자아존중감
자신의 특성에 대한 자신의 평가

표 3-2 Marcia의 정체성 지위

정체성 지위(status of id)	위기(crisis)	전념(commitment)
정체감 혼미	×	×
정체감 상실	×	○
정체감 유예	○	×
정체감 성취	○	○

상태로 정체감 확립을 위해 노력한다. 삶의 목표와 가치에 대해 회의하고 대안을 탐색하나 여전히 불확실한 상태에 머물러 구체적인 자신의 역할과 과업에 몰두하지 못하는 상태를 뜻한다. 이 지위에 속하는 청년은 가장 적극적으로 정체성을 탐색한다. 유예기의 청년은 안정감이 없으나, 정체감 성취를 위한 과도기적 단계이므로 시간이 지나면 정체감을 확립하게 되는 경우가 많다.

　정체감 성취(identity achievement)는 삶의 목표, 가치, 직업, 인간관계 등에서 위기를 경험하고 대안을 탐색하며 확실하고 변함없는 자아정체감을 확립한 상태이다. 타인의 이해, 가치 등을 고려하지만 스스로 많은 생각을 통해 의사결정에 이른다. 현실적이고 대인관계가 안정감이 있으며, 자아존중감도 높고 스트레스에 대한 저항력도 높다.

　교사는 학생들의 정체감 성취를 돕기 위해서 청소년이 자기 연령 수준에 맞는 무엇인가에 전념하도록 격려해야 한다. 대단한 것보다는 자신의 수준에 맞는 활동이 중요하며, 한 가지 일에 전념하고 스스로 정한 것을 지킬 수 있도록 돕는다. 각 분야에 전념하여 성공한 예를 보여 주고, 교사나 다른 성인이 역할모델이 되어 주는 것도 중요하다. 다양한 인물의 사례를 통해 모델을 발견하거나 다양한 가치, 문화 등을 체험하도록 하는 것은 정체성 확립에 도움이 된다. 정체감 형성이란 일생 동안 지속된다고 볼 수 있으므로, 지속적인 자기평가를 통해 정체성을 확고히 하는 노력이 필요하다.

자아개념과 자아존중감

자아개념(self-concept)은 생각, 느낌, 태도, 기대 등을 포함하는 자신에 대한 지식과 믿음이다. 자기 자신에 대해 가지는 지각의 총체인 자아개념은 행동에 영향을 미치는 매우 중요한 개념이다. 자아개념은 다양한 상황에서의 지속적인 자신에 대한 평가에 의해 형성되고 변화한다. 아동과 청소년은 끊임없이 자신에 대해 '내가 잘하고 있는가'라고 질문한다. 그들은 가족, 친구, 선생님 등 주변 사람의 언어적 · 비언어적 반응에 따라 자신에 대한 개념을 만들어 간다. 자아개념은 국어, 영어, 수학 등의 교과목과 관련된 학업적 자아개념(academic self-concept)과 사회관계, 외모 등과 관련된 비학업적 자아개념(non-academic self-concept)을 포함한다. 이러한 자아개념은 교과목이나 학업 외 활동에서 어떤 경험을 했는가에 따라 형성된다. 예를 들어, 친구, 부모, 교사와 관계 형성을 잘했던 사람은 사회관계에 대해 높은 긍정적인 자아개념을 가질 것이고, 외모에 대해 좋은 평가를 얻은 사람은 외모에 대해 긍정적인 자아개념을 가진다. 자아개념은 성장함에 따라 점차 안정적으로 변하며 좀 더 추상적이고 분화된 개념으로 발달한다.

자아존중감(self-esteem)은 자기 자신의 가치에 대한 평가로 정서적인 반응을 의미한다. 높은 자아존중감을 지닌 아동은 자신이 사랑받을 만한 가치가 있는 소중한 존재임을 믿고 자신의 장점 및 약점을 잘 이해한다. 자신의 특성 및 능력에 대하여 긍정적인 느낌을 가지며 의욕적이고 자기주도성이 강하다. 낮은 자아존중감을 지닌 아동은 자신의 장점보다는 약점에 주의를 더 기울이며 그만큼 자신에 대하여 부정적인 느낌을 지닌다. 어린 아동은 비현실적일 정도로 긍정적인 자아존중감을 가질 수 있는데, 이는 사회적 경험이 부족하여 타인과의 비교가 부족하고 부모로부터 긍정적 지지를 받기 때문이다(Stipek, 2002). 자아존중감을 높이려면 자신에게 소중한 사람인 부모와 교사에게서 꾸준한 관심과 긍정적인 피드백을 받는 것이 중요하다. 잘못을 지적하기보다는 작은 성과와 시도한 것에 대해서 긍정적인 반응을 보이고 격려하는 것이 좋다.

자아개념과 자아존중감은 그 의미가 다르지만 상호 교환적으로 사용되기도 한다. 자아개념은 자신에 대한 인지적 구조이고, 자아존중감은 자아개념에 대한 평가적 부분으로 볼 수 있다. 청소년기에는 자아개념과 정체성, 자아존중감이 상호 영향을 미친다.

2. 사회성 발달

　　인간은 사회적인 존재이며, 태어나서 사회의 구성원이 되기까지는 가정, 친구, 학교 등을 통하여 그 사회에 동화하는 사회화(socialization) 과정을 거치게 된다. 사회화는 다른 사람과의 관계를 맺고 어떻게 행동해야 하는가를 학습하는 과정이며 사회의 구성원으로 기능할 수 있도록 문화, 지식, 기술 등을 습득하는 과정이다. 이러한 사회화 과정을 통해 발달하는 사회적 유능성은 자신을 둘러싼 사회환경에 잘 적응하는 데 중요한 기능을 하며, 건강한 자아와 사회·정서적 발달에 영향을 미치는 요인이다(Waters & Sroufe, 1983).

> **사회화**
> 사회의 한 구성원으로 기능할 수 있도록 문화, 지식, 기술 등을 습득하는 과정

　　영화나 소설 속에서 지능범으로 등장하는 인물은 대개 지적으로 매우 뛰어나지만 사회성이 제대로 발달하지 않은 경우가 많다. 인간은 사회라는 공동체 안에서 다른 사람과 관계를 맺는 사회적인 존재이므로 지적인 측면 이상으로 사회적·정서적 측면에서의 발달이 중요하다. 이 절에서는 Bronfenbrenner의 생태학적 이론과 사회성 발달에 영향을 주는 요인을 살펴본다.

1) Bronfenbrenner의 생태학적 이론

　　아동은 가족 안에서 자라고 특정한 민족, 종교, 경제적·언어적 사회에서 성장한다. 이웃과 학교, 사회적·교육적 프로그램과 정부의 정책도 모두 개인의 발달에 영향을 미친다. Urie Bronfenbrenner(1979)는 사회적 맥락에서 개인의 발달을 이해하는 생태학적 이론(ecological theory)을 제시하였다. 생태학적 이론은 개인에게 동시에 영향을 주는 다섯 가지 수준의 환경을 미시체계, 중간체계, 외체계, 거시체계, 시간체계로 제시하였다. 생태학적 이론은 개인에게 직접적인 영향을 주는 가족과 여러 수준의 환경체계를 제시하여 개인과 환경의 다양한 상호작용을 보여 준다.

　　미시체계(microsystem)는 아동이 직접 접하는 환경으로 가정, 학교, 부모, 친구, 선생님 등이 포함된다. 이 체계에서 아동의 활동은 직접적인 환경에 의해 강하게 영향받고 아동의 기질, 능력, 성격과 같은 특성이 성인의 행동에 영향을 미

치므로 모든 관계가 상호적이다.

중간체계(mesosystem)는 다양한 미시체계 간의 상호관계를 의미한다. 아동과 부모, 학생과 교사, 학부모와 교사, 친구들은 연결되어 서로 영향을 미친다. 아동이 공부를 잘하려면 아동 혼자만의 노력으로는 부족하다. 부모는 자녀의 학교생활에 관심을 가지고, 교사가 아동의 학업을 열정적으로 가르칠 때 아동이 학업에 열중하도록 긍정적 영향을 미친다.

외체계(exosystem)는 아동이 포함되지 않지만 아동에게 간접적인 영향을 주는 외부체계 혹은 기관과 미시체계 사이의 연결로 이루어진다. 대중매체, 이웃, 사회복지기관, 지역정부기관, 부모의 직업, 가족의 친구 등을 포함하는 개인에게 더 큰 영향을 주는 체계이다. 사회적으로 고립된 가족은 이러한 외체계의 부족으로 아동발달에 부정적인 영향을 미칠 수 있다.

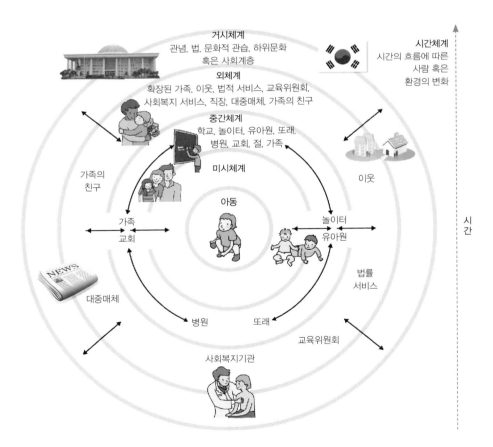

[그림 3-2] Bronfenbrenner의 생태학적 체계 모델(Shaffer & Kipp, 2013)

거시체계(macrosystem)는 문화적 영향을 의미한다. 개인에게 영향을 미치는 관념, 법, 관습 등이다. 사회의 공통된 가치가 아동발달에 바람직한 방향으로 형성되는 것은 중요하다.

시간체계(chronosystem)는 시간의 차원으로 일생 동안 일어나는 인간의 변화와 사회역사적 환경의 변화를 포함한다. 부모의 이혼이 시간이 지남에 따라 부정적인 영향을 미치는 것이 다르며, 과거보다 더 많은 여성이 사회생활을 한다. 환경은 외부적 사건으로 인하여 변화하며 아동이 자신의 환경과 경험을 선택하면서 환경의 변화를 만들어 가기도 한다.

2) 사회성 발달에 영향을 주는 요인

사회성은 사회에서 타인과의 공동생활을 원만히 해내고 잘 적응할 수 있는 인성적 특성이다. 인간은 출생과 더불어 성장·발달해 가는 과정에서 많은 사람과 관계를 맺으며, 이를 통하여 타인의 존재를 확인하고 타인의 역할을 대행하게 된다. 아동은 사회관계를 통하여 사회적 판단과 자기통제 등의 사회적 행동을 습득하게 되고 자신이 소속한 사회의 책임 있는 구성원으로서의 역할을 하게 된다. 아동의 사회성 발달에 가장 중요한 영향 요인으로 가정환경, 또래집단, 교사가 있다.

> 사회성
> 사회에 적응하는 개인의 소질이나 능력

(1) 가정환경

가정은 인간이 탄생하여 최초로 맞이하는 사회이며 가족은 인간이 최초로 접하는 사회 성원이다. 따라서 가족관계는 한 인간이 최초로 맞는 인간관계이며, 가족은 사회의 기본 집단으로서 역할을 하게 된다.

부모는 아동의 사회관계에 영향을 미치는 가장 중요한 가족 구성원이며, 생리적 욕구를 채워 주는 아동의 초기 경험에 관계되는 절대적인 보호자이다. 유아의 사회관계 중 가장 뚜렷한 특징은 특정인(특히 일차적 양육자)에 대한 강력한 정서적 애착을 형성한다는 것이다. 유아는 애착관계를 통해 '내가 부르면 어머니가 온다' '나는 다른 사람에게 영향을 미칠 수 있다' '울면 어머니가 달래 준다' 등 자신 및 타인에 대한 기본적인 개념을 배울 수 있다. 그리고 이러한 개념을 갖게 되

> 애착
> 특정인의 곁에 있으려는 안정된 성향

면 유아는 사회환경에 더욱 잘 적응할 수 있다.

　Baumrind(1991)는 자녀의 성격과 사회성 발달에 영향을 미치는 부모의 양육방식을 자애로움(warmth)과 통제(control)라는 기준에 따라 네 개 유형으로 나누어 설명하고 있다. 높은 자애로움과 통제를 나타내는 권위적(authoritative) 양육방식은 부모가 자녀에게 확고하면서도 세심하게 배려하는 것이다. 일관성 있게 지시하며 자녀의 반발을 억제하는 엄격한 통제방식을 사용한다. 자녀의 사회적·인지적 능력을 고려하여 자녀에게 성숙한 행동을 독립적으로 할 것을 요구한다. 부모의 말에 따라야 하는 이유를 자녀에게 충분히 설명하고, 자녀의 의견에 귀 기울이며 그 의견에 따라 행동을 바꾸기도 한다. 다정하고 정서적으로 감싸 주는 분위기에서 훈육하는 권위적 양육방식은 아동이 안정적이고 도전적이 되게 하므로 성격발달에 가장 좋다. 독재적(authoritarian) 양육방식은 엄격하고 절대적인 기준에 따라 자녀를 통제한다. 자녀는 그 기준에 왜 따라야 하는지 모르지만 감히 부모에게 도전할 수 없다. 무조건 순응하도록 요구함으로써 자녀와의 대화가 이루어지지 않는다. 아동은 위축되어 있고 반항적으로 되기 쉽다. 허용적(permissive) 양육방식의 부모는 자녀의 충동과 행동에 대해 수용적이고 긍

Harlow의 원숭이 대리모 실험

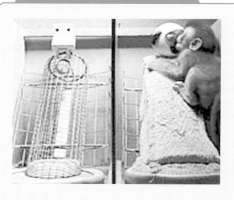

Harlow와 Zimmerman(1959)은 아기원숭이를 엄마 원숭이에게서 출생 직후 분리하여 6개월간 두 가지 형태의 대리모에게서 양육하였다. 한 대리모는 따뜻하고 부드러운 천으로 옷을 입히고, 다른 대리모는 차갑고 딱딱한 철사로 만들었다. 아기 원숭이 절반은 철사 대리모에게서, 나머지 절반은 천 대리모에게서 우유를 제공받았다. 아기 원숭이가 어느 대리모와 더 많은 시간을 보내는가를 측정한 결과, 어떤 대리모에게서 우유를 제공받는가에 관계없이 아기 원숭이들은 천 대리모와 더 많은 시간을 보냈다. 이 실험은 먹이가 아닌 접촉위안(contact comfort)이 애착 형성에 더 중요하게 작용하고 있음을 보여 준다.

정적이다. 통제나 처벌을 거의 하지 않고, 성숙한 행동(책임감, 예의)도 거의 요구하지 않으며, 자녀 스스로 자신의 행동을 조절하도록 한다. 자녀에게 제한적으로 기대하고 무제한 자유를 허용하므로 아동은 자기통제가 부족하고 충동적이다. 무관심한(uninvolved) 양육방식은 자녀에게 어떠한 자애로움이나 통제도 보이지 않는 것으로 자녀에게 자유방임적이다. 아동은 목표나 동기가 없고 쉽게 좌절하며 자기통제가 부족하다.

　권위적 양육방식에서 자란 자녀는 유치원 시기부터 사회적으로 유능함을 보인다. 유능한 아동이란 친절하고, 행복하고, 독립적이며, 낯선 사람이나 여러 상황에서 대담하며, 자신감이 있고, 자기를 통제하고, 책임감 있고, 또래 아동과 잘 어울리는 아동이다. 높은 자아존중감을 가진 아동의 부모는 자녀를 사랑하고 수용하며, 개인의 자유를 존중하고 행동의 규칙과 제한을 분명하게 규정한다(Coopersmith, 1967).

　권위적 양육방식 이외의 다른 세 가지 양육방식은 자녀의 사회성 발달에 문제를 일으킨다. 이들은 학교에 가서도 교실에서의 규칙에 적응하는 데 어려움을 겪으며 친구나 교사와의 관계에서도 어려움을 겪게 된다.

　가정은 아동기의 인생 기반이 확립되어 가는 곳이며 자란 후 개인 생활에도 결정적인 영향을 주는 곳이다. 그래서 건강한 부모-자녀관계를 중심으로 가족 구성원 간에 이해와 사랑이 넘치는 가정이 될 때 아동은 건강한 사회성을 기를 수 있다.

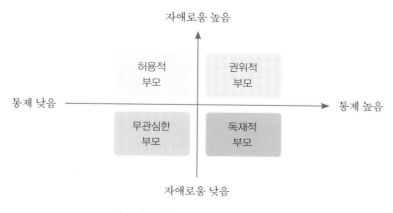

[그림 3-3] Baumrind의 양육방식

(2) 또래집단

아동은 성장함에 따라 유치원이나 초등학교에 입학하고, 사회적 상호작용과 접촉의 범위가 가정의 틀을 벗어나 점차 확대되어 간다. 아동은 같은 또래와 놀이를 통하여 자유롭게 집단을 만들고 함께 상호작용을 하면서 또래집단을 만들게 된다. 또한 공동 작업이 필요한 과제를 수행하면서 협동심을 기르고, 다른 사람과 상호작용할 때에 필요한 규칙에 대한 개념을 형성한다. 또래의 지지를 받는 아동은 건강한 자아개념을 형성하게 되고 만족스러운 삶을 살게 된다.

또래집단은 아동의 소속감의 원천이다. 또래의 태도와 가치, 행동 특징을 서로 교류하고 내면화하여 또래집단에 동조하고자 한다. 아동은 또래가 수용하는 방식으로 옷을 입고, 이야기를 하고, 농담을 하며, 또래집단의 행동을 따라 한다. 또래는 아동 자신을 남과 비교하고 평가할 수 있는 좋은 거울이 되므로 서로에게 교사의 역할을 한다. 또래집단에서 아동은 각자에게 적합한 사회적 행동에 대한 피드백을 제공받게 되며 서로 협력하거나 경쟁하는 법을 배운다. 또래는 상담가의 역할도 한다. 공동의 관심사와 욕구, 흥미, 정서적인 문제에 대해 의논 상대가 되어 주고, 해결자로서 서로 조언을 해 준다. 때로는 성인 몰래 친구들과 어떤 일을 도모함으로써 더 강한 정서적 유대감을 형성하기도 한다.

한편, 부모와의 의사소통이 적을수록 그리고 또래집단의 응집력이 강할수록 또래집단의 영향은 커진다. 또래집단의 문화가 학업성취나 학교에 대한 부정적인 태도를 가지거나 문제행동을 나타낼 경우 또래집단이 아동에게 부정적인 영향을 끼치기도 한다.

(3) 교사

교사는 학령기 아동의 사회화에 중요한 영향력을 행사할 수 있다. 교사는 어떤 정보나 기술 가치의 전달자일 뿐 아니라 아동과의 개인적 접촉을 통해 사회 규범을 보여 주는 사람이다. 아동이 교사를 절대적인 존재로 생각하기 때문에 교사는 아동의 역할 모델이 되고 아동의 동일시 대상이 된다. 그러므로 교사의 말씨, 걸음걸이, 몸가짐 등 모든 일거일동은 아동의 모방 대상이 된다고 보아야 할 것이다. 여기서 중요한 것은 교사가 가르치는 직접적인 내용이나 '교사의 전문적인 지식'보다 교사가 보여 주는 인격이나 아동을 대하는 태도가 아동의 사회성 발달에 훨씬 큰 영향을 끼친다는 점이다.

　　현대사회에서는 부모 모두 일을 하는 맞벌이 가정과 한부모 가정이 점차 늘어나고 자녀가 한 명인 가정이 많아지면서 학생들은 방과 후 대부분의 시간을 혼자서 보내는 경우가 많다. 따라서 교사는 대인관계 문제나 정서 문제가 있는 학생에게 최선의 도움을 줘야 하는 역할을 종종 맡게 된다. 아동에게는 가정환경이 안정적이지 못한 학생을 돌보고 확고한 규칙을 일관성 있게 지키는 교사가 필요하다. 교사는 학생이 도움을 요청하기 이전에 그들과 개인적인 문제에 대해 이야기를 나누어야 하며, 학생의 사생활을 보호해 주고, 애정 어린 관심을 보여 주어야 한다. 교사는 부모 대리인, 상담자, 인생 안내자로서의 역할을 수행하면서 아동을 격려하고 자신감을 부여해 주는 존재이다. 아동은 이러한 교사를 통해 인간적으로 성숙하고 인생에 관한 많은 것을 배우게 된다.

3) Selman의 사회적 조망수용이론

　　타인에 대한 이해란 곧 사회인지(social cognition)의 발달을 의미한다. 사회인지란 사회관계를 인지하는 것으로 타인의 사고와 의도, 정서를 생각할 수 있는 사회적 조망수용능력(social perspective taking ability)을 의미한다. 사회적 조망수용능력의 발달은 타인과 잘 지낼 수 있는 성숙한 사회행동을 가능하게 한다. 사회적 조망수용능력이 발달한 아동은 다른 사람의 정서상태를 대리적으로 경험하는 감정이입(empathy) 능력과 동정심(compassion)을 가지고 있으며 어려운 사회적 상황을 잘 처리하는 사회적 문제해결(social problem solving)능력도 지니고 있다(Eisenberg & Strayer, 1987).

> 사회인지
> 자신과 타인, 사회관계, 사회조직에 대한 지각, 사고, 지식

　　사회인지 이론가인 Robert Selman(1980)은 아동이 자신의 관점과 다른 사람의 관점을 구별하는 능력과 다른 관점 간의 관계를 파악할 수 있는 능력을 발달시키면서 자신과 타인을 이해하게 된다고 하였다. 이러한 사회적 조망수용능력은 자신과 타인을 객체로 이해하고, 타인의 관점에서 자신의 행동을 인지함으로써 타인의 의도, 태도, 감정을 추론할 수 있게 해 준다. Selman은 대인관계에서 갈등을 겪는 사례에 나타난 행위자의 동기와 다른 행위자와의 관계에 대한 반응을 분석하여 사회적 조망수용능력의 발달단계를 5단계로 구분하였다. 사회적

조망수용능력은 가정환경, 사회적 상황 등의 영향을 받으면서 발달하므로 나이에 상관없이 발달이 이루어질 수 있으며 청소년이나 성인도 0단계나 1단계에 머무를 수 있다.

(1) 0단계: 자기중심적 관점수용단계(The egocentric undifferentiated stage of social perspective taking, 3~6세)

타인을 자기중심적으로 보기 때문에 타인이 자신과 다른 관점(생각, 느낌)을 가지고 있다는 것을 전혀 이해하지 못한다. 즉, 다른 사람도 자신의 견해와 동일한 견해를 갖는다고 지각한다. 예를 들어, 학교폭력의 가해자는 자신의 폭력으로 학급의 다른 아동이 괴로움을 당한다는 것을 전혀 인지하지 못한다.

(2) 1단계: 주관적 조망수용단계(The differentiated and subjective perspective taking, stage 5~9세)

동일한 상황에 대한 타인의 조망이 자신의 조망과 다를 수 있다는 것까지는 이해하지만 아직도 자기의 입장에서 이해하려고 한다. 자신의 행동을 다른 사람의 조망을 통해 평가하기 어렵다. 예를 들어, 학교폭력의 가해자는 왜 폭력을 가했는가에 대한 질문에 대해 '피해자가 잘못을 했으니 때릴 수도 있다'고 생각하거나, "재미있어서요." "단순한 장난이에요." 등의 대답을 할 수 있으며 '내가 장난으로 때린 것임을 피해자도 알고 있으니 괜찮다'고 생각한다.

(3) 2단계: 자기반성적 조망수용단계(self-reflective thinking or reciprocal perspective taking, stage 7~12세)

타인의 조망을 고려할 수도 있고 타인도 자기의 조망을 고려할 수 있다는 것을 인식한다. 다른 사람이 자신의 행동에 대해 어떻게 생각하는지 알 수 있으며, 다른 사람이 서로 다르게 생각하고 느낀다는 것을 안다. 다른 사람의 입장이 되어서 그 사람의 의도와 목적, 행동을 이해할 수 있다. 그러나 이러한 과정을 동시 상호적으로 하지는 못한다. 예를 들어, 이 단계의 학교폭력 가해자는 피해자가 아프고 속상해한다는 것을 알고 피해자가 자신을 미워할 것임을 안다.

(4) 3단계: 상호적 조망수용단계(The third person or mutual perspective taking, stage 10~15세)

동시 상호적으로 자기와 타인의 조망을 각각 이해할 수 있다. 다른 사람과의 관계 혹은 상호작용 속에서 발생하는 문제에 대해 제3자의 입장에서 객관적으로 생각하게 된다. 예를 들어, 학교폭력의 가해자는 교사나 부모가 학교폭력에 대해 부정적으로 생각하고 있음을 알고 있으며 자신이 교사나 부모로부터 벌을 받을 수 있다는 것을 깨닫는다. 또한 자신의 폭력행위 때문에 부모가 경찰서에 불려 가는 등의 피해를 입을 수 있다는 것을 인지한다.

(5) 4단계: 사회적 조망수용단계(The in-depth and societal perspective taking, stage 12세~성인)

동일한 상황에 대해 다른 생각을 한다고 해서 그 조망이 틀렸다고 인식하지 않으며, 자신이 다른 사람의 조망을 완전하게 이해하지 못한다는 것을 인식한다. 아동은 제3자의 입장을 확장하여 사회 구성원이 갖는 일반화된 관점에서 이해한다. 이것은 사회관계를 이해하는 능력이 더욱 심층적으로 발달하게 된다는 것을 의미한다. 사회체계를 사회의 많은 구성원이 공유하는 견해의 결과라고 생각하기 시작하므로 사회적 합의나 타인의 견해 등에 대해 관심이 많아지게 된다. 자기와 타인을 포함하여 개인은 물론 집단과 전체 사회체계의 조망을 이해하는 최상의 사회인지를 획득한다. 예를 들어, 학교폭력의 가해자는 사회에서 폭력이 바람직한 행동이 아니라고 보기 때문에 교사나 친구들이 학교폭력을 중지하기 바란다는 것을 깨닫는다. 자신의 폭력행위는 사회질서를 어지럽히는 일이므로 소년원이나 감옥에 갈 수 있는 위법행위임을 인지한다. 학교폭력 행위는 학생기록부에 기록될 수 있고, 전과자가 될 수 있으므로 자신이 취직을 하거나 사회에 진출하는 데 문제가 될 것임을 알게 된다. 이 단계에서도 폭력을 행사하는 아동은 사회적 조망수용능력의 문제가 아닌 기질, 성격, 환경적 영향 등 다른 개인적 특성이 종합적으로 폭력의 원인이 된다고 해석할 수 있다.

조망수용능력을 획득하게 되면서 아동은 친구관계를 단지 자신에게 도움이 되거나 같이 시간을 보내는 사람에서 좋은 친구, 공통의 관심을 가지고 있는 친구, 서로 의존하면서도 독립성을 가지는 친구관계로 점차 발전시켜 나간다. 조망수용능력이 발달한 아동은 학교에서도 인기가 많다.

아동에게 조망수용능력을 지도하고 훈련하면 반사회적 행동이 감소되고 감정이입과 친사회적 행동(prosocial behavior, 예: 돕기, 나누기, 보살피기, 위로하기, 협조하기 등)이 증가한다(Chandler & Moran, 1990). 학교폭력의 가해자는 조망수용능력이 높은 단계로 발달함에 따라 타인, 제3자, 사회 안에서 자신의 행동이 어떻게 인식될 것인지를 이해하고 생각하게 되므로 폭력을 줄이고 사회에서 바람직하다고 생각되는 행동을 통해 사회 문제를 해결할 수 있게 될 것이다. 따라서 교사는 학생들이 높은 단계의 조망수용능력을 발달시킬 수 있도록 도와주어야 한다.

학교폭력

학교폭력은 학교나 학교 주변에서 학생 상호 간에 발생하는 의도성을 가진 신체적 · 정서적 가해행동을 말한다. 고의적 괴롭힘, 따돌림, 금품갈취, 언어적 놀림, 협박과 욕설, 신체적 폭행, 집단적 폭행이 모두 포함된다. 교육부에서 실시한 「2022년 학교폭력 실태조사」에 따르면 학생들이 밝힌 피해유형은 언어폭력 41.8%, 신체폭력 14.6%, 집단 따돌림 13.3%의 순서로 나타났다.

학교폭력의 원인은 개인, 가정환경, 학교환경, 사회문화 요인 등에서 살펴볼 수 있다. 개인적 측면에서 청소년은 급격한 신체변화와 심리적 성장의 불균형으로 충동성이 강하고 자기 제어력이 약하다. 청소년기 자아중심성으로 영웅심과 힘에 대한 과시욕이 있고 부모나 사회에 대해 저항하는 것을 당연하게 생각한다. 가정환경 측면에서 맞벌이 부모가 늘어나고 별거, 이혼 등으로 인한 한부모 가정이 증가하는 추세여서 청소년이 부모로부터 충분한 관심과 사랑 속에 성장하지 못하는 경우가 많다. 부모가 알코올을 남용하고 폭력을 행사하는 경우에 청소년이 이를 모방할 가능성은 매우 크며, 부모의 일관되지 못한 훈육은 청소년이 자신의 행동을 스스로 통제하는 능력을 키워 주지 못한다. 학교환경 측면에서는 입시위주의 지식편중 교육에 따른 인성교육 부족이 지적되고 있다. 학생의 적성이나 소질을 고려하지 않은 획일적 진로지도와 학생 인격을 무시하는 교사의 지도방법은 학교에서 학교폭력을 양산하는 데 기여한다. 사회문화적 측면에서 사회적으로 청소년 폭력을 묵인하고 술, 담배 판매가 청소년에게 암묵적으로 행해지고 있으며, 폭력적 인터넷 게임과 영상물은 폭력문화를 형성한다. 특히 사이버상에서의 폭력, 비판적 댓글 남용은 청소년의 스트레스 발산 기회로 활용되고 있는 실정이다.

학교폭력은 가해자, 피해자, 방관자 모두에게 관찰과 강화를 통해 공격성을 발달시킨다 (McDevitt & Ormrod, 2002). 공격성은 상대방의 관점을 수용하는 능력, 도덕성 발달, 감정의 자기조절능력 부족과도 연결된다(Eisenberg & Fabes, 1998; McDevitt & Ormrod, 2002). 청소년기의 공격성 발달은 성인이 된 이후의 삶에 부정적 영향을 끼치므로 폭력이 발생한 후 상황을 처리하는 처벌중심의 접근이 아닌 예방중심의 접근이 이루어져야 한다. 학교폭력 예방을 위해서는 학생들의 사회적 문제해결능력, 사회적 조망수용능력을 키우는 것과 동시에 가정환경 개선을 위한 학부모의 참여, 교사와 행정가의 학교환경 개선을 위한 의지, 사회문화적 환경 개선을 위한 사회 분위기 조성이 함께 이루어져야 할 것이다.

연구문제

1. 초 · 중 · 고등학교 학생의 성격발달을 이해하는 데 Erikson 이론이 주는 시사점은 무엇인지 설명하시오.

2. 고등학교 학생들은 대학입학을 위한 시험 준비에 바빠서 자신의 정체감 확립을 위한 적극적인 탐색이 부족하다. 이 시기 학생들의 자아정체감 확립을 위해 구체적으로 어떤 방법을 활용할 수 있을지 논의하시오.

3. 다음 사례를 해결하기 위해서 교사가 어떠한 역할을 할 수 있을지 논의하시오.

   연희는 소극적이고 내성적인 성격으로 학급에서 따돌림을 받는다. 늘 혼자 지내고 밥도 혼자 먹으며 아이들과 어울리지 못한다. 어느 날 연희는 학급에서 가장 인기 있는 친구인 상미에게 "내가 왜 따돌림을 받는지 모르겠어. 나도 친구가 있었으면 좋겠어."라는 문자를 보냈고, 상미는 이 문자를 친한 친구들에게 단체 문자로 보냈다. 연희는 더 놀림거리가 되었고, 여전히 따돌림을 받는다.

수학 시험시간이다. 어제 풀어 보았던 것과 비슷한 주관식 한 문제가 아무리 해도 풀리지 않는다. 시험시간이 다 끝나 가는데 그 문제를 풀어 보았던 연습장이 쉽게 손이 닿는 바로 옆에 있다. 감독 선생님은 창밖을 보고 계시다. 이 시험은 매우 중요한 시험이며, 특히 수학 성적은 내신에서 비중이 크다. 어떻게 할 것인가?

이러한 상황은 도덕적 갈등을 느끼는 한 예이다. 우리는 살면서 이렇게 갈등을 느끼는 상황에 수도 없이 당면하게 되고, 자신의 가치와 생각에 따라 판단하고 도덕적으로 행동하게 된다.

도덕성 발달은 정신분석학, 행동주의, 인본주의, 인지주의 접근에서 서로 다른 측면을 강조하고 있다. S. Freud는 정신분석이론에서 남근기에 자신의 욕망과 충동을 억누르고 부모의 행동이나 가치 기준을 내면화하면서 초자아를 형성해 가는 과정을 도덕성 발달로 본다. 여기서 도덕성은 성인의 가치관을 말하며 벌이 두려워 이를 따르게 되면 자신의 가치관이 된다. 행동주의 학습이론은 다른 행동의 발달과 마찬가지로 도덕성 발달을 설명한다. 도덕적 행동은 주위 사람과 행동 사이에 연합된 양적 결과(고전적 조건형성) 혹은 행동에 대한 강화나 벌의 결과(조작적 조건형성), A. Bandura의 사회인지이론에서 모델링을 통해서 설명되고 있다. 행동주의 학습이론에서는 어떤 행동이 도덕적인지 학습자에 관계없이 이미 사회나 집단에 의해 정해져 있다. 인본주의에서 A. S. Neill이나 C. R. Rogers가 정신분석학이나 행동주의이론과 다른 입장을 취하면서 인간은 태어날 때의 자연 그대로가 가장 선하며 오히려 교육이나 훈련에 의해 본래의 선이 손상을 입는다고 주장한다. 인본주의에서 도덕성 발달은 본래의 타고난 선을 자연스럽게 키워 나감으로써 자아실현을 이루는 것이다. 도덕성 발달에 대한 정신분석학, 행동주의, 인본주의 접근은 도덕성 발달을 다른 입장에서 설명하고 있으나 도덕성을 사회나 자연 등 외부에 의해 이미 의미가 규정지어진 것으로 보고 있을 뿐 도덕적 행위의 주체인 아동의 도덕성에 대한 관점은 간과되고 있다.

도덕성에 대해 가장 널리 알려지고 활용되는 접근은 인지발달이론으로, 개인의 도덕성에 대한 관점을 파악하려 하면서 도덕성의 인지적 측면, 도덕적 추론을 강조한다. 인지발달이론에서는 도덕성을 도덕적인 갈등상황에서 옳고 그름을 판단할 수 있는 개인의 능력이라고 보았다. Piaget는 도덕성에 대한 인지발달이론을 최초로 제시했으며, Kohlberg가 Piaget의 이론을 확대하여 발전시켰다.

1. Piaget의 도덕성 발달이론

존이 제 방에 있는데 저녁 먹으라는 말을 듣고 내려와 서 식당 문을 열었다. 문 바로 뒤에 의자가 있었고, 의자 위에는 쟁반과 컵 15개가 있었는데, 존은 그것을 알지 못했다. 그가 문을 열자, 쟁반이 문에 맞으면서 컵이 모두 산산조각이 나 버렸다. 어머니가 외출하고 없을 때, 헨리는 어머니 허락 없이 과자 통에서 과자를 꺼내 먹으려고 의자에 올라서 과자 통에 손을 대다가 그 옆에 있는 컵 한 개를 깼다. 존과 헨리 중 누가 더 나쁜가(Piaget, 1965)?

J. Piaget(1965)는 인지발달과 도덕성 발달이 함께 이루어진다고 생각하여 자율적, 타율적이라는 기준에 따라 도덕성 발달을 크게 3단계로 구분하였다.

4세까지의 아동은 전도덕성 단계(pre-moral stage)로 규칙을 전혀 이해하지 못하며 규칙을 따라야 한다는 생각도 거의 없다.

5~9세의 아동은 규칙과 질서를 절대적인 것으로 인식하는 **도덕적 사실주의** (moral realism)를 따른다. Piaget의 인지발달단계에서 전조작기에 해당하는 이 단계는 타율적 도덕성 단계(heteronomous morality stage)로, 아동은 외부의 규율과 법칙 권위에 의존하여 행동의 결과에 따라 선악을 판단하는 구속의 도덕성 (morality of constraint)을 발달시킨다. 아버지가 없을 때 잉크를 가지고 놀다가 탁자 덮개에 작은 잉크 얼룩을 남긴 아동과 아버지를 돕기 위해 잉크병에 잉크를 채워 넣다가 탁자 덮개에 큰 잉크 얼룩을 남긴 아동 중에 잉크 얼룩을 더 많이 남긴 아동이 나쁘다고 생각한다. 그리고 앞선 예에서 실수로 15개의 컵을 깨뜨린 존은 의도적으로 나쁜 행동을 하다가 컵 한 개를 깬 헨리보다 더 나쁘며 더 큰 처벌을 받아야 한다고 생각한다.

> **도덕적 사실주의**
> 규칙을 절대적이고 수정 불가능한 것으로 인식함

10세 이후는 Piaget 인지발달단계에서 구체적 조작기 이후로, 이때는 규칙이나 질서가 다른 사람과의 협의에 의해 결정된다는 것을 이해하고 다른 사람과의 상호작용을 고려하며 행동의 결과보다는 의도를 기준으로 선악을 판단하는 자율적 도덕성 단계(autonomous morality stage)에 이른다. 이 단계에서는 서로 다른 사람이 각각 다른 규칙을 갖는다는 것을 알게 되는 협력의 도덕성(morality of cooperation)으로 발달하며, 아동에게 규칙은 사람에 의해 바뀔 수 있는 것으로 받아들여진다.

> **협력의 도덕성**
> 규칙은 사람에 의해 만들어졌으므로 바뀔 수 있다고 인식함

2. Kohlberg의 도덕성 발달이론

Lawrence Kohlberg(1963)는 Piaget의 도덕성 발달이론이 자율적 도덕성과 타율적 도덕성으로 양분되는 것이 지나치게 단순하다고 보았다. 그는 주로 아동을 연구대상으로 했던 Piaget의 이론을 성인으로까지 확대하여 도덕성 발달단계를 제시하였다.

> **도덕적 딜레마**
> 분명하게 어떤 선택이 옳다고 판단하기 어려운 상황

Kohlberg는 도덕적 딜레마(moral dilemmas)나 어려운 결정을 해야 하는 가설적 갈등상황을 제시하고 '어떻게 하겠는가?' '왜 그렇게 해야 하는가?'를 질문하였다. 그리고 이러한 질문에 대하여 '예' '아니요'라는 응답에 관심을 둔 것이 아니라 왜 그렇게 생각하는지의 이유를 분석함으로써 옳고 그름에 대한 도덕적 판

• Lawrence Kohlberg (1927~1987) •

Lawrence Kohlberg는 미국 뉴욕주 브롱크스빌에서 출생하여 앤도버 아카데미(Andover Academy)라는 사립고등학교를 졸업하였다. 대학 진학 전에 이스라엘 건국을 돕기 위해 유럽에서 이스라엘로 난민을 수송하는 수송기의 부조종사로 봉사하였다. 그때 나치의 박해를 받던 유대인 문제로 고민을 하다가 도덕적 사고와 관련된 주제에 관심을 가지게 되었다. 1948년 시카고 대학교에 입학한 후 같은 대학교 대학원 심리학과에 진학하였고, 이후 Piaget의 도덕성 발달이론을 심화하고 발전시켜 박사학위논문으로 발표하였다. 박사학위 취득 후 예일 대학교, 시카고 대학교, 하버드 대학교에서 교육학과 사회심리학을 가르쳤고, 하버드 대학교에서 도덕교육센터 소장을 지냈다. 1987년에 59세의 나이로 매사추세츠 병원에서 요양 중 생을 마감하였다.

단, 도덕적 추론(moral reasoning)의 발달 순서를 세 가지 수준으로 구분하였고, 각 수준을 하위 단계로 나누어 설명하였다. 인습 이전 수준에서 좋은 행동은 자신에게 보상을 가져다주는 것이고, 나쁜 행동은 처벌을 가져오는 것이다. 인습 수준에서 좋거나 나쁜 행동은 개인적·사회적 권위의 모습과 일치하는 정도에 달려 있고, 인습 이후 수준에서는 사회계약과 보편적인 윤리라고 하는 보다 높은 수준의 원칙에 근거한다.

> **도덕적 추론**
> 옳고 그름의 도덕적 판단을 하는 사고과정

표 4-1 Kohlberg의 도덕성 발달단계

인습 이전 수준 (pre-conventional level)	1단계: 복종과 처벌 지향 (obedience and punishment orientation)	어떻게 처벌을 면할 수 있을까?(How can I avoid punishment?) 아동의 행위 결과가 벌인가 칭찬인가 또는 행위를 강요하는 사람이 누구인가에 의해 선악이 판별된다.
	2단계: 개인적 쾌락주의 지향 (self-interest orientation)	나에게 뭐가 좋아?(What's in it for me?) 아동 자신의 욕구충족이 도덕 판단의 기준이며, 다른 사람의 욕구충족을 고려하지만 자신의 욕구충족을 우선 생각한다.
인습 수준 (conventional level)	3단계: 착한 소년/소녀 지향 (interpersonal concordance or 'good boy-nice girl' orientation)	다른 사람을 기쁘게 하고, 도와주는 행위 여부가 선악을 결정하며 타인의 승인을 중요하게 생각한다.
	4단계: 사회질서와 권위 지향 (authority and social-order maintaining orientation)	법은 절대적이고 사회질서는 유지되어야 한다. 개인적인 문제보다 전체를 위한 의무감을 더욱 중요하게 여긴다. 즉, 주어진 사회질서를 유지하려는 행동이 나타난다.
인습 이후 수준 (post-conventional level)	5단계: 사회계약 지향 (social contract orientation)	법의 사회적 유용성에 대한 합리적 고려에 따라 법이 바뀔 수도 있다고 생각한다. 인간으로서의 기본 원리에 따라 행동한다.
	6단계: 보편적 윤리 원리 지향 (universal ethical principles orientation)	스스로 선택한 도덕원리에 따른 양심적인 행위가 곧 올바른 행위가 된다.

Kohlberg는 여러 연구를 통해 서로 다른 문화에서도 유사한 발달단계의 원칙이 지켜지고 있으며, 도덕발달은 인지발달과 병행한다고 주장하였다.

1) 도덕적 딜레마를 통해 본 도덕성 발달단계

도덕적 추론에서 가장 많이 사용되는 도덕적 딜레마는 하인츠(Heinz)의 이야기이다.

> 유럽의 한 부인이 특이한 종류의 암을 앓아 거의 죽어 가고 있었다. 그 부인의 병을 치료하는 데는 오직 한 가지 약밖에 없는 것으로 알려져 있었다. 이 약은 같은 마을에 사는 어느 약사가 최근에 발명한 약이었다. 그 약을 만드는 데 원가는 200달러가 들었지만, 그 약사는 약값을 원가의 10배인 2,000달러나 요구하였다. 병든 부인의 남편인 하인츠는 돈을 구하기 위해 아는 사람을 모두 찾아다녔으나 그 약값의 절반밖에 마련하지 못했다. 할 수 없이 하인츠는 그 약사를 찾아가서 자기 부인이 죽어 가고 있다고 설명하고 그 약을 반값에 팔거나, 아니면 다음에 나머지 돈을 갚겠다며 간청했다. 그러나 그 약사는 거절하였다. 절망에 빠진 하인츠는 결국 약방을 부수고 들어가서 자기 부인을 위하여 그 약을 훔쳐 내었다.

도덕적 추론을 위해 하인츠의 딜레마에 대해 몇 가지 질문을 해 볼 수 있다. '남편은 약을 훔쳤기 때문에 벌을 받아야 하는가?' '약사는 그렇게 비싼 약값을 요구할 권리가 있는가?' '만약 약사가 그 약을 주지 않아서 부인이 죽게 된다면, 그 약사가 부인을 죽인 것이나 다름없다고 비난할 수 있는가?' '부인이 중요한 인물이라면, 약을 주지 않은 약사는 더 심하게 처벌받아야 하는가?'

다음에서는 Kohlberg의 도덕성 발달단계를 구체적으로 설명하고, 각 단계마다 하인츠의 딜레마와 관련해 찬성과 반대의 의견에 대한 이유를 예시한다.

(1) 수준 1(인습 이전 수준)

도덕적 가치는 외적이고 물리적인 결과에 의존하며 자기중심성의 특징을 보인다. 어떤 행동의 의미를 생각하지 못하며, 다른 사람의 규칙을 완전히 이해하지 못한다.

① 1단계(복종과 처벌 지향)

이 단계는 행동의 외적·물리적인 결과가 옳고 그름의 판단 기준이 된다. 처벌을 피하려 하고, 힘을 가진 사람에게 순종한다. 잘못을 저지른 놀이 친구를 고자질할 것인가에 대한 질문을 받는다면, 이 나이 또래의 아동은 "말하겠어. 그렇지 않으면 매 맞을 거야."라고 말할 것이다.

찬성	반대
하인츠가 약을 훔쳐야 한다. 그가 처음부터 돈을 안 내겠다고 한 것도 아니고, 그 약의 원가는 200달러밖에 안 되므로 그가 2,000달러를 훔친 게 아니다.	하인츠가 약을 훔치는 것은 벌을 받게 되기 때문에 잘못이다. 그건 큰 범죄이다. 그는 허락을 받지도 않았고 힘으로 약국을 부수고 들어갔다. 그는 약국에 큰 피해를 끼쳤고, 매우 비싼 약을 훔쳤다.

② 2단계(개인적 쾌락주의 지향)

이 단계에서는 자신과 타인의 욕구충족이 도덕 판단의 기준이 되는데, 우선 자신의 욕구가 충족되고 나면 다른 사람의 욕구도 고려하게 된다. 이 단계에서는 순진한 도구적 상대주의(instrumental relativism)가 나타난다. 이 단계의 아동은 공평성, 상호성이 중요하다고 생각하므로 어떤 환경에서든지 모든 사람이 동등한 대우를 받아야 한다고 생각한다. 예를 들면, 아동은 자신에게는 잠을 자야 할 시간이라고 하면서 왜 어른은 더 늦은 시간까지 자지 않아도 되는지를 이해하지 못한다.

> 도구적 상대주의
> 개인적이고 주관적인 관점에서 도덕성을 판단하는 것

찬성	반대
하인츠의 아내는 약이 필요하며, 하인츠는 자기 아내의 생명을 구하기 원하므로 약을 훔쳐도 된다. 하인츠가 훔치는 것을 원하는 것은 아니며, 자기 아내의 생명을 구하기 위해서 훔칠 수밖에 없다.	하인츠는 약을 훔쳐서는 안 된다. 약사는 나쁜 사람은 아니고, 단지 약을 팔아 돈을 벌려는 정당한 사업가이다.

(2) 수준 2(인습 수준)

자신의 가족이나 자신이 속한 집단, 국가의 기준과 기대에 근거하여 도덕적 가치를 판단한다. 사회규칙과 사회계약을 유지하려고 노력하는 단계이다.

① 3단계(착한 소년/소녀 지향)

다른 사람, 특히 권위 있는 사람에게서 칭찬을 받는 행위가 도덕적인 행위라고 생각한다. 올바른 행동이란 다른 사람을 기쁘게 하고 도와주는 것이며, 이를 다른 사람이 착한 행동으로 인정하는 것이다. 이 단계의 아동·청소년은 다른 사람의 관점과 의도를 이해할 수 있으므로 다른 사람의 기대에 부응하는 것을 중시한다. 신뢰, 충성, 의리가 대인관계를 유지하는 데 매우 중요하다고 생각한다. 행동은 의도에 의하여 판단되기 시작한다.

찬성	반대
하인츠가 약을 훔치는 것은 좋은 남편으로서 자연스러운 일이다. 아내를 향한 사랑으로 약을 훔친 것은 비난할 수 없다. 만약 그가 아내의 생명을 구할 정도로 아내를 사랑하지 않는다면 그를 비난해야 한다.	약을 훔쳐서는 안 된다. 하인츠의 아내가 죽는 것은 그의 잘못은 아니며, 그가 가슴이 차갑거나 아내를 사랑하지 않기 때문이 아니다. 약사는 이기적이고 무정한 사람이다.

② 4단계(사회질서와 권위 지향)

법과 질서를 준수하며, 사회 속에서 개인의 의무를 다한다. 이 단계는 법과 질서를 기준으로 도덕 판단을 한다. 친구의 비행이 법을 어기거나 공공의 질서를 심각하게 방해하였는가에 따라 그 비행을 말할 수도, 하지 않을 수도 있다. 법과 사회의 질서를 지키는 것이 자신의 의무라고 생각한다.

찬성	반대
하인츠가 약을 훔치지 않는다면 그는 아내를 죽게 내버려 두는 것이다. 아내가 죽는다면 그의 책임이 크다.	하인츠가 아내를 살리고자 하는 것은 자연스러운 일이다. 그러나 훔치는 것 역시 잘못된 것이다. 법은 어떤 경우에도 지켜져야 하기 때문에 하인츠의 행동은 정당하지 못하다. 그는 그가 도둑질을 했다는 것과 약사에게서 가치 있는 약을 빼앗았다는 것을 알고 있다.

(3) 수준 3(인습 이후 수준)

사회규칙에 제한되지 않으며 보편적인 원리와 윤리에 초점을 두어 판단한다. 이 단계 사람들의 행동 기저에는 그 사람의 양심이 있다.

① 5단계(사회계약 지향)

법은 사람들이 합의하여 만든 것이므로 융통성이 있고 고칠 수도 있다는 사실을 인식한다. 사회규칙이 도덕적 행동의 근거가 되지만 개인의 내면화된 도덕원칙과 사회규칙 간에 갈등이 있을 때 내면화된 도덕원칙이 우선시된다. 법은 개인의 자유와 존엄성의 원리에 대한 믿음 때문에 따라야 하는 것이다. 이 단계의 사람들은 소수라고 하더라도 개인의 권리를 보호하는 것이 정의라고 생각한다. 어떤 친구의 비행을 말할 것이냐 아니냐 하는 문제는 이제는 그 친구가 그 행위를 하게 된 이유에 달려 있게 되고, 일어날 수 있는 여러 행동이 그 친구와 보다 넓은 공동체에 끼칠 영향력을 고려하게 된다.

찬성	반대
하인츠가 약을 훔친 것은 잘못이나 인명을 구하기 위한 일이므로 정당화될 수 있다.	훔쳤다고 해서 하인츠를 비난할 수는 없지만, 극단적인 상황이 이를 정당화해 주지는 않는다. 누구든 절망적일 때는 도둑질해도 된다고 인정할 수 없다. 약을 훔쳐서 결과가 좋을 수는 있으나, 그렇다고 훔치는 것이 정당화될 수 없다.

② 6단계(보편적 윤리 원리 지향)

보통 사람에게서는 거의 찾아볼 수 없는 단계로 극히 소수만이 이 단계에 도달한다. 법이나 관습을 넘어서서 정의, 평등, 생명의 가치와 같은 추상적이고 보편적인 원리를 지향한다. 도덕원리는 논리적으로 포괄적이며 일관성 있는 것으로 추상적이다. 스스로 선택한 도덕원리, 양심의 결단에 따라 도덕적 판단이 이루어진다.

찬성	반대
이 상황은 하인츠가 약을 훔치거나 아내를 죽게 내버려 두는 것 사이에서 선택을 하도록 강요받는 상황이다. 생명을 존중하고 지키기 위해서는 훔치는 것도 도덕적으로 옳을 수 있다. 그는 생명을 존중하고 지키기 위한 행동을 해야 한다.	하인츠는 그의 아내처럼 절실하게 그 약이 필요한 다른 사람을 고려할 것인지 고려하지 않을 것인지 결정해야 한다. 그는 자신의 아내를 향한 사적인 감정에 따라서 행동할 것이 아니라 모든 생명의 가치를 고려하여 행동해야만 한다.

2) 교실에서의 시사점

Kohlberg의 연구는 인지적 요인을 중요시하고 있는 학교 교실상황에 중요한 시사점을 던지고 있다.

첫째, 아동의 연령과 인지적 수준에 따라 어떻게 도덕교육을 해야 하는가에 대한 구체적인 행동 지침을 주고 있어서 도덕교육의 방향과 내용을 결정하는 데 근거를 제공했다고 볼 수 있다. 아동에게 그들의 인지발달 수준보다 더 높은 도덕적 판단을 기대할 수 없다. 아동의 연령에 따른 행동과 도덕 판단 수준을 이해하고 그에 따라 대응해야 한다. 예를 들면, 어린 아동의 잘못된 행동에는 즉각적

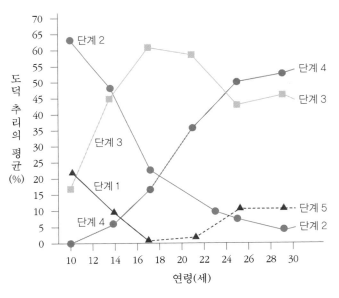

[그림 4-1] 연령에 따른 도덕성 발달단계(Colby, Kohlberg, & Gibbs, 1979)

인 처벌이 필요하고, 보다 성숙한 아동에게는 사회적 제재(착한 아이는 그런 행동을 하지 않는다)가 더 효과적이며, 아동이 더욱 성숙하면 보편적인 가치 기준이나 양심에 호소하는 것이 적절한 대응행동이 될 수 있다.

[그림 4-1]은 하인츠의 딜레마 또는 그와 유사한 도덕적 딜레마를 3, 4년마다 같은 대상에게 제시하여 얻은 종단 연구의 결과이다. 이 연구에 따르면 도덕성 발달에서 단계를 뛰어넘는 경우는 없었으며, 5단계, 6단계가 중등교육 단계까지는 나타나지 않음을 볼 수 있다. 14세경에는 2단계, 3단계가 거의 45% 정도 나타나고 있으며, 1단계가 약 7% 수준으로 급격히 낮아지고 4단계가 약 4% 정도를 차지한다. 대학생 연령에서는 4단계가 급격히 증가하고 5단계는 드물게 나타나고 있다. 초·중등교육 단계에서 도덕성 발달이 매우 활발하게 일어나고 있으므로 도덕적 사고를 발달시킬 수 있는 교육이 이 시기에 적절하게 이루어져야 한다.

둘째, Kohlberg(1975)는 토론식 도덕교육 방법을 학교교육에 제안하였다. 중·고등학교의 도덕교육이 도덕적 행동을 지시적으로 가르치는 덕목교육을 하는 것은 도덕적 사고력을 길러 주지 못하므로 효과적이지 못하다. 학교의 도덕교육은 아동의 도덕적 판단능력을 길러 주는 것이어야 한다. '거짓말하면 안 된다' '다른 사람의 물건에 손대지 않는다'와 같이 지켜야 하는 구체적인 행동만을 나열하기보다는 왜 그렇게 해야 하는지를 생각해 보도록 함으로써 다양한 상황에서 스스로 판단하여 도덕적 행동을 하도록 하는 것이 바람직하다.

학교에서는 교사가 학생에게 가설적인 딜레마 상황을 제시해 주고, 학습자 스스로 자신의 도덕적 사고를 시험해 보도록 한다. 그리고 다른 학생과 학급 토론을 통해 자신의 도덕적 판단을 비교해 보고 자신보다 상위의 도덕적 사고에 노출되도록 함으로써 도덕발달을 증진하게 된다. 교사는 토론할 때 구체적인 갈등상황을 제시하고 학생이 도덕적 갈등상황의 모든 측면을 고려하도록 한다. 또한 어떠한 행동을 할 것인지 선택하도록 하며, 그렇게 결정한 이유를 설명할 수 있도록 한다. 토론에서는 자신의 의견을 솔직하게 제시하는 분위기를 조성해서 다른 사람의 역할과 관점에 대한 토론이 이루어지도록 해야 한다. 토론에서 학생들은 다른 학생과 상호작용을 통해서 적극적으로 경청하고 자신보다 복잡한 도덕적 추론방법을 분석하면서 도덕적 판단능력을 신장한다(Kruger, 1992).

셋째, 발달단계를 제시하는 것은 더 높은 단계로의 도덕성 발달을 가능하게 한다. 도덕적 사고에 대한 보다 고차적이고 복잡한 사고방식을 접함으로써 학생들은 타인과의 관계 속에서 자기 자신의 사고를 점검하고 평가할 수 있게 되었다. 학생들이 도덕성 발달단계를 알게 되면 도덕적 안목이 넓어지고 보다 높은 수준의 도덕적 판단이 무엇인지를 알게 되므로, 높은 수준의 도덕성을 발달시키기 위해 스스로 노력하게 된다. 따라서 도덕 판단 수준에 대해 생각할 수 있는 기회를 많이 주는 것이 교육적으로 바람직하다. 그러나 너무 높은 수준의 도덕적 추론을 접하는 것은 그 입장을 이해하기 어려우므로 학습자의 현재 추론단계보다 한 단계 높은 추론을 해 볼 수 있도록 하는 것이 좋다.

넷째, 도덕성 발달에 모델링을 활용하는 것을 권장한다. 배려하고 너그러운 성인 모델을 가진 아동은 다른 사람의 권리와 감정에 대해 더욱 관심을 가졌다(Cook & Cook, 2005; Eisenberg & Fabes, 1998). 공정하고 책임감 있으며 민주적인 교사의 모습을 통해 학생은 교사의 도덕적 가치와 도덕관을 배운다. 교사가 학생에게 기대되는 행동과 원칙을 자신이 준수하고 있음을 보여 주는 것은 좋은 모델링이다. 자신의 생활 속에서 다른 나라에서 일어난 감동적인 모범 사례를 접하도록 하는 것도 필요하다. 이러한 사례 제시는 도덕적 가치와 규범에 따르는 삶이 교과서 속의 이야기인 것을 넘어서서 실제로 존재함을 알게 하고 그러한 행동을 본받고 실천하도록 하는 의지를 다지게 할 수 있다.

다섯째, 역할극이 도덕교육에 활용되어야 한다. 하인츠의 딜레마와 같은 도덕적 딜레마를 제시하고 역할극을 통해서 등장인물의 입장이 되어 보는 것은 학생들이 높은 수준의 도덕적 추론을 할 수 있도록 돕는다. 하인츠의 역할, 부인의 역할, 약사의 역할, 부인과 같은 병을 앓고 있는데 그 약이 없어서 죽어 가는 사람의 역할 등 다양한 입장이 되어 생각하는 과정에서 다른 사람의 입장을 이해하게 되고 옳고 그름에 대한 판단과 도덕적 추론이 달라진다.

3) Kohlberg 이론에 대한 비판

Kohlberg의 도덕성 발달이론은 다음의 몇 가지 측면에서 비판을 받아 왔다.

첫째, 아동의 실제 도덕적 행위가 아니라 주어진 상황에 대한 아동의 인지적 반응, 즉 도덕적 추리능력을 통해서 발달단계를 구분하고 있다(Strike, 1990). 이는 도덕적 사고를 할 수 있어도 그러한 사고가 항상 도덕적 행위와 일치하는 것은 아니라는 것이다. Stanley Milgram(1963)은 도덕적 성숙 수준에 따라서 도덕적 행동을 하는가를 실험하였다.

피실험자는 자신과 다른 방에 있는 무고한 희생자에게 전기 충격을 주는 실험에 참여하였다(희생자는 실제로 전기 줄에 연결되어 있지 않았다). 피실험자는 계속 전기 강도를 세게 조정하면서 전기 충격을 주어야 했고, 옆방 희생자의 비명과 신음소리를 들어야 했다. 이 실험은 명령에 따라서 사람이 얼마나 오랫동안 다른 사람에게 전기 충격을 줄 수 있는가를 실험한 것인데, 나이와 배경에 관계없이 65%의 피실험자가 실험자의 지시에 따라서 전기 충격을 주었다. [그림 4-3]에서 보는 것처럼 도덕발달단계가 1~4단계에 있는 피실험자는 단지 13%만이 이 실험을 포기했고, 5단계와 6단계의 피실험자 중에서는 75%가 실험을 계속할 것을 거절했다. 이는 도덕적 단계의 수준에 따라 높은 수준의 도덕적 행동을 보인 사람이 많았다는 것을 입증하기는 했으나, 단계가 높은 수준에 있다고 해서 반드시 도덕적으로 행동하는 것은 아님을 시사하였다.

둘째, 인습 이후 수준의 발달단계는 개인주의를 강조하는 서구 사회의 가치를 반영하고 있어서 모든 문화에 적용되지 않을 수 있다. 예를 들면, 5단계에서 개인의 자유와 존엄성의 원리를 중시한다고 하는데 이는 서구 사회의 가치

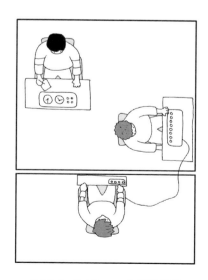

[그림 4-2] Milgram의 실험 장면

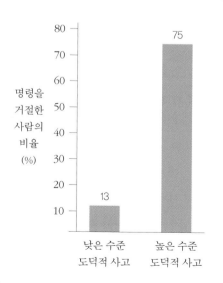

[그림 4-3] Milgram 실험에서 도덕적 사고 수준에 따른 도덕적 행동의 비율

를 반영한다. 가족중심적이거나 집단 지향적인 동양 문화에서는 성인이 개인 양심보다도 집단 의견을 중시하는 3단계 발달을 보일 수 있다. 다른 문화에서도 Kohlberg의 도덕성 발달단계가 같은 순서로 나타나고 있기는 하지만, 문화에 따라서 각 단계에 있는 사람들의 비율이 서구 사회와 다르다(Harkness, Edwards, & Super, 1981).

셋째, 어떤 사람의 도덕적 추리는 어느 한 단계에만 해당되지 않으므로 도덕성 발달단계를 판정할 때 어려움이 있다. 대부분의 성인도 추리의 많은 부분이 한 단계에서 나타나지만 부분적으로 그보다 위 혹은 아래 단계의 추리를 포함한다. 특히 한창 발달이 진행되고 있는 아동이나 청소년에게서 흔히 여러 단계의 도덕적 추리가 나타난다. 따라서 부분적인 추리만 보고 도덕성 발달단계를 판정하면 본래 단계보다 더 높게 혹은 더 낮게 평가할 가능성이 있다.

넷째, 도덕성 발달이론은 오직 남성에 대한 종단 연구에 근거하여 만들어진 것으로서 남성의 도덕발달에 대해서는 호의적으로 설명하나 여성의 도덕적 추론과 도덕발달은 제대로 설명하지 못하고 있다. Kohlberg 이론에 따르면, 여성에게 요구되는 타인에 대한 보살핌과 관계 유지에 기반을 둔 도덕적 추론은 3단계에 해당된다. 그렇다면 여성은 정의와 공평의 보편적 원칙을 추구하는 남성보다 도덕적으로 열등한가? 이러한 비판에서 C. Gilligan은 배려의 윤리에 기반을 둔 여성의 도덕성 발달이론을 주장하게 된다.

> **배려의 윤리**
> 도덕성에서 정의와 함께 타인에 대한 배려, 연민, 동정심, 유대감 등을 중시함으로써 도덕성을 포괄적으로 정의한 개념

3. Gilligan의 배려의 윤리

Carol Gilligan(1982)은 『다른 목소리로(In a Different Voice)』라는 저서에서 서양의 기존 윤리관을 남성중심의 성차별적 윤리관으로 규정하고 이에 대한 대안으로서 배려의 윤리를 주장하였다. Gilligan은 Kohlberg의 도덕성 발달이론이 추상적인 도덕원리를 강조하며, 백인 남성과 소년만을 대상으로 도덕성 발달단계를 설정한 것에 대해 비판하였다. 또한 성인 남성은 4, 5단계의 도덕성 발달단계를 보이고, 여성은 대부분 3단계의 도덕성 발달 수준을 보이므로 여성의 도덕발달이 남성에 비해 낮다고 규정한 Kohlberg(1969)의 주장이 여성의 도덕발달을

적절하게 설명하지 못하고 있다고 비판한다.

Gilligan에 따르면, 소년은 독립적이고 추상적 사고를 할 수 있도록 교육받는 반면, 소녀는 양육적이고 돌보기를 중요시하도록 양육되고 있으므로 남녀는 각기 다른 유형의 도덕적 추론을 할 수밖에 없다. 즉, 남성은 추상적 판단에 기초한 정의 관점(justice perspective)으로 도덕적 판단을 하고, 여성은 인간관계와 타인을 돌보는 것을 기초로 하는 배려(care)와 책임감(responsibility)을 중심으로 판단한다.

Gilligan(1977)은 낙태 여부를 결정해야 하는 29명의 여성의 응답을 분석하여 인간관계의 보살핌, 애착, 책임을 강조하는 여성의 도덕성 발달단계를 제시하고 있다. 여성의 도덕성 발달단계는 세 가지 수준의 단계(sequence of three levels)와 각 단계 사이의 두 개의 전환기(transition periods)로 설명된다. 각 단계는 자신(self)과 타인(others) 간의 관계를 더 정교하게 설명하고, 각 전환기는 이기심(selfishness)과 책임감 간의 이해를 보여 주고 있다.

여성의 도덕성 발달단계를 살펴보면 다음과 같다(Gilligan, 1977).

① [수준 1] 자기 지향(orientation to individual survival): 여성이 자기의 이익과 생존에 자기중심적으로 몰두하는 단계이다. 어떤 상황이나 사건이 자신의 욕구와 갈등을 일으킬 때에만 도덕적 사고와 추론을 시작하며, 어느 쪽이 자신에게 중요한가가 판단의 준거가 된다.

② [전환기 1] 이기심에서 책임감으로(from selfishness to responsibility): 첫 번째 전환기에서는 애착과 다른 사람과의 관계 형성이 중요해진다. 도덕적 판단

기준이 독립적이고 이기적인 것에서 관계와 책임감으로 옮겨 가기 시작한다. 책임감과 배려를 도덕적 판단 기준으로 통합해 간다.

③ [수준 2] 자기희생으로서의 선(goodness as self-sacrifice): 사회적 조망이 발달하면서 자신의 욕구를 억제하고 타인의 요구에 응하려 노력하게 되고 타인에 대한 배려, 책임감, 자기희생을 지향한다. 이 수준에서는 개인이 다른 사람과의 관계를 유지하기 위해서 자신의 주장을 포기한다. 다른 사람에게 상처를 줄 때 불평형이 일어나고 자기희생과 타인에 대한 배려를 선한 것으로 간주한다. 그러나 이 수준에서의 타인은 사적인 관계이며, 공적인 관계를 의미하지 않는다.

④ [전환기 2] 선에서 진실로(from goodness to truth): 두 번째 전환기에서는 왜 다른 사람을 위해서 자신을 희생해야 하는가에 대한 의문을 가진다. 도덕적 판단 기준이 자신 주변의 타인과의 일치에서 보다 넓은 범위의 타인의 욕구와 통합되는 것으로 발전해 간다. 두 번째 전환기는 자아개념과 관련된다.

⑤ [수준 3] 비폭력 도덕성(the morality of nonviolence): 대인간 도덕적 추론의 마지막 단계이다. 개인의 권리 주장과 타인에 대한 책임이 조화를 이룬다. 의사결정 과정에 적극적으로 참여하고, 다른 사람에게 상처 주는 것을 피한다. 자신에 대한 이해와 도덕성에 대한 재정의를 형성한다. 비폭력, 평화, 박애 등은 이 시기 도덕성의 주요 지표이다.

Gilligan은 여성의 도덕성이 자신의 필요에 몰두하는 이기적 단계에서 시작하여 자신의 욕구보다는 타인의 입장을 중요시하는 도덕성 단계를 거쳐 타인은 물론 자신의 책임의 중요성을 인식하고 자신과 관련된 모든 사람에게 최선의 방법을 모색하는 도덕성으로 발달해 나간다고 주장하였다. 여성은 도덕성에서 추상적인 도덕적 원리보다는 인간에 대한 책임을 강조하며 타인의 요구에 민감하게 반응하고 타인과의 관계를 고려하는 도덕적 사고를 중시한다. 여성은 자신을 희생하더라도 인간관계를 유지하고자 하는 강한 배려 지향적인 성향을 가진다.

그러나 최근 도덕성 발달에서 성차에 대한 연구들은 일관된 결과를 보이지 않고 있다. Gilligan의 주장을 지지하여 남성보다 여성이 더 친사회적이고 다른 사람을 돕는 반응을 보였다는 결과가 있었다(Eisenberg, Fabes, & Spinard, 2006). 그러나 일부 연구는 남성도 도덕적 판단에서 타인을 배려한다고 주장한다. 흑인 대학생을 대상으로 한 연구에서 남녀 간에 도덕적 판단 시에 사용되는 배려의 정도는 차이가 나타나지 않았다(Knox, Fagley, & Miller, 2004). Gilligan의 이론은 도덕성 발달에 대한 시각을 넓혀 준 것으로 이해할 수 있으며 남성과 여성은 모두 도덕적 판단에서 배려와 정의의 관점을 가진다고 볼 수 있다.

우리나라 청소년과 성인의 도덕의식

　대한민국 청소년과 성인의 정직윤리의식이 낮고, 성인의 정직윤리지수가 청소년보다 낮은 것으로 조사되었다. 흥사단 투명사회운동본부 윤리연구센터가 2019년 청소년과 성인의 정직윤리의식을 전국 청소년 4,073명, 성인 직장인 1,000명을 대상으로 조사하여 발표하였다. 조사 결과 청소년 전체 정직윤리지수는 77.3점이고, 성인의 전체 정직윤리지수는 60.2점으로 어른들의 정직윤리의식이 청소년의 정직윤리의식보다 현저하게 낮은 것으로 나타났다. 청소년의 정직윤리지수는 학년별로 초등학생 87.8점, 중학생 76.9점, 고등학생 72.2점으로 학년이 올라갈수록 계속 떨어지는 것으로 나타났다. 성인은 20대 51.8점, 30대 55.6점, 40대 58.7점 그리고 50대 이상은 66.5점으로 청소년부터 20대까지 정직윤리지수는 계속 악화되는 것으로 나타났다. 성인의 정직윤리지수는 30대부터 조금씩 올라갔지만 전 연령대에서 청소년에 비해 매우 낮은 점수를 보였다.

　'10억 원이 생긴다면 잘못을 하고 1년 정도 감옥에 들어가도 괜찮다'는 항목에 대한 조사 결과, 초등학생 23%, 중학생 42%, 고등학생 57%, 20대 53%, 30대 43%, 40대 40%, 50대 이상 23%가 괜찮다고 응답하여 자신의 이익을 위해서는 수단과 방법을 가리지 않고 사회적으로 잘못된 행동도 가능하다는 생각을 보였다.

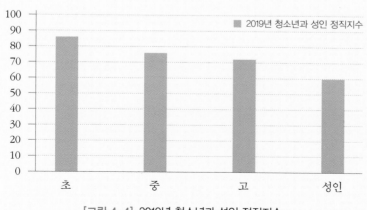

[그림 4-4] 2019년 청소년과 성인 정직지수

'이웃의 어려움과 관계없이 나만 잘 살면 된다'는 항목에 대한 조사 결과, 초등학생 23%, 중학생 32%, 고등학생 35%, 20대 59%, 30대 53%, 40대 44%, 50대 이상 31%가 그렇다고 응답하였다.

'시험 보면서 부정행위를 한다'에는 초등학생 97%, 중학생 96%, 고등학생 95%가 부정행위를 하면 안 된다고 응답하였지만, '친구의 숙제를 베껴서 낸다'에는 초등학생 13%, 중학생 46%, 고등학생 48%가 괜찮다고 응답하여 발각되더라도 자신에 대한 직접적인 처벌이 약하거나 없을 가능성이 있는 잘못에 대해서는 문제의식이 없는 청소년들이 많았다.

'인터넷에서 영화 또는 음악 파일을 불법으로 다운로드한다'는 항목은 초등학생 12%, 중학생 36.9%, 고등학생 51.8%, 20대 58.3%, 30대 57.6%, 40대 38.6%, 50대 이상 28.5%가 그렇다고 응답하여 인터넷 등 급속하게 발달되는 기술에 비해 청소년과 성인의 도덕의식은 변화에 맞추어 성장하지 못하고 있었다.

정직윤리지수에 대한 조사 결과는 학년이 올라갈수록 청소년의 도덕의식이 낮아지고 있다는 것을 보여 준다. 우리나라 청소년의 도덕 수준은 타인에 대한 배려나 사회정의에 대한 의식보다는 자기중심적이고 처벌 회피 지향적인 Kohlberg 도덕성 발달 1, 2단계에 있다. Colby 등(Colby et al., 1979)의 연구에서 청소년기는 도덕성 발달 1, 2단계는 급격히 감소하고 3, 4단계가 급성장하는 시기임이 나타나는데, 우리나라에서는 이러한 경향을 보이지 않고 있으며, 이는 우리나라 성인의 정직윤리지수가 낮은 것과 관련된다. 낮은 단계의 추론을 하는 청소년일수록 덜 정직하고 비행 및 마약과 같은 반사회적 행동을 더 많이 하므로(Gregg, Gibbs, & Basinger, 1994) 낮은 단계 청소년의 도덕성 발달은 학교폭력 등 청소년범죄와 사회질서를 해치는 범죄의 증가와 관련될 수 있다. 또한 청소년기에 3, 4단계를 발달시키지 못한 성인이 많은 사회에서는 사회질서 유지와 구성원의 이타적 행위에 문제가 있을 수 있다는 점에서 청소년기의 도덕성 발달은 중요하다.

도덕성 발달은 특정 교과목이나 프로그램만으로 성과를 거두기는 어렵다. 사회에서 바람직한 공동체적 삶을 위한 기본적 행동 양식과 태도에 대한 인식을 공유하고, 이러한 공동체의 중요성에 근거하여 청소년의 도덕적 사고력을 향상하는 노력이 필요하다. 특히 중ㆍ고등학교에서는 학교폭력, 숙제를 베껴서 내는 문제, 불법 다운로드 문제 등 구체적인 주제에 집중하여 이와 관련된 가치의식을 발달시키는 교육을 하는 것도 중요할 것이다.

연구문제

1. 고등학생의 80~90%의 학생이 시험 볼 때 부정행위를 한 경험이 있다고 한다. 학교 분위기가 경쟁적일수록, 성적이 낮을수록, 학년이 높을수록 부정행위를 더 많이 한다고 한다. Kohlberg의 이론을 고려하여 이 장의 맨 앞에서 제시되었던 시험에서의 부정행위 갈등 상황을 도덕성 발달단계에 따라 응답하고 그 이유를 설명하시오.

2. 중·고등학교에서 점심시간에 줄을 서 있는 학생들 사이로 어떤 힘이 센 학생이 들어와 기다리고 있는 학생들보다 빨리 급식을 받아 가는 경우가 있다. 이것은 도덕적으로 문제가 되는 상황이라고 보는가? 왜 그렇다고 생각하는가?

3. 우리나라 청소년을 대상으로 한 설문조사에서 '인터넷에서 영화 또는 음악 파일을 불법으로 다운로드 한다'는 항목은 초등학생 12%, 중학생 36.9%, 고등학생 51.8%가 그렇다고 응답하였다. Kohlberg의 도덕성 발달단계를 고려하여 불법 다운로드를 근절하기 위해 중·고등학교에서 어떤 교육을 해야 하는지 기술하시오.

4. 다음 내용을 읽고 법정의 판단이 옳은지 논의하시오.

> 1840년 래브라도 해안에서 40여 명이 탄 배가 난파했다. 사람들은 12명이 겨우 탈 수 있는 구명보트에 모두 올라탔다. 폭풍우가 몰려왔다. 몇몇은 스스로 바다로 뛰어들었지만 보트는 남은 사람 모두를 감당할 순 없었다. 선장은 고심 끝에 폭풍우를 견뎌 낼 수 없을 듯한 노약자부터 내리게 했다. 보트에 남은 이들은 구조됐다. 법정은 선장에게 '살인죄'를 물었다.

"혹시 예전에 지능검사를 받은 사람 중에서 자신의 검사 점수를 기억하고 있는 사람 있나요?"라는 교사의 질문에 대한 중학교 2학년 학생들의 답변은 다양하다.

> 수민: 저는 검사를 받아 본 적이 없어요.
> 희철: 에이 선생님, 그런 점수를 이렇게 공공연하게 물어보시면 어떡해요?
> 원희: 우리 엄마가 지능검사 점수는 아무런 의미가 없다고 하셨어요.
> 규식: 지능검사 점수 높은 애들이 공부 잘하는 것 아닌가요?
> 철재: 저는 143 나왔어요.
> 재민: 뭐라고? 난 검사를 받아 본 적은 없지만, 네 점수가 143이라면, 난 200이겠다!

앞의 사례에서 보듯이 지능검사와 관련된 질문을 하면 그것에 대한 자신만의 막연한 표상화의 결과에 따라 아이들은 각양각색의 답변을 한다. 흥미로운 점은 이러한 답변이 단순히 아동의 사고와 정서만으로 국한되는 것이 아니라는 점이다. 지능이라는 단어를 이제 막 알게 된 초등학생부터 중학생, 심지어 성인에 이르기까지 실상 지능의 의미를 제대로 알고 대답하는 사람은 드물다. 사람들이 알고 있는 것처럼 과연 지능검사 점수가 높은 학생이 항상 학교에서 높은 성취를 보이는가? 그만큼 지능이라는 것이 학습에서 절대적인 조건인가? 지능에 관한 연구들은 과연 무엇이 지능이며 지능의 역할은 어떠한 것인지에 대한 완벽한 답을 제시하는가? 이 장의 내용이 이러한 의문에 대한 답변이 되기를 기대한다.

1. 지능의 의미

학습자에 대한 이해의 영역은 크게 '발달과 개인차'로 나눌 수 있다. 여기서의 '개인차(individual differences)'란 학습자에게서 보이는 다양한 차이를 의미하며, 그에 따라 '개인차 연구'란 각 개인에게 내재된 다양성 중에서 가장 보편적인 기준을 찾기 위한 연구를 의미한다. 지능 관련 연구는 이러한 개인차 연구에 해당되는 영역으로서 19세기 말까지 거슬러 올라간다. 영국의 Francis Galton(1822~1911)은 감각식별 능력이 인간의 지적 능력과 관련 있을 것이라는 가정하에 감각 기능의 개인차를 측정하고자 심리측정실을 개설하였다. 그는 천재 가문, 즉 천재로 인식되는 가족구성원의 수가 더 많은 집안에서 태어난 아동을 다른 가문에서 양육하였을 때도 그들의 천재성이 지속될 수 있는지에 대한 관심을 갖고 연구하였는데, 그의 이러한 관심과 연구가 곧 지능의 개인차를 규명하기 위한 최초의 노력이었다. 그 후 1905년 프랑스의 Alfred Binet(1857~1911)는 정상교육을 받을 수 있는 아동과 그렇지 못한 아동을 구분하기 위한 과학적인 지능검사지를 개발하였다.

　지능에 대한 대부분의 연구는 심리측정적 접근(psychometric approach), Piaget식 접근(Piagetian approach), 정보처리적 접근(information processing approach) 중 한 가지를 취하였다. 지능을 양적으로 측정하는 데 관심을 둔 심리측정적 접근은 지능검사를 통해 개인의 지능이 모집단을 기준으로 얼마나 높고 낮은지를 측정하는 데 초점을 두었다. Piaget식 접근은 지능에 대한 질적 접근으로 인간이 단계별 발달 과정에서 무엇을 할 수 있는지에 관심을 두었고, 정보처리적 접근은 지적 행동의 기초 과정과 인간이 지능을 사용하는 방법을 분석하는 데 관심을 가졌다.

　100여 년이 넘는 지능에 관한 연구를 통하여 지능의 속성에 대한 관점은 체계적으로 정립되고 개선되어 왔다. 1980년대 후반, Snyderman과 Rothman(1987)은 전문가들을 대상으로 지능의 주요 특성에 대한 설문조사를 실시하였고, 그들의 답변을 수렴한 결과 다음과 같은 공통적인 요소를 추출해 낼 수 있었다.

지능의 하위 속성에 대한 전문가들의 답변 비율

- 추상적 사고 혹은 추상적 추리(99.3%)
- 문제해결능력(97.7%)
- 지식획득 역량(96.0%)
- 기억력(80.5%)
- 적응력(77.2%)
- 정신속도(71.7%)
- 언어적 적성(71.0%)
- 수학적 적성(67.9%)
- 일반지식(62.4%)
- 창의성(59.6%)

전문가의 대부분이 동의하는 지능의 주요 속성은, 첫째, 상징이나 원리, 개념, 관계성, 아이디어와 같은 추상성을 다루는 능력, 둘째, 새로운 상황을 다루거나 문제를 해결하는 능력, 셋째, 언어나 다른 상징이 포함된 추상개념을 배우고 다루는 학습능력을 의미한다.

비슷한 맥락에서, 다양한 연구를 통하여 제시된 지능의 정의를 수렴하면 다음과 같다. 첫째, 지능이란 타당도와 신뢰도가 높은 지능검사가 보고하는 점수이다. 둘째, 인간의 학습능력이다. 셋째, 한 인간이 획득한 총 지식이다. 넷째, 새로운 상황과 환경에 적응하는 능력이다(Woolfolk, 2007).

지능의 개념에 대한 학자들의 견해가 다양하듯이 지능의 하위 속성이 단일 특성인지 혹은 복수 특성인지에 대한 의견 역시 분분하다. 즉, 우리가 확실하게 알수 있는 것은 지능검사의 점수이지만, 눈에 보이는 단순한 점수들이 그 기저에 있는 하나 혹은 여러 개의 특정 능력을 나타내는지에 관해서는 의견이 다양하다. 지능의 하위 속성은 우리 눈에 확연하게 관찰될 수 없는 것으로서 그저 인간의 추정에 의한 것이기 때문이다.

지능검사를 구성하는 여러 측정 문항 간의 상관이 높아서 결국 '지능은 하나의 요인으로 구성된다'는 관점이 일반요인이론이며, Charles Spearman(1863~1945)의 이론이 이러한 관점을 취한다. 이와는 상대적으로 지능 측정 문항 간의 상관 정도가 낮음으로 인해 결국 우리 눈에 관찰되는 지능은 서로 독립적인 여러 개의 하위 속성으로 구성된다는 관점이 다요인이론이며, Louis Thurstone(1887~1955)과 Joy Paul Guilford(1897~1987), Raymond Bernard Cattell(1905~1998)이 대표적인 학자이다. 나아가 일반요인이론과 다요인이론을 결합한 후 위계를 두어 지능의 세부 속성을 설명한 위계지능이론도 있으며, Robert Sternberg(1949~)와 Howard Gardner(1943~)처럼 처음부터 지능의 하위 속성을 서로 별개의 것으로 보고 각 능력은 고유한 영역이라는 새로운 입장을 취한 삼원지능이론 및 다중지능이론도 있다.

지능
문제해결의 특성을 지닌 것으로서 인지과정과 조작으로 조종되는 개인의 적응적 행동

일반요인이론
지능은 하나의 요인으로 구성되어 있다고 보는 이론

다요인이론
지능은 한 개가 아닌 몇 개의 기본 정신능력으로 구성되어 있다고 보는 이론

다중지능이론
지능의 기저능력은 서로 별개의 것으로 고유한 영역이라고 주장하는 이론

2. 지능이론

1) 일반요인이론

일반요인이론의 대표적인 학자로 Spearman을 들 수 있다. 그는 여러 종류의 성취도 검사와 정신작업 검사 간의 상관연구를 통하여 인간의 지능이 g요인(일반지능요인)과 s요인(특수지능요인)으로 구성되어 있다고 제안하였다(Spearman, 1904). 즉, Spearman은 어떤 종류의 지능검사에도 적용할 수 있는 하나의 정신 속성(일반지능)이 있고, 각각의 지능검사에서 요구하는 특수한 능력이 이러한 일반지능에 덧붙여 있는 것이라고 제안하였다. 음악을 전공하는 학생 중에서 어떤 학생은 노래를 잘하고 어떤 학생은 악기연주를 잘한다. 이들은 모두 음악의 기본 속성인 음정이나 박자에 대한 예민한 지각 및 인지능력을 갖추어야 한다. 나아가 성악전공 학생은 성량 및 호흡법, 성악적인 표현력에서 기악전공 학생과는 구별되는 특수한 능력을 지녀야 하며, 기악전공 학생은 해당 악기에 적합한 특수한 능력을 지녀야 한다. 음정이나 박자에 대한 음악적 기본능력을 g요인으로 본다면 성악과 기악 영역에서 각각 요구하는 특수한 능력을 s요인으로 볼 수 있다. 이와 같이 Spearman은 인간의 지능을 g요인과 s요인으로 설명하였고, g요

> Spearman의 g요인
> 모든 지능을 군림하는 단일 능력으로서의 일반능력인 언어, 수, 정신속도, 주의, 상상의 다섯 가지 요인을 의미

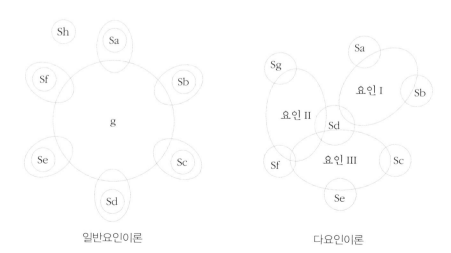

일반요인이론　　　　　　　　다요인이론

[그림 5-1] 일반요인이론과 다요인이론

인으로 '언어, 수, 정신속도, 주의, 상상'의 다섯 가지 요인이 공존함을 찾아냈다. 그에 따르면, 인간은 일반지능과 특수능력 모두에서 개인차가 발생하며, 이 두 요인이 함께 정신과제에 대한 수행을 결정한다.

2) 다요인이론

다요인이론의 대표적인 학자로 Thurstone과 Guilford, Cattell을 들 수 있다. 앞서 제시된 Spearman의 견해에 대하여 Thurstone은 모든 지적기능에 군림하는 단일 능력으로서의 일반지능을 부인하고, 지능이란 한 개가 아닌 몇 개의 **기본 정신능력**(primary mental ability: PMA)으로 구성되어 있다고 주장하였다 (Thurstone, 1938). 그에 의하면, 인간의 지적 능력은 서로 독립적인 별개의 요인으로 존재하므로 지능에 대한 기술은 각각의 요인에 대한 개별화된 점수를 제시하여야 한다. Thurstone은 지적 과제에 기초한 기본 정신능력(PMA)으로 '언어이해요인, 기억요인, 추리요인, 공간시각화요인, 수요인, 단어유창성요인, 지각속도요인'의 일곱 가지 집단요인을 제시하였다.

Guilford(1959)는 인간의 지능에는 세 가지의 기본 범주 혹은 지적 국면(faces of intellect)이 있다고 주장하면서 '지능구조모형(structure of intellect model)'을 제안하였다. 여기서 세 가지 필수적 차원이란 정신능력에 포함되는 **내용**(contents) **차원**과 그 요인에서 요구하는 **조작**(operation) **차원** 그리고 그러한 조작이 내용에 작용하여 나타나는 **산출**(product) **차원**을 의미한다. 내용 차원은 시각, 청각, 상징, 단어의미, 행동의 5개 하위 요인으로, 조작 차원은 인지, 기억파지, 기억부호화, 확산적 사고, 수렴적 사고, 평가의 6개 하위 요인으로, 결과로 나올 수 있는 산출 차원은 단위, 유목, 관계, 체계, 변환, 함축의 6개 하위 요인으로 구성된다.

Guilford는 내용과 조작, 산출이라는 세 가지의 차원이 조합하여 특정한 요인이 발생한다고 하였다. 이들 세 차원의 경우 처음에는 내용 차원 4개, 조작 차원 5개, 산출 차원 6개로 총 120개의 요인이 제시되었으나, 이후에 제시된 지능구조모형은 5개의 내용 차원과 6개의 조작 차원, 6개의 산출 차원을 구성하는 요인이 상호 결합하여 얻어지는 180개의 상이한 정신능력으로 구성된다(Guilford, 1988). Guilford의 지능이론은 지능에 대한 사람들의 관점을 넓혀 주었다는 점

Thurstone의 기본 정신능력
언어이해, 기억, 추리, 공간시각화, 수, 단어유창성, 지각속도라는 7개 기본 정신능력

Guilford의 내용 차원
시각, 청각, 상징, 단어의미, 행동이라는 5개 하위 요인

Guilford의 조작 차원
인지, 기억파지, 기억부호화, 확산적 사고, 수렴적 사고, 평가의 6개 하위 요인

Guilford의 산출 차원
단위, 유목, 관계, 체계, 변환, 함축이라는 6개 하위 요인

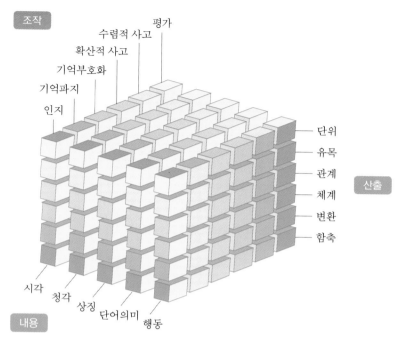

[그림 5-2] Guilford의 지능구조모형

에서 의미가 있다. 그러나 실제 상황에서 예견하거나 교수계획을 세우기 위한 지침으로 사용하기에는 이론 자체가 매우 복잡하다는 단점이 있다(Woolfolk, 2007). 또한 Guilford가 제시한 상이한 지적 능력에 대하여 사람들이 실제 검사를 받으면, 그가 제시한 180개의 지적 영역이 고유하거나 별개의 것이 아닌, 상호 관련되어 있음이 드러났다.

Cattell은 Thurstone의 기본 정신능력 검사를 상세히 분석한 후, 지능의 일반 요인으로 두 개의 요인을 추출해 내었는데, 유동지능과 결정지능이 그것이다. 유동지능(fluid intelligence)은 유전 및 신경 생리적 영향에 의하여 발달하는 지능으로 생리적 발달이 지속되는 청년기까지는 그 수준이 꾸준히 증가하나 생리적 발달이 쇠퇴하는 성인기 이후에는 감퇴한다. 유동지능은 지각 및 일반적 추리능력, 기계적 암기, 지각속도 등의 하위 속성에서 잘 나타난다. 이와는 대조적으로 결정지능(crystallized intelligence)은 환경 및 경험, 문화적 영향에 의해 발달하는 지능으로 가정환경 및 교육의 정도, 직업 등의 영향을 받는다. 논리적 추리능력, 언어능력, 문제해결력, 상식 등의 하위 속성에서 잘 드러나는 결정지능은 환경

Cattell의 유동지능
유전 및 신경생리적 영향에 의하여 발달하는 지능으로, 지각 및 일반적 추리능력, 기계적 암기, 지각속도 등의 능력에서 잘 나타남

Cattell의 결정지능
환경 및 경험, 문화적 영향에 의하여 발달하는 지능으로, 가정환경 및 교육의 정도, 직업 등의 영향을 받음

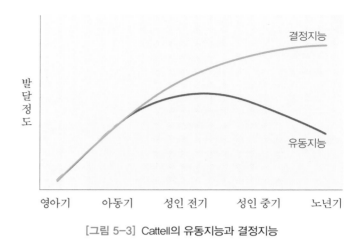

[그림 5-3] Cattell의 유동지능과 결정지능

적인 자극이 지속되는 한 성인기 이후에도 꾸준히 발달한다.

3) 위계지능이론

기존 지능 연구들을 바탕으로 하여 새롭고 흥미로운 연구결과들이 속출하였
는데, 그중 하나가 지능의 속성을 설명함에 있어서 '위계'를 활용한 이론들이다.

최근 들어, Cattell과 John L. Horn(1928~2006)의 이론에 John Bissell Carroll

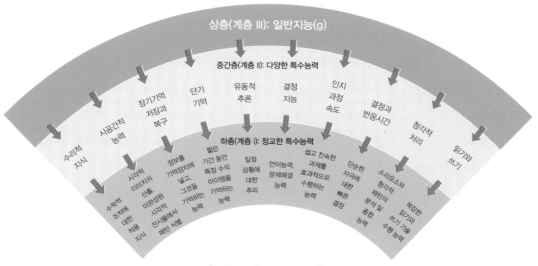

[그림 5-4] C-H-C 모델

(1916~2003)의 이론을 결합하여 C–H–C(Cattell-Horn-Carroll) 모델이라고 불리는 지능이론이 나왔다. 위계지능이론으로 불리는 C–H–C 모델은 상중하 세 개의 위계 구조로 구성된다. 맨 위에 자리 잡은 상층(계층 Ⅲ)에 일반지능을 두며, 중간층(계층 Ⅱ)은 유동적 추론, 결정지능, 수리적 지식, 읽기와 쓰기, 장기기억 저장과 복구, 단기기억, 시공간적 능력, 청각적 처리, 인지과정 속도, 결정과 반응시간이라는 10개의 상이한 능력으로 구성된다. 또한 하층(계층 Ⅰ)은 중간층에 포함되는 70여 개의 정교한 세부 속성을 포함한다.

> **C–H–C 모델**
> 지능의 하위속성을 상·중·하 위계를 두어 설명한 이론

4) Sternberg의 삼원지능이론

대부분의 지능이론이 인간 지능의 구체적 내용, 즉 인간의 지적인 행동에 기반을 둔 각각의 능력 자체에 초점을 둔 반면, Sternberg는 인간이 특정 문제를 해결하고 지적으로 행동하기 위한 정보를 어떻게 모으고 사용하는지의 관점에서 지능을 바라보았다. 그가 제시한 지능의 삼원론(triarchic theory of intelligence)은 모든 사람에게 공통적으로 나타날 수 있는 인지과정을 강조한 이론으로서, 삼원이란 분석적 지능, 창조적 지능, 실제적 지능을 의미한다.

분석적 지능(analytical intelligence)은 지적인 행동과 관련된 인간의 정신과정과 연관된 것으로서 흔히 학문적인 영역의 지능을 의미한다. 이 지능은 기본적인 정보처리를 위한 메타요소, 수행요소, 지식습득요소라는 세 가지 요인으로 구성된다. 메타요소는 인간의 고등정신과정을 의미하는 것으로서, 어떠한 일을 사전에

> **Sternberg 지능의 삼원론**
> 분석적 지능
> 창조적 지능
> 실제적 지능

> **분석적 지능**
> 메타요소
> 수행요소
> 지식습득요소

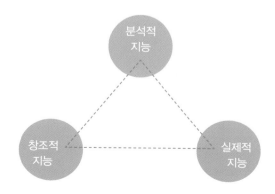

[그림 5-5] Sternberg의 지능의 삼원론

계획하거나 일이 진행되는 동안 점검하는 것, 일을 평가하기 위하여 통제하는 것과 같은 정신과정을 말한다. 수행요소는 메타요소인 고등정신과정을 이행하기 위한 하위 수준의 과정을 의미하며, 지식습득요소는 메타요소와 수행요소들이 하는 것을 실제로 어떻게 해야 하는지에 대한 학습을 말한다. 학생이 기말보고서를 작성하기 위해서는 먼저 주제를 선정하고 해당 주제에 대한 세부 내용 및 구성 방식을 계획하며 그러한 일이 제대로 수행되고 있는지에 대한 메타요소의 정신과정을 사용한다. 자신이 정한 주제에 대한 실제 데이터를 수집하고 수집된 자료에 대한 상호연관성을 찾으며 내용을 수렴하는 과정이 지식습득요소의 정신과정이며, 마지막으로 실제 보고서를 작성하는 것이 수행요소의 정신과정이다.

창조적 지능
신기성을 다루는 능력과 정보처리를 자동화하는 능력

창조적 지능(creative intelligence)은 인간의 경험과 긴밀하게 연관된 것으로서, 신기성(novelty)을 다루는 능력과 정보처리를 자동화하는 능력으로 구성된다. 신기성이란 통찰력과 새로운 상황을 효과적으로 다루는 창의적인 능력을 말하며, 자동화 능력이란 새로운 해결책을 신속하게 일상적인 과정으로 바꾸어서 많은 인지적인 노력 없이도 적용할 수 있는 능력을 의미한다.

실제적 지능
선택, 적응, 조성

실제적 지능(practical intelligence)은 전통적인 지능검사의 점수나 학업성취도와는 무관한 지능으로서, 선택, 적응, 조성의 세 부분으로 구성된다. 적응력이나 사회적 유능성 등과 관련된 실제적 지능은 정규교육을 통해 향상되는 것이 아니라 일상에서 개인의 경험을 통하여 획득되고 발달한다. Sternberg(1998)는 실제적 지능을 통하여 인간이 성공할 수 있는 환경을 스스로 선택하고 그 환경에 적응하거나, 필요하다면 환경을 바꾸어 주는 것이 중요하다는 점을 강조하였다. 그는 우리 사회의 '문화'가 성공적인 선택과 적응, 조성을 결정하는 중요한 요소라고 하였다. 예를 들면, 번잡한 도시문화권에서 성공할 수 있도록 선택한 능력이 농촌 지역에서는 동일한 능력으로 적용되지 않는 경우를 우리는 흔히 볼 수 있다. 즉, 성공적인 사람은 그들의 능력이 가치 있는 것으로 받아들여지는 상황을 찾아서 자신들의 능력을 발휘하고 더욱 열심히 일하게 되는데, 이러한 상황 선택이나 사회적 기술을 포함한 실용적인 것들을 일컬어 Sternberg는 실제적 지능이라고 설명하였다.

이후 Sternberg는 성공 지능이라는 개념을 제안하였다. 성공 지능(successful intelligence)은 앞에서 언급한 세 가지 지능으로 구성된다. 즉, 인간이 개인의 목표를 달성하는 데 도움을 주는 지능으로서 분석적 · 창조적 · 실제적 지능과 그

에 해당되는 특별한 능력들 간의 균형이 유지될 때 인간은 자신의 목표를 성취하고 성공 경험을 하며, 그에 따라 본인의 성공 지능을 향상시켜 나간다.

5) Gardner의 다중지능이론

다중지능이론이란 지능은 하나의 일반능력이나 서로 분리된 몇 개의 상이한 정신능력으로 구성되는 것이 아니라 처음부터 서로 별개의 것이라고 주장하는 이론으로서 Gardner가 이러한 관점에서 자신의 이론을 설명하는 대표적인 학자이다.

모든 학습자는 서로 다른 능력과 흥미, 동기를 가지고 있다. 이것이 Gardner가 주장한 다중지능(multiple intelligences)이론의 전제이다. 그러므로 그는 학습자의 능력 및 동기를 고려한 교수 · 학습법을 투입해야 한다고 주장한다. Gardner는 자연스러운 교수 · 학습 현장에서 전혀 경험해 보지 못한 인위적 과제를 해 보도록 하여 인간의 지능을 판단하는 전통적인 지능검사 방법의 타당성에 대하여 진지하게 의문을 제기하였다. 그의 이론은 전통적인 IQ검사 점수에서 탈피하여 인간 개인이 지니고 있는 고유한 잠재능력의 가치와 범위를 확장시켰다는 점에서 의미가 크다. Gardner(1999)는 지능이란 "문화적으로 가치 있는 물건을 창조하거나 문제를 해결하는 데 필요한 그 문화에서 유용하게 쓰일 수 있는 정보를 처리하는 생물 · 심리적인 잠재력"이라고 정의하면서, 인간 두뇌의 해부학적인 구조와 개인이 속한 문화의 관점에서 지능을 분석하고 이론화하여 다중지능이론을 제시하였다. 그가 제시한 다중지능이론과 기존 지능이론의 관점을 비교하면 〈표 5-1〉과 같다.

> Gardner의 다중지능이론
> 언어지능, 논리-수학지능, 공간지능, 신체운동지능, 음악지능, 대인간 지능, 개인내 지능, 자연친화지능

표 5-1 기존 지능이론과 다중지능이론의 비교

기존 지능이론	다중지능이론
• 지능은 지능검사의 문항에 바르게 답하는 능력 • 지능은 대체로 타고나는 능력 • 논리와 언어, 수리능력을 지능의 범위로 봄	• 지능은 그 문화에서 유용하게 쓰일 수 있는 정보를 처리하는 생물 · 심리적인 잠재력 • 사람은 모든 지능을 가지고 있지만, 지능의 조합은 사람에 따라 다름 • 지능은 향상될 수 있음. 다만, 향상 속도에서 차이를 보임

"사람들은 모두 똑같이 태어나지 않으며, 지능 또한 모두 다르다."

1943년 미국에서 출생한 Howard Gardner는 1971년 하버드 대학교에서 발달심리
학 박사학위를 받았다. 1972년 David Perkins와 함께 시작한 연구를 계기로 하여 종래
의 지능이론과는 다른 개념과 구조를 지닌 새로운 지능이론을 제시하였다. 1983년 언
어, 논리-수학, 공간, 신체운동, 음악, 대인간, 개인내, 이렇게 7개의 독특한 인간 지능
을 주장하였으며, 이후 자연친화지능을 추가하여 8개의 지능을 제시하였다. 그는 8개
외에도 얼마든지 다른 지능이 있을 수 있다고 주장함으로써 새로운 지능이론의 패러다임을 구축하였다. 현재 하버
드 대학교 대학원 교수이자 같은 대학교 심리학과 겸임교수이며, 하버드 프로젝트 Zero의 추진위원장, Good Work
프로젝트의 책임자 등 왕성한 연구 활동을 펼치고 있다. 저서로는 『마음의 틀(Frames of Mind)』(1983), 『다중지능,
인간지능의 새로운 이해(Intelligence Reframed)』(1999), 『열정과 기질(Creating Mind)』(2004), 『다중지능(Multiple
Intelligences)』(2007) 등이 있다.

Gardner는 뇌 손상에 의한 분리 가능성, 진화사와 진화 가능성, 존재를 확신
할 수 있는 핵심적인 정신작용, 상징체계의 암호화, 최종 발달된 모습과 능력 발
달 양상의 차이, 백치천재(idiot savant)와 천재 그리고 특수아의 존재, 실험심리
학 연구결과가 보여 주는 증거, 심리측정학의 지지 등의 준거에 근거하여 인간
에게서 관찰되는 8개의 지능을 다음과 같이 제시하였다(Gardner, 1999).

첫째, 언어지능(linguistic intelligence)은 말하기와 읽기, 작문, 듣기 영역에 대
한 민감성, 언어학습능력, 특정한 목표를 달성하기 위한 언어활용능력 등을 포
함한다. 작가, 시인, 법률가, 교사 등이 언어지능이 높은 사람들이다.

둘째, 논리-수학지능(logical-mathematical intelligence)은 어떠한 문제를 논리
적으로 분석하고, 수학적 조작을 수행하며, 과학적인 방법을 사용하여 문제를
해결할 수 있는 능력을 의미한다. 수학자, 논리학자, 과학자 등이 논리-수학지
능이 높은 사람들이다.

셋째, 공간지능(spatial intelligence)은 좁은 공간뿐만 아니라 항해사나 비행기
조종사가 경험하는 넓은 공간을 인지하고 다루는 잠재력을 의미한다. 시각적인
세계를 잘 지각할 수 있고 지각된 것을 변형시킬 수 있으며 균형과 구성에 대한
민감성, 유사한 양식을 감지하는 능력 등이 포함된다. 조각가, 항해사, 건축가,

그래픽 아티스트 등이 공간지능이 높은 사람들이다.

넷째, 신체운동지능(bodily-kinesthetic intelligence)은 문제를 해결하거나 사물을 아름답게 꾸미기 위하여 몸 전체나 손 혹은 얼굴 표정과 같은 신체의 일부분을 활용할 수 있는 능력을 의미한다. 운동선수, 배우, 무용가, 외과의사, 기술자 등이 신체운동지능이 높은 사람들이다.

다섯째, 음악지능(musical intelligence)은 연주하거나 노래하기, 음악적 양식을 이해하거나 작곡 혹은 지휘와 관련된 능력이다. 음정과 리듬에 대한 민감성, 음악의 정서적인 측면에 대한 이해 등도 포함된다. 기악 연주가나 성악가, 작곡가,

표 5-2 다중지능이론 요약표

지능	핵심 성분	최고 수준 발달	발달적 요인
언어지능	언어의 소리, 의미, 기능에 대한 민감성	작가, 웅변가	초기 아동기에 폭발적으로 발달한 후 노년기까지 유지
논리-수학 지능	논리적 · 수리적 유형에 대한 민감성과 구분 능력	과학자, 수학자	청소년기와 성인 초기에 절정에 달한 후 40세 이후 뛰어난 수학적 통찰력은 감퇴
공간지능	시공간세계에 대한 예민한 지각	화가, 건축가	초기 아동기의 위상학적 사고가 9~10세경 유클리드식 사고방식으로 전환
신체운동 지능	몸의 움직임을 통제하고, 사물을 능숙하게 다루는 능력	운동선수, 무용수, 외과의사	성분(강도, 유연성)과 영역(무언극, 체조, 야구)에 따라 다름
음악지능	음정, 리듬, 음색 등을 만들고 평가하는 능력	연주자, 작곡가, 지휘자	가장 조기에 발달
대인간 지능	타인의 기분, 기질, 동기, 욕망을 구분하고 대응하는 능력	상담가, 정치지도자	생후 3년 동안 중요한 애착과 유대
개인내 지능	자신의 감정에 충실하고 정서를 구분하는 능력	심리학자, 수도자	생후 3년 동안 중요한 자아와 타인 간의 경계 형성
자연친화 지능	다양한 종을 구분하고 인지할 수 있는 능력	생물학자, 동식물학자, 농부	아동에게 다양한 경험시키기

위상학적 사고
특정 사물이 다른 사물과의 관계 속에서 가지는 위치나 상태에 대한 사고능력을 의미한다. 유아에게 공간이란 사물의 배치 그 자체를 의미한다. 즉, 유아는 물체를 떠나서 공간의 개념을 이해할 수 없다.

유클리드식 사고
위상학적 사고보다 더 발달된 형태의 공간지각 능력으로, 곡선 및 다각형, 육면체, T자 모양 등을 인지하고 보다 입체적으로 사고할 수 있는 능력을 의미한다. 도형 인식 및 분류 능력 등을 모두 포함한 사고능력이다.

지휘자 등이 음악지능이 높은 사람들이다.

여섯째, 대인간 지능(interpersonal intelligence)은 타인의 욕구와 동기, 의도를 이해하고 다른 사람과 효과적으로 일할 수 있는 능력을 의미한다. 교사, 심리치료사, 종교지도자, 정치가 등이 대인간 지능이 높은 사람들이다.

일곱째, 개인내 지능(intrapersonal intelligence)은 대인간 지능과 함께 인성지능(personal intelligence)에 속하는 지능이다. 자성지능이라고도 불리며, 자신을 이해하고 자신의 욕구, 불안, 두려움 등을 잘 통제하여 효율적인 삶을 살아 나갈 수 있는 잠재력을 의미한다. 심리학자, 수도자 등이 개인내 지능이 높은 사람들이다.

여덟째, 자연친화지능(naturalist intelligence)은 자연에 존재하는 여러 종(species)을 잘 구분하고, 각각의 종 사이의 관계성을 인식하고 규정하며, 자연과의 교감을 능숙하게 할 수 있는 능력을 의미한다. 생물학자, 동물학자, 식물학자, 농부 등이 자연친화지능이 높은 사람들이다.

Gardner에 따르면, 인간이란 잠정적으로 7~8개 혹은 그 이상의 기본적인 지능을 소유한 존재이다. 진화 덕분에 인간은 이러한 지적인 잠재력을 소유하게

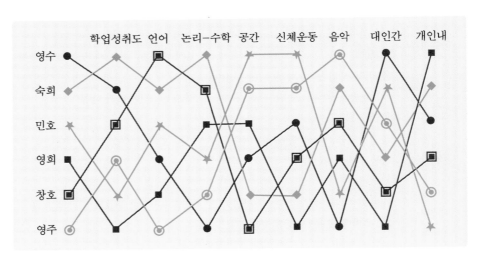

[그림 5-6] 여러 학생의 다중지능 발달 프로파일 사례

그림에서 보듯이 창호는 언어 및 논리-수학 지능은 발달되어 있지만, 상대적으로 공간 및 신체운동, 대인간 지능은 덜 발달되어 있다. 즉, 다중지능검사의 결과는 기존 지능검사와는 달리 학생 개인의 강점 및 약점 지능에 대한 정보를 준다. 또한 학업성취도는 숙희가 가장 높지만, 공간지능은 민호가, 음악지능은 영주가, 대인간 지능은 영수가 뛰어나다. 즉, 학업성취도만이 학생의 위상을 결정해 주는 유일한 요인이 아님을 알 수 있다.

되었으며 개인의 성향과 특정 문화에 대한 선호도에 따라서 지능을 결합하여 활용할 수 있다고 본 것이다.

그가 제시한 다중지능검사는 학생 자신이나 교사 혹은 부모가 각 질문에 답하는 자기보고식 체크리스트로 구성되어 있다. 스스로 보고하여 체크된 문항의 수가 많을수록 해당 영역의 지능이 높은 것이며, 체크된 문항의 수가 적으면 그 영역의 지능이 그만큼 덜 개발된 것을 의미한다. [그림 5-6]은 다중지능 프로파일의 사례이다.

다중지능의 활성화를 위한 수업에서는, 교사를 단지 수업을 주도하는 강의자로 보는 전통적인 교수방식을 지양하며, 그에 따라 다양한 교수방법과 도구를 활용한다. 〈표 5-3〉은 다중지능의 활성화를 위한 교수활동의 여덟 가지 유형을 요약한 내용이다.

교사는 특정 주제를 선정한 후, 여덟 가지 유형의 교수방법을 적용하여 다양한 측면에서 수업을 운영할 수 있다. 이때 기억해야 할 점은 한 가지 주제에 대하

표 5-3 다중지능 교수의 여덟 가지 유형

지능	교수활동	교재	교수전략
언어지능	강의, 토론, 낱말게임, 함께 읽기, 이야기하기	책, 책의 내용을 녹음한 파일	읽으라, 쓰라, 말하라.
논리-수학 지능	문제 풀기, 실험, 퍼즐, 수게임, 비판적 사고	과학실험 장비, 수게임, 계산기	측정하라, 비판적으로 생각하라, 개념화하라.
공간지능	시각적 제시, 미술활동, 상상하기	그래프, 지도, 사진, 그림, 미술재료, 레고 세트	보라, 그리라, 시각화하라, 색칠하라.
신체운동 지능	체험학습, 드라마, 춤, 스포츠, 촉각활동	스포츠 장비, 조각 가능한 물건, 촉각학습 자료	제작하라, 실연하라, 표현하라.
음악지능	노래, 연주, 랩 음악	악기, 음반, 오디오	랩으로 노래하라, 들으라.
대인간 지능	협동학습, 공동체 참여	역할극에 필요한 용품	협력하라, 상호작용하라.
개인내 지능	개별화수업, 자율학습, 학습과정 선택	일지, 자기점검식 교재	개인생활과 관련지으라, 선택하라.
자연친화 지능	식물 채집, 애완동물 돌보기, 자연체험활동	채집도구, 동식물 도표, 체험학습용 보고서	동식물 등 자연을 직접 느끼고 체험하라.

여 매번 여덟 가지의 교수유형을 모두 투입할 필요는 없다는 사실이다. 특히 우리나라와 같이 정규교육과정의 과목이 분리되어 있는 경우, 과목 특성상 필요한 영역을 교사가 선택하거나, 학습자의 연령을 고려하여 주제와 관련 있는 영역을 선택하여 진행하는 것이 효율적이다.

지능인가 혹은 재능인가와 같은 비판에서 알 수 있듯이 Gardner의 다중지능 이론은 여전히 과학적인 추론 과정의 모호함을 내포하며, 교사에 비하여 학생 수가 많고 학급 자원이 충분치 못한 현실 속에서 지극히 실용적이지 못한, 너무나도 이상적인 이론이라는 비판을 받고 있다. 또한 그의 이론은 지난 1세기 동안 연구되어 온 심리측정적 지능 연구의 견해를 정면으로 반박하고 지능의 개념을 획기적으로 바꾸었다는 점에서 지지와 비판을 동시에 받는다. 그럼에도 그의 획기적인 '탈IQ' 지능이론은 새로운 지능 연구의 흐름을 구축하였다는 점에서 의미가 있다. 또한 언어나 논리−수학 지능만을 강조해 온 기존의 지능이론에서 탈피하여, 인간 지능에 대한 새로운 가능성을 열어 주고 관점을 넓혀 주었다는 점에서 희망적인 이론임과 동시에, 교육활동을 통하여 개인의 강점 지능을 지속적으로 발달시키고 약점 지능을 보완시킨다는 측면에서 교육적인 가치가 있는 이론임을 부인할 수 없다. 그러므로 다중지능이론은 이론적인 타당성에서 논의되기보다는 실제적인 유용성으로 평가되는 것이 더욱 바람직할 것이다.

3. 지능의 측정 및 검사점수의 의미

인간의 지능은 키나 몸무게와 같이 직접 측정하여 간단한 숫자로 나타낼 수 있는 성질의 것이 아니기 때문에, 개인에게서 보이는 외현화된 행동을 관찰하여 추론할 수밖에 없다. 따라서 신뢰도가 아무리 높은 검사도구라 할지라도 한 개인의 지능을 정확하게 측정해 줄 수 있는 검사는 없다. 개인이 처한 특수한 상황에 따라 같은 검사의 결과도 충분히 달라질 수 있다. 인간의 동기, 상황과 같은 각종 변수에 따라 다분히 영향을 받을 수 있는 것이 지능검사이기 때문에 우리는 지능지수에 대하여 신중하게 접근해야 한다. 지능에 대한 연구가 끊임없이 진행 중이며 그에 따라 지능지수를 바라보는 사람들의 견해도 다양하다.

지능을 측정하기 위한 최초의 시도는 1905년 프랑스의 심리학자인 Binet와 그의 동료 Simon이 개발한 지능검사에 의하여 이루어졌다. 그들은 정규교육과정에서 뒤처지면서 정규과정과는 구별되는 특수한 지도가 필요한 아동을 구별해 내기 위한 검사지를 고안하였고, 소위 학습부진아로 가정되어 차별을 받고 있는 학생의 학습 권리를 보호하고자 노력하였다. 이들이 개발한 지능검사지는 정신연령이라는 개념을 도입하여 제작되었고, 그에 따라 각 연령집단을 기준으로 점수를 표준화하였다. 7세 문항을 성공적으로 수행한 아동은 그들의 실제연령이 5세, 7세 혹은 10세라 할지라도 결국 7세 아동의 정신연령을 지니고 있는 것으로 간주된다.

> **정신연령**
> 지능수준을 생활연령에 비추어 지적 연령으로 환산한 것

IQ라고 불리는 지능지수(intelligence quotient) 개념은 Binet의 검사가 미국으로 건너간 후, 스탠퍼드 대학교에서 개정되고, 개정된 Stanford-Binet 검사가 나온 후에야 도입되었다. 미국의 Lewis Terman(1877~1956)은 독일 심리학자 William Stern이 제안한 지능지수라는 개념을 채택하여 발전시켰는데, 이때의 지능지수라 함은 사람의 정신연령을 실제연령과 비교하여 계산한 것으로서, 생활연령에 대한 정신연령의 비율에 100을 곱한 것을 의미한다. 어떤 아동의 정신연령이 10세이고 실제 생활연령이 8세라면 그 아동의 지능지수는, 10/8×100, 즉 125가 된다. Stanford-Binet 검사는 여러 차례에 걸쳐 개정되었음에도 불구하고 문제점이 발견되었다. 사람의 정신연령은 15세 이후에는 거의 증가하지 않으나 실제 생활연령은 지속적으로 증가하기 때문에 결국 정신연령을 기반으로 계산되는 지능지수는 각 연령대에 따라 동일한 의미를 가질 수 없다.

> **Terman의 IQ**
> 정신연령/실제생활연령 ×100
>
> **지능지수**
> 정신연령과 생활연령 간의 비율을 지수화한 것

이러한 문제점을 극복하기 위하여 도입된 지능지수가 편차지능지수(deviation IQ)이다. 이 지능지수는 현재 가장 널리 쓰이고 있는 것으로서, 검사에서 점수를 받은 어떤 사람이 같은 연령의 집단, 즉 모집단 내에서 다른 사람과 비교하여 얼마나 위 혹은 아래에 있는지를 나타내 주는 수치이다. 편차지능지수는 검사점수가 모집단에 정규 분포되어 점수의 분포가 종모양의 곡선을 이룬다는 것을 가정한다. 이때 지능지수의 평균은 100, 표준편차는 15 혹은 16이다. 어떤 학생이 평균보다 2표준편차 위의 점수를 받았다면 그 학생의 지능지수는 132 정도임을 의미한다.

> **편차지능지수**
> 개인의 수행을 모집단 내의 다른 사람과의 평균수행과 통계적으로 비교한 것에 기초한 점수

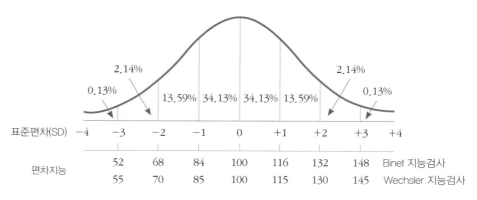

표준편차(SD)   −4   −3   −2   −1   0   +1   +2   +3   +4

편차지능								
52	68	84	100	116	132	148	Binet 지능검사
55	70	85	100	115	130	145	Wechsler 지능검사

[그림 5-7] 지능검사 점수의 분포

　　표준편차 ±2 수준까지가 정상지능에 속하며 그 외의 영역은 비정상지능을 의미한다. 즉, +2 이상은 영재, −2 이하는 장애를 가진 아동의 지능에 해당된다고 심리학자들은 해석한다. 그러나 이러한 해석 또한 문제점을 지닌다. 과연 경계선상에 있는 사람들의 지능은 어떻게 해석해야 하는가? 지능검사 점수 70과 69가 정상지능과 비정상지능을 구분해 주는 절대적인 조건은 아닐 것이다. 또한 해가 거듭될수록 지능검사 점수의 평균점이 점차 높아지고 있는 것도 중요한 논점 중 하나이다. 이렇듯 지능 측정은 100여 년의 역사를 거쳐서 현재에 이르고 있지만 여전히 많은 논쟁거리를 지니고 있다. Stanford-Binet가 개발한 지능검사의 경우는 피험자가 2시간 이상을 숙련된 심리학자 앞에서 검사를 받아야 하는 개인 지능검사임에도 이상과 같은 문제점을 지니고 있다. 더군다나 현재 일반 학교에서 수많은 학생을 대상으로 실시하는 집단 지능검사는 지필검사이고, 그에 따라 피험자의 언어능력이 검사결과에 절대적인 영향을 준다. 즉, 집단 지능검사는 당일 피험자의 상태 등을 포함한 검사 환경 요인에 의하여 지대한 영향을 받는 검사이기 때문에 검사점수의 결과에 대한 해석을 함에 있어서 신중을 기해야 한다. 개인 지능검사와 비교해 볼 때 집단 지능검사는 한 개인의 지적능력에 대한 정보를 정확하게 제시해 주지 못한다는 약점을 가질 수 있다. 집단검사 시 어떤 학생은 시험을 보는 방법을 미처 이해하지 못한 상황에서 검사를 받게 되는 등 다른 변수에 의해 검사결과가 충분히 달라질 수도 있기 때문에 집단으로 실시하는 지능검사 점수의 해석에 대해서는 좀 더 신중한 접근이 필요하다.

지능검사에 대한 이해도에 따라 검사점수의 의미에 대한 해석도 다양하다. 사람들은 지능검사의 점수가 학교에서의 학업성취도나 앞으로 있게 될 개인의 성공적인 삶의 여부에 대하여 지대한 영향을 줄 것이라고 생각한다. 먼저, 지능검사 점수와 학업성취도는 어느 정도 상관이 있다. 즉, 지능검사 점수는 학교에서의 학업성취도를 비교적 잘 예언해 주는데, 이것은 지능검사 자체가 처음부터 이미 학업성취도 수준을 예언하기 위하여 설계되었기 때문에 어쩌면 당연한 귀결일 수도 있다. Wechsler의 아동용 지능검사 점수와 학업성취도 간의 상관은 .65로 정적 상관이었다. 그러나 지능검사 점수가 높은 사람이 실제 생활에서 더욱 성공적인 삶을 살고 있는가에 대한 답변은 아직 분명하지 않다. 높은 지능검사 점수를 지닌 사람이 더 높은 학력을 가지고 그에 따라 고위 직업을 갖는 경향이 있긴 했으나, 교육 기간이 일정할 때 지능검사 점수와 학교 이후의 삶에서 사회경제적인 성공 간에는 높은 상관관계를 보이지 않았다. 더군다나 주어진 직종 안에서의 성공은 측정된 지능지수와 관련이 없으며, 개인의 동기 및 사회적 기술, 운과 같은 다른 요인이 차이를 만든다는 보고도 있다(Sternberg & Wagner, 1993).

지능이 유전 혹은 환경 요인의 영향을 얼마만큼 받는지의 문제는 여전히 논쟁거리이다. 인간의 지능은 유전 및 환경 요인의 영향을 모두 받지만, 어떠한 방식으로 상호작용하는지에 대한 학자들의 의견은 다르다. Wolf(1964)에 따르면, 지능과 유전의 상관계수는 .50 정도이지만, 지능과 환경 요인의 상관계수는 .76 정도로 나타났다. 이러한 결과는 인간의 지능이 부모로부터 타고난 유전적 요인보다 후천적인 환경 요인에 더 큰 영향을 받는다는 주장을 지지해 준다. 그러나 유전과의 상관이 .50 정도라는 점 또한 간과해서는 안 될 것이다. Richard Herrnstein과 Charles Murray는 그들의 저서 『종형곡선(The Bell Curve)』(1994)을 통하여 지능이란 40~80%의 범위 안에서 유전적 영향을 받는다고 주장하였고, 미국심리학회에 따르면 지능은 유전과 환경, 이 두 요인의 영향을 모두 받는다. 결국 유전은 지능의 범위를 정하고, 환경은 그 범위 내에서의 발달 수준을 결정한다고 볼 수 있다.

Flynn 효과

뉴질랜드의 정치학자 James Flynn이 발견한 Flynn 효과(Flynn effect)는 해가 거듭될수록 지능검사 점수의 평균점이 점차 높아지는 현상을 의미한다. 그는 미국 군입대 지원자의 지능검사 결과를 분석하여 신병의 평균 IQ가 10년마다 대략 3점씩 상승한 사실을 밝혀냈다. 또한 벨기에, 네덜란드, 이스라엘에서는 한 세대, 즉 30년 만에 평균 지능검사 점수가 20점이 올랐고, 13개국 이상의 개발도상국에서도 5~25점 증가하였다(Flynn, 1999).

지능지수 평균점의 증가 원인에 대한 의견은 다양하다. Flynn은 인간의 정신적 활동을 더 많이 하도록 요구하는 현 사회 현상에 기인하였고, 다른 학자들은 다양한 시청각 매체의 증가, 지능검사의 반복 효과, 과거에 비해 좋아진 가정 및 학교 환경, 질 높은 영양섭취 등 환경적 요인에 기인하였다. 이러한 연구결과는 지능점수를 이해하고 해석함에 있어서 보다 신중한 접근이 필요함을 반영해 준다. 특히 지능점수 분포상 경계선상에 놓였던 학생에 대해서는 더욱 신중한 해석이 필요하다. Flynn 효과를 고려하여 수년마다 개정되는 지능검사의 문항난이도는 점차 높아지고 있다. 따라서 특정 지능검사 결과, 경계선상에 있던 학생에게 개정된 지능검사를 투입할 경우, 이전과 다른 결과가 나올 수 있음을 고려해야 한다.

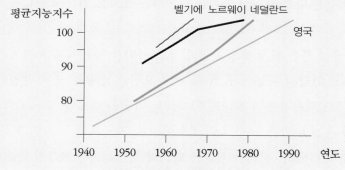

[그림 5-8] 해마다 상승하는 평균지능지수(Flynn, 1999)

IQ 점수에 대한 올바른 이해

• 우선 학생이 치른 지능검사가 개인검사인지 집단검사인지의 여부를 확인한다. 특히 집단검사의 점수는 해석할 때 더욱 신중해야 한다.

• 지능검사는 학생의 선천적인 지적 능력을 완벽하게 측정하는 것이 아니라는 점을 기억한다. 단지 학업수행능력을 어느 정도 예언해 줄 수 있을 뿐이다. 지능검사 문항은 언어나 논리-수학과 같은 협소한 능력과 관련된 평가이다. 단지 이 점수로 학생에 대한 전반적인 기대를 낮추거나 높일 필요가 없다.

부모 혹은 교사가 인간의 지능이 향상될 수 있다는 점을 깨닫는 것은 중요하다. 유전에 비하여 환경적 요인이 지능에 더 많은 영향을 준다는 실험 결과는 지능이 과거의 경험에만 영향을 받는 것이 아니라 앞으로 일어날 미래의 변화에도 상당히 열려 있을 수 있음을 지지한다. 지능이 내포하고 있는 잠재력이 유전적인 영향을 받을 수 있다는 측면에서 보았을 때는 다분히 제한적이라는 점을 부인할 수 없겠지만, 환경적인 영향을 고려해 볼 때 우리가 생각하는 것보다 그 잠재력이 상당히 클 수 있기에, 지능이라는 것은 여전히 부모 혹은 교사에게 흥미로운 도전 영역이 될 수 있다. 이러한 점은 교사나 부모가 아동의 지능검사 점수를 어떻게 해석하고 이해해야 하는지에 관한 올바른 정보를 준다.

연구문제

1. 지능의 속성이 무엇인지에 대한 생각은 학자마다 다양하다. 그들의 접근방식과 의견을 바탕으로 하여 지능의 의미에 대하여 논하시오.

2. 다음의 대화에서 보듯이, '영미의 지능검사 점수가 높아서 학교 공부와 성적을 걱정하지 않는다'는 학부모의 의견에 관하여 논하시오.

> 초등학교 5학년 3반에서 담임교사와 학부모가 상담 중이다.
>
> 교　　사: 영미가 성적이 많이 떨어졌습니다. 요즘 무슨 문제가 있나요? 집에서 공부는 어떻게 하고 있나요?
>
> 학부모: 아니요. 별다른 문제는 없는 것으로 아는데요. 영미가 머리가 좋은 아이인데……. 혹시 학교수업에서 문제가 있는 것은 아닌지요?
>
> 교　　사: 수업태도는 별 문제가 없습니다. 그런데 과제를 미완성해서 오는 경우는 종종 있습니다.
>
> 학부모: 그런가요? 숙제를 왜 안 했을까?…… 앞으로 좋아지겠죠. 그 아이가 IQ가 좀 높거든요. 그래서 전 학교 성적은 그다지 걱정하지 않습니다.

3. Gardner가 제안한 다중지능이론이 주는 교육적 시사점을 우리나라 초등교육 현장에 적용하여 논하시오.

제6장

창의성

기술학교를 졸업한 후 아인슈타인은 그가 원했던 과학 연구를 지원해 줄 사람을 찾을 수가 없었다. 아인슈타인은 많은 선생님을 귀찮게 하고 감정을 상하게 하여 어느 선생님도 아인슈타인의 추천서를 써 주려고 하지 않았다. 에디슨도 마찬가지였다. 다른 아동과 다르게 생각하고 행동하는 에디슨을 선생님은 집으로 돌려보냈다. 그러나 그의 어머니의 신뢰와 지원으로 에디슨의 창의성은 꽃필 수 있었다. 그들은 학교에서는 기피 인물이었지만 그들의 창의성은 인류의 발전에 중요한 역할을 하였다.

창의적인 학생에게 학교는 재미없고 싫증나는 곳일 수 있으며 그들은 교사와 또래에게서 따돌림을 당하는 경우가 많다. 교사는 지능이 높은 학생과 창의적인 학생 그리고 일반학생이 서로 다름을 인정하고 학생들의 창의성을 발전시킬 수 있는 환경을 만들어 주어야 한다.

1. 창의성의 개념

세상은 새로운 기술의 등장으로 대변혁을 맞이하고 있다. 컴퓨터가 바둑을 두도록 프로그래밍하는 것은 2000년대 초반까지만 해도 난제로 알려졌지만 2016년 알파고는 이세돌을 4 대 1로 이겨 세상을 놀라게 했다. 4차 산업혁명 시대를 맞이하면서 우리의 삶은 급격한 변화를 겪고 있다. 인공지능이 그림을 그리고 소설을 쓰고 사람들의 병을 진단하기도 하며, 로봇 청소기, 로봇 수술, 자율 주행 자동차 등이 어느새 우리의 삶에 가까이 와 있다. 이와 같은 변화의 핵심에 창의성과 혁신이 있다.

창의성은 인간에게 매우 중요한 능력이다(Torrance, 1995). 그 이유는 다음과 같다. 첫째, 창의적 욕구를 장기간 억압할 경우 인성의 파멸과 삶의 만족을 감소시킬 수 있기 때문에 창의적 사고는 인성발달과 정신건강에 중요하다. 둘째, 창의적 사고는 정보 습득에 중요한 역할을 하므로 궁극적으로 다른 지적기능만큼 중요한 능력이다. 셋째, 창의적 사고는 지식을 일상의 개인적·전문적 문제에 적용하는 데 중요한 역할을 한다. 마지막으로, 문명의 미래는 다음 세대

● **Ellis Paul Torrance** (1915~2003) ●

Ellis Paul Torrance는 미국 조지아주 밀리지빌에서 태어났다. 그는 머서 대학교 영문학과를 졸업한 후에 미네소타 대학교에서 상담심리학 석사학위를, 그리고 미시간 대학교에서 박사학위를 받았다. 그 후 1957년부터 1984년까지 미네소타 대학교와 조지아 대학교에서 교육심리학 교수로 봉직하였다. 그는 평생 동안 창의성을 연구하였고 1984년 조지아 대학교에 창의성과 재능 개발을 위한 Torrance 센터(Torrance Center for Creativity and Talent Development)를 설립하였다. 창의성 검사지(Torrance Tests of Creative Thinking)를 개발하였고 미국 50개 주와 전 세계 학생들이 매년 참여하는 미래 문제해결 프로그램(Future Problem Solving Program)을 그의 아내 Pancy Torrance와 함께 개발하였다. 책과 논문, 보고서 등 2,000여 편의 저술을 남겼다.

의 창의적 상상력에 달려 있기 때문에 창의적 재능을 확인하고 개발하고 활용하는 것은 사회발전에 있어 매우 중요하다. 인간은 창의적인 활동을 하고 있을 때 그 어느 때보다도 강한 생명력을 느낄 수 있다. 만약 인간의 창의성이 고갈된다면 인류는 미래에 생존할 수 없으며 결국 인류의 생존은 창의성에 달려 있다 (Csikszentmihalyi, 1996).

창의성이 이렇게 중요한 인간의 능력인데도 지능에 비해 연구와 교육적 관심의 역사는 그리 길지 않다. 19세기 이전에는 창의성을 아주 소수의 사람만이 선천적으로 가지고 있는 측정하기 어려운 능력으로 보았으며, 20세기 초반까지도 과학적이고 객관적인 창의성 연구가 진행되지 못하였다. 창의성이 학문적 관심의 중심 영역에 들어온 것은 J. P. Guilford가 1950년 미국심리학회 기조연설에서 창의성의 중요성과 경험적 연구의 필요성에 대해 연설한 것이 계기가 되었다. 그 이후로 창의성에 대한 다양한 관점의 연구가 진행되었다.

Guilford는 지능구조모형(structure of intelligence)에서 창의적 사고는 지능구조의 한 부분인 확산적 사고(divergent thinking) 능력을 포함하는 것으로 보았다. 그는 확산적 사고의 요인을 많은 답을 내는 유창성(fluency)과 다양한 답을 내는 유연성(flexibility) 그리고 남들이 생각하지 못한 답을 내는 독창성(originality), 아이디어를 세심하게 발전시킬 수 있는 정교성(elaboration), 문제를 지각해 내는 능력인 민감성(sensitivity), 다른 목적이나 관점에서 재구성하고 정의하는 재정의

살모사   사슴   푸들   여우

[그림 6-1] 확산적 사고 도형검사 반응 예시

(redefinition) 능력이 포함된다고 하였다. 예를 들어, 역삼각형을 활용하여 다양한 그림을 완성할 때 [그림 6-1]과 같이 동물의 얼굴만 많이 그린 경우 유창성은 높지만 한 가지 범주에만 해당되어 유연성이 낮은 것으로 볼 수 있다.

Edward de Bono는 그의 저서 『수평적 사고(Lateral Thinking)』(1990)에서 창의성을 수평적 사고로 정의하였다. 수직적 사고(vertical thinking)는 정확한 해결방법을 모색하며 정보와 자료를 가지고 논리적으로 계열적 형태를 따라 단계적으로 사고하는 것을 말한다. 이에 반해 수평적 사고는 판단을 유보하고 여러 아이디어를 탐색하며 다양성에 중점을 두고 수많은 사고의 통로를 생성하는 방법으로 창의적으로 사고하는 것을 말한다. 창의성은 도발적이고 가치 있는 정보를 모색하고 개연성을 가지면서 자유롭게 도약하는 사고이다.

창의성을 좀 더 광의의 개념으로 접근하면 새로운(novel) 어떤 것을 생산해 내는 행동 또는 정신과정으로 볼 수 있다. 여기서 새롭다는 의미는 일상적인 것이 아니라 기발하고 신기하며 독창적이기 때문에 일반인이 쉽게 수용하기 어려운 것일 수 있다. 그러나 창의적인 것으로 인정받기 위해서는 기발하거나 새로운 것이어서만은 안 되며 유용하고(useful) 적절하고(appropriate) 가치가 있어야 한다.

사람들은 창의성에 대해 오해를 하는 경우가 많다. 창의성은 극소수의 천재들만 가지고 있는 특별한 능력이라고 생각하거나 창의성은 타고나는 것이라 가르칠 수 없다거나 창의성은 예술 분야에 한정된다거나 창의성은 괴짜이거나 광기를 가진 사람들에게서 나타난다고 생각하는 경우가 있으나 이것은 잘못된 생각이다. 창의성은 자연스럽고 이해 가능하며 통제 가능한 과정으로, 누구나 훈련을 통해 생산적인 사고를 할 수 있다(Treffinger, Isaksen, & Dorval, 2000).

우리가 가정이나 학교, 직장 등에서 접하는 문제를 창의적으로 해결할 때

Small C(일상적 창의성)라고 하고, 사회적으로 상당히 중요한 문제를 해결하거나 유명한 예술 작품의 창의성은 Bic C(위대한 창의성)로 분류하기도 한다.

2. 창의성과 지능의 관계

지능은 창의성의 필요조건이기는 하지만 충분조건은 아니다. 즉, 창의성에 지능이 어느 정도는 필요하지만 지능이 높다고 해서 반드시 창의적인 것은 아니다(Guilford, 1956). Getzels와 Jackson(1962)의 연구에서 5~12학년의 우수한 학생에게 지능검사와 창의성 검사를 실시하였을 때 그들 간에 상관이 낮은 것으로 나타났다. 이와 같은 결과는 이들의 연구에 참여한 학생들이 IQ 130 이상의 높은 지능을 가지고 있어서 IQ가 어느 수준 이상이 되면 창의성과 지능은 관계가 거의 없음을 보여 준 것이다.

이와 같은 관점은 Anderson의 식역이론(threshold theory)이 뒷받침한다. 그는 IQ 120까지는 창의성과 지능이 어느 정도 정적 상관을 보이지만 120 이상부터는 관계가 없다고 주장하였다(김영채, 1999). 그 후 Cropley(2004)는 식역을 IQ 130으로, 다른 연구자는 IQ 110으로 제안하는 등 학자나 학문영역에 따라 차이를 보이기는 하지만, 대부분 지능과 창의성은 어느 정도까지는 관계가 있으나 그 이상에서는 별개의 능력이라는 데에 대체로 동의하고 있다.

Terman(1925)이 IQ 140 이상의 천재 1,500여 명을 추적 연구한 결과를 보면, 그들 대부분이 성공적이기는 했지만 세상을 바꾼 창의적 인물은 거의 없었다. 따라서 지능은 창의성에 부분적으로 필요하지만 충분조건은 되지 못하는 것으로 보인다.

Wallach와 Kogan(1965)은 창의성이 높고 지능도 높은 집단, 창의성이 높고 지능이 낮은 집단, 창의성이 낮고 지능이 높은 집단, 창의성과 지능이 모두 낮은 집단으로 구분하여 연구하였다. 그 결과, 첫째, 창의성과 지능이 둘 다 높은 집단은 자아존중감, 자아통제력, 표현력 등이 높고 외향적이며 대인관계능력이 우수하였으며 주의집중력이 강하고 학구적이며 감수성이 예민하였다. 둘째, 창의성이 높고 지능이 낮은 집단은 교실에서 가장 인정을 받지 못하는 집단으로, 자아존중감이 낮고 주의집중력이 떨어졌으나 평가가 없는 상황에서는 가장 우수한 수행능력을 보여 평가에 대한 두려움을 갖고 있는 것으로 나타났다. 셋째, 창의성은 낮으나 지능이 높은 집단은 학업성취도에 예민하고 학교에서의 성공을 중요하게 여기고 동료와의 대인관계가 좋으며 시험에서 우수한 능력을 보였으나 실패에 대한 두려움을 가지고 있는 것으로 나타났다. 마지막으로, 창의성과 지능이 둘 다 낮은 집단은 학업성적이 낮은 반면, 사회활동이 활발하고 외향적이었으며, 창의성이 높고 지능이 낮은 집단보다 오히려 자아존중감이 더 높게 나타났다.

Howard Gardner(1993)는 그의 다중지능이론과 창의성의 관계에 대한 사례연구를 통해 20세기 다중지능 중 한 분야에서 뛰어난 8인의 창의적 공헌에 대해 연구하였다. 그는 개인내 지능이 우수한 프로이트(S. Freud), 논리−수학지능이 우수한 아인슈타인(A. Einstein), 공간지능이 우수한 피카소(P. Picasso), 음악지능이 우수한 스트라빈스키(I. F. Stravinsky), 언어지능이 우수한 엘리엇(T. S. Eliot), 신체운동지능이 우수한 그레이엄(M. Graham), 대인간 지능이 우수한 간디(M. Gandhi), 그리고 자연친화지능이 높은 다윈(C. R. Darwin)의 생애를 분석한 결과, 이들 대부분은 실제로 한 가지 이상의 높은 지능을 가지고 있었다. 그러나 때로는 다른 분야에서는 매우 낮은 지능을 가지고 있기도 했다. 그들은 공통적으로 동년배에 비해 혜택받은 유년기를 보냈는데, 피카소의 아버지는 9세 때 그를 위해 대규모 전시회를 열어 주었고 스트라빈스키는 배우이자 오페라 가수인 아버지 덕분에 오페라와 콘서트를 자주 관람할 수 있어 자신만의 즉흥연주와 작곡을 할 수 있었다.

3. 창의적 인물의 특징

창의적 인물의 성격 특성에 관한 연구결과를 보면 개방적이고 직관적이며 도전적이고 모험심이 강하고 비관습적 사고를 하는 경향이 있다. Sternberg(1988)의 연구에서도 창의적인 사람은 모호한 것을 잘 참으며 장애물을 극복하려는 의지, 성장하고자 하는 의지, 내적 동기, 적절한 모험심, 인정받으려는 욕구 등이 높았다.

또한 창의적인 인물은 어떤 활동에 대한 관심과 몰입 등의 강한 내적 동기를 갖고 있다. Teresa Amabile(1989)은 창의적 과정의 즐거움이나 문제를 해결하려는 내적 동기가 창의성에 중요한 영향을 미치는 반면, 외적 동기는 오히려 부정적 영향을 줄 수 있음을 지적하였다. 이는 외적 보상은 활동 자체를 목적이 아닌 수단으로 지각하도록 하기 때문이다. 그러나 후에 그녀는 내적 동기와 외적 보상이 서로 상승효과가 있을 수 있음을 인정하였다. 외적 보상이 개인에게 통제당하고 있다는 느낌을 줄 때 그것은 부정적 영향을 미치지만, 정보를 주거나 과제를 더 잘 수행하도록 보상을 주는 것은 창의성에 긍정적 영향을 미칠 수 있다고 보았다.

결국 창의성은 어떤 한 가지 특성으로만 구성되는 것이 아닌 해당 분야의 전문적 기술과 창의적 사고방법 및 행동기술과 함께 창의적 활동에 대한 내적 동기가 있을 때 발현될 수 있다. [그림 6-2]에서와 같이 맛있는 수프가 되기 위해서는 수프의 재료와 양념이 중요한 것과 같이 해당 분야의 전문지식 및 기술과 함께 맛을 내는 양념인 창의적 사고방법과 행동기술을 활용할 수 있어야 한다. 그러나 센 불에서 제대로 끓이지 않으면 맛있는 수프가 될 수 없는 것처럼 결국 창의적 활동에 대한 관심과 강한 열정, 동기가 있을 때 우수한 창의적 성과를 낼 수 있다.

Torrance(1995)도 창의성의 원동력은 자신의 꿈이나 미래에 대해 끊임없는 열

[그림 6-2] Amabile의 창의성 구성 요소

정을 가지는 것이라 보았다. 1958년 초등학생을 대상으로 시작한 22년에 걸친 종단 연구에서 창의적인 인물은 선택에 일관성을 가지고 있었고 초등학교 때부터 꿈꾸었던 일을 하고 있었다. 이렇게 자신이 몰입할 수 있는 진정으로 원하는 미래상을 가지고 있는지가 미래의 창의적인 성취를 예언하는 주요 변수가 될 수 있다.

인본주의 심리학의 창시자인 Maslow(1954)는 자아실현의 과정이 창의성과 긴밀한 관계가 있다고 주장하였다. 창의적인 사람은 독립적, 자율적, 자발적이며 최적의 건강과 복지를 위해 노력하였다. 그들은 자신의 삶의 즐거움과 살아 있는 존재라는 것에 감사함을 느끼는 깨달음의 순간인 절정의 경험을 가지고 있었다.

Mihaly Csikszentmihalyi(1996)의 창의적 인물에 대한 연구결과, 그들은 상반되는 특성을 함께 가지고 있는 것으로 나타났다. 즉, 그들은 상황에 따라 때로는 공격적이기도 하고 때로는 협조적이기도 하였다. 이것은 상반되는 특성의 중립이나 평균에 위치해 있다는 의미가 아니라 경우에 따라 어느 한 특징을 보이다가 때로는 다른 특징을 같은 강도로 보여 준다는 것이다. 그는 창의적 인물의 열 가지 양면성을 예를 들어 설명하였다. 즉, 매우 활기차면서도 조용한 휴식을 즐기고, 상상과 공상을 하면서도 때로는 매우 현실적인 모습을 보이는 등 외향성과 내향성의 상반된 성향을 함께 가지고 있다. 그들은 또한 전형적인 성역할에서 벗어나 있고, 반항적이고 개혁적인 동시에 보수적이고 전통적인 성향을 가지고 있다. Csikszentmihalyi는 그들이 이와 같은 양면성을 조화롭게 활용할 수 있기 때문에 창의적인 새로움을 창출할 수 있다고 보았다.

4. 창의적 사고과정

창의적 인지과정에 대한 연구에서는 창의성을 일종의 사고과정으로 보고 문제해결과정과 통찰과정을 주로 다룬다. 창의적 인지에 대한 접근은 인지과정은 물론 지능, 문제해결, 문제의 발견, 통찰 등 다양하다. Graham Wallas(1926)는 그의 책 『생각의 기술(The Art of Thought)』에서 창의적 사고과정을 준비단계, 배양단계, 영감단계, 검증단계의 4단계로 구분하였으며, 각 단계는 다음과 같다.

1) 준비단계

준비(preparation)단계는 여러 가지 가능성을 탐색하고 다양한 방법으로 해결책을 모색하는 단계이다. Torrance(1995)는 그의 창의성 증진을 위한 배양수업 모델(the incubation model of teaching)에서 준비단계의 중요성을 강조하였다. 준비단계에서 교사는 학생으로 하여금 알고자 하는 욕구를 일으키고 예상과 기대감을 고양하며 주의를 집중시켜야 한다. 그리고 호기심을 유발하며 상상력을 자극하고 목적과 동기를 부여하도록 노력하고, 낯선 것을 익숙하게 하거나 익숙한 것을 낯설게 하는 등 개방적 사고를 갖게 하여야 한다. 학생이 사물이나 현상을 다른 시각에서 보게 하고 제한된 정보를 가지고 예측하게 하는 등의 방법을 통해 학생의 사고능력이 배양될 수 있는 기반을 제공하는 것이 바람직하다. 또한 문제에 대해 부정적으로 보기보다는 건설적으로 받아들이고 도전적인 태도를 가질 수 있도록 격려하여 좀 더 적극적으로 사고할 수 있도록 도와주어야 한다.

> **준비단계**
> 문제와 관련된 기본적인 정보를 모으고 연구할 만한 가치가 있는지, 적절한 주제인지 인식함

2) 배양단계

배양(incubation)단계에서는 논리적인 의식상태를 넘어서 지적 · 의지적 · 정서적 기능을 결합하고 온 신경을 집중하여 열중하며, 참여와 헌신을 통해 새로운 치환이나 병렬을 시도한다. 한때 배양을 퇴행적인 사고과정으로 생각했으나 점차 창의적 사고에서 매우 중요한 과정으로 인정하고 있다. Kubie(1958)는 배양단계를 퇴행적이기보다는 건강하고 적응적인 것으로 보았다. May(1975)는 배양단계를 비합리적 과정이라기보다는 오히려 지적 · 의지적 · 정서적 기능을 함께 활용하는 초합리적 과정이며 정상적인 사람들이 자신의 잠재능력을 실현하는 과정으로 보았다. Smith와 Dodds(1999, p. 39)는 배양시기를 "문제가 초기 과업기간 이후에 일시적으로 사라지는 창의적 문제해결단계"로 정의하였다. 그들은 배양단계의 이점으로 의식과업에서 생긴 피로를 회복할 수 있고 부정확한 정신상태를 잊어버려 더 이상 문제해결을 방해하지 않으며, 원거리 연상 관념을 더 쉽게 발견할 수 있다고 보았다.

> **배양단계**
> 일정 기간 동안 어떤 주제나 문제에 대해 곰곰이 생각하거나 때로는 인식하지 못하지만 무의식 수준에서 아이디어를 탐색하기도 함

3) 영감단계

영감(inspiration)단계는 기발하고 결정적인 아이디어가 떠오르는 단계로, 주로 시인이나 예술가에게 중요한 것으로 인식되었으나 과학자도 이와 같은 영감을 통해 문제해결을 한 경우가 많다. 시인 알프레드 하우스만(Alfred Hausman)은 그의 시가 '이미 만들어진 상태'에서 영감을 통해 그에게로 다가온다고 하였다. 과학자 프리드리히 케쿨레(Friedrich Kekule)도 꿈속에서 영감을 통해 벤젠의 화학구조를 발견하였다.

4) 검증단계

영감만으로는 창의적 결과물을 만들 수 없으므로 검증(verification)단계가 필요하다. 과학이론은 실험실에서 몇 달 또는 몇 년간에 걸친 검증과정을 거쳐야 한다. 유명한 작가나 작곡가도 즉흥적으로 소설이나 교향곡을 만든 것이 아니고 계속해서 수정, 재수정하는 정교화 과정을 거친다. 검증과정에서는 확산적 사고능력 외에도 수렴적 사고능력이 중요한 역할을 한다. 그러므로 창의성에서 확산적 사고만 강조하기보다는 수렴적 사고의 필요성도 함께 인정한다.

5. 창의성의 통합적 접근

지금까지 창의성 연구는 개인의 창의적 인지능력과 성격에 주로 초점을 두었으나, 최근에는 문화와 사회를 포함하여 통합적으로 보려는 경향이 있다. Feldman(1994)은 잠재력의 발달과 표현에 미치는 맥락의 영향력에 대해 연구하였다. 그는 신동은 잠재력의 표현에 영향을 미치는 사회 · 문화적, 역사적, 진화적 맥락에서 존재한다고 보았다. 특정한 형태의 재능은 시대정신이 그것을 선호할 때 성취될 가능성이 높으며 어떤 재능은 시대정신이 변할 때 이점이 있을 수 있다고 보았다.

Csikszentmihalyi(1996)는 지금까지 창의성 연구가 개인의 성격이나 사고에

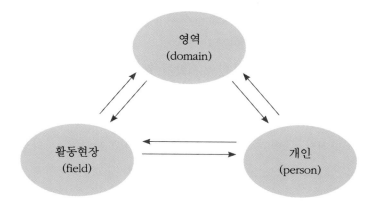

[그림 6-3] Csikszentmihalyi의 창의성 체계 모델

집중되었다고 지적하고, 창의적 환경과 영역이 함께 고려되어야 한다는 창의성 체계 모델을 제시하였다. 에디슨이나 아인슈타인의 발견은 그 이전의 지식이 없었다면, 그들의 사고를 자극한 지적 · 사회적 조직망이 없었다면, 그리고 발견을 인정해 주고 공표하는 제도가 없었다면 결코 세상에 나오지 못했을 것이다. 따라서 그는 창의성이란 기존의 영역에서 새로운 변형을 만드는 행위나 사고 또는 결과물이라고 보았다. 영역이 변하면서 개인도 변하게 되고 그 개인은 영역 내의 새로운 아이디어와 일치하는 방식으로 생각하게 된다.

[그림 6-3]과 같이 그가 제시한 창의성 체계 모델의 첫 번째 요소는 일련의 상징적 규칙과 절차로 이루어진 영역(domain)이다. 수학은 하나의 영역이며 대수와 정수론도 각각 하나의 영역이라고 볼 수 있다. 영역은 우리가 보통 문명이라고 부르는 특별한 공동체나 인류 전체가 공유하는 상징적 지식을 의미한다. 두 번째 요소는 영역으로 가는 길목에서 문지기 역할을 하는 사람들로 구성된 활동현장(field)이다. 바로 이 현장에서 새로운 아이디어나 창작물을 영역 속에 포함할지의 여부를 결정한다. 예를 들어, 시각예술의 현장은 미술교사, 미술관장, 미술수집가, 비평가, 문화를 관장하는 재단과 정부기관이 될 수 있다. 마지막으로, 세 번째 요소는 개인(person)이다. 창의적 인물은 경험에 대해 개방적이며 주변 환경에서 일어나는 일에 주의를 기울여 잠재적인 새로움을 인식하는 능력을 가지고 있으며 복합적 성향을 가지고 있다. 그의 연구결과에 따르면 창의적 인물은 해당 영역에 대한 유전적 소질을 가지고 있고 물질적 · 환경적 혜택을 경험하

였으며, 현장과 접할 수 있는 기회를 가지고 있었다. 그러므로 창의성은 개인의 역량으로만 볼 수 없으며 활동현장의 개방성과 창의성을 지지하는 사회환경이 조성될 때 개인의 창의적 능력이 한층 개발될 수 있다.

Sternberg와 Lubart(1996)는 창의성 투자이론(Investment Theory of Creativity)에서 사람들은 창의성을 길러 주는 자원을 모으고 적절한 목표에 자신을 투자할 수 있으면 창의적일 수 있는 잠재력을 가질 수 있다고 보았다. 창의성에 중요한 영향을 줄 수 있는 구성 요소로는 지적 자원, 지식, 사고양식, 성격, 동기, 환경 등이 있다.

6. 창의성과 교육

창의성은 정도의 차이는 있으나 누구나 가지고 있는 보편적인 능력이며 훈련으로 향상될 수 있다(Torrance, 1995). 급변하는 지식정보사회에서 창의적인 아이디어가 고부가 가치를 가지므로 가정과 학교에서 아동의 창의적 능력 개발을 위해 노력하여야 한다. 우리나라에서는 1980년대 후반 제5차 교육과정부터 창의적 인간 양성을 위한 창의성 교육의 중요성을 강조해 왔으나 아직도 입시경쟁으로 학교현장에서는 단편지식의 암기와 문제풀이 위주의 교육이 진행되고 있다. 그러나 2009년부터 창의적 체험활동이 국가교육과정에 도입되었고, 2012년부터 융합인재교육(STEAM)이 본격적으로 추진되어 과학기술에 대한 학생들의 흥미와 이해를 높이고 창의적인 문제해결의 기회를 제공하고 있다. 2016년부터 전국 중학교에서 운영되던 자유학기제는 2018년부터는 자유학년제로 운영되어 2개 학기 동안 시험 없이 토론과 실습 등 참여형 활동을 통해 학생들이 꿈을 찾고 적성을 발견할 수 있는 기회를 제공하고 있다. 이와 같은 교육 프로그램을 통해 학생들의 창의적 문제해결능력과 탐구능력을 길러 줄 수 있다.

1) 가정에서의 창의성 개발

부모가 자녀를 양육하는 방식이나 태도는 자녀의 창의성 개발에 중요한 역할을 한다. 창의성이 높은 아동의 부모는 자녀에게 특별한 경험이나 모험을 제공하고 지원하는 경우가 많다. 스필버그의 경우 그가 공포영화를 제작하려고 하자 그의 어머니는 영화를 만들도록 적극 도와주었다. 그녀는 구역질나는 액체가 흐르도록 하기 위해 체리 통조림 30개를 사서 압력솥에 넣고 가열하였고, 결국 그것이 넘쳐 싱크대에 엉겨 붙어 한동안 더럽혀진 부엌을 청소해야 했지만 아들의 영화 제작을 적극적으로 지원하였다.

창의적인 아동의 부모는 자녀에게 역할모델이 되기도 한다. 그러한 부모는 질문하는 습관과 새로운 시각을 가지고 있으며, 새로운 방법으로 실행하는 모범을 보인다. 퀴리 부인의 경우 그녀의 아버지는 딸을 자주 작업실로 데려가 실험도구를 보고 만지게 하여 과학에 대한 열정을 심어 주려 하였다. 창의적인 가정의 부모는 자녀와 함께 토론하고 가상적인 질문을 하며 조사하고 탐구하는 활동을 통해 자녀의 창의적 문제해결능력을 길러 준다.

또한 창의적인 아동의 부모는 아동이 스스로 배우고 도전하며 흥미로운 것을 발견할 수 있도록 놀이를 함께한다. 그들은 자녀와 놀이를 할 때 지나친 간섭은 피하고 아동 스스로 해결할 수 있는 시간과 공간을 허용하는 모습을 보인다. 캘리포니아 종단 연구 결과, 창의적인 아동의 부모와 창의적이지 않은 아동의 부모는 〈표 6-1〉과 같은 태도의 차이를 보였다(Amabile, 1989).

표 6-1 창의적인 아동과 창의적이지 않은 아동의 부모의 태도 비교

창의적인 아동의 부모	창의적이지 않은 아동의 부모
• 아동을 격려함 • 따뜻하고 지지적임 • 높은 자아를 갖도록 도와줌 • 상황을 즐겁게 표현함 • 기쁨을 아동과 함께 나눔 • 아동을 지지하고 격려함 • 아동을 칭찬함 • 아동과 좋은 관계를 유지함 • 아동이 독립적으로 하도록 지지함	• 일정한 틀에 맞추어 하도록 요구함 • 부모가 과제를 통제함 • 상황에 대해 적대적임 • 아동을 비난하고 그들의 생각이나 제안에 대해 거부적임 • 아동을 부끄러워하고 자랑스러워하지 않음 • 아동을 힘으로 대하고 아동과 경쟁함 • 어려운 일에 대해서는 포기함 • 아동에게 과제를 하도록 압력을 줌 • 아동에게 화를 냄

2) 학교에서의 창의성 개발

현대사회는 그 어느 때보다 지식의 생성과 변화의 속도가 빨라 학생들이 학교에서 배운 지식이 성인이 되었을 때에는 이미 쓸모없게 될 가능성이 크다. 따라서 이제 학교는 지식과 기술을 전달하는 것 못지않게 새로운 것에 대한 개방성과 사물을 새롭게 볼 수 있는 능력, 예기치 못한 문제에 대해 도전할 수 있는 용기를 키워 주기 위해 노력해야 한다.

창의성을 개발하는 데 있어 무엇보다 중요한 것은 교사의 역할이다(Bloom, 1985; Torrance, 1988). 최인수와 이채호(2008)의 연구에서 유아의 창의성 증진에 부모의 양육태도보다는 교사의 창의성이 좀 더 영향을 미치는 것으로 나타났다. 특히 교사의 창의성에 대한 관심과 열정이 중요한데 교사가 다양한 분야에 폭넓은 관심을 가지고 있으며 수업은 물론 수업 이후에도 학생과 즐겁게 활동하고, 스스로 아이디어 내는 것을 즐기고, 질문하고 많은 의견을 들어 주는 교사가 창의성 개발에 효과적이다. 그러나 일반적으로 교사는 학생이 공손하고 시간을 잘 지키며, 순종하고, 다른 사람의 의견을 수용하는 것을 독창성, 참신성, 대담함보다 더 선호하며, 뛰어난 기억력이나 정확한 회상능력을 비판적 사고나 독창적인 의사결정능력보다 더 선호하는 경향이 있다(Torrance, 1965). Westby와 Dawson(1995)의 연구에서는 교사가 창의적인 아동을 선호하지 않았으며, C. Scott(1999)의 연구에서도 미국 초등학교 교사가 창의적인 학생을 덜 창의적인 학생보다 파괴적이라고 평가한 것으로 나타났다.

교사가 창의적인 학생을 좋아하지 않는 이유는 교사의 권위주의적 태도에서 기인한 것일 수 있다. 권위주의적인 교사는 아동의 자연스러운 호기심을 억제하고 동기 유발을 제한하며 자아존중감을 낮게 하는 등 부모보다 아동에게 미치는 영향력이 훨씬 더 크다(Amabile, 1989). 학생은 부모와 함께 있는 시간보다 교사와 함께 보내는 시간이 더 많고, 또 교사는 학생을 평가하는 권한을 가지고 있기 때문에 부모보다 더 큰 영향을 미칠 수 있다.

그러나 창의적인 교사는 창의적인 학생들을 더 지지하는 경향이 있다. 창의성을 촉진하는 교사는 창의적인 학생들과 매우 잘 지내는 경향이 있다(McLeod & Cropley, 1989). 창의적인 교사는 창의적인 행동 모델을 제공하고, 학생이 창의적인 행동을 할 때 강화를 해 주며, 창의적인 학생들이 친구들로부터 남들과 같은 행동을 할 것을 요구받을 때 압력으로부터 보호해 주고, 친구들이 따돌리거나 비난할 때 피난처를 제공하기도 하고, 창의성을 지지하는 환경을 만들어 준다(Cropley, 1992).

학교는 규칙과 규율, 절차를 중시하기 때문에 지능이 높은 학생이 학교에서 더 잘 적응하는 경향이 있다. 그러나 창의적인 학생의 능력을 키워 주기 위해 교사는 새롭고 독창적인 답이 틀릴 가능성이 높더라도 그들의 상상적 노력과 새롭고 독특한 시도에 대해 지지해 주고 보상해 주려는 태도를 가져야 한다.

1975년 이전 연구에서는 형식적인 전통적 교육보다 비형식적인 개방교육이 창의성 개발에 더 효과적인 것으로 나타났으나 1975년 이후의 연구에서는 거의 유의미한 차이가 없는 것으로 나타났다. 그 이유는 이미 학교 간 차이가 많이 줄어든 점도 있지만, Bennett(1976)의 연구에 따르면 학생의 창의성을 키우는 데에는 단순히 교실조직의 문제보다 교사의 역할이 더 중요하기 때문이다. 따라서 교사는 창의성을 키우기 위해 학생의 내적 동기를 유발해야 한다(Amabile, 1989). 학생의 내적 동기는 교사에게서 자율성을 인정받을 때 유발되므로, 교사는 동기 유발을 저해하는 외적인 압력을 없애고 자유로운 교실환경을 재구성함

창의적인 교사의 행동 특성(Cropley, 1992)

- 학생들이 독립적으로 학습하도록 격려한다.
- 협동적 · 사회적 · 통합적인 수업을 한다.
- 학생들이 실제적인 지식을 마스터하도록 동기를 유발하고 이를 통해 확산적 사고의 견고한 기초를 갖는다.
- 학생들에게 유연한 사고를 가지도록 격려한다.
- 학생들이 자기평가를 하도록 장려한다.
- 학생들의 제안과 질문을 신중하게 받아들인다.
- 학생들이 다양한 수업자료를 가지고, 다른 많은 환경 아래서 공부해 볼 수 있는 기회를 제공한다.
- 학생들이 좌절과 실패에 대처하는 법을 배울 수 있도록 도와주어 새롭거나 낯선 환경에서도 용기를 가지고 할 수 있도록 도와준다.

으로써 학생들의 자율성을 지지하고 인정해 주어야 한다.

교사가 학생들의 창의성을 신장하기 위해서는 교사의 창의성에 대한 이해와 창의성 교육의 중요성에 대한 인식이 중요하다. 창의성 교육의 중요성에 대한 교사의 인식은 창의적 수업 실천에 영향을 줄 수 있으며 학습자에 대한 교사의 태도에도 긍정적 영향을 줄 수 있다. 교사가 기존의 것을 답습하지 않고 보다 새로운 수업을 시도하며 융통성 있게 수업을 진행하고 자신의 수업에 대한 반성적 태도를 가질 때 창의적인 교사가 될 수 있다.

7. 창의성 검사

창의성을 평가하는 다양한 검사가 개발되어 있다. Hocevar(1981)는 창의성을 측정하는 검사를 확산적 사고검사, 태도와 흥미검사, 성격검사, 자전적 목록검사, 교사평정, 동료평정, 감독자 평정, 제품평가, 명성, 자기보고의 10개 유목으로 분류하였다. 대표적인 창의성 검사는 확산적 사고나 연상 정도를 측정하는 것이다. 예를 들어, 벽돌이나 종이 클립, 맥주통, 담요나 책과 같은 것의 용도를 쓰게 하거나 한 단어가 가지고 있는 여러 의미를 쓰게 하는 것이다.

이와 같은 검사는 교실현장에서 교사가 직접 활용할 수도 있는데, 특정한 물건의 용도를 쓰게 하고 반응한 개수로 유창성을, 응답 내용의 다양성에 따라 유연성을, 그리고 반 학생의 응답 반응의 빈도가 적을수록 독창성을 높게 평가하면 된다.

대표적인 창의성 인지 검사로는 Torrance가 만든 Torrance 창의성 검사(Torrance Tests of Creative Thinking: TTCT)가 있다. 언어검사(verbal A형, B형)와 도형검사(figure A형, B형)가 있으며 유치원에서부터 대학생, 성인에 이르기까지 사용할 수 있는 검사이다. 언어검사는 질문하고 추측하기(ask and guess), 작품향상(product improvement), 색다른 용도(unusual uses), 색다른 질문(unusual questions), 가상하기(just suppose) 등의 7개 하위검사로 구성되어 있다. 도형검사는 불완전한 그림에 대해 유의미하게 완성하는 검사로 그림구성(picture construction), 도형완성(figure completion), 반복적인 닫힌 도형검사(repeated closed figures test)의 세 개 하위검사로 구성되어 있다.

인성특성을 통해 창의성 수준을 평가하는 창의적 인성검사는 Rimm과 Davis(1976)가 개발한 GIFT, GIFFI I, II가 있다. 비교적 실시가 간편하고 다른 검사에 비해 높은 신뢰도와 타당도를 가지고 있다. 이 중 GIFT 검사는 초등학생용이며 독립성, 융통성, 호기심, 인내심(에너지), 다양한 관심분야, 지금까지의 창의적 활동과 취미 등에 관한 문항으로 구성되어 있으며 '예' '아니요'로 응답하도록 되어 있다. GIFFI I 검사는 중학생 대상, GIFFI II는 그 이상을 대상으로 하는 검사로 5점 척도로 되어 있다. 독립성, 자기신뢰, 위험에 대한 감수성, 에너지, 모험심, 호기심, 사려심, 유머감각, 예술적 관심, 창의적 활동의 경력과 광범위한 관심과 취미를 자기평가하도록 되어 있다(Rimm & Davis, 1980; 유경재, 한윤영, 하주현, 2011).

지능검사의 경우 정답이 있어 채점이 용이한 반면, 창의성 검사 중에서도 확산적 사고검사는 반응의 개별성을 강조하기 때문에 검사의 타당도에 대해 의문이 제기되기도 한다. 그러나 Torrance(1981)는 실생활에서의 창의적 성취 수준과 창의성 검사점수의 관계에 대한 종단 연구를 통해 어렸을 때 창의성 검사점수와 성인의 창의적 성취 수준이 유의미한 상관이 있다고 보고하였다. 짧은 시간 제한된 공간에서 실시한 검사점수만으로 다양한 상황에서의 창의성 능력을

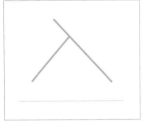

[그림 6-4] 도형검사의 예
(도형완성)

장난감 가게에서 볼 수 있는 천으로 만든 곰인형입니다. 크기는 15cm, 무게는 200g 정도입니다. 이제 이 장난감을 아동이 재미있게 놀 수 있도록 변화시켜 보세요. 비용에 대해서는 걱정할 필요가 없습니다. 어떻게 하면 아동이 더 재미있게 가지고 놀 장난감이 될 수 있는지만 생각해 보십시오.

[그림 6-5] 언어검사의 예(작품향상)

평가하고 예측한다는 것은 쉽지 않다. 따라서 이와 같은 검사도구 외에도 부모나 교사의 지속적인 관찰 결과가 함께 활용될 때 좀 더 신뢰할 만한 평가가 이루어질 수 있다.

8. 창의적 사고기법

학교에서 수업시간을 통해 창의성 기법을 연습하거나 적용해 보게 함으로써 학생들의 창의성을 개발할 수 있다. 창의성은 판단유보, 브레인스토밍, 아이디어 생성기법 등을 강조한 창의성 훈련 프로그램을 통해 유의미한 훈련효과를 얻을 수 있으며(Clapham & Schuster, 1992), 학생에게 새로운 해결책의 효과를 평가하도록 하는 것과 새로운 아이디어를 추구하고 새로운 접근을 받아들이는 교육을 함으로써 창의성 훈련효과를 이끌어 낼 수 있다(Feldhusen & Goh, 1995). 창의적 아이디어를 생성하는 데 도움을 주는 효과적인 기법을 소개하면 다음과 같다.

1) 포스트잇을 활용한 브레인스토밍

브레인스토밍(brainstorming)은 Alex Osborn이 1938년에 개발한 창의적 아이디어 생성기법으로서 세계적으로 가장 많이 이용되는 방법 중의 하나이다. 좋은 아이디어를 내기 위해서는 브레인스토밍의 기본 원칙을 지켜야 한다.

(1) 브레인스토밍 기본 원칙
브레인스토밍의 기본 원칙을 살펴보면 다음과 같다.

- 평가는 마지막까지 유보하며 비판하지 않는다: 어떤 형태의 아이디어도 비판하지 않고 아이디어 자체에만 전념하며 자신의 아이디어도 비판하지 않는다.
- 우스꽝스러운 아이디어라도 수용한다: 아이디어는 자유분방할수록 좋다. 따라서 아무리 우스꽝스러운 아이디어라도 수용하여야 한다.
- 아이디어는 가능한 한 많이 내도록 한다: 브레인스토밍에서는 우선 많은 아이

디어를 생성하는 것이 중요하므로 아이디어의 질보다는 양을 우선시한다.
- 결합과 개선을 추구하여야 한다: 제시된 많은 아이디어의 결합과 개선을 통해 더 좋은 아이디어로 발전시킨다.

Tom Kelly(2001)는 그의 책 『혁신의 기술(The Art of Innovation)』에서 브레인스토밍에서 좋은 결과를 얻기 위해서는 문제의 초점을 명확히 하고, 앞서 제시한 네 개의 브레인스토밍 규칙을 지키며, 아이디어를 기록할 때 번호를 매겨 아이디어를 낸 개수에 대해 평가 지표로 활용할 것을 제안하였다. 또한 워밍업 시간을 갖고 직접 만져 보고 느껴 볼 수 있도록 바디스토밍(bodystorming)을 실시하는 것도 효과적이라고 주장하였다.

(2) 집단의 구성 및 절차

브레인스토밍은 유아에서 성인까지 누구나 가능하다. 구성원은 6~7명이 적절하나 경험이 적어 많은 아이디어를 내기 어려운 경우에는 15명 정도까지도 가능하다. 구성원은 가능하면 다양한 경험을 가지고 있고 성별, 연령별로 다양할수록 효과가 높다. 브레인스토밍의 경우 더 이상 아이디어가 잘 나오지 않을 때 오히려 새로운 양질의 아이디어가 나오므로 리더는 구성원에게 계속해서 좋은 아이디어를 낼 수 있도록 격려해 주어야 한다. 브레인스토밍 실시 시간은 30~40분 정도가 적당하다.

(3) 포스트잇을 활용한 브레인라이팅 기법

브레인스토밍을 할 때 포스트잇을 활용하면 많은 사람이 한꺼번에 말하는 도중에 아이디어가 손실되는 일이 생기지 않고 비판이 두려워 아이디어를 내지 않는 사람들이 아이디어를 낼 수 있으며, 많은 아이디어 중에서 우수한 아이디어를 선택하는 데 효과적이다. 포스트잇을 여러 개 붙인 A4 용지를 인원수만큼 만들어서 포스트잇 하나에 아이디어 한 개씩 적은 다음 계속해서 돌려 가면서 아이디어를 적는다. 아이디어를 모두 적은 다음, 포스트잇을 모두 떼어서 같은 주제로 분류하고 그중에서 좋은 아이디어를 선정하여 아이디어를 정교화한다.

이 기법은 다른 사람이 아이디어를 기록하는 동안 기다리지 않아도 되므로 아이디어 차단효과를 줄일 수 있고, 익명성이 보장되므로 평가불안을 줄이며, 아이디어를 분류하기 쉬운 이점이 있다.

2) SCAMPER

SCAMPER는 질문목록에 따라 체계적으로 새로운 아이디어를 자극하는 방법이다. Osborn(1963)이 아이디어를 이끌어 내는 질문 75개를 제시한 후 다시 9개로 정리한 것을 Eberle(1971)가 재조직한 것이다.

SCAMPER를 활용하여 기존의 것을 변형하거나 대체, 확대, 축소하는 것만으로도 새로운 훌륭한 아이디어를 낼 수 있다. SCAMPER의 각 요소와 SCAMPER 원리를 적용한 우리 주변에서 볼 수 있는 발명품에 대해 살펴보면 〈표 6-2〉와 같다.

표 6-2 SCAMPER 기법 적용 예시

사고기법	기존의 물건	새로운 아이디어
대체(Substitute): 재료, 인물, 성분, 과정, 에너지의 대체	스테인리스 칼	세라믹 칼
결합(Combine): 기능의 결합 또는 단위의 결합	전화, 사진기	사진기 기능을 갖춘 휴대전화
적용(Adapt): 변안하거나 각색 또는 아이디어를 발전시킴	야생풀	벨크로
확대 및 축소(Magnify/Minify): 크기나 빈도, 밀도의 변화, 간소화, 생략	대형 컴퓨터, 30% 카카오 초콜릿	개인용 컴퓨터, 99% 카카오 초콜릿
다른 용도(Put to other use): 다른 용도로 사용	자꾸 떨어지는 접착력이 약한 풀	포스트잇 풀에 활용
제거(Eliminate): 없애거나 부품 수를 줄임	안경	콘택트렌즈
역방향/재배열(Reverse/Rearrange): 역할과 위치, 원인과 결과를 바꿈	교수 중심의 수업	학습자 중심의 수업

3) 여섯 색깔 모자 사고기법

de Bono가 개발한 사고방법으로, 여섯 가지 색깔의 모자(six hat)로 어떤 문제에 접근하는 여섯 가지의 역할과 방법을 규정하는 창의적 사고방법이다. 주어진 문제에 대해 요구되는 다른 유형의 사고를 함께해 보면서 문제해결을 위한 새로운 관점을 발견하고 습관적이고 일상적인 사고의 틀에서 벗어날 수 있는 기회를 제공한다. 사고의 틀(frame of mind)인 다양한 모자를 의도적으로 바꾸어 써 봄으로써 다양한 사고를 나누어서 해 보고, 효율적으로 각각의 사고유형에 대해 집중하고 마침내 합리적인 해결책에 도달하게 된다. 모자의 도움으로 다양한 각도에서 사고를 할 수 있을 뿐만 아니라 자신의 감정을 솔직하게 표현할 수 있는 장점이 있다. 유의점으로는 각 팀의 리더만이 모자의 전환을 지시할 수 있으며 각 모자별로 시간을 너무 길지 않게 하는 것이 바람직하다. 실제로 모자를 바꾸어 쓰면서 해도 되지만 교실에서는 여섯 색깔의 색종이를 준비해 모자 대신 활용할 수도 있다.

각각의 모자가 나타내는 의미

- 파란 모자: 목표, 개관, 순서, 규율 선정, 결론 및 요약
- 흰색 모자: 중립적이고 객관적인 정보와 사실
- 빨간 모자: 감정, 느낌, 직관, 육감
- 노란 모자: 긍정적 측면, 희망적 측면
- 검은 모자: 부정적 판단, 실패할 만한 이유, 잠재된 위험 요소
- 초록 모자: 창의적 아이디어, 새로운 해결책

4) 디자인 싱킹

디자인 싱킹(Design Thinking)은 IDEO를 설립한 David M. Kelly가 스탠퍼드 대학교 d. school에서 채택한 창의적 문제해결 방법이다. 디자인 싱킹은 관찰과 인터뷰, 상호작용을 통해 사용자를 진정으로 이해하고 그들의 핵심 문제를 찾아

해결해 주는 인간 중심 해결(human centered solution) 방법이다. 사용자를 위한 대안이나 해결방안을 팀이 함께 찾는 확산적 사고와 아이디어 중에서 최선의 해결방안을 추구하는 수렴적 사고를 반복하는 과정에서 혁신을 추구한다. 디자인 싱킹의 과정은 [그림 6-6]과 같이 공감하기 → 문제를 정의하기 → 아이디어 내기 → 프로토타입 만들기 → 평가하기의 순으로 이루어진다. 공감은 자세히 관찰하고 질문하고 직접 체험하고 경청하는 것으로 사용자와 같은 느낌을 가지게 되어 문제해결에 대한 통찰을 갖게 되는 것이다. PoV(Point of View)를 통해 특별한 사용자가 어떤 문제를 가지고 있는지 문제를 재정의하고 그 문제에 대한 통찰(insight)을 가진다. 브레인스토밍을 통해 문제를 해결하기 위한 다양한 아이디어를 내고 그중 가장 좋은 아이디어를 정한 다음, 개략적으로 신속하게 프로토타입을 만든다. 프로토타입에 대한 여러 번의 평가와 피드백을 통해 창의적인 문제해결이 가능하다.

프로토타입
완성품이 나오기 전에 성능의 검증 및 개선을 위한 시제품

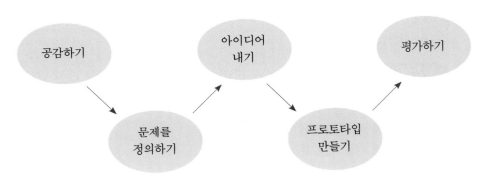

[그림 6-6] 디자인 싱킹 과정

연구문제

1. 급격한 변화의 시기인 21세기에 왜 창의적 문제해결능력이 더 중요한지 그 이유를 설명해 보시오.

2. 우리나라의 창의적 인물을 선정하고 그들의 특징을 열거해 보시오.

3. 우리 반의 매우 창의적인 학생인 유나가 다른 친구들로부터 특별한 아이로 따돌림을 받는 다면 담임교사인 여러분은 어떤 노력을 기울여야 하는지 예를 제시해 보시오.

4. 우리 반 학생들의 창의적 능력을 개발하기 위해 창의적 아이디어 기법을 활용한 수업을 구상해 보시오.

제7장

특수학습자

1. 영재교육

초등학교 5학년인 희진이의 어머니가 담임교사로부터 전화를 받았다. 희진이가 학교성적도 매우 우수하고 매사에 모범적이니 교육청 영재교육 프로그램에 입학원서를 내보라는 권유였다. 희진이 어머니는 딸이 결코 영재라고 생각하지 않는다면서 담임교사의 제안을 정중히 거절하였다. 중학교 1학년에 재학 중인 철홍이 어머니는 이번 영재 판별시험을 준비하기 위하여 아들을 학원에 보낼 생각으로 분주하다. 전문 학원을 열심히 다녀야 영재 판별시험에 합격할 수 있다고 생각하기 때문이다. 초등학교 3학년인 민재는 과학수업은 매우 좋아하지만, 다른 과목에 대한 관심이 적어서 학교에서 그다지 주목을 받고 있지 못한 학생이다. 그러나 과학실험에 대한 동기가 매우 높아서 과학영재교육에 지원서를 제출하고 싶었으나, 학교성적이 그리 우수한 편이 아니었던 관계로 결국 학교의 추천서를 받을 수가 없었다.

이러한 예는 영재교육과 관련하여 우리 주변에서 쉽게 관찰되는 현상이다. 특수학습자란 정규교육과정과는 구별되는 특별한 교육적 서비스를 받아야 하는 학습자를 의미하며, 정상지능의 분포범위를 벗어난 집단으로서 영재와 장애를 가진 아동이 이에 속한다. 우리나라의 경우 2002년 「영재교육진흥법」이 시행됨에 따라 초등과 중등 학교를 중심으로 과학, 수학, 예술, 언어, 정보, 발명, 융합분과의 영재교육이 진행되고 있다. 이 장에서는 영재의 의미와 판별, 영재를 위한 심화 및 속진 교육과정에 관하여 살펴보고자 한다.

1) 영재의 의미

흔히 학교성적이 상위권에 드는 아동을 일컬어 영재라고 하지만, 학문적인 규정에서 볼 때 영재란 꼭 그런 경우만을 의미하지는 않는다. 영재를 지칭할 때 우리는 '우수한 지능을 가진 아이(the gifted)'와 '재능이 있는 아이(the talented)'란 어휘를 사용한다. 우수한 지능(gifted)은 능력(ability)의 영역을 지칭하는 어휘로서 학문 영역에서의 잠재능력을 보유한 영재를 일컬을 때 사용되며, 재능(talented)

은 성취(accomplish)의 영역을 나타내 주는 어휘로서 예술 영역에서의 높은 성취를 보이는 영재를 일컬을 때 사용된다. 하지만 요즘에는 영재의 개념 규정을 함에 있어서 잠재능력(potential ability)의 측면이 부각되고 있기 때문에 학문 혹은 예술 영역에 따라 지능과 재능을 명확하게 구분지어 사용하고 있지는 않다.

　Genius(천재)란 단어의 어원은 고대 로마로 거슬러 올라간다. 로마인은 '모든 사람은 잠재적인 영(靈)을 가지고 있다'고 생각하였는데, 이것은 영재성이란 특별한 사람에게만 있는 것이 아니라는 그들의 생각을 엿볼 수 있게 해 준다. 18세기 이후에야 영재성은 모든 사람이 아닌 특별한 사람에게서만 보이는 능력으로 국한되었다. 요즘에 와서는 상위 1~2% 이내로 국한되었던 영재성의 범위가 더 넓게 확장되었고, 심지어 지능이론의 패러다임이 변화함에 따라 '모든 사람은 각자 탁월한 능력을 적어도 한 가지씩은 가지고 있다'는 분위기가 지지됨으로써 개인이 지니고 있는 고유한 잠재능력을 개발하는 데 초점을 두고 있다.

　이렇듯 영재의 개념은 시대의 가치와 준거에 따라 얼마든지 달라질 수 있으며, 이러한 사실은 영재에 대한 우리의 편협한 생각이 교육적으로 얼마나 무모한 결과를 자아낼 수 있는지에 관한 중요한 정보를 준다. 영재의 개념을 규정함에 있어서 전문가들은 다음과 같은 점에서만 의견 일치를 보인다.

- 영재성이란 단지 높은 지능만을 의미하는 것은 아니다.
- 인지적 요소뿐만 아니라 동기와 같은 비인지적 요소가 포함되어야 한다.
- 영재성의 실현을 위해서 환경은 결정적인 요인이다.
- 영재성이란 단일 형태가 아닌 매우 복합적인 형태로 존재하므로 하나의 측정 방법으로 평가할 수 없다.
- 영재 판별은 조작적 정의에 의해서 이루어져야 한다. 즉, 단순한 추정이 아닌 분명한 근거가 있어야 한다.

　미국 국회는 "지능, 창의성, 예술적 능력, 리더가 될 수 있는 역량, 수학 및 과학을 포함한 학문적 영역에서 높은 수준의 수행 능력을 보이는 아동으로서 정규 교육과정과는 구별되는 수업이 필요한 아동"을 영재로 정의한다. 또한 미국 교육부는 "전문가에 의해서 판별되고, 높은 수행능력을 보이는 아동, 자기 자신과 사회로의 공헌을 위하여 특별한 교육 프로그램이 필요한 아동"을 영재로 규정하는데, 이러한 영재의 개념은 현재 우리나라에도 많은 영향을 주고 있다.

Tannenbaum(1983)은 상위 2% 이내의 높은 지능과 특수적성이 뛰어난 아동을 영재로 보았고, 시대의 가치가 알아주지 않으면 영재성은 사장되어 버린다고 하였다. 또한 영재성의 유지와 발달에는 가정이나 학교, 또래집단과 같은 환경적 지지가 매우 결정적인 요인이며, 성격, 내적 동기, 열성, 몰입, 자아개념, 능력에 대한 스스로의 확신과 같은 영재가 지닌 비인지적 요인을 중대한 변인으로 보았다.

영재성의 개념을 규정함에 있어서 가장 널리 인지되고 있는 것은 Renzulli(1936~)의 이론이다. 그에 따르면 영재성(giftedness)이란 특정 영역에 대한 평균 이상의 높은 능력과 창의성, 강한 과제집착력이 서로 복합적으로 상호작용하는 심리적인 특성을 의미한다.

그러므로 영재란 특정한 영역에 대하여 평균의 능력을 소유한 사람보다 높은 수준의 능력, 창의성, 강한 과제집착력이라는 세 가지의 속성을 잠재적으로 보유하고 있는 사람으로서 그에 적합한 특수한 교육과정이 필요한 사람이라고 볼 수 있다.

Dabrowski(1964)는 어린 연령대의 잠재 영재가 지닌 발달 잠재성을 과흥분성(overexcitabilities: OEs)이라는 속성으로 설명하였다. 과흥분성은 신경계 수용

> **Renzulli의 영재성**
> 평균 이상의 높은 능력과 창의성, 과제집착력이 서로 복합적으로 상호작용하는 심리적인 특성

> **영재**
> 특정한 영역에 대하여 평균 이상의 능력 및 창의성, 과제집착력을 잠재적으로 보유하고 있는 사람으로서 그에 적합한 특수한 교육과정이 필요한 사람

[그림 7-1] Renzulli의 영재성 정의(Renzulli, 1978)

체의 민감성을 의미하며, 그에 따라 감각 자극에 대하여 일반인보다 높은 수준으로 반응하는 상태를 말한다. 과흥분성은 심체적, 감각적, 상상적, 지적탐구, 감성적, 이렇게 다섯 가지 영역에서 나타난다. 심체적 과흥분성은 신경근육계의 높은 흥분성 및 에너지, 활동을 의미하며, 감각적 과흥분성은 일반인보다 높은 수준의 오감 능력을 말한다. 상상적 과흥분성은 풍부한 공상능력과 발명 등을 의미하며, 지적탐구 과흥분성은 호기심과 예리한 질문, 집중력 및 문제해결능력, 높은 수준의 논리적 사고를 말한다. 마지막으로 감성적 과흥분성은 긍정과 부정, 극단적이거나 복잡한 감정, 강렬한 느낌 등 일반인보다 강한 수준의 정서적 특성을 의미한다. 이러한 특성은 유아나 아동에게 잠재되어 있는 영재성을 추정하는 데 도움을 준다.

〈표 7-1〉은 부모나 교사에게 관찰되는 영재의 공통적인 특징이다.

표 7-1 부모나 교사에게 관찰되는 영재의 특징

- 또래에 비해 우수한 어휘력
- 기억력이 좋아서 지식의 축적이 쉬움
- 끝없는 호기심
- 한 가지 과제에 대하여 열성적인 관심을 보임
- 관심 있는 활동을 할 때, 방해요인에 의하여 전혀 방해받지 않음
- 높은 수준의 추상적 사고력
- 원인과 결과를 정확하게 인지
- 복잡하고 도전적인 과제를 선호
- 미나 정서에 대한 관심
- 자기 나이보다 높은 성인이나 선배와 관계 맺기를 선호
- 자기가 알고 있는 정보를 끊임없이 이야기하고 공유하기를 좋아함

2) 영재의 유형

영재의 개념 규정이 쉽지 않듯이, 현존하는 영재는 다양한 양상과 특성으로 관찰된다. 영재가 항상 우리가 알고 있는 방식으로 존재하는 것이 아니라는 말이다. Betts와 Neihart(1988)는 수년간의 관찰 및 인터뷰, 문헌연구를 통하여 여섯 가지 유형의 영재 특성을 수렴하였다.

(1) 성공적인 유형

성공적인(the successful) 유형은 대부분 판별되어 이미 영재교육에 투입된 영재이다. 아마 국내 영재교육기관에서 수업을 받는 학생의 대부분이 이 유형에 속할 것이다. 이들은 높은 수준의 지능을 지녔지만 상대적으로 창의성은 높지 않다. 즉, 지능검사와 학업성취도로 판별된 집단이다. 부모나 교사의 말을 주의 깊게 경청하고 그들로부터 목표를 잡는 경향이 있으며, 자율성은 낮은 편이다. '스스로 할 수 있다'는 신념을 지니고 있고 그에 따른 성취를 확신하기 때문에 긍정적인 자아개념을 지니고 있는 것처럼 보인다. 학급에서 가장 영리하지만, 평범한 수준의 창의성으로 인해 자신의 목표추구에 실패하여 결국 장기적으로 자신의 영재성을 제대로 발휘하지 못할 가능성이 있다. 대학시절 혹은 성인기 전반에 낮은 성취를 보이는 젊은 성인 영재가 이 유형에 속한다. 사회에는 별 문제 없이 잘 적응하지만 삶의 변화를 위한 도전감이 없다.

(2) 발산적인 유형

발산적인(the divergently gifted) 유형은 창의성이 높은 영재이다. 높은 유머감각으로 친구들 사이에서 인기가 많지만, 완고하고 요령이 없으며 빈정대는 특징 또한 보인다. 학교나 교사의 권위에 도전하고 시스템에 순종하지 않는 경향성으로 인해 칭찬이나 인정을 거의 받지 못한다. 이러한 특성으로 인해 이들은 영재 판별 시 첫 단계부터 소외된다. 자신들의 영재성이 거의 인식되지 못함으로 인한 내적 갈등이 심하기 때문에 대체적으로 부정적인 자아개념을 지니고 있다. 중학교 시기에 적절한 조치를 해 주지 않으면 이들은 고등학교 시기 퇴학의 위험에 놓인다. 그러므로 늦어도 중학교 시기에는 이들에 대한 판별이 정확하게 이루어져야 한다.

(3) 잠복되어 있는 유형

우수한 여자 중학생이 잠복되어 있는(the underground) 유형의 대표적 사례이다. 사춘기의 여학생은 또래집단과의 관계 유지를 위해 기꺼이 자신의 높은 잠재능력을 스스로 퇴보시키기도 한다. 이들은 사춘기의 특성상 늘 불안정한 느낌을 지니고 있고 그에 따라 걱정을 많이 한다. 창의적인 일이나 학업에 높은 홍미를 지녔던 이들은 사춘기를 겪으면서 모든 흥미와 동기를 상실하기도 한다. 무언가 변화하려는 욕구는 이들에 대한 부모나 교사의 기대와 갈등을 일으킨다. 따라서 빠른 변화 속에 있는 이들의 능력과 동기를 충족시킬 수 있는 대안이 마련되어야 한다. 또한 이들의 잠재력이 실현되기 위해서는 교사나 부모의 적극적인 이해와 지원이 필수적이다.

(4) 중도탈락 유형

중도탈락(the dropouts) 유형은 자신의 요구가 학교나 부모로부터 거부되고 무시되어 왔기에 학교에 대한 적개심이 높다. 이 유형은 판별이 매우 늦게 되는 경우가 빈번한데, 문제는 고등학교에 와서도 이들의 잠재성이 미처 발견되지 못하는 경우가 많다는 점이다. 이러한 이유로 이들의 자아존중감은 매우 낮을 뿐만 아니라 지금까지 거부되고 무시당한 감정의 결과로 인하여 자주 분노를 보인다. 따라서 현재 진행 중인 영재교육 프로그램은 이들에게 적합하지 않다. 자신이 신뢰할 수 있는 성인과의 밀접한 관계를 원하는 이들에게는 가족치료나 개인상담이 필요하다.

(5) 중복낙인 유형

중복낙인(the double-labeled) 유형은 신체적 · 정서적 장애를 지닌 영재이다. 지능은 매우 높으나 학업성취도는 낮은 경우, 즉 학습에 실패한 영재를 의미한다. 이들은 심리적으로 혼란이 심하며 그에 따라 스트레스 수준이 높다. 무기력감이나 좌절, 낙담과 고립감을 느낀다. 학교의 과제가 항상 지루하고 따분하며 멍청하다고 불평하면서 어려움을 거부하거나 자기 자신을 방어한다. 자신의 낮은 자아존중감을 보상받기 위하여 유머를 사용하지만, 사용하는 목적이 다른 사람의 품위를 떨어뜨리는 데 있다. 이들의 내적 욕구는 '실패회피'이며, 방어기제가 발달되어 있다. 이들은 실제 일반 아동으로 인지되기 때문에 판별에서 제외되는 경우가 많다. 이 유형의 결점에 초점을 두는 학교 구조는 이들의 장점이나 영재성의 육성에 실패하는 경향이 있다.

(6) 자율적 학습자 유형

자율적 학습자(the autonomous learner) 유형은 지능과 창의성이 모두 높은 영재이다. 자아존중감이 매우 높고 자기조절 학습능력이 뛰어난 집단이다. '성공적인' 유형의 경우와 같이 이들은 학교 구조와 체제 속에서 매우 효과적으로 학습한다. 그러나 최대한 적게 노력하려는 '성공적인' 유형과는 달리, 학교 구조에 자기 자신을 그저 맞추는 것에서 탈피하여 스스로 학습 구조를 만들어 나간다. 자기지향적이며 독립심이 높고 모험심도 강하다. 이들은 자율적인 아동으로서, 가장 성공 가능성이 높다. 부모나 학교환경의 많은 지지를 받아 자신의 잠재능력을 이미 충분히 발휘하고 있는 영재이다.

이상에서 살펴보았듯이 영재란 우리의 막연한 예상이나 기대감, 선입견 속의 모습으로만 존재하는 것은 아니다. 중요한 점은 이러한 사실을 이미 알고 있는 교사가 판별 및 교육 과정에 투입되는 경우와 그렇지 못한 경우의 교육 결과는 큰 차이가 있다는 점이다. 영재의 유형은 다양한 양상으로 존재하는 영재의 사회적·정서적 욕구에 관한 정보를 제공해 준다는 점에서 의미가 있다.

3) 영재의 판별

영재교육은 해당 영재성의 개념 규정, 규정된 개념에 기반을 둔 판별, 프로그램의 투입, 평가의 절차로 진행된다. 이러한 과정 속에서 판별은 영재교육의 성패를 가르는 가장 중대한 변수이다. 판별의 오류가 적을수록 영재교육은 성공적인 결과를 얻을 수 있다. 판별 작업의 주요 초점은 정확한 영재 선정에 있다. 즉, 영재임에도 판별되지 못하는 경우와 반대로 영재가 아님에도 영재로 판별되는 오류를 범하지 않는 것이 중요한 관건이다. 그러므로 판별 지표 및 도구는 신뢰도와 타당도가 높아야 하며, 판별절차 또한 한 번이 아닌 여러 단계로 이루어져야 한다.

다단계의 판별과정은 크게 3단계로 구성되는데, 1단계가 선별과정(initial screening), 2단계가 변별 및 판별 과정(second screening & identification), 3단계가 교육 프로그램으로의 배치과정(placement)이다(배호순, 1980). 1단계는 집단 지

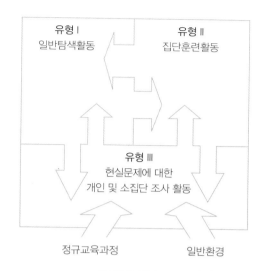

유형 I은 지원자 중 15~20%를 선발하여 전공 구분 없이 통합수업 형태로 진행되며 유형 II는 유형 I을 거쳐 온 영재를 대상으로 집단별 수업을 실시한다. 유형 III은 유형 I과 II 단계를 거쳐 온 영재를 대상으로 전공 영역에 대한 심도 있는 수업을 실시한다.

[그림 7-2] Renzulli의 삼부 심화학습 모형(Renzulli & Reis, 1997)

능검사와 교사의 지명, 관찰법 등을 병행하여 잠재성이 보이는 학생을 일차적으로 선별하는 과정이다. 2단계는 각 영역 전문가와 교육학자, 심리학자 등이 중심이 되어 더욱 전문적인 판별을 하는 단계이다. 3단계는 1, 2차 단계를 거쳐 온 영재를 교육 프로그램에 배치하고 학습과정과 결과를 관찰 평가하는 단계이다.

Renzulli는 일회적인 영재 판별의 문제점을 지적하면서 삼부 심화학습 모형을 제시하였다. 그의 모형은 판별도구임과 동시에 영재를 위한 교육 프로그램이다.

이 모형은 영재를 위하여 '무엇을 해야 할 것인가'에 대한 일종의 안내 지침을 제공한다. 주로 초등학생에게 실시되었으나 중등 연령의 학생에게도 효과적으로 활용될 수 있는 모형이다. 삼부 심화학습 모형은 영재에게 학습 선택의 자유와 개별화 교수의 학습 환경을 제공하는 것을 기본 원리로 삼으며, 모든 영재교육에서 이러한 학습 환경의 필요성을 강조한다. 이러한 목적을 성취하기 위하여 Renzulli는 영재가 1, 2단계의 준비과정을 통해 본격적인 탐구활동인 3단계로 진행할 수 있도록 교사가 도와주어야 한다고 하였다(Renzulli & Reis, 1997). 이 판별 모형의 가장 큰 장점은 각각의 단계에서 다른 단계로 상호 넘나들 수 있는 '회전문 장치(revolving door)'를 두어 현재의 단계가 자신에게 적합하지 않거나 다음 단계로 뛰어넘기를 원하는 경우, 영재에게 가장 적합한 단계를 제공하도록 개발된 점이다.

Renzulli의 삼부 심화학습 모형은 일회적이고 단선적인 판별을 지양하고 영재
선정 범위를 넓혀 줌으로써 소외될 수 있는 영재를 판별하거나 영재에 대한 사
회·문화적인 거부감을 낮추었다는 점에서 긍정적인 의미를 지닌다. 특히 1차
선별 시 전체 학생 중의 15~20%를 선정한다는 점은 사회·경제적 환경으로 인
하여 지금까지 관심을 받지 못했던 숨은 영재에게 영재 선정의 기회를 제공한다
는 점에서 교육적으로 가치가 있다. Renzulli의 판별모형은 우리가 지금까지 간
과한 부분이 무엇인지에 관한 통찰과 함께 앞으로 무엇을 해야 할 것인지에 대
한 정보를 준다. 하지만 판별기간이 너무 길며 그로 인한 재정적 부담이 커진다
는 단점 또한 지니고 있다. 현재 국내 영재학교의 경우, 1차 선별 이후 해당 분야
전문가들과 함께하는 합숙활동을 통하여 양적 평가 및 전문가 관찰지에 의한 질
적 평가를 시행하고 있다. 이와 같이 문항의 타당도와 신뢰도가 확보된 객관적
인 영재 판별도구와 Renzulli의 판별모형을 적절히 융합한 판별 방식이 가장 현
실적인 대안이 될 수 있을 것이다.

현재 우리나라 대학부설 영재교육원, 시·도 교육청 산하 영재교육원 및 영재
학급 내의 선발은 교사 관찰추천제로 수행되고 있다. 기존 선발 방식은 4차의 다
단계로, 주로 일회적인 지필평가를 통해 대상자를 가려내었고, 그러한 과정에서
선행 학습된 영재를 중심으로 최종 교육대상자가 선발되었다. 상대적으로 교사
관찰추천 방식은 추정 영재의 담임교사 혹은 영재담당교사가 비교적 장기간 동
안의 관찰을 통해 학생의 영재성을 가려내는 방식을 의미하고, 그러한 과정에서

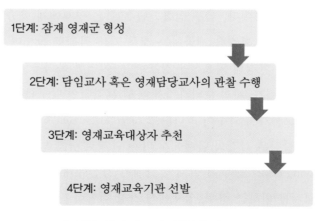

[그림 7-3] 국내 교사 관찰추천 선발과정

교사의 관찰추천 및 학교 자체 내에서 구성된 학교추천위원회, 영재교육기관별 영재선정심사위원회가 최종 대상자 선발에 개입된다.

교사 관찰추천 과정 1단계에서는 잠재 영재군을 형성한다. 이를 위하여 각 학급의 담임교사 및 교과 담당교사는 학교생활 중에 관심을 가지고 지켜볼 학생을 가려낸 후 그들을 대상으로 장기간 동안의 꾸준한 관찰을 수행한다. 이들의 관찰추천 자료는 각 학교 단위로 구성된 학교추천위원회의 영재담당교사에게 전달되며 다음 단계의 대상자 선발을 위한 평가 준거로 활용된다. 2단계에서는 영재담당교사가 1단계에서 선별된 잠재 영재군을 대상으로 보다 정교하고 세밀한 관찰을 수행한 후, 학교추천위원회의 평가 결과에 따라 각 학교급별 할당 인원에 맞추어 최종 선발된 학생들이 영재교육기관에 추천된다. 3단계부터는 해당 영재교육기관에서 판별을 수행한다. 각 학교에서 추천된 잠재 영재는 각 영재교육기관이 지정한 날짜에 지정된 장소에 모여 기관에서 제시한 과제를 수행함으로써 3단계 과정의 판별을 받고, 3단계를 거쳐 온 잠재 영재를 대상으로 4단계의 최종 면접 및 교육적 배치를 받음으로써 최종 영재교육대상자가 선정된다.

4) 영재를 위한 교육

영재 교육과정은 영재의 개념 및 판별 지표와 맥을 함께하는 것으로서, 영재의 잠재능력을 최대한으로 이끌어 내는 것이어야 한다. 또한 영재 개개인의 능력과 학습속도, 선호하는 학습방법에 따라 각자에게 적절한 교육목적과 세부 목표를 세우고 그에 적합한 개별화된 교육을 시행할 때 효과적이다.

영재교육의 초창기에는 주로 속진(acceleration)학습 프로그램이 활용되었다. 그러나 속진학습은 영재의 빠른 학습능력만 고려할 뿐 그들에게 내재된 폭넓고 깊이 있는 사고능력을 제한하는 방법이라는 반성이 교육학자 내에서 점차 확산되었다. 나아가 속진 자체가 영재를 해당 연령의 학습자로부터 분리시킬 수도 있다는 비판도 제기되었다. 그리하여 최근에 와서는 속진보다는 심화(enrichment)학습 방법을 더욱 선호한다. 영재를 위한 심화와 속진 교육의 장단점을 비교한 내용은 〈표 7-2〉와 같다.

표 7-2 영재를 위한 심화 및 속진 교육의 장단점 비교

	장점	단점
속진교육	• 월반(grade-skip) • 경제적인 면에서 효과적임 • 영재에게 지적인 호기심을 제공할 수 있음	• 중요한 기술을 놓칠 수 있음 • 교육과정의 수직적 운영으로 인해 폭넓은 학습경험을 제공하지 못함 • 과정은 무시하고 내용지식 경험에 치중
심화교육	• 학습자의 관심과 흥미에 따라 연구 과제를 설정하고, 생활 속의 문제를 중심으로 해결해 나가기 때문에 학습자의 동기를 유발시켜 자발적인 학습과 창의적인 결과물을 낼 수 있음 • 고차원적인 사고기술을 개발	• 정규교육과정과의 연속성이 결여될 수 있음 • 심화과정을 잘 가르칠 수 있는 전문 교사의 부족 • 재정적인 부담이 큼 • 프로그램의 개발이 쉽지 않음

〈표 7-2〉에서 보듯이 속진학습은 학습속도가 빠른 학습자에게 진도를 빨리 나갈 수 있는 교육 기회를 주지만, 학생의 흥미나 동기보다 능력과 성취도에 초점을 두기 때문에 영재의 사회적 성숙도와 같은 측면에서 볼 때 단점을 지닌다. 상대적으로 심화학습은 정규교육과정 외의 교육내용을 첨가하여 좀 더 깊이 있고 폭넓은 전문성을 키울 수 있도록 운영하는 것인데, 경제적인 측면이나 전문 교사의 자질 부족과 같은 단점을 지닌다.

현실적으로 볼 때 영재는 속진과 심화 학습이 동시에 필요한 학습 특성을 지니고 있기 때문에 영재교육 실제에서 속진과 심화 학습을 따로 구분하여 적용하기보다는 오히려 통합하거나 상호 보완적인 요소로 적용하는 것이 바람직하다.

2. 특수교육

중학교 1학년인 지우는 학교에 가면 잠을 자거나 손톱을 물어뜯거나 공상을 한다. 수업시간에 교사의 설명을 이해하기 힘들고 과제를 하기도 힘들다. 초등학교 내내 시험 공부를 해도 낮은 점수를 받았고 중학생이 되어서는 두세 개 맞는 것도 어려운 일이 되어 버렸다.

수민이는 수업 시간에 선생님이 글을 읽어 보라고 하거나 뭔가 적어 보라고 할

때 수행하기가 힘들다. 5세 때부터 한글 학습지를 하고 글자 공부를 했지만 4학년이 된 지금도 여전히 읽고 쓰는 것이 어렵다. 누군가 옆에서 문제를 읽어 주면 수학 문제나 국어 문제를 곧잘 풀지만 혼자서 문제를 읽으면 풀 수가 없다.

초등학교 2학년인 서진이는 수업시간에 가만히 앉아 있지를 못한다. 뒤에서 속닥거리는 소리가 들리면 무슨 일이 있는지 궁금해서 뒤돌아보고, 하고 싶은 이야기가 생기면 불쑥 말을 해서 수업을 방해하기도 한다. 수업을 듣다가도 사물함에 두고 온 물건이 생각나면 일어나서 가지고 온다. 친구들과 거의 매일 싸우다 보니 교사와 친구 모두가 서진이 때문에 힘들어한다.

이상의 사례는 일반학교에 다니고 있는 특수아동이 보이는 문제와 관련한 예이다. 특수아동(exceptional children)이란 정서적 특성, 감각 특성, 신체운동 및 신체 특성, 사회적 행동이나 의사교환 능력에서 정상 규준으로부터 지나치게 이탈되어 있어 그들의 잠재력을 발휘하기 위해 특수교육과 관련된 서비스를 받아야 하는 아동을 말한다. 우리나라 「장애인 등에 대한 특수교육법」에서는 시각장애, 청각장애, 지적장애, 지체장애, 정서 · 행동장애, 자폐성장애, 의사소통장애, 학습장애, 건강장애, 발달지체, 그 밖에 대통령령으로 정하는 장애를 가진 아동을 특수교육 대상자로 규정하고 있다. 특수교육 대상자에 영재아도 포함이 되지

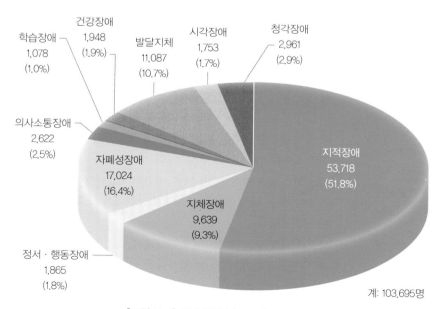

[그림 7-4] 특수아동 분포(교육부, 2022b)

만, 우리나라 법령에서는 이를 따로 구분하고 있다. [그림 7-4]는 2022년 교육부 특수교육통계에 나타난 각 장애별 백분율을 나타낸 것이다.

특수교육 범주 중 일반학급에서 많이 나타나는 지적장애, 학습장애, 주의력결핍 과잉행동장애, 정서·행동장애, 자폐 범주성 장애를 중심으로 살펴보고자 한다.

1) 지적장애

지적장애(intellectual disability)에 대해 가장 일반적인 정의는 미국 지적장애 및 발달장애협회(American Association on Intellectual and Developmental Disabilities: AAIDD)의 정의이다. 2010년 AAIDD는 장애 명칭을 정신지체(mental retardation) 에서 지적장애(intellectual disability)로 변경하였고, 지적장애를 "지적기능과 개념적·사회적·실제적 적응기술로 표현되는 적응행동에 있어서의 심각한 제한을 가지는 것으로 특징지어지며, 18세 이전에 나타난다."고 정의하였다. 지적기능은 주로 지능검사에 의해 측정되며 표준편차 2 이하(약 70)를 지적장애로 규정한다. 그러나 IQ 점수만으로 지적장애를 판별할 수는 없으며 자기관리, 사회성 기술 등과 같은 적응행동에도 문제가 있을 때 지적장애로 진단한다.

수년간 지적장애는 표준화된 지능검사 점수를 통해 경도(IQ 50~69), 중등도(IQ 35~49), 중도(IQ 20~34)와 최중도(IQ 20 미만) 수준으로 세분화되었고, 아직

지적장애
미국 정신지체협회(American Association on Mental Retardation: AAMR)가 2007년 1월 1일부터 미국 지적장애 및 발달장애협회(AAIDD)로 명칭을 변경. 우리나라에서는 2007년 10월 12일 개정된 「장애인복지법」이 시행되면서 법적 명칭이 정신지체에서 지적장애로 변경

표 7-3 지원 강도에 따른 지적장애 분류

분류	정의
간헐적 (intermittent)	필요한 경우에만 지원. 일시적 상황에서 지원. 항상 지원이 필요한 것은 아니며 인생에서 단기간(예: 실업 또는 심각한 질병 상황)의 지원만 필요함
제한적 (limit)	일정 시간 동안 지속적으로 지원. 시간이 제한되어 있지만 일시적인 상황은 아님. 더 강한 수준의 지원에 비해 소수의 요원이 필요하며, 비용이 적게 듦
확장적 (extensive)	학교나 직장 같이 적어도 몇몇 환경에서 정규적이고 장기간 이루어지는 지원. 시간이 제한되어 있지 않음
전반적 (pervasive)	전반적인 환경에서 일관성 있게 높은 강도로 지원. 가능한 한 전 생활환경에서 지원. 많은 요원이나 중재가 요구됨

도 대부분의 학교가 이러한 체계를 사용하고 있다. 하지만 AAIDD는 이러한 기준에서 벗어나 효과적으로 기능하기 위해 필요한 지원의 수준에 의해 지적장애를 분류하였다. 〈표 7-3〉은 AAIDD의 지적장애 분류이다.

지적장애를 유발하는 요인으로는 유전적 요인, 다운증후군과 같은 염색체 이상, 페닐케톤뇨증(phenylketonuria: PKU)과 같은 신진대사장애, 풍진이나 임신 중 매독과 같은 질병 감염, 약물 · 알코올 · 코카인 남용으로 인한 임신 중 약물 의존, 출산 시 태아 산소 결핍, 뇌염에 의한 뇌 손상처럼 유아기에 겪은 질병이나 사고를 들 수 있다.

지적장애아는 중요한 자극 특성을 변별할 수 있는 선택적 주의집중에 어려움이 있고, 주의집중의 지속시간이 짧다. 또래보다 기억력이 낮은데, 특히 작업기억에 문제를 보인다. 또한 새로운 일이나 문제 상황에 지식 또는 기술을 적용하는 전이에 많은 어려움을 겪는다. 언어발달이 지체되거나 한정된 어휘를 사용하기도 한다. 주위의 성인에게 지나치게 의존하는 경향이 있고, 친숙하지 못한 과제를 할 때 낮은 목표를 설정하는 경향이 있다. 사회적 상호작용에서 어려움을 경험하며, 자신의 행동을 조절하고 통제하는 능력이 부족하다.

일반학급 교사가 중도나 최중도의 지적장애 학생을 지도하는 일은 흔치 않지만, 경도 지적장애 학생을 가르치게 되는 경우는 종종 있다. 초등학교 시기의 지적장애아를 위한 학습목표는 기초 단계의 읽기, 쓰기, 셈하기, 지역 환경에 대한 학습, 사회적 행동과 개인적 흥미 등을 포함할 수 있다. 중 · 고등학교에서는 직업과 가사 기술이나 생활에 필요한 읽고 쓰는 능력, 예의와 시간 준수 같은 직업과 관련된 행동, 건강을 스스로 돌보는 법 등에 중점을 둔다. 오늘날에는 지적장애아가 지역사회에서 생활하고 일하는 것을 준비하는 전환 프로그램(transition program)이 강조되고 있다(Woolfolk, 2013).

지적장애 학생의 교육방법으로는 과제분석(task analysis), 기능적 교육과정(functional curriculum), 자기결정 기술(self-determination skills) 등이 있다. 과제분석은 복잡하거나 여러 단계로 이루어진 목표행동을 쉽게 가르칠 수 있는 하위과제로 나누고, 나눈 하위과제를 일상적으로 행해지는 순서나 쉬운 과제에서 어려운 과제로 계열화하여 순차적으로 교수하는 방법이다. 물건 사기, 청소하기와 같은 일상생활기술을 가르칠 때도 사용할 수 있고, 읽기나 셈하기 등과 같은 학업 기술을 가르칠 때도 사용할 수 있다. 지적장애 학생을 가르칠 때는 기능적 교육과정으로 교육활동을 구성해서 일상생활에 바탕을 둔 기능적 생활 중심의 기술을 지도하는 것이 필요하다. 기능적 교육과정은 식사하기, 대중교통 이용하기, 돈 세기 등 다양한 기술을 포함한다. 최근에는 지적장애 학생의 교육에 있어서 자기결정력 증진을 위한 교수가 많은 관심을 받고 있다(이소현, 박은혜, 2011). 자기결정력은 외부의 간섭이나 영향으로부터 벗어나 본인 삶의 질에 대한 선택과 결정을 내리는 데 주체적으로 활동하는 것을 말한다(Wehmeyer et al., 1996). 지적장애아가 스스로 결정을 내릴 능력이 없다고 생각하여 부모나 교사가 중요한 의사결정을 대신해 주기도 했지만 자기결정력을 기르도록 교육하는 것은 지적장애아의 학교생활뿐 아니라 성인기 생활에도 도움을 줄 수 있다.

2) 학습장애

학습장애(learning disability)는 일반적으로 평균적인 지적 능력을 가지고 있으면서도 특정 영역의 학습에 심각한 결함을 보이는 경우를 말한다. 보통은 아동기에 처음 나타나는데 이는 일생에 걸쳐 지속될 수 있다(National Joint Committee on Learning Disabilities, 1994).

학습장애 학생은 읽기나 셈하기와 같은 특정 분야에서 곤란을 겪거나, 많은 분야에서 필요한 주의집중과 같은 일반적 기술이 부족하다. 하지만 이러한 원인이 시각장애와 청각장애 같은 감각장애나 정서장애, 지적장애 또는 신경장애에 있는 경우는 학습장애로 분류하지 않는다.

〈표 7-4〉에 학습장애를 가진 학생의 특성을 제시하였다(Eggen & Kauchak, 2010).

학습장애가 많이 나타나는 학업 분야는 읽기, 쓰기 및 수학이다(Hallahan & Kauffman, 2000). 읽기장애는 글의 의미를 파악하는 독해력이나 문자로 표기된 단어를 인식하는 해독능력에 문제가 있는 경우이다. 단어를 정확하고 유창하게 읽는 것과 읽은 내용을 이해하는 것에 어려움을 보인다. 난독증(dyslexia)인 아동은 읽거나 철자를 기억하는 능력이 심하게 손상되어 있다.

쓰기장애는 글씨를 알아볼 수 없게 쓰거나 글씨 크기가 일정하지 않고 쓰는

표 7-4 학습장애 아동 특성

일반적 특성	
• 주의력결핍	
• 목적 없는 행동 및 산만한 경향	
• 하나의 일을 지속적으로 하지 못하여 과제를 끝까지 수행해 내지 못함	
• 불균등한 수행(예: 한 영역에서는 잘 수행하는 반면, 다른 영역에서는 극단적으로 낮은 수행을 보임)	
• 몸의 균형과 신체기관 간 협응의 결여	

학업 수행	
읽기	• 유창하게 읽지 못함 • 단어를 거꾸로 읽음(예: 영어의 경우 'saw'를 'was'로 읽음) • 읽고 있는 지점을 놓치고 찾지 못함
쓰기	• 글자쓰기가 서투름 • 한 줄로 쓰는 데 어려움이 있음 • 쓰기 작업을 끝내는 속도가 느림 • 칠판에 쓰인 내용을 노트에 옮기는 데 어려움이 있음
수학	• 수학적 사실을 기억하는 데 어려움이 있음 • 계산할 때 자릿수를 혼동함(예: 십의 자리와 일의 자리) • 응용문제 해결에 어려움이 있음

것이 느리며 맞춤법 실수를 하고 작문할 때 어려움을 보인다. 문법적으로 어색한 문장인지 잘 알지 못하고 문장부호를 제대로 사용하지 못하며 다양한 어휘를 활용하지 못하고 주제와 관련 없는 내용을 쓰는 것과 같은 문제를 보인다.

수학장애를 가진 학생은 수 개념을 이해하지 못하고, 사칙연산에 어려움을 보이며, 문장제 문제를 해결하지 못한다. 수의 크기나 관계를 잘 이해하지 못하고, 계산을 정확하고 빠르게 하지 못하며, 수학적 추론을 하는 데 어려움을 보인다.

3) 주의력결핍 과잉행동장애

주의력결핍 과잉행동장애(attention-deficit hyperactivity disorder: ADHD) 아동이 보이는 핵심 특성은 부주의(inattention), 충동성(impulsivity), 과잉행동(hyperactivity)이다. ADHD 학생은 과제를 수행하거나 놀이를 할 때 주의를 지속시키는 데 어

부주의

충동성

과잉행동

[그림 7-5] ADHD 학생 특성

러움이 있고, 생각하기 전에 행동하고 질문하기 전에 대답하며, 제자리에 가만히 앉아 있지 못하고 계속해서 움직인다. 그리고 적절하게 반응하는 것과 목표를 향해 꾸준히 활동하는 것, 지시가 주어졌을 때 그에 따라 행동을 통제하는 것에 문제를 보이기도 한다.

ADHD의 징후는 보통 유아기에 나타나는데, 이러한 유아는 전반적으로 또래에 비해 미성숙하고 산만한 경향이 있다. 그 징후가 유아기부터 나타날지라도 ADHD로 진단되는 것은 보통 초등학교 시기이다. 공식적인 학교교육이 시작됨으로써 학업적·사회적 요구가 증가하고, 행동통제에 대해 더욱 엄격한 기준이 적용되기 때문이다. ADHD 학생은 수업시간에 독립적으로 과제를 하거나 앉아서 하는 활동을 잘하지 못하고, 가만히 있지 못하며 행동이 매우 산만하다. ADHD 학생은 친구가 없으며, 교우관계 측정도에서 친구들이 가장 싫어하는 유형으로 나타나기도 한다.

ADHD 학생의 치료에는 약물치료와 행동치료가 가장 많이 활용된다. ADHD 아동의 약물치료에는 중추신경자극제가 주로 사용되는데, 중추신경자극제는 도파민이나 노르에피네프린과 같은 신경전달물질을 활성화한다. 약물을 복용하게 되면 심장박동 수 증가, 혈압 상승, 성장률 저해, 불면증, 체중 감소, 메스꺼움 등의 부작용이 나타나기도 하지만(Hallahan, Lloyd, Kauffman, Weiss, & Martinez, 2005) 과제를 할 때 덜 충동적이고 더 계획적으로 하며, 실수나 산만한 행동을 줄일 수 있다.

약물치료가 단기적으로 도움이 될 수 있을지 모르나 장기적으로 ADHD를 치료하지는 못하는 것으로 보인다. 중추신경자극제는 과잉활동적인 아동이 쉽게 수업을 받을 수 있게 해 주지만 아동이 습득하지 못한 학업 지식을 제공하거나 아동의 전반적인 사고 수준을 높일 수는 없다. 학업성취를 높이는 데는 약물치료와 더불어 적절한 학업적·사회적 행동을 강화해 주는 중재 프로그램이 가장 효과적인 방법으로 보인다(Barkley, 1990).

행동치료는 ADHD 학생의 행동을 교정하는 데 유용하다. 행동적 기법은 과제 수행 행동을 정적으로 강화하는 것, 과제를 조절해 주는 것, 체계적이고 점진적으로 자기통제를 가르치는 것 등을 포함한다(Heward, 2009). ADHD 학생을 가르치는 교사는 아동의 자리를 교사와 가까이 배치하거나, 과제를 작은 단위로 나누어 수행하게 한다. 수업 중에 활동적으로 반응할 수 있도록 하며, 적절한 행동에는 칭찬을 하고 부적절한 행동에는 무시하기나 타임아웃과 같은 방법을 사용한다. ADHD 학생이 또래와의 상호작용에서 겪는 문제를 해결하는 데는 사회적 기술 훈련이 사용된다. 훈련에는 집단에 참여하는 기술, 또래와 대화하는 기술, 갈등을 해결하는 기술, 분노를 통제하는 기술 등이 포함된다. 인지-행동적 개입(cognitive-behavioral intervention)은 ADHD 학생이 본인 행동을 개선하기 위해 스스로 대처 전략을 개발하는 것을 도울 수 있다(Lerner, Lowenthal, & Lerner, 1995).

4) 정서 · 행동장애

우리나라의 「장애인 등에 대한 특수교육법 시행령」 제10조에서는 정서·행동장애(emotional and behavioral disorders)를 다음과 같이 정의하고 있다.

- 장기간에 걸쳐 다음 각 목의 어느 하나에 해당하여 특별한 교육적 조치가 필요한 사람
  - 지적·감각적·건강상의 이유로 설명할 수 없는 학습상의 어려움을 지닌 사람
  - 또래나 교사와의 대인관계에 어려움이 있어 학습에 어려움을 겪는 사람
  - 일반적인 상황에서 부적절한 행동이나 감정을 나타내어 학습에 어려움이 있는 사람
  - 전반적인 불행감이나 우울증을 나타내어 학습에 어려움이 있는 사람

－학교나 개인 문제에 관련된 신체적인 통증이나 공포를 나타내어 학습에
어려움이 있는 사람

정서·행동장애는 내현화(internalizing) 형태나 외현화(externalizing) 형태로
나타날 수 있다(Hallahan & Kauffman, 2000). 내현화 형태의 문제행동은 불안이
나 우울, 사회적 고립 등이다. 이러한 유형의 학생은 공포감을 느끼거나 불안을
보이고 슬픔에 빠져 있거나 지나친 자의식과 자기비하적인 행동을 보인다. 오랫
동안 또래와 긍정적 상호작용을 하지 못하고 혼자 지낸다. 내현화 형태의 문제
를 갖고 있는 학생은 외현화된 행동을 드러내는 학생에 비해 눈에 잘 띄지 않기
때문에 교사가 알아채기 어렵다. 따라서 교사의 민감성과 인식이 이러한 학생을
변별해 내는 데 필수적이다(Eggen & Kauchak, 2010).

외현화 형태는 교실에서의 활동을 방해하는 반항적이고 불복종하는 행동을
말한다. 이런 아동은 폭력적이고, 규칙을 따르지 않고, 교사에게 반항적이기 때
문에 교사의 주의가 요구된다. 학교의 기물을 파괴하거나 다른 아동에게 공격적
일 수 있고, 거짓말, 절도, 약물과 같은 불법적이고 자기파괴적인 행동을 할 수도
있다. 외현화 형태의 장애 중 품행장애(conduct disorder)는 다른 사람의 권리를
침해하는 두드러진 반사회적 행동 유형으로 정의된다. 품행장애 학생은 매우 폭
력적이기 때문에 교사나 다른 아동에게 신체적인 폭력을 가하기도 한다. 이러한
학생은 규칙을 거의 준수하지 않고 지속적으로 지시에 따르지 않는다. 적절한
중재가 이루어지지 않으면 범죄를 저지를 수도 있다.

행동장애를 가진 학생에게는 명확한 진술, 일관성 있는 규칙과 기대 그리고
구조화된 환경을 제공해야 한다. 동시에 수업 참여를 격려하고 이를 통해 성취
감을 맛볼 수 있는 환경도 제공해야 한다(Eggen & Kauchak, 2010). 행동장애 학습
자에게는 긍정적인 행동을 했을 때 강화를 준다든지, 부정적인 행동을 했을 때
어떤 벌을 받게 되는지를 미리 말해 주는 것과 같은 기술이 도움이 될 수 있다.

5) 자폐 범주성 장애

자폐 범주성 장애(autism spectrum disorder)는 의사소통과 사회적 상호작용에

어려움이 있으며 반복적인 행동을 보이고 제한적이고 고정된 관심을 갖고 있는 발달장애이다. 『정신질환의 진단 및 통계 편람 5판(DSM-5)』에서는 자폐성장애, 아스퍼거 증후군, 레트장애, 소아기 붕괴성 장애, 달리 분류되지 않는 전반적 발달장애의 하위 유형 구분을 없애고 자폐 범주성 장애로 통합하였다(APA, 2013).

　자폐 범주성 장애아는 사회적 상호작용을 전혀 시작하지 못하기도 하고 부적절한 방식으로 사회적 접근을 한다. 상대방의 반응을 고려하지 않고 자신의 관심사에 대해서만 일방적으로 말하기 때문에 대화가 잘 이어지지 않는다. 눈맞춤을 잘하지 못하고, 표정이나 제스처를 사용하는 것이 어렵고, 말의 높낮이가 단조로우며 억양이 독특하다. 다른 사람의 마음을 읽는 능력이 부족하여 눈치가 없으며, 타인이 바라보고 있는 곳을 함께 바라보는 것과 같은 공동관심(joint attention) 기울이기에 결함이 있다. 타인에 대한 관심이 적고 친구관계를 형성하고 유지하는 것이 어렵다. 관심사가 매우 한정적이며 반복적인 움직임을 보이거나 상대방의 말을 그대로 따라하는 반향어를 보이기도 한다. 변화를 싫어하고 감각적인 자극에 대해 지나치게 높거나 낮은 반응성을 보이기도 한다(홍강의, 2014).

　자폐 범주성 장애가 있는 학생들에게 의사소통 기술, 사회적 기술 등을 가르치기 위해 가장 일반적으로 사용되는 방법은 응용행동분석(applied behavior analysis: ABA) 기법이다. 응용행동분석은 행동주의이론에 기반하고 있으며, 행동과 환경자극 간의 기능적 관계를 분석적으로 탐색하여 문제행동을 줄이고 바람직한 행동을 증가시키는 것으로, 자해행동이나 상동행동 등을 감소시키고 학교생활 적응을 위한 기술을 습득하도록 돕는다. 아동이 옳은 반응을 보인다면 보상자극을 제공하고, 올바르지 않은 반응을 보일 때는 무관심한 이후에 오류수정을 하여 올바른 반응을 하도록 유도하고 그에 따른 보상을 제공하는 것과 같은 방식으로 이루어진다(이성봉 외, 2019).

　이 외에도 다른 사람이 주는 정보를 이해하고, 자신의 생각을 표현하는 능력에 심각한 제한을 가지고 있는 의사소통장애(communication disorders), 시각에 의한 학습이 어려운 시각장애(visual impairment), 청각에 의한 교육적 성취가 어려운 청각장애(hearing impairment), 신체에 이상이 있어서 교육적 성취에 어려움이 있는 지체장애(orthopedic impairment) 등이 특수교육 대상에 포함된다.

6) 통합교육

특수아동이 성장하여 직업을 가지고 사회의 한 구성원으로 활동할 수 있게 하기 위해서는 발달기에 비장애아동이 하는 경험과 같은 경험을 하게 해야 한다. 따라서 특수아동에게 발달 수준에 적절해 보이는 기술보다 현재 생활연령이나 학년에 적절한 기술을 가르치고 비장애아동과 같이 활동하게 해야 하는데, 이와 같이 하는 데는 통합교육이 가장 바람직하다(김승국, 2003).

통합(integration/inclusion)의 개념은 정상화, 주류화, 최소제한환경의 개념을 포함하면서 그 의미를 더욱 확장시킨 개념이다. 정상화(normalization)는 장애인을 비장애인과 동등한 사회 구성원으로 존중해야 한다는 윤리적 원칙을 의미하는 것이며, 주류화(main streaming)는 특수교육 요구아동이 모든 시간이나 일부 시간을 일반학급에서 활동하면서 비장애아동과 상호작용할 수 있게 하는 것이다. 그리고 최소제한환경(least restrictive environment: LRE)은 장애아동을 가능하면 비장애아동과 함께 일반적인 환경에 배치해야 한다는 것이다. 통합교육은 특수교육 요구아동을 일반학급에 배치하고 그들에게 특수교육을 하거나(완전통합), 그들이 일부 시간을 일반학급 또는 일반학교에서 비장애아동과 함께 활동하게 하는 것(부분통합)을 의미한다.

완전통합에 대해서는 많은 정책적·교육적 논쟁이 있다. 완전통합을 지지하는 사람은 장애아동이 일반학급에 통합됨으로써 비장애아동과 상호작용하는 법을 학습하고 비장애아동도 장애아동을 이해하고 그들을 어떻게 대해야 할지를 학습할 수 있다고 주장한다. 그러나 완전통합을 반대하는 사람들은 완전통합을 하게 될 경우 장애아동이 비장애아동과 상호작용을 적절하게 할 수 없기 때문에 소외되고 비장애아동도 장애아동에게 주위의 많은 관심이 집중됨으로써 비장애아동의 요구가 충족되지 못한다고 주장한다. 중도장애 아동의 통합 여부는 비장애아동을 포함한 모든 아동의 요구, 교육을 담당할 교사의 요구, 활용 가능한 자원 등을 고려하여 신중하게 결정해야 한다(Sternberg & Williams, 2002).

연구문제

1. 다양한 양상으로 관찰되는 영재의 특성에 관하여 서술하고, 그들에게 필요한 교육적 처치에 관하여 논하시오.

2. 현재 우리나라에서 수행 중인 교사 관찰추천 선발 방식의 타당성에 관하여 논하시오.

3. 다음 글을 읽고, 물음에 관하여 논하시오.

> 수민이는 어릴 적부터 과학 교과에 대한 흥미가 있었다. 즐겨 읽는 책도 과학 관련 서적이며, 과학 교사인 어머니와 함께 과학 체험학습을 가는 것이 커다란 즐거움 중 하나이다. 수민이는 초등학교 5학년이 되면서 교육청 산하 과학영재교육원에 입소하기를 희망하였다. 지원서를 내기 위해서는 담임교사의 추천서가 필요하고, 추천서를 받기 위하여 수민이가 담임교사를 찾아뵈었지만, 담임교사는 수민이의 좋지 못한 1학기 과학 교과 성적을 제시하시면서, "이래서 네가 영재교육원에 원서를 낼 수 있겠니?"라고 반문하셨다.

3-1. 영재성 이론에 입각하여 볼 때, 수민이의 추천서를 써 줘야 하는지, 아니면 쓸 필요가 없는지에 관하여 토론하시오.

3-2. 만약 추천서를 써 준다면, 어떠한 근거에 의하여 써야 하는지, 평가지표에 관하여 논하시오.

3-3. 당신이 수민이의 담임교사가 되었다고 가정한 후, 영재선정위원회에 제출할 담임교사 추천서를 작성하시오.

4. 현재 국내 영재교육 현장에 투입되고 있는 속진과 심화 교육 프로그램에 대하여 논하시오.

5. K군은 학교 수업시간의 반 정도는 특수반에서, 반 정도는 원반에서 수업에 참여하고 있다. K군은 원반에서 지낼 때 친구들과 자주 싸우고, 수업시간에 잠을 자거나 휴대전화 게임을 하는 등 문제행동을 보인다. 담임교사나 교과목 교사는 K군을 어떻게 지도해야 하는지 논의하시오.

6. 자신의 통합교육 경험을 떠올려 보고 통합교육의 장단점에 대해 논의하시오.

제8장

학습자의 다양성

　　학생들은 얼굴이 모두 다르게 생긴 것처럼 가지고 있는 특성도 매우 다양하다. 학습을 하는 속도도 다르고, 수행하는 수준도 다르고, 좋아하는 학습환경이나 학습방법도 다르다. 또한 성별, 성격, 문화, 사회계층에 따른 차이도 나타난다. 이와 같은 학습자의 다양성은 교사가 수업을 계획하고 지도하는 데 있어 중요하게 고려해야 할 요인이다. 학생들의 다양성은 수업을 할 때 어려움을 겪게 하는 요인이 될 수도 있지만 가르치는 내용과 방법을 풍부하게 해 주는 자원이 될 수도 있다.

　　이 장에서는 학습유형, 성차, 다문화를 중심으로 학습자의 다양성을 살펴보고자 한다.

1. 학습유형

학습유형
새로운 정보에 집중하고, 그 정보를 처리하고 기억하는 방식

　　학습유형(learning style)은 새로운 정보에 집중하고, 그 정보를 처리하고 기억하는 방식이다. 학습유형은 질적인 차이 또는 선호하는 것을 나타내는 가치중립적인 개념이기 때문에 어느 유형이 다른 유형보다 더 좋은 것이라고 단정할 수 없다. 학생들이 선호하는 학습양식은 학생의 성취에 영향을 주고, 교사가 선호하는 학습양식은 수업 선택에 영향을 준다.

1) Dunn과 Dunn의 학습유형

　　Dunn, Dunn과 Price(1979)에 따르면, 학습유형이란 정보를 선택하고 획득하는 능력에 영향을 주는 학습자세 또는 선호하는 학습환경이다. 그들은 환경 요인, 정서 요인, 사회 요인, 생리 요인, 심리 요인 등에서 학생들이 학습하는 요령이 학습유형을 형성하는 중요한 구성 요소가 된다고 보았다. Dunn과 Dunn (1992)은 [그림 8-1]과 같은 스물한 가지 학습유형 요인을 제시하였다.

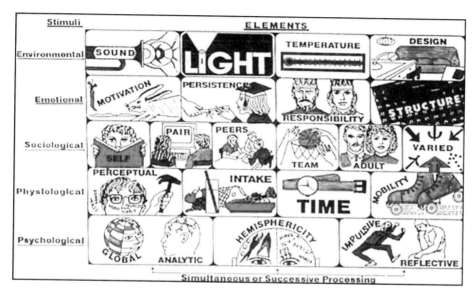

[그림 8-1] Dunn과 Dunn의 학습유형(Dunn & Dunn, 1992, p. 4)

(1) 환경 요인

첫째, 소리(sound)는 공부할 때 들리는 소리에 대한 반응을 말한다. 어떤 학생은 공부할 때 조용해야 하지만 어떤 학생은 항상 라디오나 텔레비전, 음악을 들으면서 공부한다.

둘째, 빛(light)은 빛에 대한 반응 정도를 말한다. 어떤 학생은 밝은 곳을 좋아하지만 어떤 학생은 창가에 앉기를 싫어하거나 약간 어두운 곳을 찾기도 한다.

셋째, 기온(temperature)은 학생들이 온도에 따라 다른 경향성을 나타내는 것을 말한다. 어떤 학생은 따뜻한 것을 좋아하지만 어떤 학생은 서늘한 것을 좋아한다.

넷째, 가구 및 좌석의 디자인(design)은 공부할 때 어떤 학생은 푹신한 소파를 좋아하지만 어떤 학생은 딱딱한 의자를 선호하는 것과 같은 차이를 말한다.

(2) 정서 요인

첫째, 동기(motivation)는 어떤 학생은 외적으로 동기화되지만 어떤 학생은 내적으로 동기화되는 것을 말한다.

둘째, 지속력(persistence)은 과제를 할 때 시작한 과제를 끝까지 하는 것을 좋아하는 학생이 있고 그렇지 않은 학생도 있다.

셋째, 책임(responsibility)은 자신이 결정한 일에 대해서만 책임감을 느끼는 학생이 있고, 해야 한다고 하는 것을 잘 따르는 학생이 있다.

넷째, 구조화(structure)는 학생들이 학습할 때 구조화된 것을 원하는지 스스로 선택하는 것을 원하는지를 말한다. 어떤 학생은 자세한 지시를 좋아하지만 어떤 학생은 자기 방식으로 하는 것을 좋아한다.

(3) 사회 요인

학생들이 공부하는 모습을 보면 혼자서 공부하는 것을 좋아하는 경우, 둘이서 공부하는 것을 좋아하는 경우, 집단으로 공부하는 것을 좋아하는 경우, 성인과 함께 공부하는 것을 좋아하는 경우 등 선호하는 방식이 다양하게 나타난다.

(4) 생리 요인

첫째, 지각(perception) 요소는 감각기관의 지각 차이를 나타낸다. 어떤 학생은 듣기를 통해 정보를 잘 받아들이고, 어떤 학생은 직접 보거나 읽으며 정보를 잘 받아들인다.

둘째, 간식(intake)은 공부하는 동안 음식이나 음료 섭취를 즐기는 정도를 나타낸다. 일에 열중했을 때는 아무것도 먹지 않는 학생이 있는 반면에 간식이 없으면 능률이 오르지 않는 학생도 있다.

셋째, 시간(time)은 개인의 최대 능률 발휘 시간이 언제인가를 나타낸다. 어떤 학생은 아침 시간에 일의 능률이 오르지만 어떤 학생은 늦은 밤에 일의 능률이 오른다.

넷째, 이동(mobility)은 공부하는 동안 움직이고자 하는 욕구를 말한다. 어떤 학생은 학습에 흥미를 느낄 때 오랜 시간 움직이지 않지만 어떤 학생은 오랜 시간 가만히 앉아 있는 것을 힘들어한다.

(5) 심리 요인

첫째, 전체적/분석적(global/analytic)인 경향성이다. 전체적인 학생은 학습과제의 전체적인 형태나 인상에 집중하지만 분석적인 학생은 주어진 학습과제의 차이점을 잘 분별해 낸다.

둘째, 좌뇌/우뇌(left/right)의 경향성이다. 학습할 때 좌뇌 사용을 선호하는 학생이 있고, 우뇌 사용을 선호하는 학생이 있다.

셋째, 충동적/숙고적(impulsive/reflective)인 경향성이다. 충동적인 학생은 빠르게 반응하지만 오류가 많고, 숙고적인 학생은 복잡한 개념을 철저하게 분석해서 구별하는 경향이 있다.

2) 장독립형과 장의존형

Witkin은 구름 속에서 비행기가 거꾸로 날고 있는데도 그 사실을 전혀 인식하지 못하는 조종사가 있다는 사실에 흥미를 갖게 되었다. 그는 사람들이 전체 장(field)에서 요소를 분리하는 과정을 밝히기 위한 연구를 하였고, 장독립-장의존 인지양식이론을 확립하게 되었다(Witkin, Moore, Goodenough, & Cox, 1977).

장독립-장의존은 인지과정에서 정보나 자극에 대한 심리적 분화(psychological differentiation) 정도를 나타내는 지표로, 전체적인 장의 구조가 그 속에 포함된 자극을 지각하는 데 있어서 영향을 주는 정도를 의미한다. 장독립형(field independent)은 장(배경)의 영향을 별로 받지 않는 인지양식이고, 장의존형(field dependent)은 장의 영향을 많이 받는 인지양식이다. [그림 8-2]에 제시된 잠입도형검사(Embedded Figure Test: EFT)에서 장독립형의 사람들은 특정 도형을 쉽게 찾을 수 있다. 그러나 장의존형의 사람들은 시간이 오래 걸리거나 아니면 전혀 찾지 못하기도 한다.

장독립형은 주변 상황으로부터 자신을 잘 분리할 수 있는 사람이다. 방해 요인에 대해 독립적이고, 비사교적이며, 다양한 자극 중에서도 추상적인 것에 대해 더 많은 관심을 가진다. 사람 간의 상호작용을 덜 강조하는 천문학이나 공학과 관련된 직업을 선호하고 수학이나 물리 같은 추상적인 과목을 선호한다. 장독립형 교사는 학생 간의 경쟁을 이용하거나 독립적인 성취를 조장하는 교수유형을 선호한다.

반면, 장의존형은 방해 요인을 무시하기가 어렵다. 사회 분야에 관심이 많으며 자신의 태도와 믿음을 정할 때 다른 사람에게 의존한다. 사람들과 관계 있는

장독립형
배경의 영향을 별로 받지 않는 인지양식

장의존형
배경의 영향을 많이 받는 인지양식

질문 복잡한 도형 속에 숨겨진 단순도형이 어느 것인지 찾아보시오.

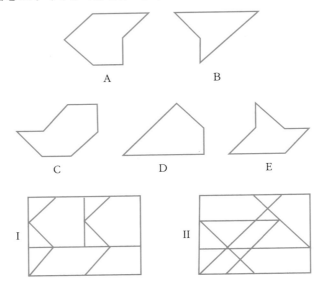

[그림 8-2] 잠입도형검사의 예

사회과학과 같은 학문이나 가르치는 직업을 선호하며 매우 인간적이다. 사회적 강화가 영향을 크게 미친다. 장의존형 교사는 학생들과 상호작용하거나 대화하는 것을 좋아한다.

이와 같은 장독립형-장의존형의 차이를 정리하면 〈표 8-1〉과 같다.

표 8-1 장독립형과 장의존형의 차이(Garger & Guild, 1984)

학습유형	
장독립형	**장의존형**
• 분석적으로 지각	• 전체적으로 지각
• 섬세한 방식으로 경험	• 전체적 방식으로 경험
• 개념을 구체적으로 구분	• 개념의 일반적 관계를 봄
• 사회 과목을 단지 과제로 학습	• 사회 과목을 가장 잘 학습
• 개념 그 자체에 관심	• 자신의 경험과 관련된 자료에 관심
• 자기 자신이 세운 목표와 강화를 가짐	• 외적으로 부과된 목표와 강화를 요구
• 자신이 구조화할 수 있음	• 구조화된 것이 필요함
• 비판에 영향을 적게 받음	• 비판에 영향을 많이 받음
• 개념 획득을 위해 가설검증 접근	• 개념 획득을 위해 관망자적 접근

교수유형	
장독립형	장의존형
• 강의법과 같은 교수상황을 선호: 수업의 인지적 측면을 강조 • 주제를 소개하기 위해 질문 사용 • 교수가 조직한 학습상황 이용 • 정확한 피드백을 줌: 부정적 평가를 사용 • 학습을 조직·안내하는 학습환경을 형성	• 학생들과의 상호작용이나 토론을 허용하는 교수상황을 선호 • 수업상황을 확인하기 위해 질문 사용 • 학생 중심의 활동을 이용 • 적은 피드백: 부정적 평가를 피함 • 따뜻하고 인격적인 학습환경을 형성
학생 동기화 방법	
장독립형	장의존형
• 점수를 통해서 • 경쟁을 통해서 • 활동의 선택, 개인 목표를 통해서 • 과제가 그에게 얼마나 유용한지 보여 주는 것을 통해서 • 구조를 디자인할 자유를 주는 것을 통해서	• 언어적 칭찬을 통해서 • 교사를 돕는 것을 통해서 • 외적 보상을 통해서 • 다른 사람에게 과제의 가치를 보여 주는 것을 통해서 • 윤곽과 구조를 제시하는 것을 통해서

3) 숙고형과 충동형

Kagan과 동료들(1964)은 [그림 8-3]의 같은 그림 찾기 검사(Matching Familiar Figure Test: MFFT)를 통해 과제에 대한 반응속도와 오답 수로 개념적 속도라는 학습유형 차원을 제시하였다. 숙고형(reflective style)은 대답은 늦게 하지만 틀리는 경우가 거의 없다. 반면에 충동형(impulsive style)은 대답은 빨리하지만 틀린 답이 많다.

충동형 학생은 문제를 해결할 때 빠른 행동을 좋아하지만 숙고형 학생은 행동하기 전에 정보를 수집하고 분석하는 것을 좋아한다. 단순한 문제의 경우에는 충동형이 나은 과제 수행을 보이지만 다차원적인 복잡한 과제의 경우에는 모든 대안을 고려해야 하기 때문에 숙고형의 수행 수준이 높게 나타난다.

숙고형
대답은 늦게 하지만 틀린 답이 적은 학습유형

충동형
대답은 빨리하지만 틀린 답이 많은 학습유형

질문 주어진 그림과 똑같은 그림을 아래 그림에서 찾아보시오.

[그림 8-3] 같은 그림 찾기 검사(MFFT)

그러나 극단적인 충동형과 숙고형은 모두 문제가 될 수 있다. 충동형 학생은 읽기나 기억 과제에서 더 많은 실수를 하고 추론 문제나 시각적인 구별이 필요한 과제에서 오답을 하는 경우가 많다. 충동형 학생은 문제해결과정을 말로 표현하는 방법을 통해 충동성을 수정할 수 있다. 또한 사지선다형의 문제를 풀 때 오답이라고 생각하는 것에 연필로 먼저 표시하는 방법을 사용하여 충동성을 조절할 수 있다(Sternberg & Williams, 2002). 숙고형 학생은 까다로운 문제에 부딪혔을 때 한 문제를 너무 오랫동안 생각하다가 다른 문제를 놓치는 경우가 생길 수 있으므로 과제를 시간 내에 완성할 수 있도록 숙고형 학생에게 어려운 문제는 건너뛰는 전략을 가르쳐야 한다.

4) Kolb의 학습유형

Kolb는 학습과정에서 학습자가 사용하는 정보지각방식과 정보처리방식에 의해 학습유형이 결정된다고 보았다. 정보지각방식은 구체적 경험(concrete experience)을 통해 지각하는 유형과 추상적으로 개념화(abstract conceptualization)하는 유형으로 나뉜다. 구체적 경험을 통해 지각하는 학습자는 경험과 느낌을 통해 학습한다. 학습할 때 사람들과 함께하기를 좋아하며 사람들과의 관계를 중시한다. 반면, 추상적 개념화의 특성을 갖는 학습자는 논리와 아이디어를 사용하여 학습하면서 문제해결에 접근한다. 체계적으로 계획을 수립하며 이론을 개발하고, 정확하고 논리적인 사고를 하며, 추상적인 생각이나 개념을 중요시 여긴다(Kolb, 1985).

　정보처리방식은 숙고적으로 관찰(reflective observation)하는 유형과 활동적으로 실험(active experiment)하는 유형으로 나뉜다. 숙고적으로 관찰하는 유형은 판단하기 전에 주의 깊게 관찰하며, 여러 관점에서 사물을 조망하고 아이디어를 낸다. 그들은 행동하기보다 관찰을 좋아하고, 정보를 수집하여 범주를 창출해 낸다. 반면, 활동적으로 실험하는 유형은 문제를 지켜보기만 하는 것이 아니라 실제로 문제에 접근하고자 하고 실험을 시도한다. 그리고 문제해결, 실제적 결론을 찾아내는 것, 기술적 과제를 좋아한다.

　이러한 정보지각방식과 정보처리방식의 조합으로 이루어지는 네 가지 학습유형은 [그림 8-4]에 제시되어 있으며, 그 특성은 다음과 같다.

- **확산자**(Diverger): 구체적인 경험을 통해 지각하고, 숙고적으로 관찰하는 유형의 학습자이다. 이들은 상상력이 뛰어나고 한 상황을 여러 관점에서 조망할 수 있으며, 많은 아이디어를 낼 수 있다. 흥미 분야가 넓으므로 다양한 분야의 정보를 수집한다. 또한 학습과정에서 교수자나 동료 학습자와 좋은 인간관계를 맺을 수 있으며, 정서적인 특징을 갖는다.

  > **확산자**
  > 구체적인 경험을 통해 지각하고, 숙고적으로 관찰하는 유형의 학습자

- **융합자**(Assimilator): 추상적으로 개념화하여 지각하고, 숙고적으로 관찰하며 정보를 처리한다. 논리성과 치밀성이 뛰어나고, 귀납적 추리에 익숙하므로 이론화를 잘한다. 이들은 넓은 범위의 아이디어를 잘 종합해 내며, 다각적으로 이해할 수 있으므로 이론적으로 모형을 만드는 일을 잘할 수 있다. 과학적이고 체계적인 사고를 하며, 분석적·추상적 사고에도 강하다.

  > **융합자**
  > 추상적으로 개념화하여 지각하고, 숙고적으로 관찰하는 유형의 학습자

- **수렴자**(Converger): 추상적으로 개념화하여 지각하고, 활동적으로 실험하면서 정보를 처리하는 특성을 가진다. 이들은 아이디어와 이론을 실제적으로 응용해 낼 수 있으므로 의사결정이나 문제해결능력이 뛰어나다. 느낌보다는 이성에 의존하는 수렴적 학습자는 가설을 세우고 연역적으로 추론하며

  > **수렴자**
  > 추상적으로 개념화하여 지각하고, 활동적으로 실험하는 유형의 학습자

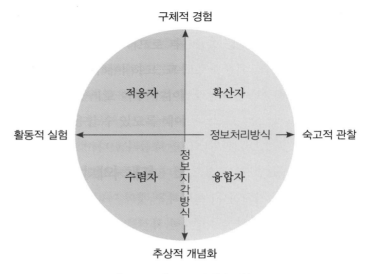

[그림 8-4] Kolb의 학습유형

과제에 대해 체계적이고 과학적으로 접근한다. 이들의 인성적 특성은 사고 지향적이어서 사회 문제나 사람들과의 관계에 능숙하지 못한 대신, 기술적인 과제와 문제를 잘 다룬다.

적응자
구체적인 경험을 통해 지각하고, 활동적으로 실험하는 유형의 학습자

- **적응자**(Accommodator): 구체적인 경험을 통해 지각하고, 활동적인 실험을 통해 학습 정보나 상황을 처리한다. 계획 실행에 뛰어나며, 새로운 경험을 추구하고 새로운 상황에 잘 적응한다. 학습 특성을 통해 추출할 수 있는 인성적 특성으로는 모험적이고 감각적이며 실험적인 점을 들 수 있다. 논리적으로 분석하기보다는 감각적이며 느낌에 따라 행동하므로, 문제를 해결할 때 자신의 기술적인 분석에 의존하기보다는 사람들에게 의존한다. 또한 지도력이 탁월하다.

학습양식은 교사에게 다음과 같은 시사점을 준다.

첫째, 학습양식을 고려하여 교수양식을 다양화해야 한다(Eggen & Kauchak, 2010). 강의식 수업뿐 아니라 문제중심학습, 소집단 토론, 협동학습 등을 활용하여 학생 개개인의 욕구를 만족시키도록 한다.

둘째, 학생으로 하여금 자신이 가장 효과적으로 학습하는 방식에 대해 생각해 보도록 한다. 이를 통해 학생들은 자기감독과 자의식을 개발할 수 있게 된다.

2. 성차

성에 따라 학교 경험이 다를 수 있기 때문에 성이 학교와 교실의 사회ㆍ문화적 환경에서 어떤 역할을 하는지 고려하는 것은 중요하다. 성차를 전혀 고려하지 않고 이루어지는 교육은 성역할 고정관념을 강화할 위험이 있다.

생물학적 성차는 신체적인 차이나 생리적인 차이를 말하며, 사회적 성차는 문화적으로 남녀에게 적합하다고 여겨지는 특성의 차이를 말한다. 남아와 여아 간에는 생물학적 차이가 존재한다. 수정 후 약 6주쯤 남아는 고환이 발달하고, 여아는 난소가 나타나기 시작하며 성호르몬을 분비하기 시작한다. 남성호르몬인 테스토스테론은 남아에게, 여성호르몬인 에스트로겐은 여아에게 더 많이 분비된다. 뇌의 좌반구와 우반구를 연결하는 뇌량의 크기는 여아가 남아보다 상대적으로 큰 편이다. 언어기능을 수행할 때 남아는 좌반구만 활성화되지만, 여아의 경우 좌우반구가 함께 활성화되어 언어 과제에서 여아가 남아보다 조금 더 나은 모습을 보인다. 공간능력과 관련된 우반구의 두정엽 부위는 남아가 여아보다 더 큰 것으로 알려져 있다.

Baron-Cohen(2007)은 남녀 간에 나타나는 행동적ㆍ인지적 차이를 호르몬과 관련된 생물학적 원인에 의해 발생하는 공감하기(empathizing) 능력과 체계화하기(systemizing) 능력의 차이로 설명한다. 공감하기는 타인의 마음을 이해하고 적절하게 정서적으로 반응하는 능력이고, 체계화하기는 주변에서 변화하는 특징을 분석하고 각 특징이 변화되었을 때 어떤 현상이 일어나는지 관찰하여 규칙을 발견하는 능력이다. 일반적으로 공감하기는 여성이 남성에 비해 더 발달되었고, 체계화하기는 남성이 여성에 비해 더 발달되었다고 주장한다.

개인은 사회화 과정을 통해 자신의 성에 적합하다고 여겨지는 태도나 행동양식 등을 습득한다. 문화에서는 남성과 여성에게 기대되는 역할이 구별되어 있으며, 부모, 교사, 또래와의 상호작용이나 대중매체를 통해 성역할을 배우게 된다. Mead(1935)가 뉴기니섬의 세 종족 원주민을 대상으로 한 연구는 문화가 성역할 발달에 중요함을 보여 주었다. 한 종족은 남녀 모두 협동적이고 유순한 성향을 가지고 있었고, 다른 한 종족은 남녀 모두 주장적이고 공격적인 성향을 가지고 있었으며, 또 다른 종족은 남자는 의존적이고 감성적이며 여자는 독립적이고 지배적인 성향이 있었다. 이러한 결과는 생물학적인 차이보다 문화적 요인에 의해 성차가 발생할 수 있음을 보여 준다.

1) 성역할 발달이론

성역할 발달을 설명하는 이론에는 동성 부모와의 동일시를 통해 성역할이 발달한다고 보는 정신분석이론, 강화와 모델링에 의해 성역할이 발달한다고 주장하는 사회학습이론, 개인의 인지능력 발달과 함께 성역할 발달이 이루어진다고 보는 인지발달이론, 성유형화가 성도식화 과정을 통해 형성된다고 보는 성도식이론 등이 있다.

Freud는 정신분석이론에서 남자와 여자의 근원적인 차이가 심리성적 발달단계의 3단계인 남근기에 서로 다른 경험을 하기 때문이라고 설명한다. 이 단계에서 남아는 오이디푸스 콤플렉스, 여아는 엘렉트라 콤플렉스를 각각 경험하게 되는데, 이러한 콤플렉스를 해결하기 위해 동성의 부모를 동일시하고 그 사람의 성역할을 자신의 것으로 내면화한다.

사회학습이론은 성역할을 환경과 경험을 통해 학습된 후천적인 행동양식으로 설명한다. Mischel(1986)은 성역할이 직접학습과 관찰학습에 의해 발달된다고 본다. 부모, 친구 또는 교사가 아동의 성에 적합한 행동을 강화하고 성에 적합하지 않은 행동은 벌함으로써 직접학습이 이루어진다. 또한 아동은 관찰학습을 통해 성역할을 배우는데 유사성이 높은 동성의 모델에게 더 많은 주의를 기울이고 동성 모델의 행동을 모방하게 된다.

인지발달이론에 대표적인 학자인 Kohlberg(1966)는 아동의 성역할 행동은 여러 발달단계를 거치는 동안 그가 가지고 있는 이 세상에 대한 인지적 조직화를 통해 발달한다고 한다. 아동 자신이 남성인지 여성인지에 관한 성별 자아개념을 인식하는 것이 성역할 동일시의 가장 중요한 요인이라고 보며, 이것이 동일시에 선행한다고 한다. 인지발달이론에 따르면 아동은 2~3세가 되면 자신을 남자 혹은 여자로 범주화하는 성정체성(gender identity)이 발달되고, 그 이후 시간이 지나도 성이 안정적이라는 것을 이해하는 성안정성(gender stability)에 대한 인식이

생기며, 구체적 조작기가 되면 외모나 행동이 달라지더라도 성이 변하지 않는다
는 성항상성(gender constancy)을 깨닫게 된다.

Bem(1981)에 따르면, 모든 사람은 조직화된 정신적 정보체계인 도식을 가지
고 있으며 그것을 통해 경험을 지각하고 조직화한다. 성도식이론은 사람들이 성
역할에 대해 적절한지 아닌지를 해석하는 도식을 가지고 있다고 주장한다. 아동
은 어떤 물체나 행동이 남성에게 적합한 것인지 혹은 여성에게 적합한 것인지를
분류해 주는 내집단/외집단이라는 단순한 도식을 습득하고, 자신의 성에 적합한
역할에 대한 좀 더 많은 정보를 추구해서 자신의 성도식을 구성한다. 성도식은
아동이 세상에 대한 지식을 구성하도록 돕고 그들의 행동을 이끈다. 예를 들면,
'남자는 자동차를 갖고 놀고 인형은 갖고 놀지 않는다'는 도식을 갖고 있는 남아
는 인형보다 자동차에 더 관심을 갖고 더 많이 갖고 놀 수 있다.

2) 성역할 고정관념

성역할 고정관념은 어떤 문화에서 성을 기준으로 역할을 극단적으로 일반화하
여 각 개인의 행동을 억압하는 사회 관념이다. 성역할 고정관념은 남녀 모두에
게 자신의 능력을 제대로 파악하지 못하게 하고 잠재능력 발현을 방해한다. 그
런데 학교가 교과 내용, 교사와 아동의 상호작용, 교실에서의 과제 분담 등에서
남녀 학생을 다르게 취급하여 학생들이 성역할 고정관념을 가지게 만드는 경향
이 있다. 교사가 진로지도를 할 때 여학생과 남학생에게 권하는 직업군이 다르
거나, 과제를 수행할 때 특정 성의 학생들이 주도적인 역할을 하도록 하고 다른
성의 학생들은 보조적인 역할을 하도록 하거나, 어떤 행동이 남자답지 못하다거
나 여자답지 못하다고 혼내는 것과 같은 상황은 학교에서 볼 수 있는 성역할 고
정관념의 예이다.

이전보다 성역할 고정관념이 줄어들고 있기는 하지만 여전히 교과서나 교재
의 삽화에서 자녀양육을 담당하고, 가사 일을 하는 것과 같은 가정에서의 역할
은 어머니에게 편중되고, 가정 이외의 영역인 직장 등에서 일을 하는 것과 같은
역할은 아버지로 그려지는 빈도가 높거나, 정치 활동 영역에서는 남성 삽화의
비율이 높고, 소비 활동 영역에서는 여성 삽화의 비율이 높게 나타나기도 한다

> **성역할 고정관념**
> 어떤 문화에서 성을 기준
> 으로 역할을 극단적으로
> 일반화하여 각 개인의 행
> 동을 억압하는 사회 관념

(김주현, 2022; 박영주, 전미경, 2020).

교사가 성역할 고정관념을 가지고 학생들을 지도하는 것은 학생들의 가능성을 제한하며, 건강한 발달을 저해하는 요인이 될 수 있으므로, 이를 피하고 평등한 교실환경을 만들기 위해 다음과 같은 노력을 기울일 수 있다(Woolfolk, 2013).

- 사용하는 교과서와 교재가 열려 있는 선택 사항에 대해 여자와 남자 모두에게 공평한 견해를 제시하고 있는지 검토한다: 여자와 남자 모두 직장, 취미생활, 가정에서 전통적인 역할과 비전통적인 역할 모두 그려지고 있는지 살펴본다.
- 학급에서 의도하지 않은 편견이 있는지 살펴본다: 특정 활동에서 학생의 성에 따라 집단을 만드는지, 그러한 집단 구분이 타당한지 살펴본다. 특정 대답을 한 성에게 들으려고 하는 것은 아닌지 살펴본다.
- 학교에서 남학생이나 여학생에게 선택 사항을 제한하는 것은 없는지 검토한다: 과목과 진로 결정을 하는 데 교사가 학생에게 어떤 조언을 하는지 검토한다.
- 역할모델을 제공한다: 전자매체를 활용한 멘토링 프로그램을 통해 남학생과 여학생 모두 자신이 흥미를 가진 분야에서 활동하는 사람들과 의사소통할 수 있게 한다.
- 모든 학생이 복잡한 기술적 작업을 할 기회를 갖게 한다: 여학생은 보조적인 역할을 하고 남학생은 주도적인 역할을 하는 것과 같은 일은 피하고 집단 내에서 역할을 교대로 하거나 무작위로 하게 한다.

3. 다문화

1) 다문화 교육의 의미

단일민족으로 여겨졌던 우리나라가 외국인 근로자와 국제결혼 이주민들의 유입이 증가하면서 다문화 사회로 변화하였고, 그들의 2세, 3세들이 태어나 한국 사회의 구성원으로 성장하고 있다. 국제결혼 가정 자녀 및 외국인 가정 자녀의 수가 늘어나면서 2006년 다문화 가정의 자녀교육 문제를 해결하기 위한 지원정

책을 수립, 시행하게 되었고, 다문화 교육에 대한 관심이 확산되기 시작했다.

다문화 사회에 진입한 우리나라는 동화주의(assimilation)와 다문화주의(multiculturalism)가 혼재되어 나타나고 있다. 동화주의는 이주민이 자신의 고유한 문화적 정체성을 포기하고 주류문화에 용해되는 것을 요구한다. 미국의 용광로(melting pot) 정책이 대표적인데, 각 민족의 차이를 그대로 두는 것보다는 하나의 문화로 합치는 것을 이상적으로 여기므로 소수민족이 자신의 문화적 정체성을 버리고 주류문화에 통합되도록 돕는다. 이민자가 주류사회의 언어를 배우고 그들의 자녀가 정규 학교에 취학하도록 지원한다. 이에 비해 다문화주의는 한 국가 안에서 소수자들이 그들의 고유한 문화를 지켜 가는 것을 인정하고 공존할 수 있도록 하는 데 초점을 둔다. 다른 문화, 언어, 종교를 인정하고 그들의 정체성을 유지하는 것을 지원함으로써 사회의 분열과 갈등을 예방할 수 있다고 하며, 이러한 모형은 샐러드 볼(salad bowl) 이론이 대표적이다.

다문화 교육(multicultural education)에 대한 정의는 학자에 따라 다양하다. Banks(2008)는 다문화 교육을 인종, 민족, 계층, 문화 집단의 학생들에게 균등한 교육 기회를 보장하는 것을 목표로 하는 교육이라고 정의한다. 다문화 교육은 다원화된 민주사회에서 효율적으로 기능하고 다양한 집단의 사람들과 상호작용하고 협상하고 의사소통을 하는 데 필요한 지식과 태도, 기능을 습득하여 시민 공동체의 건설을 돕는 것에 초점을 둔다. Bennett(2009)은 다문화 교육에 대해 평등교육을 목표로 교육과정 개혁을 통하여 주류집단과 소수집단의 모든 사람이 다문화적 능력을 배양함으로써 사회정의 실현에 참여할 수 있도록 하는 교육이라고 정의한다. 다문화 교육은 소수집단만이 아니라 사회 구성원 모두를 대상으로 하며 다양한 문화적 배경을 가진 사람들이 상호 존중하고 더불어 살아가도록 하는 교육이다.

Banks(2008)는 다문화 교육에 내용 통합, 지식 구성 과정, 편견 감소, 공평한 교수법, 학생의 역량을 강화하는 학교문화와 조직의 다섯 가지 차원이 있다고 제안한다. 이에 대한 내용은 〈표 8-2〉에 제시하였다.

표 8-2 Banks의 다문화 교육의 다양한 차원(Banks, 2008)

영역	내용
내용 통합	교사들이 자신의 교과나 학문 영역에 등장하는 주요 개념, 원칙, 이론을 설명하기 위해서 다양한 문화 및 집단의 사례, 자료, 정보를 가져와 활용하는 정도를 지칭한다.
지식 구성 과정	특정 학문 영역의 암묵적인 문화적 가정, 준거틀, 관점, 편견 등이 해당 학문 영역에서 지식이 형성되는 과정에 어떠한 영향을 미치는지를 의미한다. 교사는 학생으로 하여금 지식이 어떻게 만들어지고 그것이 개인과 집단의 인종·민족·성(gender)·사회계층과 같은 지위에 의해서 어떠한 영향을 받는지 이해할 수 있도록 돕는 역할을 한다.
편견 감소	학생들의 인종적 태도의 특징 및 그것이 교수법이나 교재에 의해 어떻게 변화될 수 있는가에 중점을 둔다.
공평한 교수법	교사가 다양한 인종, 민족, 사회계층 집단에서 온 학생들의 학업성취도를 향상하기 위하여 수업을 수정하는 것을 말한다. 여러 문화적·인종적 집단 내에 존재하는 독특한 학습양식에 부합하는 다양한 교수법을 사용하는 것을 포함한다.
학생의 역량을 강화하는 학교문화와 조직	집단 구분과 낙인의 관행, 스포츠 참여, 성취의 불균형, 인종과 민족 경계를 넘나드는 교직원과 학생의 상호작용 등은 학교문화를 구성하는 요소이다. 다양한 인종, 민족, 문화 집단 출신 학생들의 역량을 강화하는 학교문화 창조를 위해서는 이러한 요소를 면밀히 검토해야 한다.

많은 교사가 Banks가 제시한 다문화 교육의 다섯 가지 차원 중에서 과목을 가르칠 때 다양한 문화의 실례와 내용을 사용하는 내용 통합 차원은 익숙한 편이다. 하지만 교사가 신념이 지식에 어떻게 영향을 미치는지를 학생이 이해하도록 돕고, 편견을 줄이고, 모든 학생의 학습과 발달을 지원하는 학교 내의 사회구조를 만들고, 모든 학생에게 다가갈 수 있는 교수법을 사용하는 것과 같은 다문화 교육의 나머지 차원도 고려하며 지도해야 한다(Woolfolk, 2013).

Bennett(2009)은 다문화 교육이 평등교수법(equity pedagogy), 교육과정 개혁, 다문화적 역량(multicultural competence), 사회정의를 향한 교육으로 구성되어 있다고 설명한다. 평등교수법은 소수민족이나 경제적으로 불리한 조건에 있는 아동을 포함하여 모든 학생에게 공평하고 균등한 교육 기회를 부여하는 것을 의미한다. 교육과정 개혁은 단일민족 중심적인 관점에서만 기술되었던 기존의 교육 내용에 다민족적이고 전 지구적인 관점을 포함함으로써 전통적인 교육 내용을 확장하려는 것이다. 다문화적 역량은 다양한 방식으로 인식하고 생각하고 평가하고 행동할 수 있는 역량을 의미하는 것으로, 자국 내에서 또는 국가와 국가 간에 존재하는 문화적 다양성을 이해하고 조율하는 방법을 학습한다. 사회정의를 향한 교육은 학생에게 인종차별주의나 성차별주의, 계급차별주의에 대한 이해력을 향상하고 그와 관련된 적절한 태도와 사회적 행동기술을 발달시킴으로써 차별에 대한 문제해결과정에 헌신적으로 참여하도록 한다.

우리나라에서는 다문화 교육과 국제이해 교육 용어가 혼용되고 있는데, 다문화 교육과 국제이해 교육은 그 목표나 강조점, 내용 등에서 차이를 보인다. 국제이해 교육은 국가 간의 공존을 추구하는 평화교육을 목표로 하며, 세계 각지에서 일어나는 환경, 인권, 기아 문제 등을 함께 해결하고, 세계 시민으로서 생활하는 데 필요한 기능 및 태도를 함양하는 것이다. 이에 비해 다문화 교육은 평등교육을 목표로 하고 있으며, 인종, 성별, 사회계층과 관련된 다양한 집단에 대한 긍정적인 태도를 형성하고 평등의 가치를 인식하고, 편견과 선입견에 대한 비판적 사고를 기르도록 돕는다. 현재 우리나라에서 시행되고 있는 다문화 교육은 국제이해 교육 프로그램을 통해서 세계 각국의 민족 문화를 가르치는 경향이 있는데, 다른 문화에 대한 이해를 기반으로 자기중심적인 사고에서 벗어나 타인과 타 문화를 이해하고 존중할 수 있는 시민을 길러 내도록 하는 다문화 교육이 필요하다(장인실 외, 2012).

2) 다문화 가정

다문화 가정은 우리와 다른 민족 · 문화적 배경을 가진 사람으로 구성된 가정을 말한다. 주로 '국제결혼 가정' '외국인 가정' '북한이탈주민 가정' 등이 이에 해당한다. 학령기 인구 감소로 전체 학생 수는 줄고 있고 다문화 가정 학생 수는 증가하고 있어 다문화 학생 비율이 지속적으로 상승하고 있다. 국제결혼 가정 자녀는 한국인과 결혼한 외국인 배우자 사이에서 출생한 아동이며, 외국에서 태어

다문화 가정
우리와 다른 문화적 배경을 가진 사람으로 구성된 가정

나 부모와 함께 국내로 입국한 중도입국 자녀도 포함된다. 2021년 혼인·이혼통계에 따르면 전체 혼인 중 외국인과의 혼인 비중은 6.8%이며 아버지가 외국인인 경우보다 어머니가 외국인인 경우가 더 많다. 국제결혼으로 한국에 이주해 온 여성은 낯선 문화에 적응하면서 경험하는 어려움, 언어로 인한 의사소통 문제, 자녀양육에서의 어려움을 경험한다. 국제결혼 가정 자녀의 경우 한국어가 서툰 외국인 부모의 영향으로 한국어 발달이 늦어지고 이로 인해 학습이 부진해지기도 한다(박희훈, 오성배, 2014). 자녀의 한국어 능력 향상을 위해 가정 내에서 외국인 어머니가 모국어가 아닌 한국어로 의사소통해야 한다는 인식이 형성되기도 하였으나 외국인 어머니가 능숙한 언어로 자녀와 대화하는 것이 서툰 한국어로 대화하는 것보다 양질의 언어 자극을 제공하고 안정적 애착 형성과 상호작용을 가능하게 하므로 아동의 언어발달이나 정서발달, 학교적응 등에 긍정적인 영향을 미치는 것으로 보고되고 있다(박영진, 장인실, 2018; 송은, 임동선, 2020; 임동선, 백수정, 김송이, 한지윤, 2020). 국내 출산 자녀들은 한국어 구사에 어려움은 없으나, 학습에 필요한 문장이나 어휘를 이해하는 데 곤란을 겪는 경우가 있다(교육부, 2022a). 중도입국한 학생들의 경우 한국에서 태어난 학생들과 달리 한국어를 모국어로 배우지 않았고 한국 문화에 대한 이해가 부족하여 공교육에 진입하고 학교적응을 하는 데 더 많은 어려움을 경험한다.

외국인 가정 자녀는 외국인 사이에서 태어난 경우로 한국계 중국인, 중앙아시아 고려인, 시리아 난민 등을 포함한다. 초·중등학교에 재학하고 있는 외국인 가정의 자녀는 2021년 2만 8,536명으로 조사되었는데, 체류나 신분상의 문제, 경제상의 어려움으로 인해 취학하지 않은 미취학 학생이 상당수 있을 것으로 추정된다. 불법체류자의 자녀도 차별 없이 의무교육을 받도록 법으로 보장하고 있으나 불법체류가 발각되는 것을 두려워하여 초등학교, 중학교를 다니지 않는 경우가 있다. 국내에 체류하는 미국이나 일본 국적 외국인들은 외국인학교를 설립하여 자국인의 교육문제를 해결하고 있다. 그러나 외국인 근로자의 대다수를 차지하는 몽골, 베트남, 방글라데시 등 소위 제3세계에서 온 외국인은 자녀를 한국 학교에 보내지 않으면 교육 기회를 얻기 어렵다(이혜원, 이혜영, 2012). 우리나라에서는 국제결혼 가정과 외국인 가정 자녀를 포함하여 다문화 가정 현황을 조사하고 지원하고 있으나 학교현장에서는 외국인 자녀의 경우 피부색의 차이가 확연하고, 부모 모두 외국인이어서 한국어 학습의 기회가 적고, 수업 적응력도 더 낮게 나타나고 있어 별도의 지원 대책이 마련되어야 한다고 주장한다(장인실 외, 2022).

북한이탈주민은 북한에서 이탈하여 대한민국 국적을 취득한 사람을 일컫는다. 북한이탈주민 가정의 자녀는 북한에서 태어나 한국에 입국한 아동·청소년과 한국에서 출생한 북한이탈주민의 자녀, 중국 등 제3국에서 출생한 북한이탈주민의 자녀 모두를 포함한다. 탈북 청소년은 탈북 과정에서 제3국에서 오랜 기간 체류하며 교육을 받을 기회가 없었고 남한에 온 이후에는 정착과 적응의 어려움으로 인해 학업 수행에 곤란을 겪는다(김현철, 박혜랑, 2018). 제3국 출생 북한이탈주민 자녀는 중국 등에서 태어나 그곳에서 거주하다가 한국으로 이주해 온 경우로 2014년도 이후 북한 출생 학생보다 그 비율이 높아지고 있다. 탈북 여성이 제3국에서 자녀를 출산하고 양육하다가 홀로 한국에 입국한 이후 안정이 되면 자녀를 초청하는 형식으로 한국으로 오게 된다.

3) 교실에서의 적용

우리나라에서 다문화 교육은 2007 개정 교육과정부터 범교과 학습주제에 포함되었으며, 2015 교육과정에서는 연간 2시간 이상 교과·비교과 활동으로 실시하도록 하고 있다. 교과와 창의적 체험활동 등 교육활동 전반에 걸쳐 통합적으로 다문화 교육을 다루도록 하고 있으며, 다양한 배경 등을 이유로 차별하는 행동은 인권침해가 될 수 있음을 포함하여 지도하도록 하고 있다. 초기에는 다문화 가정 자녀의 언어 교육, 학습결손 지도, 정체성 강화 등을 지원하는 소수집단 학생을 대상으로 하는 교육을 중심으로 이루어졌으나 점차 모든 학생이 다문화사회에서 살아가는 데 필요한 다양한 지식, 기능, 가치 및 태도를 습득하여 다문화적 소양을 함양하도록 돕는 방향으로 변화하고 있다(모경환, 부향숙, 구하라, 황혜원, 2018). 하지만 여전히 다문화 교육은 다문화 학생과 일반학생의 구분을 바탕으로 이루어지고 있으며, 다문화 교육의 내용이 다양한 문화를 소개하는 수준으로 이루어지는 경우가 많다. 다문화 교육을 받은 학생들의 인식과 태도 변화가 크지 않은 것으로 나타나고 있으며, 다문화 수업이 학생 중심 활동보다는 정보를 전달하는 방식으로 이루어지고 있고, 다양한 교수·학습방법이 활용되지 않는 것은 개선되어야 할 부분이다(권순구, 권미경, 2022; 김동진, 이슬기, 2021).

다문화 교육에서 교사의 역할은 매우 중요하다. 교사의 인식과 실천이 없으면 다문화 교육은 성공할 수 없다. 교사의 다문화적 인식과 태도는 수업과 학생 지도에 직접적으로 영향을 미치며, 교사의 기대가 학생들의 학업성취나 정서발달에 많은 영향을 준다. 교사는 자신이 문화적 편견이나 고정관념을 가지고 있는 것은 아닌지 점검하고 문화적으로 개방적인 태도를 가지고 있어야 한다. 효과적인 다문화 교육의 실행을 위해 교사에게 요구되는 자질은 교사의 다문화 역량(multicultural competency)이라고 개념화할 수 있으며, 사회의 문화적 다양성에 대한 지식, 다양한 학습자 특성에 대한 이해, 다문화 교육자료를 개발하고 활용할 수 있는 능력, 다문화 수업을 실행할 수 있는 교수능력과 다문화 교육에 대한 자신감, 소수자에 대한 관용과 배려, 다문화적 갈등상황 해결능력 등이 포함된다(장인실 외, 2022). 교사는 문화의 의미와 다양한 특성을 이해하고, 자신이 가르치는 다양한 소수집단에 대한 지식을 갖추며, 학생의 문화적·인종적 특징을 고려하여 수업을 조직할 수 있는 기술을 가지고 있어야 한다. 문화적으로 적합한 교수방법을 적용한 수업은 소수집단 학생들의 수업 참여도를 높이고 학업성취를 향상시킬 수 있다(Banks, 2016).

다문화 교육이 시행되는 초기에는 교사들이 다문화 교육을 받은 경험이 없어서 다문화 교육이 낯설고 구체화해야 하는 교육 개념에 대한 이해가 부족하여 다문화 교육에 대한 자신감이 없었으나(조영달 외, 2010), 대학에서 예비교사를 위한 다문화 관련 과목들이 개설되고, 현직교사를 위한 다문화교육 연수 프로그램이 증가하면서 교사들의 다문화 역량이 증진되고 있다.

연구문제

1. 자신의 학습유형이 무엇인지 생각해 보고, 이러한 학습유형으로 인해 학습과정에서 나타나는 특성이 무엇인지 논의하시오.

2. 교실현장에서 나타나는 성역할 고정관념의 예를 찾아보고, 이것을 줄이기 위한 방안을 생각해 보시오.

3. 우리나라 다문화 교육이 어떻게 이루어지고 있으며, 문제점은 무엇인지 논의해 보시오.

02

제2부

교수 · 학습의 이해

제9장

행동주의 학습이론

인간의 행동은 타고나는 것도 있지만 대부분은 경험을 통해 학습된다. 학습의 의미에 대해 질문을 받으면 흔히 사람들은 학교에서 하는 공부를 생각한다. 하지만 인간의 행동 대부분은 학습된 것이다. 건강을 위해 테니스를 배우는 것처럼 의도적으로 노력을 해서 학습되는 행동이 있는가 하면, 편의점에 가서 자신도 모르게 광고에서 선전하는 물건을 사는 것처럼 의도하지 않아도 학습되는 행동이 있다. 또한 외면적으로 보이는 행동뿐 아니라 관찰하기 어려운 추상적인 감정, 태도와 같은 특성도 학습된다. 시험만 생각하면 손에 땀이 나고 배가 아프기 시작하는 일, 발표만 생각하면 가슴이 답답하고 불안해지는 일 등은 우리가 일상에서 볼 수 있는 학습된 행동이다.

일반적으로 학습의 의미는 '직접적 또는 간접적 경험이나 연습의 결과로 나타나는 비교적 영속적인 행동의 변화 혹은 행동잠재력의 변화'이다. 반사적 행동이나, 나이가 들어 가면서 자연적으로 나타나는 성숙에 의한 행동변화는 경험이나 관찰의 결과가 아니기 때문에 학습에 포함되지 않는다. 또한 약물이나 피로에 의해 일시적으로 나타나는 행동변화도 학습에 포함되지 않는다. 초등학교 때 배웠던 구구단을 성인이 되어서도 기억하는 것처럼 학습의 효과는 비교적 영속적으로 지속된다. 우리는 학습된 것을 모두 행동으로 드러내지는 않는다. 따라서 행동의 변화뿐 아니라 동기화되면 언제든 수행될 수 있는 행동잠재력의 변화도 학습에 포함된다. 행동주의 학습이론에서는 학습의 대상을 겉으로 드러나는 측정 가능한 행동의 변화로 보지만, 인지주의 학습이론에서는 정신적 작용의 변화로 본다.

인간의 내면적 심리과정은 매우 복잡하고 개인 내부에서 일어나는 모호한 현상은 객관화하기 어렵다. 행동주의는 이러한 인간의 추상적이고 모호한 심리현상에 대한 연구를 지양하고, 객관적으로 관찰과 측정이 가능한 외현적 행동에 초점을 맞춘다. 즉, 인간의 행동이 어떤 환경적 요인에 의하여 학습되는지에 관심을 둔다.

> **학습**
> 직접적 또는 간접적 경험이나 연습의 결과로 나타나는 비교적 영속적인 행동의 변화 혹은 행동잠재력의 변화

나에게 열두 명의 건강한 아이들과 그 아이들을 키울 특수한 나만의 세계를 주면 그중 어떤 아이든 아무나 선택하여 그 아이의 재능, 기호, 기질, 능력에 상관없이 내가 선택할 전문가, 의사, 변호사, 예술가, 사업가, 심지어 거지나 도둑으로도

훈련시킬 수 있음을 보장한다(Watson, 1925, p. 82).

행동주의 학습이론은 미국의 심리학자인 John Watson(1878~1958)에 의해 주창되었다. Watson은 인간의 내면적 과정에 대한 개념을 거부하고 인간의 외현적인 행동을 관찰하여 그러한 행동을 일으킨 구체적인 자극을 알아낸다면 행동의 이유를 설명할 수 있을 뿐 아니라 특정한 조건에서 인간의 행동을 예측할 수 있다고 주장하였다. 따라서 행동주의 학습이론의 근본적인 학습 원리는 자극(stimulus)과 반응(response) 간의 연합에 있으며, 이러한 이유로 행동주의 학습이론을 '연합이론(association theory)' 혹은 'S-R이론'이라고도 한다. Watson의 이러한 주장 이후 Pavlov, Thorndike, Skinner 등 행동주의 심리학자들은 동물을 대상으로 한 연구를 통해 환경적 요소에 의해 새로운 행동이 형성되고 강화되는 학습의 원리를 발전시켰다. 행동주의 학습이론은 인간의 외현적인 행동에만 초점을 두고, 학습이 진행되는 과정을 간과했다는 비판을 받고 있다. 그러나 교육현장에서 나타나는 학습자의 바람직하지 못한 행동을 억제하고 바람직한 행동을 격려하여 지속할 수 있는 매우 효과적인 학습이론이라고 할 수 있다.

이러한 행동주의 학습이론은 1960년대 이후 인지심리학이 등장하기 전까지 교육현장에 지대한 영향을 미쳤다.

1. 고전적 조건형성

초등학교 5학년 지수는 학교 생각만 해도 기분이 울적하고 배가 아프다. 병원에 가 보아도 아무 이상이 없다고 한다. 하지만 '학교' 이야기만 나오면 지수는 금방 울 듯한 얼굴을 하고, 학교에 가려고 집을 나서면 정말로 더 배가 아프다. 지수는 왜 '학교'에 대하여 이런 반응을 보이게 된 것일까?

1) 주요 개념

고전적 조건형성(classical conditioning)은 러시아의 생리학자 Ivan Pavlov에 의

해 체계화된 이론이다. 그는 개의 침 분비반응에 관한 실험에서 자극-반응이 연합되는 학습과정을 설명하였다. [그림 9 -1]은 Pavlov의 실험 장치와 고전적 조건형성 단계를 보여 준다.

개는 먹이를 먹으면 자연적으로 침을 분비한다. 이것은 자동적인 것으로 무조건반응(Unconditioned Response: UR)이라고 하며, 무조건반응을 일으키는 자극을 무조건자극(Unconditioned Stimulus: US)이라고 한다. 처음에 종소리는 침 분비를 유발하지 않는 중성자극(Neutral Stimulus: NS)이다. 하지만 종소리와 먹이를 여러 번 연합하면 종소리만으로도 침 분비가 유발된다. 이때 종소리는 조건자극(Conditioned Stimulus: CS)이 되고, 침 분비반응은 조건반응(Conditioned Response: CR)이 된다.

무조건반응
무조건자극으로 인해 나타나는 자연적·자동적 반응

무조건자극
자동적으로 정서적·생리적 반응을 일으키게 하는 자극

중성자극
의도한 반응을 일으키지 못하는 자극

조건자극
무조건자극과 중성자극의 결합으로 조건형성된 이후 정서적·생리적 반응을 일으키는 자극

조건반응
조건자극에 의해 유도되는 학습된 반응

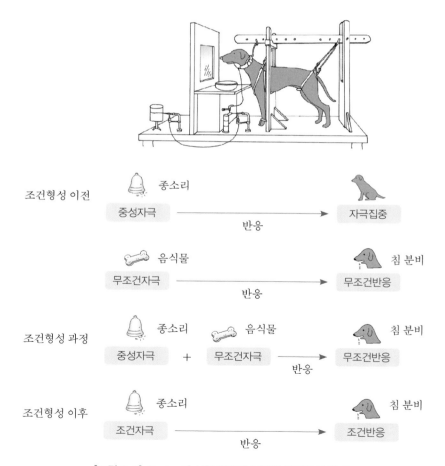

[그림 9-1] Pavlov의 실험 장치와 고전적 조건형성 단계

Pavlov의 실험을 통해 우리는 몇 가지 주요 개념을 배울 수 있다. 첫째, 유기체는 서로 다른 자극을 구별하고 그 자극에 대해 각각 다르게 반응하도록 학습될 수 있다. 이를 변별(discrimination)이라고 한다. Pavlov의 실험에서 개에게 짧은 종소리를 제시할 때마다 고기를 주고, 긴 종소리를 제시할 때마다 고기를 주지 않을 경우, 개가 짧은 종소리에만 침을 분비하고, 긴 종소리에서는 침을 분비하지 않는 것이 변별의 예이다.

변별
유사하지만 서로 다른 자극을 구별하여 반응하도록 학습하는 것

둘째, 유기체는 반복적으로 훈련받은 자극에 대해서뿐만 아니라 유사한 다른 자극에도 반응하도록 학습될 수 있다. 이를 자극일반화(stimulus generalization)라고 한다. 특정한 종소리에 침을 분비하는 개가 그와 유사한 종소리에도 침을 분비하는 반응을 보이는 것을 의미한다. Watson은 Pavlov의 접근법을 높이 평가하고 이러한 고전적 조건형성을 이용하여 인간의 정서반응도 조건화될 수 있는지를 확인하고자 하였다. 이것이 유명한 리틀 앨버트(little Albert) 실험이다. Watson과 Rayner는 11개월 된 앨버트를 대상으로 이와 관련된 연구를 하였다. 앨버트는 처음에 흰쥐를 두려워하지 않았으나 흰쥐에게 다가갈 때마다 커다란 소리를 반복해서 들려주자 흰쥐와 큰 소리가 짝지어짐으로써 흰쥐를 보기만 해도 놀라는 공포반응을 형성하였다. 그 후 앨버트는 흰쥐뿐 아니라 흰 토끼, 흰 수염, 흰 머리카락에도 공포반응을 보였다.

자극일반화
반복적으로 훈련받은 자극뿐만 아니라 유사한 다른 자극에도 반응하도록 학습되는 것

Pavlov의 실험을 통해 알 수 있는 세 번째 개념은 소거(extinction)이다. 개에게 고기는 주지 않고 종소리만 계속해서 제시한다면 학습된 조건반응, 즉 침 분비는 점차 사라지게 된다. 이와 같이 무조건자극이 제공되지 않고 계속해서 조건자극만 제시된다면 조건화된 반응의 빈도가 점차 감소하거나 사라지게 되는데 이러한 현상을 소거라고 한다.

소거
계속적인 조건자극만 제시되어 조건화된 반응이 점차 감소하거나 사라지는 것

네 번째 개념은 자발적 회복(spontaneous recovery)으로, 소거절차 이후 무조건자극과 연합하지 않은 채 다시 조건화된 자극을 제시하였을 경우 재훈련을 하지 않아도 조건화된 반응이 다시 나타나는 것을 말한다. 회복된 조건반응은 소거 이전의 조건반응보다 그 강도가 약하며, 다시 소거과정에 들어가면 소거 이전보다 빠르게 소거된다. [그림 9-3]은 조건반응의 습득과 소거, 자발적 회복에 대한 것이다. 습득 동안에 조건반응의 강도는 최고 수준까지 증가되고 조건자극만 제시되는 소거 동안에 감소하여 거의 반응이 나타나지 않게 된다. 아무 자극 없이

자발적 회복
소거절차 이후 무조건자극과 연합되지 않은 조건자극을 제시했을 때 조건반응이 다시 나타나는 것

일정 기간이 지난 후 다시 조건자극만 제시하면 소거되었던 반응이 일시적으로 나타난다.

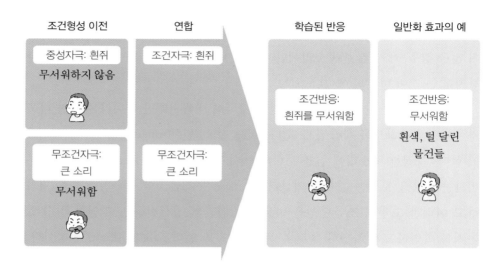

[그림 9-2] 앨버트 실험

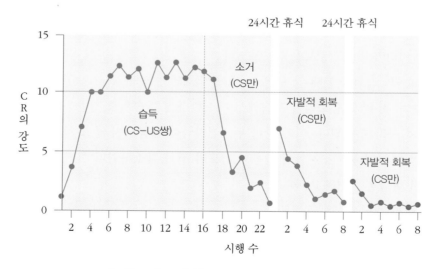

[그림 9-3] 조건반응의 습득, 소거, 자발적 회복

　한편, 고전적 조건형성에서 무조건자극과 조건자극이 제시되는 순서와 시간 관계는 중요하다. [그림 9-4]는 무조건자극과 조건자극을 제시하는 네 가지 방법을 설명한 것이다.

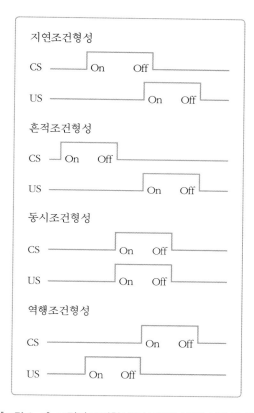

[그림 9-4] 고전적 조건형성에서 CS와 US의 시간 관계

　조건자극이 무조건자극보다 먼저 제시되어 무조건자극이 제시될 때까지 계속해서 제공되는 지연조건형성(forward delayed conditioning), 무조건자극이 제시되기 전에 조건자극이 제시되었다가 종료되는 흔적조건형성(forward trace conditioning), 조건자극이 무조건자극과 동시에 제시되는 동시조건형성(simultaneous conditioning), 조건자극이 무조건자극보다 나중에 제시되는 역행조건형성(backward conditioning)의 방법이 있다. 이 네 가지 방법 중 지연조건형성이 가장 효과적이고, 역행조건형성은 조건자극이 무조건자극을 전혀 예측해 주지 못하기 때문에 가장 비효과적인 것으로 알려져 있다.

• Ivan Petrovich Pavlov (1849∼1936) •

Ivan Petrovich Pavlov는 러시아 출생의 생리학자이다. 상트페테르부르크 대학교에서 화학과 생리학을 공부하였고, 상트페테르부르크의 임피리얼 의학 아카데미에서 의사 자격을 취득하였다. 1890년부터 1924년까지 임피리얼 의학 아카데미에서 생리학 교수로 재직하였다. Pavlov는 개의 침 분비반응을 통해 소화 문제를 연구하다가 실험실의 개가 음식물이 제공되지 않은 상황에서도 침을 분비하는 것을 우연히 발견하게 되었다. 그 후 Pavlov는 음식물이 제공되지 않아도 발소리만을 듣고 개의 침이 분비될 수 있다는 조건형성을 설명하고자 일련의 실험을 실시하였다. 1904년 소화의 생리학에 관한 공로를 인정받아 노벨 생리의학상을 수상하였으며, 주요 저서로는 『소화샘 연구에 대한 강의(Lectures on the work of the Digestive Glands)』, 『동물의 고등신경계활성에 관한 객관적인 20년 연구경험(Twenty years of objective study of the higher nervous activity of animals)』(1923), 『조건반사학 강의(Lectures on conditioned reflexes)』(1928) 등이 있다.

2) 교육적 시사점

우리가 일상에서 흔히 볼 수 있는 정서적 반응이나 태도는 고전적 조건형성의 결과라고 할 수 있다. 시험이라는 단어만 들어도 떨린다든지, 학교만 생각해도 즐거운 것처럼 시험이나 학교라는 중성자극이 특정한 정서반응을 야기하기도 한다. 인간은 단 한 번의 경험에 의해서도 정서반응을 학습할 수 있다. 가령, 유치원에서 반갑게 맞아 주는 선생님으로 인해, 유치원을 즐거운 곳으로 생각하거나, 게임식 수업 진행으로 즐거움을 경험한 후 그 교과목을 좋아하게 되기도 한다. 또 선생님을 좋아하면 그 선생님이 담당하는 교과목까지 좋아하는 경우도 고전적 조건형성으로 설명할 수 있다. 반면, 부정적인 정서도 습득될 수 있다. 고전적 조건형성이 교육현장에서 적용되는 예를 살펴보자.

초등학교 5학년 지수는 사회 시간에 모둠을 대표해서 발표를 하게 되었다. 잘해야겠다는 부담감이 너무 컸는지 발표하기 위해 친구들 앞에 선 순간 아무 생각도 나지 않았다. 그래도 말을 더듬어 가며 발표를 끝냈는데, 선생님은 "발표가 엉망이네."라고 하였다. 지수는 발표를 망친 자신이 너무 창피했다. 그리고 집에 돌아와서 마음속으로 '다시는 발표 안 해.' '선생님은 나만 미워해.' '사회 과목은 정말 싫어.' '학교 가기 싫어.'라고 생각했다. 단 한 번의 발표 경험이 지수로 하여금 교사, 과목, 학교생활 전반에까지 부정적인 정서를 가지도록 영향을 미쳤다.

과거에 특정한 상황에서 실패하여 두려움, 불안 등의 부정적인 정서를 경험한 아동은 그와 유사한 상황을 만나면 그 상황을 회피하려 하거나 반복되는 부정적인 감정을 경험하게 된다. 이러한 아동에게는 어떻게 도움을 줄 수 있을까?

고전적 조건형성의 원리는 공포반응을 감소시키거나 제거하는 역조건형성 (counter conditioning)에도 적용된다. 역조건형성이란 바람직하지 못한 조건반응을 바람직한 조건반응으로 대치하는 방법이다. Jones(1924)는 토끼를 두려워하는 소년 피터가 초콜릿을 먹으며 즐거워하고 있을 때 토끼를 가까이 가져갔다. 이러한 과정을 통해 피터는 점차 토끼를 덜 두려워하게 되고 결국 토끼와 놀 수 있게 되었다. 즉, 초콜릿을 토끼와 연합함으로써 토끼에 대한 공포를 줄이고 즐거운 기분을 학습하게 된 것이다. 이러한 역조건형성에서는 바람직한 반응을 유발하는 새로운 자극이 바람직하지 않은 기존의 반응을 유발하는 자극보다 반드시 강도가 높아야 효과가 있다([그림 9-5] 참조).

또한 그 상황에서 두렵고 회피하고자 하는 감정이 어떻게 형성될 수 있었는지에 대해 설명해 주고 이러한 감정을 발생시키는 상황을 직면하도록 돕는 것이 중요하다. 반복적인 노출은 자극에 대한 불안을 감소하고 둔감화한다. 이러

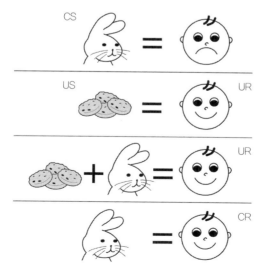

[그림 9-5] 역조건형성의 과정

한 행동치료기법을 노출법이라고 한다. 이는 고전적 조건형성의 원리를 활용하여 부적응적 행동을 제거하는 대표적인 행동치료기법으로, 특히 불안장애나 공포증을 해결하는 데 많이 활용된다. 노출법은 불안자극에 직접적으로 노출시키는 실제 상황 노출법과 상상을 통해 불안자극을 노출시키는 상상 노출법, 또 처음부터 강한 불안을 느끼는 상황에 지속적으로 노출시키는 급진적 노출법과 서서히 노출의 강도를 높여 가는 점진적 노출법 등이 있다.

급진적 노출법의 대표적인 예가 홍수법이다. 홍수법(flooding)은 공포나 불안을 일으키는 장면에 장시간 노출시킴으로써 이러한 공포나 불안을 소거하는 방법이다. 예를 들어, 놀이기구를 무서워하는 사람에게 공포가 사라질 때까지 계속해서 놀이기구를 타게 하는 것이다. 그러나 홍수법은 공포나 불안을 주는 장면을 직면하지 않고 계속 회피하는 사람에게 효과적인 방법이 될 수 있으나 극심한 스트레스와 공포 상황에 장기간 노출시킴으로써 오히려 불안을 가중시킬 수 있는 우려가 있어 그 사용에 신중을 기해야 한다. 점진적 노출법의 대표적인 예는 Wolpe에 의해 개발된 체계적 둔감법이다.

체계적 둔감법(systematic desensitization)은 역조건형성을 이용하여 공포를 일으키는 자극에 점진적으로 노출시켜 공포를 소거하는 방법으로 부정적 정서를 가지게 하는 원인을 찾아 위계적으로 나누어 가장 낮은 단계부터 직면하여 극복할 수 있도록 도와준다. 공포에 대응되는 반응은 이완이다. 이에 체계적 둔감법은 함께 짝지어지기 어려운 심리불안과 신체이완을 훈련을 통해 연합한다. 먼저, 불안이나 공포를 일으키는 자극을 정도에 따라 순서대로 배열하는 불안의 위계를 작성한다. 이후 이완반응을 훈련하고, 이완상태에서 불안위계에서 가장 약한 정도부터 점차적으로 노출한다. 예를 들어, 뱀 공포를 가진 사람은 뱀과 비슷한 것을 보는 상황, 뱀의 그림을 보는 상황, 우리 안에 들어 있는 뱀을 보는 상황, 뱀을 만지는 상황 등으로 점진적으로 노출이 가능하다. 이때 노출과 함께 불안이 야기되면 이완하도록 훈련한다. 즉, 이완반응과 공포유발 자극을 짝지음으로써 이러한 자극에 대한 둔감화가 일어나게 되는 것이다. 앞서 본 지수의 경우 발표에 대한 부정적 정서를 극복하기 위해서 쉽고 흥미 있는 주제를 제공하거나 소집단에서 발표할 수 있는 기회를 줌으로써 점차 그 상황에 적응해 나가도록 해야 한다.

체계적 둔감법
불안과 공포 등 부정적 정서를 치료하는 기법으로, 긴장을 이완한 상태에서 부정적 정서를 가지게 하는 원인의 가장 낮은 단계부터 점차 경험하게 하여 부정적 정서를 극복하도록 함

그 밖에 문제행동을 감소시키는 방법으로 문제행동과 불쾌감정을 짝짓는 혐오적 조건형성을 사용하기도 한다. 예를 들어, 알코올 중독자에게 술을 마실 때마다 구역질을 유발하는 약을 사용하여 불쾌경험을 느끼게 하거나, 손가락을 빠는 아이의 손가락에 쓴 약을 발라 손가락 빠는 행동을 줄이려고 하는 것, 또 금연교육을 할 때 담배와 관련된 질병에 걸린 사람의 모습을 보여 주어 담배에 대해 혐오감을 느끼게 하는 방법 등이 있다.

2. 조작적 조건형성

> 박 교사: 수업시간에 만화책만 보고 떠드는 우리 반 학생 하나 때문에 걱정이 많아요. 아무리 혼을 내고 지적을 해도 소용이 없어요.
> 김 교사: 그럼 스티커 차트를 활용해 보면 어떨까요? 수업태도가 좋으면 스티커를 주고, 또 스티커를 10개 모으면 아침 자습시간에 좋아하는 만화책을 볼 수 있게 해 주는 거지요. 저희 반은 이 방법이 꽤 효과가 좋더라고요.

스티커 차트를 활용하는 김 교사의 방법은 행동주의 입장에서 어떻게 설명할 수 있을까?

1) 주요 개념

새로운 행동이 형성되고 학습되는 또 다른 주요 원리는 조작적 조건형성이다. 고전적 조건형성에서 조건화되는 반응은 불수의적인 것이다. 그러나 학생들은 수동적으로 반응하기보다는 의도적으로 행동하는 경우가 더 많다. 예를 들어, 정원사가 나무를 심기 위해 땅을 파는 행동은 의도적 행동이다. 그러나 땅을 파다가 나온 벌레에 놀라 물러서는 행동은 반응적 행동이다. 이와 같이 고전적 조건형성과 조작적 조건형성은 행동에 대한 관점에 차이가 있다. 고전적 조건형성이 반응을 유발하는 자극에 관심을 갖고 있다면, 조작적 조건형성은 자극보다는 행동의 결과에 관심을 둔다. 즉, 어떤 행동을 하고 난 후 결과가 좋은지 나쁜지에 따라 행동의 지속 여부가 달라진다. 고전적 조건형성과 조작적 조건형성에서 강화의 의미와 원리에는 차이가 있다. 고전적 조건형성에서의 강화는 학습을 일으키기 위한 결합을 돕는 역할을 하지만 강화 없이도 학습은 일어날 수 있다. 그러나 조작적 조건형성에서 강화는 학습을 일으키는 중요한 조건이 된다.

조작적 조건형성은 Thorndike의 고양이 실험을 통해 처음 소개되었다. Edward Thorndike(1874~1949)는 동물지능이 존재하는지를 알아보기 위해 [그림 9–6]과 같은 문제상자(puzzle box)를 사용하여 실험을 실시하였다. 문제상자 속의 고양이는 상자 밖에 놓인 음식물을 얻기 위해 다양한 행동을 했다. 이리저리 돌아다니기도 하고, 바닥을 할퀴기도 하고, 창살 사이로 발을 내밀어 보기도 하는 등 다양한 반응, 즉 시행착오 끝에 우연히 널빤지를 밟아 문이 열리고 먹이를 먹을 수 있었다. 이러한 과정이 반복됨에 따라 고양이가 시행착오를 하는 시간은 줄어들고 고양이는 점점 더 빨리 널빤지를 밟았다. 널빤지를 누르면 상자의 문이 열린다는 사실을 고양이가 학습한 것이다. 고양이는 탈출방법을 간파하거나 통찰에 의해서 깨닫기보다는 반복적인 시행착오방법에 의해 점진적으로 학습하게 되는데, 이를 시행착오학습(trial and error learning)이라고 한다. 시행착오학습은 다양한 시도를 통해 점진적으로 학습하고 문제를 해결한다.

Thorndike는 이러한 실험결과를 시행착오학습에 의한 효과의 법칙(law of

시행착오학습
문제해결을 위해 여러 가지 반응을 시도해 보는 것

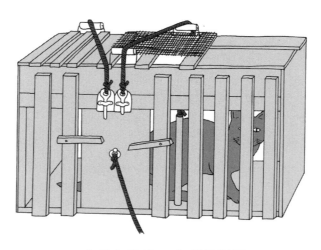

[그림 9–6] Thorndike의 문제상자

effect)으로 설명하였다. 효과의 법칙이란 행동의 결과를 강조하는 것으로 결과가 좋은 행동은 학습되고 결과가 좋지 않은 행동은 학습되지 않음을 뜻한다. 고양이가 널빤지를 밟는 행동은 상자로부터의 탈출과 먹이라는 만족스러운 결과를 가져오므로 학습이 되고, 다른 반응은 비효과적이므로 학습되지 않는다는 것이다.

조작적 조건형성(operant conditioning)의 원리는 Thorndike의 발견을 더욱 발전시킨 Burrhus Frederic Skinner(1904~1990)에 의해 체계화되었다. 그는 자극에 의해 유발된 반응적 행동(respondent behavior)과 유기체가 자발적으로 행하는 조작적 행동(operant behavior)을 구별하고, 학습자의 자발적인 조작적 행동 이후에 주어지는 자극에 따라 앞으로 동일한 조작적 행동이 유발될 가능성과 그 강도가 결정된다고 설명하였다. Thondike가 문제해결에 소요되는 시간에 관심을 가진 것에 반해, Skinner는 어떠한 보상이 조작적 행동을 일으키는지에 더 관심을 가졌다. 이 같은 Skinner의 생각은 '스키너 상자' 실험에 기초하고 있다.

스키너 상자는 먹이통과 연결된 지렛대와 먹이접시가 달린 상자로, 상자 안에서 지렛대를 누르면 먹이통에 먹이가 떨어지도록 설계되었다. Skinner는 상자 안에 쥐를 넣고 관찰하였다. 이 실험에서 쥐는 상자 안을 돌아다니며 탐색하다가 우연히 지렛대를 누르고 먹이를 먹었다. 이러한 일이 반복되자 지렛대 누르기와 먹이와의 관계를 점차적으로 학습하게 된 쥐는 배가 고프면 지렛대를 누

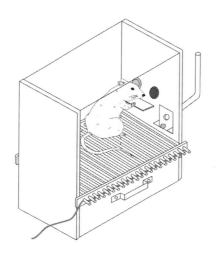

[그림 9-7] 스키너 상자

르는 행동을 보였다. 이처럼 보상이 뒤따르는 행동은 증가하고 처벌이 주어지는 행동은 감소하게 된다.

Skinner는 그의 실험으로 조작적 행동(지렛대 누르기)의 발생과 그 행동의 빈도를 증가시키는 자극(먹이)의 관계를 강화(reinforcement)라는 개념으로 설명하였다. 강화란 행동을 습득하고 행동의 발생 빈도를 증가시키는 것을 의미한다. 강화에는 정적 강화(positive reinforcement)와 부적 강화(negative reinforcement)가 있다.

정적 강화란 어떤 행동 후에 만족스러운 강화물을 제공함으로써 의도한 행동의 빈도와 강도를 증가시키고 유지하는 것을 의미한다. 스키너 상자에서 쥐가 지렛대를 누르면 먹이를 주는 것이 이에 해당된다. 일상생활이나 학교에서 정적 강화의 예는 많이 있다. 숙제를 잘해 오는 학생에게 칭찬 스티커를 주는 것, 수업 시간에 대답을 잘하면 칭찬을 하는 것 등이 정적 강화의 예이다.

부적 강화란 어떤 행동 후에 싫어하는 자극을 제거함으로써 의도한 행동의 빈도와 강도를 증가시키는 것을 의미한다. 준비물을 잘 챙겨 오는 학생에게 교실 청소를 면제해 줌으로써 과제물 준비를 더 잘해 오도록 하는 경우가 부적 강화의 예이다.

강화물(reinforcer)에는 **일차적 강화물**(primary reinforcer)과 **이차적 강화물**(secondary reinforcer)이 있다. 일차적 강화물이란 그 자체로 강화능력을 가지고 있어 생리적 욕구를 충족해 주는 것으로서 음식물이나 물 같은 것이 해당된다. 이차적 강화물이란 그 자체로 강화능력을 가지지 않는 중성자극이 강화능력을 가지고 있는 자극과 결합되어 강화의 속성을 갖고 있는 것으로 돈, 토큰(별 도장, 스티커 차트 등)과 같은 것이 해당된다. 돈을 사용한 경험이 없는 아동에게 돈은 강화물이 아니지만, 돈으로 음식을 살 수 있다는 것을 아동이 경험하게 되면 돈은 강화적 속성을 지니게 된다. 따라서 토큰을 다양한 일차적 강화물과 결합하여 학생들이 원하는 것과 교환할 수 있게 한다면 교실에서 유용하게 사용할 수 있을 것이다. 예를 들어, 스티커 차트의 스티커 10개를 모으면 갖고 싶은 학용품을 상으로 주거나 청소 당번을 면제해 줄 수 있다.

동물과 달리 인간은 지연된 강화물에도 반응할 수 있다. 동물의 경우, 강화물이 30초 이상 지연되면 학습이 일어나지 않는다. 하지만 인간은 더 큰 보상을 얻

정적 강화
어떤 행동 후에 만족스러운 강화물을 제공함으로써 의도한 행동의 빈도와 강도를 증가시키고 유지하는 것

부적 강화
어떤 행동 후에 싫어하는 자극을 제거함으로써 의도한 행동의 빈도와 강도를 증가시키는 것

일차적 강화물
그 자체로 강화능력을 가지고 있어 생리적 욕구를 충족해 주는 것

이차적 강화물
그 자체로 강화능력을 가지고 있지 않는 중성자극이 일차적 자극과 결합되어 강화의 속성을 갖고 있는 것

Burrhus Frederic Skinner (1904~1990)

Burrhus Frederic Skinner는 미국의 심리학자이다. 뉴욕 해밀턴 대학교에서 영문학
을 공부하고, 하버드 대학교에서 심리학 박사학위를 취득하였다. 미네소타 대학교, 인
디애나 대학교를 거쳐 1948년부터 1974년까지 하버드 대학교 교수로 재직하였다. 그는
Watson과 함께 행동주의 심리학을 이끈 주요 인물로서 20세기 가장 영향력 있는 심리
학자로 손꼽힌다. 스키너 상자와 누적기록장치를 제작하여 유기체의 조작적 행동형성
과정을 설명하는 조작적 조건형성이론을 주창하였다. 그의 이론은 심리학을 비롯하여 여러 다른 분야에도 지대한
영향을 미쳤으며, 특히 오늘날 교육현장에서도 조작적 조건형성이론에 근거한 교수방법이 사용되고 있다. 그중 교
수기계(teaching machine)를 통해 프로그램 수업방법을 소개한 바 있다.

행동과학에 대한 공로를 높이 평가받아 1968년 미국 국립과학협회로부터 공로상을 받았으며, 1971년과 1990년
에 미국심리학회로부터 각각 골든메달과 평생공로상을 받았다. 주요 저서로는 『유기체 행동론(The Behavior of
Organism)』(1938), 『월든 II(Walden Two)』(1948), 『과학과 인간행동(Science and Human Behavior)』(1953), 『자유와
존엄을 넘어서(Beyond Freedom and Dignity)』(1971) 등이 있으며, 총 21권의 저서와 180편의 논문이 있다.

기 위해 즉각적으로 주어지는 작은 보상을 지연할 수 있다. 지금 당장 주어지는
작은 사탕 대신, 몇 시간 후 주어지는 보다 가치 있고 큰 상을 얻기 위해 자신의
충동을 제어하는 만족지연능력은 중요하다. 보상을 지연할 수 있는 아동이 후에
높은 성취와 사회적 유능감을 보인다.

강화는 행동을 증가시키는 반면, 처벌(punishment)은 바람직하지 않은 행동의
빈도를 감소시키는 방법으로 사용된다 . 벌의 종류에는 수여성 벌(presentation
punishment)과 제거성 벌(removal punishment)이 있다.

수여성 벌(정적 벌)은 바람직하지 않은 행동의 빈도를 감소시키기 위해 혐오하
는 자극을 제공하는 것을 의미한다. 교실에서 큰 소리를 내며 뛰어다니는 학생
에게 교사가 꾸중을 하는 것, 숙제를 안 해 온 학생이 손바닥을 맞는 것 등이 수
여성 벌의 예이다.

제거성 벌(부적 벌)은 학생의 바람직하지 않은 행동을 감소시키기 위해 학생이
좋아하는 자극을 제거하는 것을 의미한다. 바람직하지 않은 행동을 했을 때 외
출을 금지한다거나 좋아하는 스포츠 활동을 금지하는 것이 그 예이다. 학교현장
에서 흔히 볼 수 있는 제거성 벌로는 타임아웃(time-out)이 있다. 교실에서 습관

처벌
바람직하지 않은 행동의
빈도를 감소시키고자 할
때 사용되는 것

수여성 벌
바람직하지 않은 행동의
빈도를 감소시키기 위해
제공하는 꾸중, 체벌

제거성 벌
바람직하지 않은 행동을
감소시키기 위해 좋아하는
자극을 제거하는 것

| 유기체의 세 가지 반응 → | 산물 혹은 결과 → | 유사한 반응 반복 |

1. 공부해서 좋은 성적 받음 → 부모의 칭찬을 받음 → 계속해서 열심히 공부함

2. 어른이 방에 들어왔을 때 아이가 웃음 → 관심을 가지고 놀아 줌 → 계속해서 관심을 끌기 위해 웃음

3. 벽에 그림을 그림 → 꾸중과 벌을 받음 → 벽에 그림을 그리는 행동을 억제함

[그림 9-8] 조작적 조건형성의 기본 원리

적으로 큰 소리를 내며 뛰어다니는 학생을 교실에서 격리시켜 혼자 있게 둔다거나 일정 시간 동안 벽을 보고 서 있게 함으로써 그 행동을 감소시킬 수 있다.

처벌이 적절히 사용만 된다면 그 효과가 즉각적일 수 있으나, 대부분의 학자는 처벌의 사용에 대해 부정적인 견해를 가지고 있다. 처벌에 따라 나타나는 행동의 결과는 예측하기 어렵다. 예를 들어, 오락실에 가는 행동을 없애기 위해 아이를 처벌하였는데, 오히려 아이가 거짓말을 하고 오락실에 가는 경우가 생길 수 있는 것이다. 또한 처벌은 처벌의 부산물이 동반되기 마련이다. 처벌하는 사람에 대한 적대감, 처벌하는 상황에 대한 공포 등이 생길 수 있다. 또한 처벌받은 아동은 공격성, 우울, 낮은 자존감의 문제를 유발한다. 교실에서 처벌을 사용할 때 교사의 감정이 개입될 수 있으며, 이는 학생으로 하여금 바람직하지 못한 행동을 반성하도록 하기보다는 처벌 자체에 대한 수치감, 두려움, 반발심, 공격성 유발 등을 가지게 할 수 있기 때문이다. 또한 폭력에 대한 무감각과 공격성 모방 등의 문제를 가지게 할 수 있다. 처벌이 문제에 대처하는 한 가지 해결 방법이라는 사실이 학습될 수 있는 것이다. 공격적 아동이 부모의 학대를 받은 가정 출신인 경우가 많은 것이 그 예가 될 수 있다. 무엇보다 처벌은 바람직하지 못한 행동을 잠시 억압하는 것이지 그 행동을 완전히 효과적으로 소거하는 것은 아니며, 바람직한 행동으로 이끌어 주지는 못하는 경우가 많다.

따라서 교육현장에서 처벌을 효과적으로 사용하기 위해서는 네 가지 원리를 따라야 한다. 첫째, 시간의 원리로, 억제되어야 할 행동이 일어난 직후에 즉시 벌이 주어져야 한다. 둘째, 강도의 원리로, 가능한 한 강한 벌이 주어져야 하며, 벌을 피할 수 있는 상황이 제공되어서는 안 된다. 셋째, 일관성의 원리로, 같은 행동에 대해서는 같은 처벌이 일관성 있게 주어져야 한다. 넷째, 정보성의 원리로, 벌을 받게 되는 이유를 정확히 설명하고, 벌을 받지 않을 행동이나 대안적인 행동을 제시해야 한다. 잘못한 행동에 대해 지적함과 동시에 교사는 대안적 행동에 대한 피드백을 주어야 한다.

한편, 벌이 벌로서의 역할을 하지 못하고 의도치 않게 강화의 기능을 하는 일이 없도록 주의해야 한다. 예를 들어, 학교에서 선생님의 관심 대상이 되지 못하던 진수에게 선생님께서 주의를 준다고 "진수야, 수업시간에 집중해야지."라는 지적을 했다고 가정해 보자. 선생님의 관심을 받고 싶어 하던 학생에게 선생님의 지적은 벌이 아닌 정적 강화의 역할을 하게 될 수 있다. 이런 경우, 학생의 부

표 9-1 강화와 벌의 유형

	자극의 유형	
	긍정적 자극	부정적 자극
반응 후에 제공	정적 강화	수여성 벌
반응 후에 제거	제거성 벌	부적 강화

적절한 행동에는 전혀 관심을 보이지 않고 적절한 행동에만 관심을 보이는 교사의 '무시하기' 기법이 더 효과적일 수 있다.

강화물은 대상이나 상황에 따라 변한다. 예를 들어, 어떤 학생에게는 사탕을 주는 것이 보상이 될 수 있으나, 다른 학생에게는 그렇지 않을 수 있다. 또 햄버거를 상으로 사 준다고 했을 때, 배가 고픈 상황과 그렇지 않은 상황에서 다를 수 있는 것이다. 학교현장에서 조작적 조건형성을 통해 바람직한 행동의 빈도를 증가시키기 위해서는 적절한 강화물을 선택하는 것이 중요하다. Premack의 원리는 학습자에게 빈번하게 발생하는 행동이 상대적으로 덜 빈번하게 일어나는 행동의 빈도를 증가시키기 위한 강화물로 사용될 수 있다는 것을 의미한다. 독서를 싫어하는 아이에게 독서를 하면 좋아하는 축구를 하게 해 주겠다고 한다거나, 시금치를 싫어하는 아이에게 시금치를 먹으면 식사 후 좋아하는 과자를 먹게 해 주겠다는 식으로 낮은 빈도의 행동을 증가시킬 수 있다. 이때 교사는 학습자가 선호하는 행동이 상황에 따라 변화될 수 있다는 점을 숙지하고 있어야 한다. 축구를 좋아하던 아이가 축구를 하다가 다치는 일이 발생해서 더 이상 축구

Premack의 원리
학습자에게 빈번하게 발생하는 행동이 상대적으로 덜 빈번하게 일어나는 행동의 빈도를 증가시키기 위한 강화물로 사용될 수 있다는 것

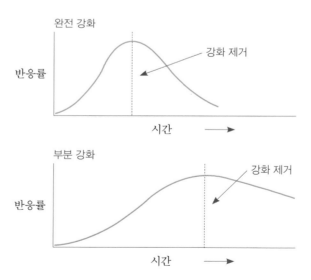

부분 강화 효과
매번 강화를 주는 완전 강화보다 반응이 때로는 강화되고 때로는 강화되지 못하는 부분 강화가 행동의 소거 소요 시간이 더 걸리는 것

학습된 행동이 일어날 때마다 빠짐없이 매번 강화를 주는 완전 강화보다는 반응이 때로는 강화되고 때로는 강화되지 못하는 부분 강화가 그 행동을 지속하는 데 더 효과적임을 보여 준다. 이를 부분 강화 효과(partial reinforcement effect)라고 하는데, 원하는 반응이 나타날 때마다 강화를 주게 되면 신속하게 학습이 일어나지만 소거과정에서 그 반응이 더 빨리 소멸한다.

[그림 9-9] 완전 강화와 부분 강화

를 좋아하지 않게 된다면 축구는 이 아이의 독서를 증가시키는 강화물로서의 효과를 가지지 못하게 된다. 이와 같이 Premack의 원리는 강화물이 개인마다 다를 수 있다는 것과 개인 내에서도 언제든지 상황에 따라 바뀔 수 있다는 점을 설명하고 있다. 또한 가장 효과적인 강화물이란 교사의 입장에서 생각하는 강화물이 아니라 학생이 만족하고 흥미를 가질 수 있는 강화물이어야 한다는 점을 시사하고 있다. 그러므로 학교현장에서 강화물을 사용할 경우, 학생들을 주의 깊게 살펴서 그들이 가장 선호하는 것으로 보상하도록 해야 한다.

　또한 교사는 적절한 강화물을 선택하여 행동을 유발하고 유지하기 위해 그 강화물의 투입 시기와 방법에 대해서도 알고 있어야 한다. Skinner(1957)는 학습된 행동이 일어날 때마다 빠짐없이 매번 강화를 주는 **완전 강화**(full reinforcement)보다는 일부 반응에만 강화를 주는 **부분 강화**(partial reinforcement)가 그 행동을 지속시키는 데 더 효과적이라고 했다.

완전 강화
정확한 반응마다 매번 강화가 주어지는 것

부분 강화
정확한 반응 중에서 일부 반응에만 강화가 주어지는 것

　부분 강화계획은 강화물이 제시되는 시간 간격과 빈도에 따라 간격계획(interval schedule)과 비율계획(ratio schedule)으로 나뉜다. 각각은 다시 고정(fixed)과 변동(variable)으로 나뉜다.

　고정간격 강화계획(fixed interval schedules)은 일정한 시간 간격을 기준으로 강화가 제시되는 것을 의미한다. 한 학기 동안 고정적으로 시행하는 시험, 전체 3시간의 자율학습시간 중에 교사가 1시간마다 학생들의 학습점검을 하는 경우 등이 고정간격 강화계획의 예이다. 이같이 고정간격 강화는 학생들이 강화가 제시되는 시기를 예측할 수 있기 때문에, 강화를 받은 직후 바로 행동에 옮기지 않고 다음 강화가 제시되는 시점이 임박해서야 행동에 옮기는 패턴을 보일 수 있다.

고정간격 강화계획
일정한 시간 간격을 기준으로 강화가 제시되는 조건

　변동간격 강화계획(variable interval schedules)은 강화가 제시되는 시기를 학생들이 예측할 수 없도록 설정하여 행동의 빈도를 증가시키고 유지하는 방법이다. 전체 3시간 자율학습시간 중에 교사가 학생들의 학습점검을 3회 하는데 그 점검 간격이 일정하지 않은 경우가 변동간격 강화계획의 예이다. 변동간격 계획은 예측이 불가능하기 때문에 꾸준한 반응을 초래하는 경향이 있다. 그러나 학생들에게 높은 불안감을 가지게 할 수 있기 때문에 교사는 매우 신중하게 시행해야 한다(Crooks, 1988).

변동간격 강화계획
강화가 제시되는 시기를 학생들이 예측할 수 없도록 설정하여 행동의 빈도를 증가시키고 유지하는 조건

　고정비율 강화계획(fixed ratio schedules)은 정해진 반응 횟수에 따라 강화물이 제

고정비율 강화계획
정해진 반응 횟수에 따라 강화물이 제시되는 조건

시되는 것을 의미한다. 예를 들어, 영어 단어 20개를 외우면 10분의 휴식을 주는 경우가 이에 해당된다. 시간에 관계없이 20개의 단어를 외우면 휴식이라는 강화물이 제시되는 것이다. 고정비율 강화 역시 일정한 비율로 강화가 주어진다는 것을 학생들이 예측하기 때문에 강화 후에 잠시 행동의 빈도가 줄어드는 경향이 있다.

변동비율 강화계획(variable ratio schedules)은 학생들이 강화물을 얻기 위해서 수행해야 하는 수행 횟수를 전혀 예측하지 못하도록 강화물을 제시하는 것을 의미한다. 축구나 농구에서 골을 넣는 것이 변동비율의 가장 좋은 예이다. 축구나 농구에서 골을 넣는 행위는 시간에 관계없이 골을 넣기 위해 공을 차거나 던지는 횟수와 관계가 있다. 이때 공을 몇 번 차거나 던져야 하는지 전혀 예측할 수 없으며 다만 계속 부지런히 공을 차다 보면 언젠가 골인시킬 수 있다는 사실을 알고 있을 뿐이다. 부지런히 행동하면 공을 넣을 수 있으나 기다린다고 공이 들어가는 것은 아니다. 변동비율 강화계획이 이루어지는 상황에서 형성된 행동은 더 이상 행동에 대해 강화물이 주어지지 않아도 매우 오랫동안 소거되지 않는

변동비율 강화계획
학생들이 강화물을 얻기 위해서 수행해야 하는 수행 횟수를 전혀 예측하지 못하도록 강화물을 제시하는 조건

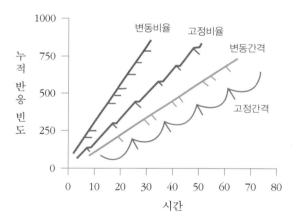

강화계획에 따른 반응 패턴을 나타낸 것이다. 각각의 강화계획에서 나타난 그래프의 기울기는 반응률을 나타내며, 짧은 선분들은 반응을 유도하기 위한 강화의 빈도이다. 그래프의 기울기가 가파를수록 반응률이 높은 것을 의미한다. 비율강화가 간격강화보다 학생들의 반응률이 높다. 즉, 반응 횟수와 연합된 강화는 시간 경과와 연합된 강화보다 더 높은 반응률을 초래한다. 한편, 강화의 예측 가능성 또한 중요한 변수가 된다. 예측 불가능한 변동계획은 예측 가능한 고정계획보다 반응을 지속하는 효과가 있다. 고정강화는 강화가 주어진 직후에 반응률이 낮아지는 것을 알 수 있다. 고정간격(FI)과 고정비율(FR)에서 선분이 꺾인 부분이 바로 강화 이후 반응률이 낮아짐을 나타낸 것이다. 변동강화의 경우는 강화가 주어지는 빈도의 간격과 비율이 증가되어 강화가 제시되지 않는 기간에도 학생들의 반응이 지속되고 있음을 알 수 있다. 높은 수준의 수행을 위해서는 비율강화가, 반응의 지속성을 높이기 위해서는 변동강화가 효과적이다.

[그림 9-10] 강화계획에 따른 반응 패턴

경향이 있다.

　강화계획을 교육현장에 적용하기 위해서는 교실상황에 따라 어느 강화계획이 더 효과적일지를 정확하게 파악하는 것뿐만 아니라 강화가 가지고 있는 비영구성을 이해하는 것이 중요하다. 의도한 행동을 유발하고 지속하기 위해 계속적으로 강화를 제공할 수 없다. 따라서 교사는 강화계획을 시행할 경우 강화의 빈도를 줄이고 간격을 증가시켜 점차적으로 학생 스스로 행동을 유지할 수 있도록 도와주어야 한다.

　앞서 살펴본 바와 같이 학생들의 바람직한 행동 빈도를 높이기 위해서 적절한 강화물을 선택하고 그 강화물을 언제, 어떠한 방법으로 투입할 것인지에 대한 교사의 판단은 매우 중요하다.

2) 교육적 시사점

　동물을 훈련하는 조련사들은 조작적 조건형성 원리를 많이 활용한다. 돌고래의 화려한 묘기가 끝나면 던져 주는 먹이가 대표적인 예이다. 인간의 행동 중에서도 이러한 조작적 조건형성 원리에 의해 학습된 것이 많다. 아동이 보이는 많은 행동은 부모, 교사, 친구들의 관심, 칭찬, 처벌 등에 의해 형성된 것들이다.

　교사는 학생의 바람직하지 않은 행동을 수정하거나, 새로운 행동이나 기술을 습득시키고자 할 때 조작적 조건형성 원리에 따른 방법을 활용할 수 있다.

　조형(shaping)은 새로운 행동을 만들어 주는 것으로, 최종 목표행동을 몇 개의 작은 단위로 나누어 목표로 하는 행동에 근접한 행동을 계획해서 점진적으로 강화해 나가도록 한다. 조형은 정적 강화를 활용하여 바람직한 행동 증가를 목적으로 목표행동에 접근하는 행동만 강화한다. 예를 들어, 스키너 상자에 들어간 쥐는 처음에는 지렛대를 누르지 않는다. 지렛대를 누르는 행동을 학습시키려면 처음에는 지렛대 근처에 오면 먹이를 제공하고, 다음에는 지렛대를 건드려야 먹이를 주고, 그다음에는 발로 지렛대를 누를 때만 먹이를 제공한다. 그 결과, 쥐는 지렛대를 누르는 반응을 하게 된다. 청각장애아에게 말하기를 가르칠 때 처음에는 정상적인 발음과 조금만 비슷해도 강화를 주고, 그것이 학습된 뒤에는 정상에 좀 더 가까운 반응을 할 때 강화를 주는 방식으로 아동이 완벽한 발음을

> **조형**
> 강화를 이용해서 목표행동을 점진적으로 형성하는 기법

하도록 학습시킬 수 있다.

행동수정
조작적 조건형성의 원리를 적용하여 행동을 변화시키려는 절차

　행동수정(behavior modification)은 특정 행동을 변화시키기 위해 강화와 벌을 이용하여 체계적으로 조작적 조건형성 원리를 적용하는 방법으로, 나쁜 습관이나 문제행동을 교정하고 바람직한 행동을 습득시키는 데 효과적이다.

　바람직하지 못한 행동을 수정하기 위해서는 강화와 처벌을 이용할 수 있다. 소거, 차별강화, 포만 등이 이에 해당한다. 소거(extinction)는 바람직하지 않은 행동을 보일 때 강화를 주지 않음으로써 그 행동을 소거시키는 방법이다. 이는 무시하기 기법으로 수업시간에 떠들거나 떼쓰는 아이의 행동에 반응하지 않고 무시하는 교사나 부모의 행동이 그 예가 될 수 있다. 차별강화(differential reinforcement)는 바람직하지 않은 행동에는 반응하지 않다가 바람직하지 않은 행동을 멈추었을 때 강화를 주는 기법이다. 예를 들어, 아이가 수업시간에 떠드는 행동에는 반응하지 않다가 떠드는 행동이 멈추면 강화를 주는 것이다. 포만(satiation)은 바람직하지 않은 행동을 제지하기보다는 오히려 계속하게 함으로써 그 행동을 감소시키는 방법이다. 예를 들어, 주의를 끌기 위해 수업시간에 계속 연필을 떨어뜨리는 학생이 있다면 계속 연필을 떨어뜨리도록 지시하는 것이다. 이러한 과정을 통해 결국 연필을 떨어뜨리는 행동을 그만두게 할 수 있다.

　강화와 벌을 체계적으로 이용하여 행동수정 방법을 사용하는 경우 다음과 같은 단계를 거친다(Eggen & Kauchak, 2004). 첫째, 변화되기 원하는 행동을 먼저 결정한다. 바람직하지 않은 행동의 빈도를 잘 관찰하여 학생과 교사, 부모가 모두 인정한 행동목표를 결정하는 것이 좋다. 이를 통해 학생들이 행동수정 과정에 적극적으로 참여할 수 있도록 유도할 수 있다. 둘째, 변화되기 원하는 행동의 발생 빈도를 체크한다. 행동수정 기간에 학생의 행동 발생 빈도를 체크함으로써 교사, 학생, 부모에게 행동변화의 과정을 알 수 있게 하고, 향후 행동의 변화 추이를 예측할 수 있다. 셋째, 행동의 변화를 위해 학생에게 영향을 줄 수 있는 강화와 벌의 종류 및 방법을 결정한다. 이때 교사는 학생이 선호하는 행동을 정확하게 파악하여 부적절한 행동을 변화시키기 위한 강화물을 사용해야 한다. 유관

유관계약
보상이나 특별한 혜택을 얻기 위해 학생이 무엇을 해야 하는지 구체화해 놓은 교사와 학생 간의 계약

계약(contingency contract)을 통해 학생이 바람직한 행동을 하면 그가 원하는 보상을 한다는 일종의 계약을 맺는다거나, 토큰(token)을 이용하여 바람직한 행동을 할 때마다 토큰을 제공함으로써 학생이 원하는 다양한 물건과 교환하도록 할

수도 있다. 만약 불가피하게 벌을 사용해야 하는 경우에는 교사의 감정을 최대한 배제하고 벌을 사용하는 목적이 학생의 바람직하지 않은 행동에만 집중되어 있음을 충분히 설명하여야 한다. 넷째, 일정 기간을 두고 강화와 벌을 통해 행동의 변화 정도를 기록한다. 세 번째 단계에서 결정한 강화와 벌의 제공 방법에 따라 행동의 변화 정도를 기록하여 교사의 개입이 학생의 행동변화에 영향을 주고 있는지를 확인할 수 있다. 만약 교사의 개입이 학생의 행동변화에 영향을 주지 못하고 있다면 추가 개입이 필요하다. 예를 들면, 수업시간에 계속해서 떠드는 두 학생에게 유관계약이나 토큰을 이용하여 떠드는 행동을 줄이고자 하였으나 교사의 의도대로 행동변화가 나타나지 않았다면, 두 학생의 자리를 떨어뜨려 놓거나 수업태도가 좋은 학생과 함께 앉도록 자리배치를 하는 등 바람직하지 않은 행동을 반복하는 상황 자체를 제거하고 다른 대안을 제시하는 추가 개입을 시도해야 한다. 다섯째, 학생의 행동이 서서히 개선을 보이면 강화의 빈도를 점차 감소시키는 것이 바람직하다. 연속적으로 제시한 강화와 벌의 빈도를 점차 부분적으로 제시하여 학생의 바람직한 행동이 유지될 수 있도록 도와주어야 한다.

이와 같은 행동주의 원리를 교육현장에 적용하기 위해서 교사는 학생의 선호를 잘 관찰하여 그에게 적합한 강화물을 선택하고 적절히 사용할 수 있는 전문적인 통찰력과 판단력을 갖추어야 한다.

3. 사회인지 학습이론

4세 정호가 가장 좋아하는 TV 만화는 〈포켓몬스터〉이다. 〈포켓몬스터〉를 매일 시청하는 정호는 유치원에서도 친구들과 포켓몬스터 놀이를 즐겨 한다. 어느 날 친구와 놀던 정호는 화가 나서 〈포켓몬스터〉에서 주인공이 사용하는 공격법으로 친구를 때려 상처를 입혔다. 정호는 왜 이런 행동을 했을까?

1) 주요 개념

고전적 조건형성과 조작적 조건형성은 동물 실험 결과를 바탕으로 인간행동의 많은 부분을 설명해 주었다. 그러나 다양하고 복잡한 사회적 상황에서 일어나는 인간의 학습과정을 조건형성 원리만으로 모두 설명하는 데는 한계가 있다. 행동주의이론에서는 직접적인 강화와 벌에 의해서만 학습이 일어난다고 하였으나, 직접적인 강화나 벌 없이 다른 사람의 행동을 관찰하고 모방하는 것으로 새로운 행동이 습득되기도 한다. 예를 들어, 시험 성적이 좋은 같은 반 친구의 시험공부 방법을 따라 하거나 교사의 행동을 그대로 모방하면서 학습이 일어날 수 있다. 또한 수업시간에 수업태도가 좋지 않은 다른 학생이 벌 받는 것을 보고 자신의 행동을 감소시키는 경우도 이에 해당된다. 이와 같이 직접적인 강화 없이 관찰을 통해 모델의 행동을 모방하고 새로운 행동을 학습하는 것을 사회학습이론(social learning theory)이라고 한다. 사회학습이론은 환경이 인간행동에 일방적으로 영향을 미친다는 행동주의이론에 반대하며 개인을 둘러싸고 있는 환경과 행동의 상호성을 강조하였다.

사회학습이론은 이후에 사회인지 학습이론으로도 불리는데, 이는 학습이 일어나는 과정에서 학습자의 자기지각, 기대, 믿음 등 인지적 속성이 개입되기 때문이다. 사회인지 학습이론은 학습을 설명하는 데 있어, 조건형성 원리와 인간의 인지적 과정을 접목함으로써 다양한 학습 상황과 형태를 설명해 준다.

Albert Bandura(1925~2021)는 사회인지 학습이론을 이론적으로 체계화한 대표적인 학자이다. 사회인지 학습이론은 강화는 학습의 필수요건이 아니며 대부분의 학습이 관찰을 통해 일어난다고 설명한다. 인간은 관찰을 통해 지식, 기술, 신념, 전략, 태도, 정서 등을 학습하고, 모델로부터 그 행동의 유용성과 적합성을 배우게 된다.

사회인지 학습이론의 핵심 개념인 **모델링**(modeling)은 모델을 관찰한 결과로 발생하는 행동·인지·정서 변화를 지칭하는 일반적 용어로, 특정한 행동을 관찰하고 흉내 내는 과정이다. 예를 들면, 태연하게 주사를 맞는 친구의 모습을 보고 자신도 아무렇지 않게 주사를 맞는 아이나 폭력적인 아버지의 행동을 모방하여 친구에게 그대로 따라 하는 학생의 경우가 이에 해당한다. 출생 직후 신생아는 혀를 내미는 어른을 흉내 낸다. 이후 아이는 부모의 행동을 모방하며 언어, 행동, 습관 등을 학습해 간다. 또한 인간 사회의 수많은 아이디어, 습관, 유행 등도 모방을 통해 전파된다. 이러한 일상생활에서뿐 아니라 학교에서도 모델링은

모델링
특정한 행동을 관찰하고 흉내 내는 과정

• **Albert Bandura** (1925~2021) •

Albert Bandura는 심리학자로 캐나다 앨버타 먼데어에서 출생하였다. 브리티시컬럼 비아 대학교에서 심리학을 전공하였으며, 아이오와 대학교에서 석사와 박사 학위를 취득하였다. 1953년부터 스탠퍼드 대학교에서 학생들을 가르치기 시작하여 석좌교수를 역임하였다. 인간의 행동과 사회 모델의 역할 간 관계에 관심을 가지고 사회학습과 공격성에 대한 연구를 시작하였으며, 이후 인간의 사고와 동기, 행동이 사회적 상황의 영향과 밀접한 관계가 있다는 사회학습이론을 주창하였다. 또한 공포장애를 가지고 있는  환자의 신념이 환자 자신의 공포를 증가시키는 것과 연관이 있음을 발견함으로써 자아효능감이란 개념을 처음 소개하였다. 그는 인간은 대리적 조건형성, 자기조절, 자기반성을 통해 환경에 적응한다고 주장하였다. 1974년 미국 심리학회(APA) 회장, 1981년 서부심리학회(WPA) 회장 등을 역임하였다. 미국심리학회로부터 1999년 Thorndike 상을 받았으며, 2004년 평생공로상, 2006년 골든메달을 받는 등 세 차례에 걸쳐 공로를 인정받았다. 주요 저서로는 『청소년의 공격성(Adolescent Aggression)』(1959), 『공격성: 사회학습분석(Aggression: A Social Learning Analysis)』 (1973), 『사회학습과 성격발달(Social Learning and Personality Development)』(1963), 『사회학습이론(Social Learning Theory)』(1977), 『자기효능감(Self-efficacy: The excercise of self-control)』(1997) 등이 있다.

중요하다. 학생들은 교사의 모습을 통해 지식, 기술뿐만 아니라 예의와 존중, 태도, 가치 등도 습득한다.

　모델링 외에도 사람들은 타인의 행동 결과를 관찰하고 그에 따라 자신의 행동을 조절함으로써 학습할 수 있다. 이 과정을 **대리적 조건형성**(vicarious conditioning)이라고 한다. 대리적 조건형성은 다른 사람이 행동했을 때 나타나는 결과를 관찰함으로써 자신이 그러한 행동을 했을 경우를 예측하여 행동하는 것이다. 특히 직접적인 조건형성이 어려운 위험도가 높은 학습의 경우 효과적으로 활용될 수 있다. 예를 들어, 오빠가 난로에 손을 데는 것을 목격한 동생은 난로를 함부로 만지면 안 된다는 것을 배우게 된다. 사람들은 다른 사람의 행동을 관찰하고 모방하거나 혹은 다른 사람이 수행한 행동의 결과에 제공되는 강화와 벌을 관찰하면서 다음 행동에 대한 기대와 신념을 가질 수 있다. 예를 들어, 친구가 사용하는 학습전략이 좋은 결과를 얻는 것을 보고, 친구의 학습전략을 모방하면서 자신도 좋은 시험 성적을 얻을 것이라는 기대와 신념을 가질 수 있다. 또한 수업시간에 수업태도가 좋지 않은 학생이 벌 받는 모습을 본 학생은 자신도 비슷한 행동

> **대리적 조건형성**
> 다른 사람의 행동에 제공되는 강화와 벌을 관찰하고, 그 행동의 빈도 정도가 형성되는 과정

을 하면 처벌을 받을 것이라는 기대를 가질 수 있다. 이처럼 인간의 학습은 관찰을 통해 보이지 않는 기대, 신념과 같은 정신적인 과정을 통해서도 이루어질 수 있다.

Bandura(1977)는 **관찰학습**에는 인지적 과정이 개입된다고 보고, 주의집중단계, 파지단계, 재생단계, 동기화단계를 통해 관찰학습의 과정을 설명하고 있다. 첫째, 주의집중단계(attention phase)는 학습이 일어나기 위한 첫 번째 단계로서, 학습자가 모델의 행동에 관심을 가지고 주의집중을 가지게 하는 단계이다. 앞서 모델링의 효과에서 설명했던 것처럼 모델이 학습자와 성(gender), 연령, 문화 등에서 유사성을 가지고 있거나, 사회적으로 유능하거나 높은 위치에 있을 때 학습자는 모델에 더욱 집중하는 경향이 있다. 예를 들면, 수영 강습을 받을 때 유능한 코치가 보여 주는 수영 동작 시범에 집중하는 경우가 이 단계에 해당된다. 둘째, 파지단계(retention phase)는 주의집중을 통해 얻은 모델의 행동이 정신적으로 언어화되거나 시각적으로 표현되어 학습자의 기억에 전이되는 단계이다. 주의집중단계에서 보여 준 수영 코치의 수영 동작의 순서를 차례대로 말로 되뇌거나 시각적 영상으로 생각해 내는 경우가 이에 해당한다. 셋째, 재생단계(reproduction phase)는 모델의 기억된 행동을 학습자가 능숙하게 재생하는 단계이다. 예를 들면, 수영 코치가 보여 준 수영 동작 중 자유형 동작을 기억하고 호흡, 손동작, 발동작 하나하나를 직접 해 보고 수영 코치의 수영 동작과 비교하여 수정하고 그 동작이 자연스러워질 때까지 연습하는 경우이다. 주의집중과 파지가 반드시 학습자의 바람직한 행동을 재생하도록 만드는 것은 아니므로 교사는 학습자가 자신의 행동을 수정하여 모델의 행동을 성공적으로 재생할 수 있도록 도와주어야 한다. 넷째, 동기화단계(motivation phase)는 모델의 행동을 재생한 것에 대해 강화를 기대하면서 동기를 갖게 되는 단계로, 앞서 3단계(주의집중단계, 파지단계, 재생단계)에 모두 관여한다. 즉, 모델의 행동을 기억하고 능숙하게 수행할 수 있게 되더라도 그 행동이 바람직한 결과를 가져오지 않는다면 그 행동을 계속하지 않을 것이다. 3개월 동안 수영 코치가 가르쳐 준 여러 가지 수영 동작을 익히고 연습하였다고 하자. 3개월이 지난 후 수영을 하기 전보다 더욱 건강해졌거나, 기대한 만큼의 체중조절이 되어 주위 사람으로부터 긍정적인 피드백을 받았다면, 이 사람은 계속해서 수영 강습을 계획할 것이다. 이처럼 학습자

의 행동 결과는 수행을 동기화하여 다음 행동수행을 위한 주의집중과 파지, 재
생에 영향을 주게 된다. 조건형성에서 강화가 학습의 조건이 되지만, 사회인지
학습이론에서 강화는 수행의 조건이 된다.

　Bandura(1965)의 관찰학습에 대한 연구는 공격적인 모델이 등장하는 비디오
를 본 아동들의 행동에 관한 것으로, 유명한 보보인형(Bobo doll) 실험을 통해 공
격적인 행동을 하는 성인의 모습을 관찰한 3~6세의 아동이 자신의 인형에게 공
격적인 행동을 함을 보여 주었다. 이 실험에서 그는 아이들을 세 집단으로 나누
어 각기 다른 내용의 비디오를 보여 주었다. 첫 번째 집단의 경우 모델이 공격
적인 행동을 하고 난 후 상을 받는 내용의 비디오를 보여 주었고, 두 번째 집단
의 경우 공격적인 행동 후 벌을 받는 내용의 비디오를 보여 주었다. 마지막 세 번
째 집단에는 공격적인 행동 후 상도 벌도 받지 않는 내용의 비디오를 보여 주었
다. 실험 결과, 세 집단 중 첫 번째 집단의 아동들이 가장 공격적으로 행동했으
며, 벌을 받는 것을 본 두 번째 집단의 아동들이 공격적인 행동을 가장 적게 하였
다. 하지만 흥미로운 결과는 실험에 참가한 세 집단의 아동 모두에게 비디오 속
모델과 같은 행동을 하면 상을 주겠다고 했을 때, 모든 아동이 비디오에서 나온
모델의 행동을 모방했다는 것이다. 이미 보여 준 모델의 행동을 아동들은 모두
학습하고 있었던 것이다. [그림 9-11]은 어른이 인형을 때리는 비디오(A)를 본

[그림 9-11] 관찰을 통한 공격행동의 모방학습 실험(Bandura & Walters, 1963)

남아 (B), 여아 (C)가 모두 어른의 행동을 따라 하는 장면이다(Bandura & Walters, 1963).

그렇다면 어떤 형태의 모델이 가장 공격적 반응을 모방하도록 할까? [그림 9-12]는 모델의 형태에 따라 공격성을 모방하는 수행 정도를 보여 준다. 실제 모델이 공격적인 행동을 하는 것을 보는 경우 아동들이 공격성을 모방하는 빈도가 가장 높았고, 영화 등의 영상물, 만화가 그다음 순서로 나타났다. 따라서 부모나 교사가 폭력을 행사하는 것은 아동들이 폭력성을 학습하는 데 가장 크게 영향을 미칠 수 있으며, 폭력적인 영상물과 만화를 본 아동들은 그러한 행동을 쉽게 학습할 수 있다.

TV와 같은 영상물은 특별한 노력이나 수고를 기울이지 않고도 쉽게 학습되는 특성이 있다. 요즘 아동들은 텔레비전을 보며 많은 시간을 보낸다. 좋은 뉴스는 아동에게 친사회적 모델(prosocial model)을 통해 이타성, 도덕성 등을 키워 줄 수 있다. 인도의 마하트마 간디나 미국의 마틴 루터 킹 목사 등은 비폭력적 행위를 사회변혁으로 이끌어 냄으로써 모델링의 위력을 보여 준 바 있다. 하지만 때로는

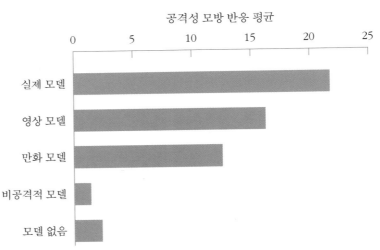

모델의 형태에 따라 공격성을 모방하는 수행의 수를 보여 준다. 실제 모델이 공격적인 것을 보는 경우 가장 많이 모방하였고, 영화 등의 영상물, 만화를 보는 경우가 그다음의 순서로 나타났다. 한편, 공격성이 없는 모델이 제공된 경우가 모델이 없는 경우보다 낮은 공격성을 보여 준 것은 비공격적 모델을 통해 비공격적 행동이 학습되었음을 의미한다. 모델이 제공되지 않았음에도 공격성을 보여 준 것은 인간의 공격본능을 보여 주는 것이다.

[그림 9-12] 모델의 형태에 따른 공격성 모방 반응(Bandura, 1973)

의도하지 않은 고정관념이나 선입견 등의 바람직하지 않은 행동도 학습될 수 있다. 특히 폭력적이거나 반사회적인 영상은 반사회적 효과를 초래할 위험이 있다. 총기난사 사건 이후 모방범죄가 늘어나거나 연예인 자살사건 이후 학생들의 자살이 늘어나는 것 등이 그 예이다. 미국의 한 연구팀은 아동이 〈파워레인저〉를 시청한 즉시 폭력적인 주인공의 행위를 그대로 흉내 내는 폭력적인 놀이가 7배나 증가했다는 연구결과를 발표한 바 있다(Boyatzis, Matillo, & Nesbitt, 1995). 또한 폭력적 영상에 지속적으로 노출된 경우, 폭력에 무감각해지며, 폭력적 희생자의 상처를 덜 심각하게 평가하고 희생자의 아픔에도 덜 공감하게 된다는 연구결과도 있다(Mullin & Linz, 1995).

공격성을 모방하는 것과 관련하여 학습자는 자신과 관찰하는 모델 간의 유사점이 있다고 인식할 때 그 모델의 행동을 모방할 가능성이 높다(Schunk, 1987). 즉, 학습자와 성(gender), 연령, 문화 등이 유사하여 감정이입이 가능한 모델일수록 모방을 통한 학습이 일어날 가능성이 높다. 남자아동과 여자아동을 대상으로 똑같은 공격적 영화를 보여 주었을 경우, 이들이 성인이 된 후 남자가 여자보다 더 공격성이 높았다. 이는 공격성을 보여 주는 영상 속 모델이 남성이었기 때문에 남자아동의 모방이 더 높았기 때문이다. 모델의 행동을 모방할 가능성을 높이는 또 다른 요인은 모델이 가지고 있는 능력과 지위에 대한 학습자의 지각이다. 설령 학습자가 모델과의 유사성이 낮다고 지각하더라도 모델이 높은 능력과 지위를 가지고 있다고 판단될 경우, 모델의 행동을 모방할 가능성은 높아질 수 있다(Eggen & Kauchak, 2004). 특히 부모나 교사 등 자신이 존경할 만하다고 지각하는 사람을 모방할 가능성도 크다. 폭력적인 자식 뒤에는 학대하는 부모가 있고, 폭력적인 남편에게는 폭력적인 아버지가 있는 경우가 많다. 이러한 폭력의 악순환도 관찰학습으로 많은 부분이 설명된다. 특히 어린 시절 배운 것은 쉽게 사라지지 않으며 이렇게 세대 간 전이가 일어나기도 한다. 또한 모델의 신체적 매력도 모방에 영향을 미친다. 아이돌에 열광하며 그 모습을 모방하는 청소년들이 그 예가 될 수 있다. 이 밖에 모델의 행동이 어느 정도의 현실 가능성을 가지고 있는가도 모방을 통한 학습에 영향을 줄 수 있다(Bandura, 1977).

한편, Bandura는 모델링을 통한 관찰학습을 통해 뱀에 대한 공포증을 경감하는 과정을 연구하였다. 이 실험에서 관찰자는 모델이 자연스럽게 뱀을 만지거

[그림 9-13] 모델링을 통해 뱀에 대한 공포를 치료하는 실험(Atkinson et al., 1990)

나 가지고 노는 것을 관찰하고 모방하면서 뱀에 대한 공포를 줄일 수 있었다. 즉, 관찰자는 모델의 행동을 관찰하고 모방하면서 뱀에 대한 공포심을 줄일 수 있는 능력이 자신에게 있다는 믿음과 신념을 형성하게 되고, 이러한 관찰자의 믿음은 실제 뱀에 대한 공포심을 줄여 주었다. 행동주의이론에서는 학습을 관찰 가능한 행동의 변화로 보지만, 사회인지 학습이론에서는 이전과는 다른 행동을 나타낼 수 있는 내적 과정의 변화에 주목한다. 뱀의 공포를 피하는 행동에 영향을 미치는 또 하나의 요인, 즉 자신의 능력에 대한 신념과 기대는 조건화이론에서는 고려하지 않은 정신과정이다.

이처럼 특정한 과제를 수행할 때 필요한 일련의 행동을 조직하고 완성할 수 있다는 자신의 능력에 대한 믿음을 **자기효능감**(self-efficacy)이라고 한다. 자기효능감은 모델의 행동을 관찰하고 모방하는 과정에서 형성되어 한 개인의 행동에 영향을 미칠 수 있다(Bandura, 1986, 1997). 자기효능감을 형성하게 하는 요인에는 과거의 성공 경험, **모델 관찰**, **언어적 설득**, 개인의 심리상태가 있다. 실험 결과에 근거한 그의 이러한 주장은 인간행동을 이해함에 있어 자신과 관련된 인지적 요인의 중요성을 인식한 것으로 행동주의이론을 확장하는 데 기여하였다.

자기효능감의 수준은 학습에 영향을 미친다. 높은 수준의 자기효능감을 가지고 있는 학습자는 모델로부터 더 잘 배울 수 있으며 실패했을 때 더 많은 노력과 과제에 대한 집착력을 보인다. 반면, 자기효능감이 낮은 학습자는 문제가 생겼을 때 쉽게 포기하고 과제 자체를 회피하는 경향이 있다. 〈표 9-2〉는 자기효능감이 학습자의 인지와 행동에 미치는 영향에 대해 설명한 것이다.

자기효능감
자신이 특정한 목표를 달성해 낼 수 있다는 능력에 대한 신념

모델 관찰
능력 수준이 관찰자와 비슷한 모델의 성공적 수행에 대한 관찰은 높은 자기효능감을 유발함

언어적 설득
특정 개인에 대한 타인의 평가를 의미

| 표 9-2 | 자기효능감이 학습자의 인지와 행동에 미치는 영향(Eggen & Kauchak, 2004) |

	높은 자기효능감을 가진 학습자	낮은 자기효능감을 가진 학습자
과제 지향	• 도전감을 느낄 수 있는 과제를 선택함	• 도전감을 느낄 수 있는 과제를 회피함
노력	• 도전감을 느낄 수 있는 과제를 할 때 더욱 노력함	• 도전감을 느낄 수 있는 과제를 할 때 덜 노력함
인내심	• 목표에 도달하지 못했을 때 포기하지 않음	• 목표에 도달하지 못했을 때 포기함
믿음	• 자신이 성공할 것이라 믿음 • 목표에 도달하지 못했을 때 생기는 불안감을 스스로 통제하고 조절함	• 무능하다는 느낌에 집중함 • 목표에 도달하지 못했을 때 불안감을 느낌
전략 사용	• 비생산적인 전략이라고 생각되면 즉시 사용하지 않음	• 비생산적인 전략을 계속 사용함
수행	• 같은 능력을 가정할 때 낮은 자기효능감을 가진 학생보다 높은 수행을 보임	• 같은 능력을 가정할 때 높은 자기효능감을 가진 학생보다 낮은 수행을 보임

2) 자기조절

Bandura는 1980년대에 들어서면서 연구 관심을 좀 더 거시적인 영역으로 확대하고, 사회학습이론을 사회인지이론(social cognitive theory)으로 발전시켰다. 기존의 행동주의이론에서는 환경과 행동 사이에서 환경이 일방적으로 행동을 야기한다고 보았다. 그러나 사회인지 학습이론은 신념이나 기대와 같은 개인, 행동, 환경 모두가 서로 영향을 주고받는 **3요인 상호성**(triadic reciprocal)을 주장하였다. Bandura는 인간을 환경에 반응하기만 하는 존재가 아니라 자신이 스스로 자신의 경험을 구조화하고 조절할 수 있는 존재로 인식하였다. 인간행동을 이해함에 있어 자신과 관련된 인지적 요인의 중요성을 강조하였다. 사회인지 학습이론에서는 학습자의 신념과 기대가 행동과 환경에 영향을 줄 수 있으며, 이는 학습자 자신이 학습에 대해 책임과 통제를 받아들이는 과정인 **자기조절**(self-regulation)을 통해 가능하다고 본다. 학습에서 자기조절을 하는 학습자는 학습목표에 도달하기 위해 목표를 확인하고 그 목표에 도달하기 위해 전략을 채택하

3요인 상호성
신념이나 기대와 같은 개인 요인, 행동, 환경 모두가 서로 영향을 주고받는 것

자기조절
학습자 자신이 학습에 대해 책임과 통제를 받아들이는 과정

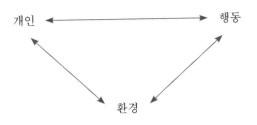

[그림 9-14] 3요인 상호성

고 유지한다. 이를 위해 학습자는 자신의 행동과 생각을 사용한다. 예를 들어, 성적이 좋은 친구의 공부 방법을 관찰하고 계속해서 노력하는 영수라는 한 학생이 있다고 하자. 영수는 친구의 학습전략을 선택하고 관찰하고 유지할 것을 결정한 뒤 강화되었다. 왜냐하면 성적이 좋은 친구의 학습전략대로 공부한다면 친구와 같은 좋은 성적을 받을 수 있으리라는 기대와 신념을 가지고 있기 때문이다. 이러한 영수의 행동은 외부적으로 강화가 주어지지 않아도 자기조절을 통해 행동을 유발하고 유지할 수 있음을 알게 한다.

Bandura는 학습에 영향을 주는 강화를 세 종류로 구분하여 제시하였다. 첫째는 조작적 조건형성의 강화에 해당하는 직접적 강화(direct reinforcement)이다. 둘째는 직접적 강화가 아닌 타인의 행동에 대한 결과에 영향을 받는 대리적 강화(vicarious reinforcement)이다. 셋째는 어떠한 행동에 대해 자기 스스로 자신에게 내적 강화를 주는 '자기강화(self-reinforcement)'이다. 어떠한 행동결과에 대해 아무런 외적 강화를 받지 못하였더라도 재미를 느끼거나 가치를 부여하는 경우 그 행동에 대해 스스로 강화를 주게 되고, 그 행동을 계속하게 된다.

Barry Zimmerman(2002)은 자기조절학습을 목표에 도달하기 위하여 인지, 정서, 행동을 조절하고 사용하는 과정으로 규정하였다. 자기조절학습에서 인지적 요소는 주어진 과제를 암송하거나 조직화할 수 있는 능력을 뜻하고, 정서적/동기적 요소는 과제의 중요성, 가치나 신념, 기대 등을 의미한다. 행동적 요소는 시간이나 상황의 관리, 도움 요청 등 필요한 자원의 활용 등을 포함한다. 자기조절 학습자는 인지적·동기적·행동적 측면에서 자신의 학습과정을 계획, 조절, 통제한다. 그들은 학습에 적극 참여하며, 높은 성취와 뛰어난 능력을 보인다. 이러한 자기조절은 적절한 훈련을 통해 발전시킬 수 있다. 자기조절에 대한 훈련을 통해 학습자는 학습과 성취에 대한 통제력을 향상할 수 있고, 낮은 학업성취를 보이는 학습부진을 완화할 수 있다.

최근 들어, 학생들이 자기주도성을 갖지 못하는 문제를 지적하면서 자기조절 프로그램을 개발하여 학습과정에서 학습자의 책임과 통제를 증가시키고자 하는 경향이 있다. 이들 프로그램은 인지적 자기관리전략과 수정해야 할 특정 행동의 목표를 결합한 것으로, 학습자 스스로 학습목표를 설정하여 자신의 행동을 관찰하고 그 행동을 평가하여 스스로 자기강화하는 방식으로 구성되어 있다. 학생들이 학습에 대한 책임과 통제를 가질 수 있도록 하기 위해서 먼저 교사는 학습자를 면밀하게 관찰해야 한다. 학습자가 자신의 수준에 맞게 학습목표를 설정하고, 학습목표를 구체적으로 양적 수치화하여 설정하도록 지도해야 한다. 또한 학습자 스스로 학습목표에 기초하여 학습해 가고 있는가를 모니터링할 수 있도록 도와주어야 한다. 마지막으로 학습자가 설정한 학습목표의 성취결과를 스스로 평가할 수 있도록 하고 그 결과에 따라 학습자 스스로 학습행동을 강화할 수 있도록 지속적인 모니터링을 해야 한다.

이와 같이 Bandura는 행동주의의 이론적 기반을 확대함으로써 행동주의와 인지심리학의 접목을 위한 다리 역할을 하였다.

3) 교육적 시사점

학교에서 학생들은 모방과 관찰을 통해 많은 것을 배운다. 학생들은 또래 친구의 학습방법을 보거나, 교사가 체육시간에 여러 가지 운동기구를 다루는 방법을 보면서 새로운 기술과 지식을 배운다. 관찰학습은 조작적 조건형성을 통해 학습을 유발하기 어려울 때 효과적으로 사용할 수 있다. 예를 들어, 학생들에게 건강보건 교육을 실시하는 경우에는 학생들이 올바른 행동을 할 때마다 강화를 제공하여 보건생활을 습관화하는 것보다는 학생들에게 건강한 생활을 하기 위해 필요한 손 씻기, 목욕하기, 양치질하기, 편식하지 않기, 규칙적인 생활하기 등의 내용이 담긴 영상을 보여 주고 학생들이 이와 같은 행동을 따라 하는 것이 더 효과적일 것이다. 관찰학습을 통해 학생들은 새로운 행동을 학습하거나, 이미 학습한 행동을 촉진할 수 있다. 즉, 영상 속에서 자신과 비슷한 또래의 친구가 건강한 생활습관으로 칭찬받는 것을 보면 자신이 알고 있던 건강한 생활 행동을 자주 수행하게 될 것이다.

또한 관찰학습을 통해 행동을 억제하거나 억제된 행동을 약화할 수 있다. 영상 속의 또래 모델의 행동이 부정적인 결과를 초래하는 것을 보고 그와 유사한 행동을 감소시키거나, 그동안 자신이 알고 있던 억제된 행동을 영상을 통해 더욱 감소시키고자 할 것이다. 안전교육에 대한 영상물에서 위험한 행동으로 모델이 다치는 모습을 보게 된다면, 학생들은 경각심을 가지고 그러한 행동을 억제하게 될 것이다. 그러나 어떤 학생이 규칙을 위반하고도 벌을 받지 않는 것을 보게 되면, 관찰을 통해 억제된 부정적인 행동이 다시 나타날 수도 있다. 예를 들어, 지각을 한 학생에게 아무런 벌을 제공하지 않는 교사의 태도를 보게 되면 학생들은 지각하지 않으려는 행동이 약화될 것이다. 따라서 교사는 강화와 벌의 사용에 있어 일관성과 적절성을 가짐으로써 관찰하고 있는 학생들의 바람직한 행동은 촉진하고 바람직하지 않은 행동은 억제하여야 할 것이다. 교사는 학생들이 교실에서 모델링을 통해 학습한다는 사실을 항상 기억하며 모델링을 통한 학습결과에 대해서도 주의를 기울여야 한다. 때로는 교사가 의도하지 않은 학습결과가 나타날 수 있기 때문이다.

한편, 관찰학습을 통해 학생들은 행동적인 측면뿐 아니라 정서적인 측면도 학습한다. 많은 시간을 학교에서 보내는 학생들은 교실에서 보여 주는 교사의 여러 가지 태도를 통해 정의적인 측면을 학습한다. 수업시간에 교사가 보여 주는 지적 호기심, 학생들과의 상호작용, 교사의 감정 표출 등을 통해 학생들은 정서를 학습해 나갈 수 있다. 즉, 수학 시간에 수학 공부하는 것을 진정으로 즐기는 교사의 모습을 보면서 학생들은 학업에 있어 비슷한 흥분을 경험할 수 있다. 학생들과 소통하고 열정적으로 강의하는 선생님의 모습을 보면서 교사라는 직업에 대해 흥미를 가질 수도 있다. 자신의 질문에 항상 관심을 갖고 대하는 선생님의 태도를 통해 학생들은 대인관계 기술을 습득할 수도 있을 것이다. 반면, 화가 나면 자신의 감정을 통제하지 못하고 학생들을 대하는 교사의 감정 표출은 학생들로 하여금 잘못된 자기감정 조절을 배우게 할 수도 있다.

모델은 언행이 일치할 때 그 효과가 크다. 아동에게 항상 관찰의 대상이 되고 모델이 되는 교사나 부모는 언행일치를 위해 노력해야 한다. 말하는 것과 행동하는 것이 일치하지 않을 경우, 두 가지를 모두 학습함으로써 위선적인 태도까지도 학습할 수 있기 때문이다.

연구문제

1. 다음 사례를 읽고 고전적 조건형성의 원리를 적용하여 무조건자극, 무조건반응, 조건자극, 조건반응에 해당하는 요소를 찾아 설명하시오.

> 수진이는 종례시간에 선생님이 '다음 주에 시험'이라고 발표하는 순간부터 매우 불안해지며 속까지 메스꺼워졌다. 이러한 현상이 나타나게 된 원인은 전에 시험에서 실패한 후 부모님께 심한 꾸지람을 들어서 불안감을 경험했기 때문이다. 지금은 시험 결과를 알기도 전에 시험 발표만 나도 불안을 느낀다.

2. 교실에서는 학생들의 다양한 문제행동이 발생한다. 교사는 이러한 학생들을 지도하기 위해 많은 고민과 노력이 필요하다. 또한 적절한 지도 전략이 요구된다. 다음 사례에 대해 조작적 조건형성의 상, 벌의 개념을 적용하여 문제의 원인과 해결방안을 모색해 보시오.

> 다음은 수업 중 문제행동을 보이는 학생 때문에 고민하고 있는 두 교사의 대화이다.
>
> 박 교사: 수업시간에 만화책만 보고 떠드는 우리 반 학생 지성이 때문에 걱정이 많아요.
>
> 김 교사: 지성이가 작년에도 그러더니……, 벌을 좀 줘야 할까요?
>
> 박 교사: 아무리 혼을 내고 지적을 해도 소용이 없어요. 혼을 내도 반성하기는커녕 더 신난 듯이 보인다니까요.
>
> 김 교사: 걱정이네요. 우리 반에도 그런 학생이 있어요. 민수는 수업 중에 잠을 자는 건지 엎드려서 고개도 잘 들지 않아요.
>
> 박 교사: 그 반에는 '특권제도'가 있어 아이들이 열심이라고 들었는데요?
>
> 김 교사: 맞아요. 수업시간에 열심히 하면 '축구 시간을 늘려 주는 특권'을 상으로 걸었는데도 그 아이에게는 소용이 없네요. 다른 아이들은 그 특권을 얻으려 모두 열심인데 말이지요.

3. 초 · 중 · 고등학교 학생들이 쉽게 접할 수 있는 대중매체의 내용에 교사나 부모가 관심을 가져야 하는 이유를 관찰학습이론의 입장에서 서술하시오.

20세기 초, 자극과 반응의 관계를 인간의 학습에 적용한 행동주의이론은 미국을 중심으로 심리학계를 장악하였다. 그러나 인지심리학자들이 행동주의이론으로는 설명하기 힘든 인간의 사고과정과 행동에 대한 연구를 발표하면서 행동주의이론을 비판하기 시작하였다. 그리고 신경과학, 의료기술, 컴퓨터의 발달은 인간의 뇌와 사고과정에 대한 신비한 사실들을 밝혀냄으로써 인지심리학자들의 주장을 뒷받침해 주었다. 이에 따라 20세기 중반 행동주의의 영향력은 급속히 퇴조하였고 행동주의의 자리를 인지주의가 차지하게 되었다.

인지주의 학습이론의 주요 원리는 다음과 같다.

첫째, 학습자는 능동적인 존재이다. 행동주의 관점에서 학습자는 환경에 반응하는 수동적인 존재이다. 그러나 인지주의 관점에서 학습자는 새로운 정보를 적극적으로 받아들이며, 능동적으로 지식을 구성한다. 특히 학습자는 제시된 정보를 있는 그대로 부호화하는 것이 아니라 자신의 사전지식과 연계하여 지식을 능동적으로 구성한다.

둘째, 인간의 반응은 사전경험에 따라 다양하다. 인지주의 관점에서 학습자의 머리는 진공상태가 아니다. 학습자는 자신의 다양한 경험을 토대로 다양한 학습성과를 나타낸다. 반면, 행동주의자들은 백지설의 인간관을 가지고 있어서 인간의 인지과정을 중시하지 않는다. 이들은 종을 치면 침을 흘리는 Pavlov의 개처럼 인간도 고전적 조건형성 과정을 통해 자극 1을 주면 반응 1만을 한다고 가정한다. 하지만 인간은 개와 다르다. 종에 대한 인간의 반응은 사전경험에 따라 다양할 수 있다. 수업 시작 종소리는 지난 시간 칭찬을 받은 재석이에게는 콧노래를 부르게 할 수 있고, 지난 시간 졸다가 혼난 시윤이에게는 싫은 표정을 짓게 할 수 있다. 이와 같이 인간은 자극 1을 주면 사전경험에 따라 반응 1, 반응 2 또는 그 이상의 다양한 반응을 할 수 있다.

셋째, 학습은 행동잠재력의 변화까지 포함한다. 행동주의는 학습을 직접 경험에 근거한 행동의 변화로 정의하였다. 그리고 변화는 밖으로 표출되는 시행착오를 통해 점진적이어야 한다고 하였다. 하지만 인지주의는 학습을 직접 경험을 뛰어넘는 행동의 변화 그리고 행동잠재력의 변화로 정의하였다. 즉, 변화의 과정이 내면적으로 이루어진다는 것이다.

표 10-1	행동주의와 인지주의 학습이론의 비교	
	행동주의 학습이론	인지주의 학습이론
인간관	백지설, 수동적 존재	백지설 거부, 능동적 존재
학습과정	자극과 반응의 연합을 통한 점진적인 행동의 형성	종종 갑작스러운 통찰을 포함한 인간의 인지구조의 변화
학습의 범위	직접 경험에 근거한 행동의 변화	직접 경험을 뛰어넘는 행동잠재력의 변화

이제 인지주의 학습이론의 대표적인 학자와 이론을 살펴볼 것이다. 우선, 인지주의 학습이론의 출현에 영향을 미친 Tolman의 잠재학습과 Köhler의 통찰학습을 살펴본 후, 대표적인 인지주의 학습이론인 정보처리이론을 살펴볼 것이다.

1. 잠재학습

Edward Tolman은 행동주의 학자들과 마찬가지로 연구에서의 객관성을 강조하고 동물을 대상으로 연구를 진행하였다. 하지만 그는 학습을 단순한 자극과 반응의 연합으로 설명하는 행동주의와 달리 눈에 보이지 않는 인지적 변화도 학습에 포함된다고 주장하였다.

이를 증명하기 위하여 그는 쥐의 미로실험 결과를 제시하였다. 그는 쥐들을 서로 다른 강화 조건을 가진 세 집단으로 나누어 미로학습을 시켰다. 첫 번째 집단의 쥐들은 첫날부터 미로 찾기 학습에 성공할 때마다 강화, 즉 먹이를 받았다. 두 번째 집단의 쥐들은 성공하여도 어떠한 강화를 받지 못하였다. 세 번째 집단의 쥐들은 첫날부터 10일째까지는 강화를 받지 못하다가 11일째부터 강화를 받았다.

그 결과는 [그림 10-1]과 같다. 즉, 첫 번째 집단은 실수를 범하는 횟수가 꾸준히 줄어들었지만 두 번째 집단은 실수가 크게 줄어들지 않았다. 이 두 집단의 결과는 행동주의의 강화이론으로 설명할 수 있다.

한편, 세 번째 집단은 10일까지 두 번째 집단과 비슷한 실수를 보이다가 11일

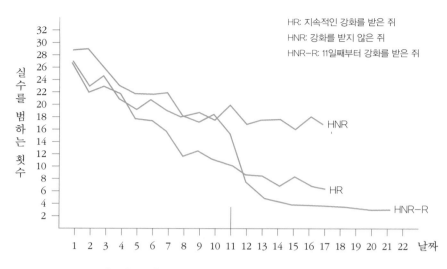

HR: 지속적인 강화를 받은 쥐
HNR: 강화를 받지 않은 쥐
HNR-R: 11일째부터 강화를 받은 쥐

[그림 10-1] Tolman의 실험(Tolman & Honzik, 1930)

째부터 실수가 급격하게 줄어들어 12일째부터는 첫 번째 집단과 비슷한 정도의 실수를 하였다. 이러한 결과는 행동주의이론으로 설명하기 어렵다. 행동주의이론이 맞다면, 세 번째 집단의 실수 정도는 11일째부터 점진적으로 줄어들다 20일째쯤 되었을 때 첫 번째 집단과 비슷한 정도로 나타나야 한다. 하지만 세 번째 집단은 12일째에 첫 번째 집단과 비슷한 정도의 실수를 보였다.

따라서 Tolman과 Honzik(1930)의 연구는 세 번째 집단의 쥐들이 10일 동안 강화물이 없어도 무언가를 학습했음을 시사한다. 이들의 머릿속에는 미로에 대한 지도가 이미 그려져 있었던 것이다. Tolman은 이를 **인지도**(cognitive map)라고 하였다. 인지도는 환경의 여러 특성과 위치에 관한 정보를 그림 또는 지도와 같이 형태화한 정신적 표상이다.

그의 연구는 또한 눈에 보이는 행동의 변화만이 학습은 아니라는 것을 증명한다. 눈에 보이지 않는 인지적 변화도 학습이며, 이러한 학습은 강화와 관계없이 일어날 수 있다는 것이다. Tolman은 이러한 학습을 **잠재학습**(latent learning)이라고 하였다.

그의 연구에서 강화물은 잠재학습을 직접 관찰할 수 있는 행동으로 표현하게 만드는 유인책의 역할을 한다. 이와 같이 Tolman은 학습이란 단순히 자극-반응의 연합이 아니라, 어떤 행동을 하면 특정한 결과를 얻을 것이라는 기대를 학

인지도
환경의 여러 특성과 위치에 관한 정보를 그림 또는 지도와 같이 형태화한 정신적 표상

잠재학습
학습이 실제로 일어났지만 그것이 직접 관찰할 수 있는 행동으로 나타나지 않은 학습

습하는 과정이고, 그 결과를 얻기 위해 행동한다고 주장한다. 즉, 행동의 목적지 향성을 강조한다. 따라서 그의 이론을 목적적 행동주의(purposive behaviorism) 라고 부른다. 그는 행동주의의 '자극 → 반응'의 공식에 유기체를 포함한 '자극(S) → 유기체(O) → 반응(R)'의 공식을 제안함으로써 인간의 행동을 결정하는 유기 체의 기대, 목적, 인지도 등 내부 인지과정의 중요성을 역설하였다.

2. 통찰학습

독일에서 출현한 형태주의(Gestalt theory)는 유기체가 환경을 있는 그대로 받아들이는 것이 아니라, 환경을 능동적으로 구조화하고 조직함으로써 형태 (Gestalt)를 구성한다고 하였다.

대표적인 형태주의이론가인 Wolfgang Köhler는 행동주의자들의 자극-반응 의 연합을 통한 점진적인 반응으로서의 학습을 거부하였다. 그는 아프리카에서 유인원연구소 소장으로 근무하면서 침팬지의 문제해결능력을 알아보는 실험을 하였다. 그는 침팬지 우리 안에 바나나를 높이 매달아 놓고 침팬지의 행동을 관 찰하였다. 침팬지는 바나나를 따려 해도 손이 닿지 않자 이내 포기한 듯 구석에 가서 앉아 우리 안에 있는 상자들을 한참 쳐다보더니 어느 순간 갑자기 일어나 서 상자를 쌓고 그 위에 올라가 바나나를 따서 먹었다.

이러한 침팬지의 문제해결은 행동주의이론의 한계점을 드러내었다.

첫째, 행동주의에 따르면 학습은 지속적인 시행착오를 경험하면서 점진적으로 문제를 해결하는 과정이다. 그러나 Köhler의 실험에서 침팬지는 문제해결과정에 서 오차가 거의 발생하지 않았으며, 갑자기 완전한 형태로 문제를 해결하였다.

둘째, 행동주의에 따르면 학습은 자극과 반응의 반복적인 연합으로 이루어진 다. 따라서 침팬지로 하여금 여러 개의 상자를 쌓도록 하기 위해서는 상자를 하 나씩 이용할 때마다 강화를 주어야 한다. 그러나 Köhler의 실험에서 침팬지는 강화를 받지 않았음에도 한순간에 여러 개의 상자를 조합할 수 있었다.

이러한 실험을 통해 Köhler는 행동주의이론만으로는 침팬지를 포함한 고등동 물의 인지과정을 설명하기 어렵다고 판단하고 학습에서의 통찰이론을 제안하였

[그림 10-2] 도구를 사용하여 문제를 해결하는 통찰학습 실험

다. 통찰학습은 문제상황에서 관련 없는 여러 요인이 갑자기 완전한 형태로 재구성되어 문제를 해결하는 것을 뜻한다. 즉, 서로 관련 없던 부분의 요소들이 유의미한 전체로 갑자기 파악되면서 문제해결을 위한 수단과 목적으로 결합된다. 이때 학습자는 '아하' 현상을 경험하게 된다. 이와 같은 통찰을 통해 획득된 지식은 다른 상황에 쉽게 전이되며 오랫동안 기억된다.

이러한 통찰은 그리스의 물리학자인 아르키메데스도 경험하였다. 그리스 시칠리아섬인 시라쿠사의 왕 히에론이 갓 만든 금관을 구했는데, 그 금관에 은이 섞였다는 소문을 듣게 되었다. 왕은 아르키메데스를 불러 그것을 감정하라고 명하였다. 며칠 동안 생각에 골몰하던 아르키메데스는 우연히 목욕탕에 가게 되었다. 그곳에서 그는 문득 욕조에 몸을 담글 때 물이 넘치는 것을 보고 "유레카!(Eureka, 알았다!)"를 외치며 옷도 입지 않은 채 목욕탕에서 뛰쳐나왔다. 즉, 그는 금관의 감정이라는 문제상황과 욕조의 물이 넘치는 상황을 유의미한 전체로 파악하면서 문제해결을 위한 의미 있는 인지구조를 형성한 것이다. 그는 연구실로 돌아와서 금관과 같은 무게의 순금덩이와 금관을 물속 저울대에서 달아 보았고 저울대가 순금덩이 쪽으로 기울어지는 것을 확인하였다. 즉, 위조 왕관에는 은이 섞여 있어 같은 무게의 순금보다도 부피가 크고 따라서 그만큼 부력도 커진다는 것을 발견한 것이다. 이와 같은 통찰을 통해 획득된 원리는 부력의 법칙으로 정립되어 배가 뜰 수 있는 기본 원리를 제공하는 등 다양한 문제해결에 활용되었다.

3. 정보처리이론

정보처리이론(information processing theory)은 컴퓨터의 정보처리과정에 기초하여 인간의 인지과정을 밝힌 이론이다. Atkinson과 Shiffrin(1968)에 의해 처음 제안된 이 이론에 따르면, 컴퓨터가 정보를 입력, 저장, 인출해 내듯 인간도 정보를 받아들이고 저장하며 인출한다. 즉, 감각기관으로 들어오는 모든 정보는 우선 감각기억에 매우 짧은 시간 동안 저장된다. 이들 중에서 중요하다고 판단된 정보는 주의와 지각의 과정을 거쳐 작업기억으로 이동한다. 작업기억은 지금 이 순간 활성화된 기억 저장소로서 기억용량과 저장시간이 제한되어 있다. 따라서 파지가 필요한 정보는 부호화 과정을 거쳐 용량과 저장기간의 제한이 없는 장기기억에 저장된다. 저장된 정보는 필요에 따라 인출되어 작업기억을 통해 반응으로 나타난다. 그리고 이 모든 과정은 초인지에 의해 통제 및 조절된다. Atkinson과 Shiffrin(1968)은 기억 저장소로 감각기억, 단기기억, 장기기억을 제시하였으나, 작업기억(working memory)이 Baddeley(1986)에 의해 소개된 후 단기기억의 특징을 포함한 개념으로 많은 지지를 받고 있다. 단기기억은 짧은 기간 동안 정보를 보유하는 저장소인 반면, 작업기억은 저장 기능뿐 아니라 조작기능을 포함한다는 점에서 서로 다르다. [그림 10-3]은 정보처리 모형을 그림으로 제시한

> **정보처리이론**
> 컴퓨터의 정보처리과정에 기초하여 인간의 인지과정, 즉 정보를 받아들이고 저장하며 인출해 내는 과정을 밝힌 이론

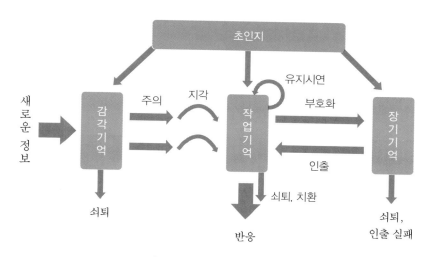

[그림 10-3] 정보처리 모형

것이다. 이제 기억 저장소의 특성과 기억의 과정에 대해 자세히 알아본다.

1) 기억 저장소

(1) 감각기억

감각기억
환경으로부터 들어온 자극 또는 정보를 원래의 형태 그대로 매우 짧은 시간 동안 보존하는 저장고

감각기억(sensory memory)은 환경으로부터 들어온 자극 또는 정보를 원래의 형태 그대로 잠시 보존하는 저장고이다. 즉, 시각적 정보는 시각적 형태로, 청각적 정보는 청각적 형태로 짧은 시간 동안 유지된다. 우리는 불 꺼진 방 안에서 전깃불을 금방 켰다 끄면 방 안의 모습의 영상이 짧게 남아 있는 것을 경험해 본 적이 있을 것이다. 또는 도서관에서 공부에 몰두하고 있는데 친구가 "커피 마실래?"라고 물을 때, 우리는 친구가 무슨 말을 했는지 알 수 없어서 "뭐라고?" 하고 되물은 후, 금방 "아~ 커피? 아니, 안 마실래."라고 답했던 경험을 가지고 있을 것이다. 이는 친구의 질문이 잠시 우리의 감각기억에 남아 있었기 때문이다. 이러한 현상이 감각기억을 증명해 준다.

감각기억의 용량은 상당히 크지만, 즉시 처리되지 않으면 정보는 금세 사라진다. 감각기억에서 정보가 보존되는 시간은 1~4초(시각적 정보는 약 1초, 청각적 정보는 2~4초)밖에 되지 않는다(Pashler & Carrier, 1996).

(2) 작업기억

작업기억
지금 이 순간 활성화된 기억으로, 용량과 머무는 시간에 한계가 있다.

주의와 지각의 과정을 거친 정보는 우리의 기억체계의 두 번째 기억 저장소인 **작업기억**(working memory)으로 전달된다. 작업기억은 새로운 정보를 조작하여 저장하거나 행동적인 반응을 하는 곳으로, 지금 이 순간 의식적으로 활성화된 기억 저장고이다. 따라서 작업기억은 작업대로 비유될 수 있다. 작업기억이라는 작업대 위에는 감각기억에서 넘어온 새로운 자극과 장기기억에서 인출해 온 지식이 놓여 있다. 즉, 작업기억에서 우리의 기억체계는 새로운 자극과 관련된 지식을 장기기억에서 꺼내 와서 새로운 자극을 체계적으로 조직하여 저장하거나 자극에 대한 반응을 행동으로 표현한다.

작업기억은 중앙 집행부(central executive), 조음 루프(phonological loop), 시공간 스케치판(visual-spatial sketchpad)으로 구성된다(Baddeley, 1986). 중앙 집행부

는 작업기억 내의 작동을 통제하는 역할을 맡는다. 즉, 정보의 흐름을 통제하고, 여러 전략 중에서 정보처리에 적절한 전략을 선택하고, 정보를 장기기억으로 전이한다. 조음 루프는 말과 소리에 기초한 정보를 짧은 시간 동안 저장하는 공간으로, 유지시연을 통해 정보를 파지한다. 시공간 스케치판은 시각적·공간적 정보를 단기적으로 저장하는 곳이다. 조음 루프와 시공간 스케치판은 저장기간이 짧다는 점에서 그동안 연구자들이 단기기억(short-term memory)으로 간주했던 부분을 대신 설명해 준다(Eggen & Kauchak, 2010). 주의력결핍 과잉행동장애 아동은 정상 아동만큼 효과적으로 언어적·공간적 정보를 시연할 수 있으나, 중앙집행부에 결함이 있는 경우가 많고(Karateken, 2004), 읽기장애를 가진 아동은 조음 루프의 기능에 문제가 있는 경우가 많다(Kibby, Marks, & Morgan, 2004).

작업기억은 우리의 기억체계에서 중심적인 역할을 하지만 작업대 위의 공간이 제한되듯 기능적 한계를 가진 기억 저장소이다. 즉, 작업기억에 들어온 정보는 기억전략을 쓰지 않을 경우 약 10~20초 동안만 유지되고, 용량도 7±2개(item)로 제한된다. 따라서 오래 기억되어야 할 정보는 부호화의 과정을 통해 장기기억으로 이동되어야 한다.

한편, 작업기억에 정보를 유지할 수 있는 방법이 있다. 바로 유지시연(maintenance rehearsal)이다. 유지시연은 작업기억에 들어온 정보를 변형하지 않고 있는 그대로 반복적으로 되뇌는 과정이다. 이 방법은 학습자가 사실적 정보, 가령 구구단이나 알파벳, 전화번호 등을 암송할 때 자주 쓴다. 일반적으로 유지시연은 정보가 사용될 때까지만 그 정보를 작업기억에 유지한다. 유지시연을 충

[그림 10-4] 작업기억의 구성 요소

분히 하면 정보는 장기기억으로 이동될 수 있다. 하지만 유지시연은 비효과적인 부호화 전략이다. 왜냐하면 장기기억 속에서 이 정보는 고립된 상태로 존재하기 때문이다. 그리고 유지시연을 통해서는 정보를 이해하거나 새로운 상황에 적용할 수 없다.

(3) 장기기억

장기기억
정보가 최종적으로 저장되는 저장고로, 용량과 머무는 시간에 제한이 없다.

작업기억의 정보는 부호화 과정을 통해 장기기억(long-term memory)에 저장된다. 작업기억은 용량과 저장기간에서의 기능적 한계가 있는 반면, 장기기억은 용량이 무제한이며 저장기간도 영구적이다. 한편, 지금 이 순간 활성화된 기억인 작업기억과 달리 장기기억은 비활성화된 상태이다. 따라서 정보를 인출하려면 저장되었던 정보가 작업기억으로 이동하여야 한다.

장기기억은 일화기억(episodic memory), 의미기억(semantic memory), 절차기억(procedural memory)으로 분류된다. 일화기억은 20세 크리스마스 때 있었던 일, 첫 MT 때 했던 게임 또는 오늘 아침 식사에서 먹었던 것과 같이 우리 인생에서 일어났던 사건의 의식적 기억을 뜻한다. 한편, 의미기억은 사실에 관한 지식으로, 어떤 사건과 관련되지는 않는다. 즉, 석굴암이 경주에 있다는 것, 시간을 말하는 방법, 우리나라 초대 대통령이 누구인지에 대해 아는 것이다. 한 퇴역군인이 베트남 전쟁이 1970년대에 있었음을 아는 것은 의미기억을 사용한 것이고, 그 전쟁에서 그의 경험을 기억하는 것은 일화기억이다. 절차기억은 자전거 타기, 운전하기, 수영하기와 같이 어떤 것을 하는 방법을 기억하고 운동기술과 인지기술을 학습하는 것을 뜻한다. 기술을 계속 연습함에 따라 이러한 기억은 더

표 10-2 기억의 특성

	감각기억	작업기억	장기기억
부호 형태	감각적 특징	식별된 청각적 · 시각적 · 감각적 특성	의미적 · 시각적 지식, 추상적 개념, 심상
용량	매우 큼	7±2개	무한대
저장기간	1~4초	약 10~20초(시연으로 좀 더 길어질 수 있음)	영구적
망각	쇠퇴	치환, 쇠퇴	쇠퇴, 인출 실패

효율적이게 되고 거의 의식하지 않고 수행할 수 있게 된다.

2) 기억과정

(1) 주의

감각기억에서 중요하다고 판단된 자극이나 정보에 우리는 주의(attention)를 기울인다. 주의를 받은 정보는 감각기억에서 작업기억으로 이동된다. 반면, 중요하지 않다고 판단되어 주의를 받지 못한 대부분의 정보는 소멸된다. 우리는 집중해서 수업을 들을 때 밖에서 들리는 공사 소음, 선풍기가 돌아가는 소리, 친구가 볼펜 떨어뜨리는 소리 등을 인식하지 못한다. 이는 우리의 감각기억이 우리의 뇌로 하여금 더 중요한 것에 초점을 맞추도록 중요하지 않은 자극을 차단하였기 때문이다. 우리는 이 과정을 거의 의식하지 못한다.

이와 같이 주의는 우리의 기억과정에서 블라인드와 같은 역할을 한다. 즉, 블라인드가 열린 상태에서는 빛이 쉽게 통과하지만, 블라인드가 닫힌 상태에서는 아무리 밖에서 밝은 빛이 비춘다 하더라도 그 빛은 블라인드를 통과하지 못한다. 마찬가지로 우리가 주의를 기울이지 않으면 그 아무리 강력한 정보라 할지라도 우리의 기억과정에 들어오지 못한다.

> **주의**
> 특정한 자극에만 신경을 쓰고 관심을 기울이는 과정

(2) 지각

우리의 기억체계는 주의를 받은 자극을 즉시 처리하기 시작한다. 처리과정에서 우리는 자극을 있는 그대로 받아들이는 것이 아니라 우리의 과거 경험, 지식, 동기 등의 요인을 토대로 그 자극을 해석하고 의미를 부여한다. 이 과정이 바로 **지각**(perception)이다.

예를 들어, [그림 10-5]를 보라. 컵으로 보이는가? 아니면 사람의 옆 얼굴로 보이는가? 목이 마르거나 또는 도자기를 굽는 공예가라면 이 그림을 '컵'이라고 지각했을 수 있다. 반면, 메이크업 아티스트나 조금 전에 거울을 보고 난 후라면 이 그림을 '사람의 옆 얼굴'로 지각할 수 있다. 이와 같이 우리는 동일한 자극도 서로 다르게 지각한다. 따라서 [그림 10-3]에서 지각은 자극을 있는 그대로 수용하는 것이 아니라, 개인

> **지각**
> 자극을 해석하고 의미를 부여하는 과정

[그림 10-5] 지각의 예

마다 서로 다른 해석과 의미를 부여한다는 의미에서 곡선으로 표현된다.

학습에서 정확한 지각은 매우 중요하다. 교사는 모든 학생이 같은 지각을 할 것이라고 생각하지만 이는 착각이다. 학생들은 자신의 경험을 토대로 새로운 정보를 곡해할 수 있으며, 왜곡된 정보가 작업기억과 장기기억에 저장될 수 있다. 따라서 교사는 학생들의 지각이 정확한지 확인해야 한다.

(3) 부호화

부호화
새로운 정보를 장기기억에 표상하는 과정

부호화(encoding)는 새로운 정보를 장기기억에 표상하는 과정이다. 즉, 작업기억에 들어온 정보를 있는 그대로 저장하는 것이 아니라 시각적 또는 언어적 상징의 형태로 전환하여 저장하는 과정이다. 이는 기계적 암기와 달리 새로운 정보를 유의미하게 만들고 장기기억에 저장되어 있는 정보와 연결하고 결합한다. 이러한 과정을 통해 새로운 정보는 작업기억에서 장기기억으로 이동한다. 만약 정보가 부호화되지 않으면 그 정보는 작업기억에서 사라진다. 부호화는 정교화, 조직화, 심상을 통해 촉진될 수 있는데, 이들에 대해서는 학습전략 부분에서 자세히 다룬다.

(4) 인출

인출
장기기억에 저장된 정보를 작업기억으로 이동시키는 과정

인출(retrieval)은 저장된 정보 자체를 사용하거나 새로운 정보를 부호화하기 위해 장기기억에 저장된 정보를 작업기억으로 이동시키는 과정이다. 인출 여부는 정보가 부호화된 맥락과 방법의 영향을 받는다. 즉, 정보가 저장되었던 맥락과 같은 환경에서는 정보 인출이 쉽지만, 저장되었던 맥락과 다른 환경에서는 정보 인출이 좀 더 어려워진다. 예를 들어, 학교에서 본 선생님을 마트에서 만난다면 선생님의 이름이 번뜩 떠오르지 않을 수 있다. 이는 선생님의 이름이 학교 맥락에서 부호화되었기 때문이다. 정보가 어떠한 방법 또는 전략으로 장기기억에 저장되었는지도 인출에 중요한 영향을 미친다. 즉, 정보가 장기기억에 더 유의미하게, 더 자세하게, 기존 정보와 더 공고하게 연결될수록 인출은 더 쉬워진다.

3) 망각

망각은 이전에 경험하였거나 학습한 것에 대한 기억을 일시적 또는 영속적으로 떠올리지 못하는 것을 뜻한다. 망각은 모든 기억 저장소에서 일어난다. 감각기억에서의 망각의 주요 원인은 정보의 쇠퇴(decay)이다. 이는 시간이 지남에 따라 기억의 흔적이 사라지는 것을 말한다. 작업기억에서의 망각의 주요 원인은 쇠퇴와 치환이다. 치환(displacement)은 작업기억의 용량 한계 때문에 나타나는 현상으로 새로운 정보가 이전의 정보를 밀어내고 대신 자리를 차지하는 것을 뜻한다.

장기기억은 용량도 무제한이고 저장기간도 제한되어 있지 않으나, 저장된 정보의 인출 실패로 망각이 일어난다. 많은 연구자는 망각이 실제로는 장기기억에서 정보를 인출하지 못해 발생한다고 설명한다(Williams & Zacks, 2001). 우리는 동창모임에서 옛 친구들과 있었던 에피소드를 이야기한다. 그럴 때면 어김없이 분명히 알았는데 갑자기 생각나지 않는 이름이 있다. "걔 있잖아~ 키 크고 눈썹 진했던 애. 그 애 이름이 뭐였더라? 갑자기 기억이 안 나네." 우리의 머릿속에는 분명히 정보가 있지만, 우리는 그 정보를 찾아낼 수 없다. 이러한 현상을 설단현상(舌端現象, tip of the tongue phenomenon)이라고 한다. 즉, 어떤 사실을 알고 있기는 하지만 말하려고 할 때 갑자기 말문이 막히면서 혀끝에서만 빙빙 맴돌 뿐 말로 표현되지 않는 것을 말한다. 이는 인출 실패로 나타나는 현상이다.

인출 실패의 원인 중 하나는 간섭이다. 간섭(interference)은 과거에 학습한 지식 또는 최근에 학습한 지식이 기억하고자 하는 정보의 인출을 방해하는 것을 말한다. 예를 들어, B라는 영화만을 본 친구는 A, B, C, D의 여러 영화를 본 친구보다 B라는 영화를 더 정확하게 기억한다. 간섭에는 역행 간섭과 순행 간섭이 있다. 역행 간섭(retroactive interference)은 새로운 정보가 기존의 정보의 기억을 방해하는 것을 말한다. 우리는 이사 오기 전에 살았던 집 주소를 잘 기억하지 못한다. 이는 현재 살고 있는 집 주소에 대한 기억 때문이다. 반면, 순행 간섭(proactive interference)은 기존의 정보가 새로운 정보의 기억을 간섭하는 것을 말한다. 우리는 인터넷 사이트에 로그인을 할 때 예전의 비밀번호만 기억나고 최근에 바꾼 비밀번호가 떠오르지 않아 곤란해하곤 한다. 이는 이전 비밀번호에 대한 기억이 새로운 비밀번호의 기억을 간섭하였기 때문이다.

> **망각**
> 이전에 경험하였거나 학습한 것에 대한 기억을 일시적 또는 영속적으로 떠올리지 못하는 것

> **간섭**
> 과거에 학습한 지식 또는 최근에 학습한 지식이 기억하고자 하는 정보의 인출을 방해하는 것

　따라서 교사는 비슷한 개념을 함께 가르쳐서는 안 된다. 하지만 우리는 종종 비슷한 개념을 함께 배운다. 예를 들어, 경도와 위도를 함께 배우고, 형용사를 배운 후 바로 부사를 배운다. 그러나 두 개의 매우 비슷한 개념 또는 기술을 동시에 가르치는 것은 간섭을 유발하여 학습자로 하여금 어떤 것도 학습하지 못하도록 한다(Sousa, 2006). 따라서 같은 날 서로 매우 유사한 두 개의 개념을 함께 가르치는 것은 지양하도록 한다. 만약 두 개념을 함께 가르쳐야 한다면, 두 번째 개념을 가르칠 때에는 첫 번째 개념과의 차이점을 먼저 부각하는 것이 좋다.

　인출 실패로 인한 장기기억의 망각은 회상과 재인의 개념을 통해서도 확인할 수 있다. 회상(recall)은 어떠한 단서나 도움이 제공되지 않은 상태에서 장기기억의 정보를 인출해 내는 것을 말한다. 반면, 재인(recognition)은 단서나 도움이 제공되는 상황에서 장기기억의 정보를 인출해 내는 것을 말한다. 즉, 주관식 시험 문제는 회상을 이용한 인출의 예이며, 객관식 시험 문제는 재인을 이용한 인출의 예이다. 따라서 회상보다 재인이 쉬우며, 사람들은 회상보다 재인을 더 잘한다. 이는 회상하지 못한다고 해서 모두 망각된 것은 아님을 의미한다.

　망각은 학습 직후에 가장 많이 일어난다. Ebbinghaus의 망각 연구에 따르면, 새로운 내용을 학습한 후 1시간이 경과되면 내용의 50% 정도를 망각하고, 48시간 후에는 약 70%, 31일 후에는 약 80%를 망각한다([그림 10-6] 참조). 따라서 망각을 예방하기 위해서는 새로운 내용을 학습한 직후에 바로 복습하는 습관을 들

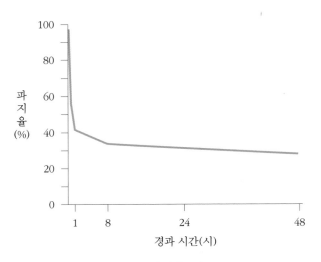

[그림 10-6] Ebbinghaus의 망각곡선(Ebbinghaus, 1885)

이도록 한다.

　망각은 또한 학습 중간 상황에서 가장 잘 일어난다. 즉, 우리는 학습상황에서 처음과 마지막에 배운 것을 잘 기억하고 중간에 배운 것은 잘 기억하지 못한다. 이러한 기억 패턴을 초두-최신효과(primacy-recency effect) 또는 계열위치효과(serial position effect)라고 한다. 따라서 교사가 수업을 할 때, 수업 첫 부분에는 새로운 내용 또는 개념을 제시하고 수업이 종료될 시점에는 배운 내용을 정리해야 한다. 그리고 기억의 효율성이 가장 떨어지는 중간 시간대에는 연습 또는 토론 등의 활동을 하는 것이 좋다.

4) 초인지

초인지(metacognition)는 나의 사고과정에 대한 지식이다(Flavell, 1985). 즉, 내가 무엇을 알고 무엇을 모르는지, 내가 잘하는 것과 못하는 것이 무엇인지, 나는 어떠한 인지적 전략을 잘 활용하고 나와 잘 맞지 않는 전략은 무엇인지를 아는 것이다. 한 마디로, 자기 자신을 제대로 보는 눈이다.

> **초인지**
> 사고과정에 대한 지식으로, 자기 자신의 인지과정 전체를 지각하고 통제하는 정신활동

　또한 초인지는 [그림 10-3]에서처럼 기억체계의 과정 전체를 지각하고 통제한다. 어떤 정보에 주의를 기울여야 하는지, 시연을 사용할 것인지 혹은 부호화 전략을 사용할 것인지, 학습하는 데 얼마나 많은 시간이 필요한지, 그리고 새로운 학습이 장기기억에 잘 저장되었는지를 확인하는 것 모두 초인지적인 활동이다. 이와 같이 초인지는 인지과정 전체를 계획하고, 그 계획이 효과적으로 실행되고 있는지를 점검하며, 필요에 따라 방법을 수정하는 역할을 한다.

　초인지적인 학습자는 그렇지 않은 학습자보다 학업성취도가 높다(Kuhn & Dean, 2004). 성적이 상위 0.1%인 학생들과 일반 학생들에게 단어 암기시험을 보고 정답률을 예측하도록 한 결과, 상위 0.1% 학생들은 예측한 점수와 실제 점수가 거의 같았던 반면, 일반 학생은 예측 점수와 실제 점수 간 차이가 컸다. 여기서 흥미로운 결과는 두 집단의 실제 점수는 비슷했다는 것이다. 즉, 0.1% 학생들의 뛰어난 점은 기억력 자체가 아니라 자신이 얼마나 기억할지를 정확하게 파악하는 능력, 즉 초인지이다.

　초인지 기술은 배울 수 있다(Alexander, Graham, & Harris, 1998). 우선, 아는 것

과 모르는 것을 분명히 구분하는 연습을 한다. 이를 위해 상대방에게 학습한 것을 설명해 보는 것이 좋은 방법이 된다. 설명이 잘 되면 이것은 진짜 아는 것이고, 설명을 하다 막히면 이는 잘 모르는 것이다. 이와 함께 자신의 특성, 학습 상황, 선호하는 학습전략과 학습습관을 검사도구 등을 통해 정확하게 파악한다. 학습포트폴리오를 만듦으로써 자신의 학습과정을 성찰하고, 성장 정도를 확인하며, 자신의 강점과 약점을 파악할 수 있다. 학습플래너 등을 활용하여 학습을 계획하고, 진행과정을 점검하며, 성과를 스스로 평가하는 것도 초인지를 향상시킬 수 있는 좋은 방안이다.

4. 학습전략

왜 우리는 시험을 볼 때면 수업시간에 배운 것이 기억나지 않는 걸까? 앞에서 우리는 인간의 기억이 한계가 있다는 것과 완전히 기억되기 위해서는 거쳐야 하는 여러 과정이 있다는 것을 배웠다. 비록 기억되는 과정이 복잡하고 한계가 있으나, 우리는 한계 속에서 활용할 수 있는 학습전략을 가지고 있다. 물론 어떤 학습전략이 가장 효과적인지에 대해서는 여전히 논쟁 중이다. 늘 효과적인 전략은 거의 없으며, 효과가 전혀 없는 전략도 없다. 학습전략의 가치는 그들이 사용되는 상황에 달려 있다. 대표적인 학습전략으로는 묶기전략, 심상전략, 정교화 전략, 조직화 전략, 맥락을 이용한 인출전략, 인출연습전략 등이 있다.

1) 묶기전략

묶기
서로 관련된 여러 자극을 하나의 정보 또는 묶음으로 인식하는 전략

묶기(chunking)는 많은 작은 정보를 몇 개의 큰 묶음으로 처리하는 전략이다. 정보를 묶어서 조직화하면 파지할 수 있는 정보의 양을 늘릴 수 있다. 예를 들어, 'ㄴㅁㅎㅇㅁㅂㅂㄱㅎㅁㅈㅇ'의 무작위로 구성된 12개의 자음을 암기하는 과제가 주어졌다고 하자. 만약 우리가 이 자음들을 개별 정보로 처리한다면, 우리는 그 과제를 성공적으로 수행하지 못할 것이다. 왜냐하면 12개의 개별 정보는 작업기억의 기능적 용량을 초과하기 때문이다. 하지만 이 12개의 자음이 '노무현, 이

명박, 박근혜, 문재인'이라는 우리나라 역대 대통령 이름의 자음임을 알게 되면 그것은 4개의 이름 정보로 묶이게 된다. 역대 대통령에 대한 관심이 많은 사람은 심지어 1개의 정보로만 인식하며, 6~8개의 정보를 추가적으로 인식할 수 있는 여유를 가진다. 이와 같이 작업기억이 한번에 처리할 수 있는 정보의수에는 기능적 수용 한계가 있지만, 묶음으로 통합될 수 있는 정보의 수에는 한계가 없다. 따라서 묶음으로 정보를 처리하는 방법은 작업기억의 용량 한계를 극복하는 매우 효과적인 방법이다. 전화번호를 외울 때 051이라는 3개의 숫자를 부산의 지역번호라는 하나의 정보로 조직하는 전략도 묶기의 한 예이다. 묶기는 훈련을 통해 향상될 수 있는 능력이므로 꾸준히 연습하면 어려운 문제도 묶을 수 있으며, 묶음의 수 또한 줄일 수 있다. 예를 들어, '1970198019902000'을 암기할 때 4개의 연도로 묶을 수도 있으나 이를 1개의 연도순으로 묶는 연습을 하면 더 많은 정보를 작업기억에 담을 수 있다.

2) 심상전략

심상(imagery)은 새로운 정보를 우리의 마음속에 그림으로 만드는 과정으로, 심상전략을 통해 우리는 정보를 오래 기억할 수 있다. 이 전략은 이중부호화이론(dual-coding theory)의 지지를 받는다. 이 이론에 따르면, 장기기억은 언어 기억체계와 심상 기억체계라는 두 개의 분리된 기억체계를 가진다(Paivio, 1991; Sadoski & Paivio, 2001). 따라서 '공' 또는 '강아지'와 같이 언어 및 시각적으로 표상될 수 있는 단어가 '진리' 또는 '능력'과 같이 언어적으로만 표상될 수 있는 단어보다 기억하기 쉽다. 그러므로 새로운 정보를 성공적으로 부호화하기 위해서 언어적 정보와 함께 시각적 자료를 보충하는 것이 좋다. 정보처리 모형에 대한 언어적 설명과 함께 제시된 [그림 10-3]은 정보처리 모형을 장기기억으로 부호화하기 위한 심상전략의 한 예이다.

대표적인 심상전략에는 장소법과 핵심단어법이 있다. 장소법은 기억해야 할 항목을 잘 아는 장소의 심상과 연결해 기억하는 방법이다. 예를 들어, 마트에서 사과, 밀가루, 시금치, 맥주를 사 와야 한다면 우리 집과 기억할 항목을 연결하는 것이다. 즉, 우리 집 방문에 사과가 화살에 꽂혀 매달려 있고 방바닥에는 밀가루

> **심상**
> 새로운 정보를 우리의 마음속에 그림으로 만드는 과정

가 쏟아져 있으며 화단에 시금치가 심어져 있고 내가 그 시금치에 맥주를 붓고 있는 모습을 연상하는 것이다. 핵심단어법은 암기해야 할 단어의 운과 심상을 연결하여 기억하는 방법이다. 예를 들어, '거대한'의 뜻을 가진 'huge'를 암기할 때 'huge'의 발음을 이용하여 '거대한 휴지'를 연상하며 암기하는 방법이다.

3) 정교화 전략

정교화
자신의 사전경험에 근거하여 새로운 정보를 장기기억에 저장되어 있는 정보와 연결하는 부호화 전략

정교화(elaboration)는 자신의 사전경험에 근거하여 새로운 정보를 장기기억에 저장되어 있는 정보와 연결하는 부호화 전략이다. 예를 들어, '국화는 가을에 피는 꽃이다'를 학습할 때, 가을에 생신이신 엄마를 위해 국화꽃을 선물했던 기억으로 '국화는 가을에 피는 꽃'을 기억하는 전략이다. 학생들은 시를 암송하기 위해서 시연을 사용하고, 그 시의 의미를 해석하기 위해 정교화를 사용한다. 이와 같이 우리는 새로운 정보에 의미를 붙임으로써 그 정보를 오래 기억할 수 있다. 즉, 6개의 무의미 철자인 'EGBDFJ'를 암기할 때, 'Every good boy does find job'과 같이 각 철자에 의미를 붙여 한 문장으로 부호화하면 6개의 무의미 철자에 대한 기억을 향상할 수 있다. 자신의 말로 바꾸어 하는 노트 필기 또한 정교화 전략을 활용하는 방법으로 교사가 말한 그대로를 받아 적는 것보다 훨씬 효과적이다(Kiewra, 1991; Slotte & Lonka, 1999). 이처럼 정교화는 학습자가 새로운 학습을 저장된 지식과 연결하고 의미를 부여하기 위해 정보를 여러 차례 재처리한다는 점에서 좀 더 복잡한 사고과정이다.

밑줄치기의 효과는 미미하다!

아마 가장 일반적으로 사용되는 학습전략은 밑줄치기일 것이다. 우리는 교과서에 색색의 형광펜으로 책을 이쁘게 칠하면서 뿌듯해했던 경험이 있다. 그러나 이 방법이 널리 사용됨에도 밑줄치기의 효과는 거의 없는 것으로 나타났다(Anderson & Armbruster, 1984; Gaddy, 1998). 그 이유는 대부분의 학생이 무엇이 가장 중요한지를 잘 모르고 밑줄을 너무 많이 치기 때문이다. 학생들에게 한 문단에서 가장 중요한 한 문장만 밑줄을 치도록 할 때, 그들은 더 많은 것을 기억하였다. 이는 어떤 문장이 가장 중요한지 결정하는 것이 높은 수준의 인지과정을 요구하였기 때문인 것으로 보인다(Snowman, 1986).

4) 조직화 전략

　　조직화(organization)는 공통 범주나 유형을 기준으로 새로운 정보를 장기기억에 저장되어 있는 정보와 연결하는 부호화 전략이다. 예를 들어, '국화는 가을에 피는 꽃이다'를 학습할 때 가을에 피는 다른 꽃들과 연결하여 기억하는 전략이다. 우리는 정보를 조직화함으로써 그 정보를 오래 기억할 수 있다. 조직화 전략의 구체적인 방법에는 개요작성과 개념도가 있다. 개요작성(outlining)은 학습자료의 주된 내용을 위계적인 형식으로 표현하는 것이다. 즉, 세부 정보는 상위 범주 아래에 조직화되어 표현된다. 개념도(concept mapping)는 개념 간의 관계를 보여 주고 주제와의 관련성을 나타내기 위해 개념 간의 관계를 도형화하는 것이다. 개념도는 핵심 아이디어 간의 관계를 기억하도록 돕는 강력한 시각적 도구가 된다. 또한 학생들이 눈에 보이는 것 이상을 볼 수 있도록 하고 추론할 수 있도록 하며 새로운 지식을 발견하게 한다. [그림 10-7]은 개념도의 예이다. 거미

> **조직화**
> 공통 범주나 유형을 기준으로 새로운 정보를 장기기억에 저장되어 있는 정보와 연결하는 부호화 전략

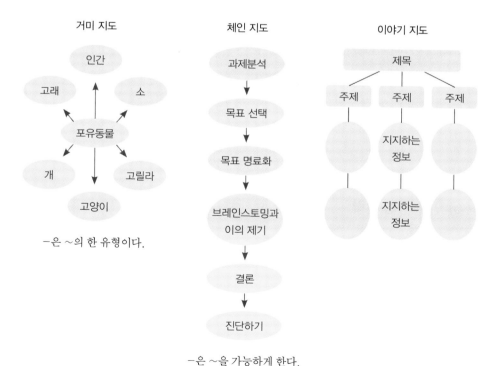

[그림 10-7] **개념도의 예**(Sousa, 2006)

지도는 분류, 유사성, 차이점의 관계를 나타낼 때 유용하다. 체인 지도는 시간순서, 인과관계, 권력관계를 나타낼 때 유용하다. 이야기 지도는 이야기에서 주제와 이를 지지하는 정보와 사건을 분류하는 데 유용하다.

조직화 전략은 교사가 학습자료를 잘 조직화하여 제시할 필요가 있음을 시사한다. 잘 조직된 학습자료는 학습자의 조직화를 쉽게 유도하여 기억을 오래 유지하도록 하며 정보 간의 관계를 더 쉽게 이해하도록 돕는다. 잘 조직된 학습자료로는 그래프, 표, 흐름도, 지도, 위계적인 개념도 등이 있다.

5) 맥락을 이용한 인출전략

이미 설명한 바와 같이 저장된 정보의 인출은 정보가 부호화된 맥락(context)의 영향을 크게 받는다(Williams & Zacks, 2001). 따라서 정보를 인출하려 할 때 그 정보가 잘 기억나지 않으면 그 정보가 저장된 상황을 떠올리는 전략을 사용하는 것이 좋다. 예를 들면, 유치원 친구가 기억나지 않을 때에는 유치원에 다녔을 때의 일을 떠올려 보는 것이다. 그때의 상황을 머릿속에서 인출하다 보면 기억나지 않았던 유치원 친구에 대한 정보를 쉽게 떠올릴 수 있게 된다. 시험을 볼 때에도 마찬가지이다. 문제의 정답이 떠오르지 않을 때에는 정답과 관련된 주제를 배웠던 그때의 선생님의 모습과 설명하던 내용, 강의실 등을 떠올리면 문제의 답을 인출해 낼 가능성이 커진다. 이는 수업을 들었던 강의실 또는 공부했던 장소에서 시험을 보는 것이 장기기억의 인출에 유리하다는 것 또한 시사한다.

6) 인출연습전략

인출을 연습하는 학습전략으로 Robinson(1961)의 SQ3R과 Thomas와 Robinson(1972)의 PQ4R 등이 있다. SQ3R은 훑어보기(survey) → 질문하기(question) → 읽기(read) → 암송하기(recite) → 복습하기(review)의 과정을 따라 책을 읽고 머릿속에 저장된 정보를 인출해 보는 전략이다. PQ4R은 사전검토(preview) → 질문하기(question) → 읽기(read) → 숙고하기(reflect) → 암송하기(recite) → 복습하기(review)의 과정을 따른다. 다음은 PQ4R의 각 단계에 대한 설명이다.

- **사전검토(preview):** 제목, 소제목, 전체적인 구조를 빠르게 훑어본다. 소제목을 이용하여 개요를 작성해 본다.
- **질문하기(question):** 본격적으로 읽기 전에 읽을 내용에 대한 질문을 스스로에게 던져 본다. 자신이 이전에 알던 내용과 관련지어 질문을 만들어 본다. 육하원칙, 즉 누가, 언제, 어디서, 무엇을, 어떻게, 왜의 질문을 사용하는 것도 좋은 방법이다. 또는 제목과 소제목 자체를 이용해서 질문을 만들어 본다.
- **읽기(read):** 앞에서 했던 질문들을 생각하며 읽는다. 내용의 난이도나 책을 읽는 목적에 따라 읽는 속도를 조절한다. 질문과 관련된 요점이나 중심 개념에 별도의 표시를 하면서 읽는다. 노트 필기는 따로 하지 않는 것이 좋다.
- **숙고하기(reflect):** 질문과 관련된 중요 내용을 정리한다. 이때 선행지식과의 관련성을 염두에 두고 내용을 정리한다. 개념도를 그려서 교재 내용을 정리해 보는 것도 좋은 방법이다. 제목과 소제목 간의 관련성을 염두에 둔다.
- **암송하기(recite):** 망각에 대한 강한 대처는 암송이다. 책을 보지 말고 스스로에게 질문을 던진 후 답을 말해 본다. 소리 내서 중얼거려도 좋다.
- **복습하기(review):** 마지막 단계로, 암송할 때 헷갈렸던 부분을 찾아 다시 읽는다. 시연의 정확도를 높이기 위한 전략이다.

5. 학습의 전이

새로운 정보가 작업기억으로 들어올 때마다 장기기억은 새로운 정보와 관련된 선행지식을 찾는다. 만약 관련된 선행지식이 존재한다면, 이 기억 연결망은 활성화되고 새로운 정보가 장기기억에 잘 저장되도록 돕는다. 이와 같이 선행학습이 새로운 학습에 영향을 미치는 것을 전이(transfer)라고 한다. 전이는 또한 새로운 학습을 미래의 다른 상황에 적용하는 능력을 포함한다. 예를 들어, 우리는 곱셈을 이해할 때 덧셈에 대한 지식을 토대로 한다. 이는 덧셈에 대한 지식이 곱셈의 학습에 전이된 것이다. 또한 학교에서 배운 영어 실력으로 경복궁에서 만난 외국 사람과 원활한 의사소통을 할 수 있다면 영어 학습이 실생활에 잘 전이 된 것이다.

전이에는 긍정적 전이와 부정적 전이 그리고 수평적 전이와 수직적 전이가 있 다. 학습자가 새로운 학습을 처리하는 데 선행학습이 도움이 될 때 이를 **긍정적 전이**(positive transfer)라고 한다. 예를 들면, 바이올린 연주자가 피아니스트보다 비올라를 더 쉽게 배울 수 있다. 이는 바이올린 연주자가 가진 기술과 지식이 비 올라를 학습하는 데 긍정적으로 전이되었기 때문이다.

하지만 전이가 늘 긍정적인 역할을 하는 것은 아니다. 선행학습은 가끔씩 학 습자가 새로운 학습을 이해하는 것을 방해해서 혼란 또는 오류를 낳는다. 이 과 정을 **부정적 전이**(negative transfer)라고 한다. 예를 들어, 예전에 학습했던 영어 단어는 불어 단어를 새롭게 학습하는 데 혼란을 일으키기도 한다.

수평적 전이(horizontal transfer)는 한 분야에서 학습한 것을 다른 분야 또는 실 생활에 적용하는 것을 말한다. 예를 들어, 수학 시간에 사칙연산을 배우는 일은 물리 시간에 배우는 공식을 이해하는 데 도움이 된다. 또한 가게에서 물건 값을 지불하고 잔돈을 계산할 수 있도록 해 준다.

수직적 전이(vertical transfer)는 기본 학습이 이후의 고차원적이고 복잡한 학습 에 적용되는 것을 말한다. 예를 들어, 수학에서 사칙연산을 배우는 일은 이후에 방정식을 푸는 데 기초가 된다.

전이의 질은 초기 학습의 질과 맥락의 영향을 많이 받는다. 기계적 학습은 전 이를 촉진하지 않는다. 그러나 이해를 동반한 학습은 전이를 촉진한다. 따라서 유지시연보다는 정교화, 조직화, 심상과 같은 부호화 전략을 통해 정보를 저장 하도록 유도해야 한다.

또한 전이는 학습되었던 상황과 전이가 일어날 상황이 비슷할 때 더 쉽게 발 생한다. 예를 들면, 제트기 조종사는 실제 비행기의 조종석에 앉기 전에 우선 모 의 비행 장치에서 훈련을 받는다. 실제 비행기와 똑같은 모양인 모의 장치에서 습득된 모든 훈련과 학습은 실제 비행 상황에 쉽게 전이될 것이다. 이 긍정적 전 이는 비행사가 실제 비행기에 빨리 적응하도록 돕고 실수를 줄인다.

교사는 학생이 정보를 충분히 습득하면 전이가 자동적으로 일어날 것이라고 믿는다. 그러나 전이가 일어나도록 가르쳐질 때에만 비로소 의미 있고 효율적인

긍정적 전이
선행학습이 새로운 학습의 이해를 촉진하는 현상

부정적 전이
선행학습이 새로운 학습의 이해를 방해해서 혼란 또 는 오류를 낳는 현상

수평적 전이
한 분야에서 학습한 것을 다른 분야 또는 실생활에 적용하는 것

수직적 전이
기본 학습이 이후의 고차 원적이고 복잡한 학습에 적용되는 것

전이가 일어난다. 따라서 교사는 전이를 유도하는 수업을 계획해야 한다. 예를 들어, 동물세포를 공부하기 위해 식물세포에 관해 학습했던 것을 회상하도록 하거나, 배운 지식과 관련된 뉴스 기사, 실례 찾기 등의 활동을 제시한다. 또한 주제별 구성과 통합 교과과정을 통해서도 성공적인 전이를 이끌어 낼 수 있다. 예를 들어, '물'이라는 주제하에 수학 시간에는 각 가정에서 얼마나 많은 물이 사용되는지를 계산하는 활동을 할 수 있고, 사회 시간에는 가뭄 또는 홍수가 발생했을 때 어떤 경제적 영향이 있는지를 분석하는 활동을 할 수 있다. 과학 시간에는 식물이 물을 어떻게 사용하는가를 연구할 수 있다. 이러한 활동이 사전에 계획되어야만 학생의 전이를 향상할 수 있다.

6. 인지주의 학습이론의 교육적 시사점

인지주의 학습이론이 학습자에 대한 새로운 이해를 토대로 하여 우리의 교육현실에 던지는 시사점은 다음과 같다.

첫째, 교사는 학습자의 선행지식을 활성화해 주어야 한다. 학습자는 눈에 보이지 않는 수많은 내용을 잠재적으로 학습한 상태이며, 자신의 선행지식을 토대로 새로운 정보를 부호화한다. 교사는 학생의 선행지식 정도를 파악하고 새로운 학습을 그들의 기존 지식과 연결해 주는 장치를 만들어야 한다.

둘째, 학습자의 주의를 끄는 수업을 계획해야 한다. 정보처리이론에서 배운 바와 같이 주의는 기억과정의 시작이다. 만약 생물 교사가 양서류를 설명하기 위해 살아 있는 개구리를 교탁 위에 놓는다면 졸던 아이들도 깨어나 호기심 어린 눈으로 쳐다볼 것이며, 주의를 받은 새로운 정보는 작업기억을 거쳐 장기기억에 저장될 기회를 갖게 된다. 학습자의 주의를 유도하는 전략으로는 유머 사용하기, 학습자의 수업 참여 기회 높이기, 학생의 이름 부르기, 음악 사용하기, 그림 또는 도표 제시하기 등이 있다.

셋째, 작업기억에 인지적 과부하가 걸리지 않도록 수업을 해야 한다. 앞에서 배운 바와 같이 우리의 작업기억은 기능적 한계가 있다. 많은 교사가 정해진 수업시간 안에 최대한 많은 지식을 학생에게 전달해 주려고 애쓴다. 하지만 이는 교사의 헛된 바람일 뿐이며, 비현실적인 욕심이라는 사실을 깨우쳐야 한다. 수업목표의 정보량이 학생의 기억저장 용량을 넘지 않을 때, 학생은 자신이 학습한 것을 더 많이 기억하게 된다.

연구문제

1. 정보처리이론을 토대로 학습자가 새로운 정보를 오랫동안 기억할 수 있게 하는 방안 네 가지를 제시하시오.

2. 교실에는 학습하는 방법을 몰라 곤란을 겪는 학생이 많다. 다음 제시문에서 학생이 사용하는 학습법 중 잘못된 점을 모두 지적하고, 적절한 학습전략을 제시하시오.

   현지는 늘 벼락치기를 한다. 그 이유는 미리 공부하면 시험 볼 때쯤에는 잊어버려 기억이 나지 않을 것 같기 때문이다. 수업시간에 필기도 하지 않는다. 왜냐하면 우리 반 1등 친구의 필기를 빌려 보는 것이 스스로 필기하는 것보다 더 낫다고 믿기 때문이다. 그래서 시험 전날에는 밤을 꼬박 새워 교과서와 친구의 필기를 열심히 눈으로 읽는다. 하지만 시험 성적은 늘 기대 이하이다.

3. 인지주의 학습이론의 입장에서 칭찬과 벌을 이용한 학습법의 한계점을 논하시오.

초등학교를 입학한 아동이 귀가 후 어머니와 이야기를 나누고 있다.

아동: 엄마, 오늘 학교에서 다른 친구들은 모두 노는데 저는 색칠공부를 했어요.

엄마: 그랬어? 왜 너도 같이 놀지 그랬니?

아동: 색칠공부를 학교에서 완성하면 '참! 잘했어요 스티커'를 선생님께서 주시
고요. '잘했어요' 스티커를 열 개 모으면 장구핀을 받을 수 있어요. 장구
핀 받기는 무척 어려운데 저는 벌써 두 개나 받았어요.

(아이는 매우 진지하면서 행복한 표정을 짓고 있다.)

엄마: 그래도 친구들하고 노는 것이 더 좋지 않니?

아동: 장구핀 받은 다음에도 놀 수 있어요. 엄마, 이것 보세요! 하늘색과 연두
색이 너무 멋지죠? 저는 색칠공부가 너무 좋아요.

　무엇이 이 아동으로 하여금 '놀기'를 보류하고 '기꺼이 스스로 색칠하기'를 선
택하게 하였는가? 장구핀이라는 보상인가? 친구들의 인정 혹은 교사의 칭찬인
가? 아니면 자기 스스로 학습을 선택한 것에 대한 뿌듯함과 자랑스러움인가? 정
도의 차이는 있겠지만 이 세 가지 원인이 모두 작용한 경우임을 알 수 있다. 아동
의 자율적인 색칠공부에 영향을 준 원인은 다양하겠지만, 앞선 대화에서 우리가
특별히 주목해야 할 점은 아동이 스스로 색칠을 하려는 마음, 즉 학습하려는 마
음을 가지게 되었다는 점이다. 또한 타인의 강요가 아닌 스스로의 마음에 따라
학습을 선택하였을 때 학습의 결과 또한 향상하였다는 점이다. 결국 교사나 부
모에게 주어지는 중요한 과제는 내 학습자나 아이로 하여금 스스로 학습하려는
마음을 가지게 하는 것이 될 것이다. 학습자에게 생긴 스스로 학습하려는 마음,
이것이 바로 동기이다.

　스스로 동기화된 학습자는 그렇지 못한 학습자에 비하여 학교생활에서 긍정
적인 태도와 만족감을 느끼며, 과제 수행 시 끈기가 있고, 학업성취도 또한 높다
(Stipek, 1996). 이는 학습자의 자기동기화(self-motivation) 자체가 교육의 정의적

목표임을 지지해 준다. 모든 학습자에게 성공적이면서 완벽한 교실상황을 설정해 주지는 못하더라도 적절한 개입을 통하여 교사는 더 많은 학생의 학습동기를 증진하고 학생이 학습에 대해 책임감을 느끼도록 영향을 미칠 수 있을 것이다. 그러나 동기화에 대한 교사의 잘못된 이해로 인하여 오히려 돌이킬 수 없는 결과가 일어나는 경우를 종종 볼 수 있다.

이 장은 동기화에 관한 올바른 이해와 교수·학습 상황으로의 실질적인 적용을 돕기 위한 내용을 다룬다.

1. 동기화의 개념 및 역할

1) 동기와 동기화

사전적인 의미에서 동기(motive)란 'motivus'라는 라틴어에서 유래한 어휘로 '유기체로 하여금 어떠한 특정 방향으로 행동하도록 만드는 요소'를 뜻한다. 동기화(motivation)는 '유기체에게 동기를 제공해 준다'는 뜻이 내포되어 있으니, 곧 '유기체로 하여금 특별한 행동을 하도록 만드는 것 또는 행동을 유발함'을 의미한다고 볼 수 있다. 동기와 동기화는 그 의미가 구별되지만 혼용된다.

동기화(motivation)란 목표를 향해 나아가도록 하는 행동을 유발하고 시간이 경과되어도 그 행동을 유지하는 내적 과정(internal process)(Pintrich & Schunk, 2002; Stipek, 1996) 등으로 정의된다. 즉, 동기화는 '어떤 행동의 방향과 강도를 정해 주는 심리적 요인'으로 유기체가 무엇을 원하는가(행동의 방향)에 따라 어떤 행동을 얼마만큼의 강도로 행하느냐가 결정된다. 앞선 예에서 보듯이 아동이 교사와 친구의 칭찬을 받기 위하여, 또 색칠을 좀 더 정교하고 세련되게 하기 위하여 색칠학습을 선택하는 것이 동기의 방향성이다. 모든 아동한테 같은 색칠학습 과제를 제시하였지만, 어떤 아동은 매우 즐거워하며 학교와 집에서 스스로 과제수행을 지속하는 반면, 어떤 아동은 대충 완성해서 제출하는 경우도 있다. 전자의 아동은 색칠학습을 향한 더 높은 수준의 동기를 지니고 있으며 후자의 아동은 상대적으로 낮은 수준의 동기를 지니고 있다. 이것이 동기의 강도이다.

동기화
유기체로 하여금 특정한 행동을 하도록 만드는 것

여러 연구를 통하여 동기화와 학업성취도 사이에는 높은 상관이 있는 것으로 보고되었다(McDermott, Mordell, & Stoltzfus, 2001; Wang, Haertel, & Walberg, 1993). 무엇인가를 학습하는 데 있어서 동기화된 학생의 경우 더욱 높은 인지과정을 사용하며(Jetton & Alexander, 1997; Pintrich, 2003), 학교에 대해 긍정적인 태도와 만족감을 보이고, 어려운 과제를 할 때 끈기 있게 한다. 또한 수업 중에 문제행동을 덜 보이고, 심도 있게 공부하면서 수업 중 과제를 다른 학생보다 더 잘한다(Stipek, 1996).

지식, 기술 및 사회적 요구가 발전하고 변화하는 가운데 계속해서 무엇인가를 배우고자 하는 인간의 동기야말로 인생 전반에 걸쳐서 개인의 성취를 보장해 주는 보증수표와 같은 것일지도 모른다(Weinstein, 1998). 그러므로 교사에게 있어서 가장 중요한 일은 어떻게 학습자를 지속적으로 동기화하는가이다.

2) 동기화의 역할

학업성취와 인과적으로 연결되어 있는 동기는 학업성취를 위한 수단인 동시에 교육의 목적으로도 작용한다. 즉, 교육현장에서 동기화를 중요시하는 이유는 다음과 같은 동기화의 역할 때문이다.

첫째, 많은 철학자가 목적을 지닌 행동을 동물과 구별되는 인간행동의 뚜렷한 특성이라고 말한다. 동기화는 목적을 가진 개인의 행동을 조직화하는 역할을 한다. 책을 읽고 독후감을 써서 제출하라는 과제가 제시된 경우를 생각해 보자. 학생들은 먼저 그 책을 서점에 가서 구입하거나 도서관에서 대여할 것이며, 구해진 책을 읽고 이해하고 독후감을 쓰기 위하여 전체적인 틀을 구상한 후 요약과 비평을 하여 제출할 것이다. 이러한 일련의 행동은 독후감 과제 제출이라는 뚜렷한 목적을 향한 학습자의 동기로 인하여 조직화된 것들이다.

둘째, 특정 과제에 대한 높은 수준의 동기는 더욱 오랫동안 흥미를 가지고 해당 과제에 대한 깊이 있는 학습을 지속하도록 만든다(Atkinson, 1980). 흥미와 재미를 느끼는 교과목에 대하여 학습자는 더 많은 시간의 학습을 투입한다. 그러므로 교사가 학습자의 동기 수준을 파악하는 것은 그 학습자가 특정 과제에 어느 정도의 시간을 투입할 것인지를 예측할 수 있게 해 주며, 나아가 긍정적인 학습효과를 위한 학습자의 동기화를 사전에 계획할 수 있도록 도와준다.

셋째, 지능이나 적성으로 설명될 수 없는 성취도의 차이를 동기화 개념을 통하여 설명할 수 있다. 학습자의 지능 수준이 평균이거나 혹은 평균 이상인데도 학업성취도가 낮은 경우, 반대로 지능 수준이 낮은 학습자인데도 학업성취도가 높은 경우를 설명하는 데 동기화이론을 적용할 수 있다.

넷째, 동기화는 그 자체가 교육의 목적으로 작용될 수 있기 때문에 교수자에게 특히 중요하다. 고등학교 3학년 학생을 가르치는 어떤 국어 교사는 50분의 수업을 진행하는 동안 학생들의 국어 학습에 대한 동기를 유발하기 위해서 부단히 애쓰는 반면, 같은 고등학교 3학년 학생을 가르치는 수학 교사는 수학에 흥미를 느끼고 있는 4명의 학생만을 주목하여 수업을 진행할 뿐 나머지 수십 명에 해당되는 학생의 수학 학습에 대한 동기 유발은 포기하였다. 학생의 동기 유발을 위하여 부단히 노력한 전자의 경우, 국어에 대한 동기화로 인하여 해당 국어수업이 끝난 후에도 학생들은 지속적으로 국어 학습에 대한 관심과 흥미를 유지할 수 있겠지만 불행히도 후자의 경우는 그렇지 못할 것이다. 정의적 특성인 동기는 학습자의 후천적 경험에 의하여 많은 영향을 받는다는 점을 생각해 볼 때, 학습자의 동기 자체를 높여 주는 것이 교수자의 역할임을 간과해서는 안 될 것이다.

3) 내재동기와 외재동기

동기는 크게 내재동기(intrinsic motive)와 외재동기(extrinsic motive)로 나눌 수 있다. 어떤 아동이 가창 연습을 하는 것은 가창 자체에 가치를 두고 하는 것일 수도 있으며, 내일 시행될 가창 시험 때문일 수도 있다. 여기서 가창 자체에 가치를 두고 그 자체를 즐기게 되는 상황에서 유발된 동기를 내재동기라고 하며, 내일 시행될 가창 시험을 준비하기 위하여 유발된 동기를 외재동기라고 한다. 초등학교 1학년 학생이 담임교사로부터 받게 되는 장구핀이라는 보상에 관심이 있어서 색칠공부를 하였다면 그 학생은 외재적으로 동기화된 것이다. 그러나 만약 장구핀이라는 보상이 소멸되었는데도 그 학생이 색칠공부 자체에 흥미가 생겨서 이전보다 더욱 열심히 색칠공부에 열중한다면 처음의 외재동기가 내재동기로 전환된 것이다. 외재동기는 공부하는 것이 최종 목적의 수단으로 쓰이는 반면, 내

> **내재동기**
> 외부의 보상과 상관없이 주어진 과제를 하거나 활동하는 그 자체가 보상이 되는 동기

> **외재동기**
> 외부로부터의 보상을 얻으려는 것과 관련된 동기

표 11-1 내재동기와 외재동기의 특성

내재동기	외재동기
• 개인의 욕구, 흥미, 호기심, 즐거움과 같은 심리적 요인에 의한 동기화 • 과제를 하거나 활동하는 그 자체가 보상이 되는 동기화 • 인간 유기체는 자신의 능력을 발달시키고 자신의 성취를 즐기도록 동기 유발되는 존재라고 이해하는 인본주의 혹은 인지심리학자들이 주로 강조함	• 사회적 압력, 보상 및 처벌과 같은 환경적 요인에 의한 동기화 • 과제와 상관없이 외부의 보상을 얻으려는 것과 관련된 동기화 • 인간 유기체는 외부의 보상이나 처벌에 의하여 동기화되는 존재라고 이해하는 행동주의 심리학자들이 주로 강조함

재동기는 공부하는 그 자체를 목적으로 하는 동기이다(Pintrich & Schunk, 2002). 즉, 외재동기는 어떠한 상황으로의 참여가 목표달성을 위한 도구가 된다면, 내재동기는 참여 자체가 목표인 동기이다. 외재동기와 내재동기의 특성을 정리하면 〈표 11-1〉과 같다.

내재동기와 외재동기를 연속선상의 극단으로 생각할지 모르지만, 사실 이 두 동기는 학생에게 개별적으로 작용한다(Pintrich & Schunk, 2002). 즉, 외재동기가 높으면 상대적으로 내재동기는 낮고, 외재동기가 낮으면 상대적으로 내재동기는 높은 것이 아니다. 예를 들어, 학습주제에도 흥미를 가지고 수업에서 좋은 점수도 얻기 위하여 공부하는 학생이 있는가 하면, 오직 좋은 점수만을 얻기 위해 공부하는 학생도 있다. 전자의 경우는 외재·내재동기가 함께 작용한 경우이고, 후자의 경우는 외재동기는 높지만 내재동기는 낮은 경우이다. 이렇듯 외재동기와 내재동기는 극단에서 서로 대립적인 관계로 있는 것이 아니라 서로 얽혀 있는 심리상태이다.

또한 외재·내재 동기는 상황과 시간에 따라서 달라질 수 있다. 장구핀이라는 교사의 보상, 즉 외재동기로 시작되었던 초등학생의 색칠공부는 이후 내재동기로 변하였다. 어떤 학생은 수학 교과의 경우 단순히 점수를 잘 받기 위하여 공부하지만, 체육 교과는 평가점수보다 그 자체를 선호하여 공부한다. 즉, 많은 학생이 특정 수업에서는 외재동기가 강하지만, 또 다른 수업에서는 내재동기가 강할 수 있다.

외재 · 내재 동기와 학업성취의 관계에 대한 연구를 보면, 내재적으로 동기화된 학생이 외재적으로만 동기화된 학생보다 더 높은 성취를 보였다는 보고가 있다(Gottfried, 1985). 즉, 내재동기는 외재동기보다 더 바람직한 것으로 여겨진다. 내재적으로 동기화된 학습자는 결과에 관계없이 학습이나 행동을 지속적으로 수행하며, 내재동기는 기계적 암기학습이 아닌 이해를 통한 개념학습을 주도한다는 보고도 있다(Stipek, 1996).

학습자의 내재동기가 학습에 지대한 영향을 끼친다는 측면에서 보았을 때 내재동기는 외재동기보다 더욱 바람직한 동기임은 분명하다. 그러나 실제 교실상황에서 학습자 스스로 내재적으로 동기 유발되는 상황을 지속적으로 유지하기란 그리 쉬운 일이 아닌 것도 사실이다. 그러므로 학습자가 내재적으로 동기화가 되지 않았을 때 사용되는 것이 외재적 동기화라는 점을 생각해 볼 때, 우선 학습자를 외재적으로 동기화한 후 내재적 동기화로 갈 수 있도록 유도하는 것이 교사의 역할임을 알 수 있다.

2. 동기화이론

동기화이론은 다양한 관점에서 논의되어 왔다. 동기화의 주요 이론을 중심으로 살펴보면, 행동주의이론에 근거한 강화이론에서는 높은 점수, 칭찬, 인정, 상 등의 강화를 통해 행동과 동기를 증진할 수 있는 외재동기를 중심으로 동기화를 설명한다. 욕구위계이론과 자기결정성 이론은 인본주의 관점에서 개인의 내적 심리 요인을 중요하게 여기는데 인간의 내재동기의 원천을 선천적인 욕구에 있다고 보고 타고난 내재동기를 격려하는 것을 동기화로 설명한다. 목표지향성 이론과 귀인이론은 인지주의 관점에서 내재동기를 중요하게 생각하면서 행동은 사고에 의해 결정된다고 믿었다. 목표지향성 이론은 학생의 목표와 의도에 비추어 동기를 설명하고, 귀인이론은 행동과 그 결과의 원인을 어떻게 인지하는가에 따라 동기를 설명한다.

1) 행동주의의 강화이론

강화이론에서는 외적인 보상과 처벌이 학생의 동기를 유발한다고 주장한다. 동기를 높이려면 바람직한 반응에 강화(reinforcement)를 주면 된다. 보상(reward)은 교실에서 여전히 효과적으로 사용된다. 초등학교 교실에서 사용되는 칭찬 스티커, '참 잘했어요' 도장, 매일 쓴 일기에 대한 교사의 긍정적인 피드백 등이 보상이며, 중·고등학교에서는 주로 높은 점수와 좋은 성적, 교사의 개인적 칭찬, 친구들과 보내는 자유시간 등이 보상의 예이다.

그러나 교실에서 보상을 사용하는 것이 항상 긍정적인 것만은 아니다. 첫째, 이미 내재적으로 동기화된 학생은 외재동기인 보상을 제공할 때 오히려 내재동기가 손상된다(Vansteenkiste, Lens, & Deci, 2006). 스스로 독서를 열심히 하고 있는 아이에게 "우리 예원이가 열심히 책을 읽고 있네. 대견하다! 무엇을 상으로 줄까?"와 같은 과도한 칭찬과 보상은 독서에 대한 예원이의 내재동기를 손상하고 독서에 필요한 내재동기를 발달시키는 데 장애가 된다. 따라서 보상은 학생이 흥미를 느끼지 않는 과제에 사용되어야 한다. 흥미를 느끼지 않는 과제를 하는 학생에게 보상을 사용하는 것은 그 과제를 지속하고 싶은 마음이 들게 하는 내재동기를 증가시키는 데 도움을 준다.

둘째, 외적 보상은 학생들이 자신의 발전이 아니라 주어질 보상에만 관심을 갖도록 만든다. 책을 한 권 읽을 때마다(수준에 맞는 독서를 잘했기 때문이 아니라) 학생에게 칭찬 스티커를 주는 것처럼 단순히 독서를 했다는 이유로 주어지는 보상은 쉬운 책을 대충 많이 읽어서 칭찬 스티커를 많이 받고자 하도록 만든다. 학생은 보상 때문에 좀 더 단순한 과제를 선호하게 되고 과제에 대한 흥미가 감소하며 보상에만 집착하게 되는 것이다. 따라서 보상은 수행한 과제의 질에 따라 주어져야 한다(Deci & Ryan, 1991). 학생의 능력이나 공부의 질이 향상되고 있음에 대한 정보를 제공하는 차원의 보상은 과제의 흥미를 증가시키도록 도움을 줄 수 있다.

교사가 학습자의 바람직한 행동을 유지 또는 증가시키기 위해서는 강화를 해야 하는데 이때 강화물은 일반화가 될 수 없다. '참 잘했어요 스티커'가 어떤 아동에게는 보상의 기쁨이 될 수 있지만 '놀기'를 '스티커'보다 더 좋아하는 아동에게는 아무런 보상이 되지 않는다. 어깨나 머리에 손을 얹으면서 칭찬하는 교사의 행동이 교사에게 주목받고 싶어 하는 학생에게는 강화물이 될 수 있지만 이와는 달리 또래에게 인정받고 싶어 하는 학생에게는 강화물로 작용하지 않는다. 그러므로 원활한 학습효과를 지속하기 위해 교사는 학습자의 개인차를 고려하여 적절한 강화물을 선택해야 한다. 지나친 외적 보상은 한계와 위험을 내포하고 있기 때문에 교사는 보상이나 칭찬 행위에 대하여 신중을 기해야 하며, 학습자 개인의 동기 수준 및 상황에 항상 주의하여 접근해야 한다.

2) Maslow의 욕구위계

욕구는 "생리적 혹은 심리적 요구이며, 어떤 사람을 목표를 향해 움직이도록 동기화하는 일종의 결핍상태"라고 정의 내릴 수 있다(Darley, Glucksberg, & Kinchla, 1991). 그렇다면 여기서의 심리적 요구란 구체적으로 무엇을 의미하는 것일까?

동기심리학 연구에 지대한 영향을 끼친 인본주의 심리학자 Maslow(1954)에 따르면, 인간의 다양한 욕구는 피라미드 구조로 이루어져 있어서 하위 단계의 욕구가 충족되지 못하면 그 상위 단계의 욕구가 발현되지 못한다. 이것이 바로 Maslow의 욕구위계(a hierarchy of needs)이론이다. 무엇인가를 원하고 행동하게 만드는 인간의 다양한 욕구를 Maslow는 7단계의 위계로 나누어 설명하였다.

[그림 11-1]과 같이 인간의 욕구는 7단계의 위계로 구성되어 있다. 가장 낮은 단계인 생리적 욕구를 비롯하여 안전 욕구, 소속감과 애정의 욕구, 자아존중감의 욕구를 결핍욕구(deficiency needs)라고 하며, 지적 욕구와 심미적 욕구, 자아실현의 욕구를 성장욕구(growth needs)라고 한다. 결핍욕구와 성장욕구는 질적인 측면에서 확연한 차이가 있다. 하위 단계에 속하는 욕구는 그 상위 단계에 해당되는 욕구보다 더욱 빈번하게 일어나며, 하위 단계의 욕구가 충분히 실현되어야 비로소 상위 단계의 욕구가 발현된다.

먼저, 결핍욕구에 해당되는 생리적 욕구, 안전 욕구, 소속감과 애정의 욕구, 자아존중감의 욕구는 긴장의 이완이 최종 목표이며 완전 충족이 가능하다. 또한 만족의 대상이 외부로부터 오는 타율적 충족을 요구한다. 상대적으로 성장욕구

욕구위계이론
생리적 욕구에서 자아실현의 욕구까지 7개 수준으로 인간의 욕구를 단계화한 Maslow의 이론

결핍욕구
욕구의 위계 중 우선적으로 충족해야 하는 아래 네 단계에 해당되는 욕구

성장욕구
결핍욕구가 충족되어야 비로소 발현되는 것으로서 욕구의 위계 중 위 세 단계에 해당되는 욕구

에 해당되는 지적 욕구와 심미적 욕구, 자아실현의 욕구는 긴장을 일으키는 것, 즉 긴장 자체를 즐기는 것이 목표이며, 그에 따라 완전충족이 불가능하고 끝이 보이지 않는 욕구이다. 또한 만족의 대상이 자기 자신으로부터 오는 자율적 충족을 요구한다. 성장욕구가 강한 사람은 그만큼 자율적이고 자기지시적이어서 스스로를 도울 수 있지만, 상대적으로 타인에 의해서 충족되는 경향성을 지닌 결핍욕구가 강한 사람은 타인지향적이고 어려움에 처했을 때 다른 사람의 도움에 의존한다.

Maslow의 욕구위계이론은 인간이 항상 그 이론이 예견한 바와 같이 행동하지 않는다는 이유로 많은 비판을 받아 왔다. 대부분의 사람이 서로 다른 단계의 욕

[그림 11-1] Maslow의 욕구위계

구 사이를 옮겨 다니거나, 아니면 동시에 서로 다른 욕구에 의해 동기화될 수 있다. 어떤 사람은 지적 혹은 심미적 욕구의 충족을 위하여 안전이나 생리적 욕구를 거부할 때도 있으며, 자아존중감의 욕구 충족을 위하여 소속감과 애정의 욕구를 거부할 때도 있다.

그러나 이러한 비판이 있음에도 Maslow의 욕구위계이론은 교육현장에 중대한 시사점을 준다. 결식을 하고 학교에 온 학생, 즉 생리적 욕구를 미처 충족하지 못한 학생에게 지적 욕구를 가지도록 요구하는 것은 무리가 있다. 또래로부터 지속적인 집단구타를 당하는 학생, 즉 안전 욕구에 위협을 받고 있는 학생에게 소속감이나 애정, 자존감을 강조하고 수업에 적극 참여하도록 요구하는 것은 아무런 의미가 없다. 또한 또래로부터 따돌림을 당하여 소속감과 애정의 욕구가 위협받고 있는 학생, 교사나 친구로부터 자존감의 상처를 입은 학생에게 교과수업은 더 이상 흥미로운 것이 될 수 없다. 생리적 욕구가 충족되고 가정과 학교에서 안전감과 소속감, 애정을 충분히 느끼며 자기 자신이 존중받을 만한 가치가 충분히 있는 사람이라는 자긍심이 충족될 때 아이들은 비로소 성장욕구인 지적 욕구를 충족하기 위하여 더욱 열성을 보일 것이다.

그러므로 교육현장에서 교사는 학습자의 결핍욕구가 충분히 채워졌는지에 항상 주의를 기울여야 한다. 배고프거나 가정에서 충분한 사랑과 소속감을 경험하지 못한 학생이 있다면 수업 참여에 앞서 정부나 복지기관의 도움으로 그들의 기본 욕구가 해결될 수 있도록 돌봐 주어야 할 것이다. 무슨 이유에서든지 만약 학생이 학교나 가정에서 안전에 위협을 받고 있다면 교사는 즉시 개입하여 그 학생이 안전감을 느끼도록 도와주어야 한다. 학교생활을 하는 동안 교사는 학생의 자아개념 형성에 중요한 영향을 미친다. 교사가 학생의 자존감을 건드리고 상처를 입히는 언행을 할 경우, 학생은 학습에 대한 흥미를 더 이상 유지할 수 없을 것이며 학교생활에서 점점 더 이탈되어 갈 것이다. 교사가 학생의 자존심에 상처를 입히지 않고 장점을 부각해 준다면, 아이들은 그렇지 않은 경우보다 더욱 적극적으로 수업과 학교생활에 참여하게 될 것이다. 또한 하위 수준의 욕구를 만족시키려는 학생의 요구는 그들이 높은 수준의 목표에 도달하기를 바라는 교사의 요구와 때때로 갈등을 일으키기도 한다. 예를 들면, 사회집단 내에서 소속감과 자존감을 유지하려는 것은 청소년기 학생에게는 매우 중요한 일이다. 그러나 때때로 교사가 지시하는 사항이 자신이 속해 있는 집단 내의 규칙이나 가치와 동떨어져 있다면 학생은 당연히 교사의 요구를 거부하거나 심지어 교사에게 도전적인 행동을 보이기도 할 것이다. 그러므로 학습자의 동기 유발을 위한 사전작업으로서 학생이 지니고 있는 욕구를 충분히 이해하려고 노력하는 교사의 행동은 중요하다.

3) 자기결정성 이론

자기결정성 이론(self-determination theory: SDT)은 개인의 인지 · 사회적 발달, 개인차에서의 내재 · 외재동기의 원인, 역할을 설명하는 이론이다. 또한 사회문화적 요인이 개인의 의지와 주도성에 어떤 영향을 미치는지 설명한다. 자기결정성은 환경에 대해 어떤 행동을 취할 것인가를 스스로 결정하는 것으로 개인의 의지를 사용하는 과정이다. 인간은 외부의 힘에 의해 통제받기보다는 스스로 결정하는 것을 더 선호한다.

이 이론은 기본 가정으로 내재동기의 기초에 기본 심리욕구가 있으며 이 욕구들이 학습, 성장, 발달을 위한 동기를 제공한다고 설명한다. 인간은 자율성(autonomy), 유능감(competence), 관계성(relatedness)의 세 가지 기본 욕구를 가지고 있고 이를 충족하기 위해 노력한다(Deci & Ryan, 2000). 이 세 가지 욕구가 개인의 환경에서 충분히 지지될 때 개인의 학습, 성장, 발달적 측면에서의 내재동기는 더욱 증가한다. 학생은 학업상황에서 스스로 유능함을 느끼기 원하고 스스로 공부할 것을 결정했다고 느끼고 싶어 하며 가장 가까운 사람들로부터 관계성에 대한 욕구를 충족받고자 한다.

자율성 욕구
스스로 결정하고 행동하려는 욕구

자율성 욕구는 자기결정성 이론의 핵심으로 인간이 외적인 보상이나 압력보다는 자신의 원하는 것에 따라 행동하려는 욕구이다. 인간은 스스로 목표를 세우고, 자신에게 중요하고 가치 있는 것을 결정하기를 원한다. 사람들은 삶 속에서 규칙, 마감시간, 정해진 일정 등의 외적인 압력에 시달린다. 선택의 기회가 많고 의사결정을 자유롭게 할 수 있는 상황에서 개인은 자율성을 지각하게 된다. 자율성 확보는 내재적으로 동기화되는 데 필수적이어서 하고 싶은 공부를 원할 때, 원하는 방식으로 하게 되면 자기결정적이 되며 내재적으로 동기화된다.

유능감 욕구는 인간이 누구나 능력 있는 사람이기를 원하고, 그에 따라 자신의 능력이나 재능이 향상되는 것을 자기 스스로 원하는 것과 관련된 욕구이다. 유능감 욕구는 Maslow의 욕구위계에서 지적 성취 욕구, 사회인지이론에서 자기효능감과 유사한 개념이다. 유능감은 '내가 과연 이 과제를 할 수 있을까?'라는 물음에 대한 답으로, 자신이 그 과제를 얼마나 잘하는가, 다른 학생과 비교했을 때 얼마나 잘하는가, 다른 활동과 비교했을 때 그 과제를 잘하는가에 대한 인식에 의해 형성된다. 자신의 능력에 대해 긍정적인 인식을 가진 학습자는 유능감이 높다. 유능감 욕구는 환경과 상호작용하면서 자신의 능력을 사용하고 성취하는 경험을 할 때 충족된다.

관계성 욕구는 다른 사람과 정서적 유대와 애착을 형성하고자 하는 욕구이다. 관계성 욕구는 내재동기와 직접 관련된 것은 아니지만 외적 원인을 내재화하는 데 중요하며, 다른 사람과 함께하는 활동에서 내재동기를 유지하는 데 중요하다 (Ryan & Deci, 2000b). 선생님이나 부모와 안정적인 관계를 가질 때 아동은 높은 내재동기를 가지며, 부모, 선생님, 친구들에 대한 관계성 욕구를 충족한 아동은 학교활동에 더욱 몰입한다(Furrer & Skinner, 2003). 선생님과의 긍정적인 관계는 고등학교와 대학교에서 학생의 성공 가능성을 높인다(Thompson, 2008). 관계성 욕구는 Maslow의 욕구위계에서 소속감과 애정의 욕구와 유사하다.

학생의 자기결정적인 학습은 학업성취뿐 아니라 깊이 있는 학습활동에도 긍정적인 효과가 있는 것으로 보고되었다(Boggiano, Main, & Katz, 1988; Ratelle et al., 2007). 그렇다면 학생이 자기결정적으로 학습하기 위해서 어떻게 해야 할까?

첫째, 자율성이 지지되는 학습환경을 제공한다. 자기결정성과 자율성이 지지되는 학업상황은 학생이 흥미와 호기심을 가지고 유능감과 창의성을 발휘하여 개념학습과 도전을 즐기게 되는 것과 관련되며, 이러한 현상은 초등학교에서 대학원에까지 일관성 있게 나타난다(Moller, Deci, & Ryan, 2006; Shih, 2008). 부모나 교사가 학생의 자율성을 지지하는 환경을 제공하는 것은 학생의 내재동기, 학업성취, 적응, 흥미 등 다양한 영역에 긍정적인 영향을 주는 것으로 나타났다(Deci & Ryan, 2000: Roth et al., 2009). 부모나 교사가 만든 규칙과 규율을 따를 것을 요구하는 통제적인 환경을 제공하는 것은 내재동기와 성취를 저하한다(Gottfried, Fleming, & Gottfried, 1994). 교사가 학생들에게 직접적으로 지시하고 학생의 학

유능감 욕구
자신이 능력 있는 사람이라는 믿음을 갖고 싶은 욕구

관계성 욕구
다른 사람과 좋은 관계를 맺고 싶은 욕구

습을 자주 간섭하며 비판적이거나 독립적인 의견을 내지 못하게 하는 것은 학생들에게 분노와 불안과 같은 부정적인 감정을 유발하여 무동기를 유도하였다 (Assor, Kaplan, Kanat-Maymoon, & Roth, 2005). 교사는 학생들이 자율적으로 판단해서 결정하고 행동하도록 권장하고, 학생들에게 왜 학습활동이 필요하고 중요한지에 대해 설명함으로써 학생들이 학습활동을 내재화하도록 도와야 한다.

둘째, 성공적으로 과제를 수행하는 경험은 학습자의 유능감을 높인다. 유능감은 실제 경험에서 성공하는 경우가 많았을 때 높아지며, 유능감이 높은 학습자는 과제를 잘할 수 있다고 생각하므로 열심히 노력한다. 유능감은 초등학교 학생에게는 매우 높지만 중·고등학교로 성장하면서 점점 낮아지며 이러한 현상은 여러 나라에서 범문화적으로 나타난다(Eccles, Wigfield, & Schiefele, 1998; Spinath & Spinath, 2005; Wigfield & Eccles, 2002). 이것은 아동이 자신이 받는 피드백에 대해 제대로 이해하고 또래와 사회적 비교를 하면서 자신에 대한 평가를 더욱 정확하게 하기 때문이다. 또한 학년이 올라가면서 학교에서의 경쟁이 심화되고, 긍정적인 피드백 이외에 부정적인 피드백도 받게 되면서 자신의 능력에 대한 지각이 부정적으로 되어 가기 때문이다(Wigfield & Eccles, 2002). 따라서 교사는 중·고등학교로 성장하면서 학습자가 성공 경험을 할 수 있도록 기회를 주어 학습자의 유능감이 높아지도록 도와야 한다.

셋째, 친밀한 사회관계를 형성하도록 한다. 다른 사람과 친밀한 관계를 형성하는 것은 관계성 욕구를 충족함으로써 동기를 유발할 수 있다. 부모나 교사와 학생 간의 긍정적인 관계는 학생이 부모나 교사가 기대하는 바를 수행하려는 동기를 유발시키며, 자신이 좋아하거나 존경하는 가치를 내면화하게 한다(Connell & Wellborn, 1991). 또래와의 친밀한 관계 형성을 위해 협동학습 전략을 사용하는 것도 좋다. 협동학습은 학습자가 사회 구성원으로 참여하여 또래집단으로부터 긍정적인 피드백, 칭찬 등을 얻으면서 긍정적인 인간관계를 맺을 수 있는 기회가 된다. 경쟁적이고 학습결과에 대한 판단을 강조하는 환경에서 학생들은 친밀한 인간관계를 맺기 어렵다. 따라서 협력적이고 서로 배려하는 환경을 제공하는 것이 필요하다.

4) 목표지향성 이론

　목표지향성 이론(goal orientation theory)은 성취 상황에서 학생들이 지닌 목표와 동기를 연결시켜 설명하는 이론이다. 목표는 숙달목표(mastery goal)와 수행목표(performance goal)로 분류된다. 숙달목표는 과제의 숙달 및 향상, 이해 증진 등 학습과정 자체에 가치를 부여하며 자신의 유능감을 발전시키는 것을 중요하게 생각하는 목표유형이다. 즉, '학습자에게 이 과제가 얼마만큼의 도움이 되는가?'와 같은 목표를 말한다. 수행목표는 자신의 유능함과 능력이 다른 사람의 능력과 어떻게 비교되느냐에 초점을 둔 목표이다(Elliot & McGregor, 2000). 자신의 능력이 타인에 의해서 어떻게 평가받는가에 관심을 둔다. 숙달목표가 높은 학생은 자신의 유능감을 높이기 위한 목표를 성취하기 위해서 도전적이고 새로운 과제를 학습하려 하므로 과제에 대한 흥미, 즐거움과 같은 내재동기가 높아진다. 이들은 자신에게 도움이 된다면 다른 사람들에게 적극적으로 도움을 요청한다. 수행목표를 가진 학생은 위험부담을 피하려고 하기 때문에 쉬운 과제를 선호하고 도전적인 과제는 회피한다. 이들은 다른 사람에게 도움을 요청하는 것은 자신의 능력이 부족함을 드러내는 것이라고 생각하여 도움을 요청하지 않는다. 수행목표가 높은 학생은 자신의 부족한 유능성이 드러나는 것을 원하지 않지만, 실제 학습상황에서 이러한 목표를 매번 성취하지는 못하므로 실패에 대한 공포나 시험 불안과 같은 부정적 정서를 지닌다(Elliot & McGregor, 2000).

　그렇다면 수행목표의 설정은 항상 좋지 않은 결과만을 야기하는가? 최근에는 숙달목표와 수행목표가 적극적인 학습전략과 높은 자기효능감과 관련되며(Midgley, Kaplan, & Middleton, 2001; Stipek, 2002), 숙달목표와 수행목표를 동시에 추구할 수도 있다고 알려져 있다. 이러한 흐름에서 숙달목표와 수행목표가 목표지향성의 모든 유형을 설명하지 못하므로 다른 목표 유형에 대한 추가적인 연구가 이루어지고 있다.

　그 결과, 수행목표는 접근 또는 회피 성향에 따라 수행접근목표(performance-approach goals)와 수행회피목표(performance-avoidance goals)로 구분된다. 수행접근목표는 타인과의 비교에서 상대적으로 유능하다고 평가받으려는 목표이며, 수행회피목표는 상대적으로 무능력하게 평가되는 것을 피하려는 목표이다. 과

숙달목표
과제의 숙달 및 향상, 이해 증진 등 학습과정 자체를 중시하는 목표

수행목표
다른 사람에게 보이기 위한 점수 중심의 목표

수행접근목표
다른 사람과 비교하여 자신이 유능하다고 평가받으려는 목표

수행회피목표
자신이 어리석어 보이는 것을 피하려는 목표

학 실험 수업에서 발표를 가장 잘함으로써 또래에게 유능하고 지적으로 보이기를 원하는 영일이의 목표는 수행접근목표이지만, 단지 멍청하고 무능하게 보이는 것을 원하지 않는 지민이의 목표는 수행회피목표이다.

수행접근목표는 자신이 유능하게 보이는 것을 원했지만 본인의 생각과는 달리 실패를 반복적으로 경험할 때 수행회피목표로 전환된다. 수행회피목표를 가진 학생은 방어적이고 실패회피전략(failure-avoiding strategies)을 쓴다. 실패회피전략이란 실패에 대한 변명으로 자기 자신을 방어만 하는 전략을 의미한다. "내가 공부를 하지 않아서 그런 것이지 제대로 했으면 너보다 훨씬 잘할 수 있어." 등의 말을 매번 반복하며, 마치 결과와 아무 상관이 없는 듯이 이야기하거나 시험에서 부정행위를 저지르기도 한다. 수행회피목표가 높은 학습자는 성공에 대한 지속적인 강화가 주어지고, 실패로 인한 당황감을 방어할 수 있을 때 동기가 유발된다. 그러므로 수행회피목표의 학습자를 가르치는 교사는 그들이 외적 보상에 민감하다는 점을 이용하여, 그들이 새로운 과제에 도전했을 때 더 좋은 성적을 주고, 수행 정도와 상관없이 현재보다 더 도전감 있는 과제를 수행했을 때 칭찬을 한다.

수행회피목표를 가진 학생이 실패를 반복하면 학습된 무기력(learned helplessness) 상태의 학습자가 된다. 학습된 무기력이란 '나는 실패하는 게 당연해'와 같은 생각을 하며, 학습에 대한 어떠한 시도조차 하지 않는 상태를 말한다. 학습된 무기력 상태의 학습자는 아무리 노력해도 성공할 수 없다고 생각하므로 목표 자체를 설정하지 않으며 쉽게 포기한다. 실패가 거듭될수록 '나는 바보야'라고 실패의 원인을 자신의 능력 부족으로 돌리며, 그로 인해 절망감과 수치감에 휩싸인다. 그리고 어느 누구도, 그 무엇도 자신에게 도움을 줄 수 없다고 생각해 도움을 구하지도 않고 과제를 수행하려는 시도조차 하지 않는다. 교사는 이러한 학습자의 수준을 고려한 적절한 과제를 제시해 줌으로써 그들이 성공을 경험하여 자신감을 가질 수 있도록 유도해야 한다. 또한 그들이 잘하는 것을 발견하고 그것을 공개하며 그에 맞는 특정한 책임을 부여함으로써 학급에서 그들의 위상을 높여 주어야 한다.

한편, 그저 최소한의 노력으로 열심히 공부하지 않고 과제를 대충 수행하는 것이 목표인 **과제회피목표**(work-avoidance goals)도 목표지향성의 유형이라

학습된 무기력
자신의 실패가 당연하다고 생각하며 학습에 대한 어떠한 시도조차 하지 않는 상태

과제회피목표
그저 최소한의 노력으로 과제를 피해 가려고 하는 정도의 목표

고 할 수 있다. 과제회피목표를 가진 학습자는 과제가 쉽거나 별다른 노력 없이 할 수 있을 때 성공적이라고 느낀다. 그들은 효과적이지 못한 전략을 사용하고, 모둠 활동에 최소한의 공헌을 하며, 도전적인 과제가 주어졌을 때 불평을 한다 (Dowson & McInerney, 2001).

학습자가 설정한 목표유형과 각 목표가 그들의 동기와 성취에 어떠한 영향을 미치는지를 정리하면 〈표 11-2〉와 같다.

그렇다면 효과적인 목표란 무엇이며, 어떠한 과정을 거쳐서 설정되는가? 효과적인 목표의 사용은 다음과 같은 단계를 거쳐야 한다.

첫째, 효과적인 목표를 설정한다. 효과적인 목표란 구체적이며, 아주 가까운 미래의, 적당히 도전감을 불러일으킬 수 있는 것을 말한다. 미래의 장기적인 목표만 설정하는 것은 현실적으로 작은 성과를 경험할 수 없으므로 쉽게 동기가 저하될 수 있다. 또한 학습자는 과제의 난이도가 너무 높으면 실패의 두려움이 크고 성공에 대한 기대가 낮아지기 때문에 동기 수준이 낮아진다. 학습과제가 너무 쉬운 것은 이미 알고 있는 내용이므로 과제에 대한 흥미와 호기심을 느낄 수 없고 성공하더라도 만족감을 얻을 수 없다. 따라서 적절한 노력으로 성취할

표 11-2 목표유형이 학습자의 동기와 성취에 미치는 영향(Eggen & Kauchak, 2010)

목표유형	예시	해당 목표가 학습자의 동기와 성취에 미치는 영향
숙달목표	은유법을 이해하고 응용하여 나만의 동시를 창작하기	과제에 대하여 지속적으로 노력을 기울인다. 높은 자기효능감과 도전을 받아들이는 자세, 높은 성취를 보인다.
수행접근목표	우리 반에서 은유법을 활용한 동시를 가장 잘 쓰기	자신감 있는 학생은 과제에 대하여 계속해서 노력하고, 높은 자기효능감 및 성취를 보일 수 있다. 그러나 도전을 받아들이고자 하는 동기를 저해할 수 있으며, 이것은 곧 낮은 성취로 이어질 수 있다.
수행회피목표	교사와 다른 학생 앞에서 능력 없어 보이는 것 피하기	동기와 성취를 저해한다. 특히 자신감이 부족한 학생의 경우 동기와 성취가 더욱 저조하다.
과제회피목표	그저 최소한의 노력으로 과제 마치기	노력을 하지 않고, 자기효능감이 낮다. 성취가 심각하게 저해된다.

수 있는 구체적이고 도전적인 학습과제를 선택하여 지속적으로 성취하는 경험을 갖도록 하는 것이 중요하다.

둘째, 목표를 점검한다. 이것은 설정한 목표를 학습자 스스로 점검하는 것(self-monitoring)을 말한다. 철민이는 이번 한 주 동안 수학 학습지를 7장 풀기로 목표를 정하였다. 만약 수요일 시점에 3장을 풀었다면 철민이는 수학 학습 진행 상황에 대하여 자기 스스로 만족감을 느낄 수 있을 것이다. 즉, 목표의 성취 여부를 학생 스스로 점검하는 일은 학습자에게 성취감을 느끼게 하고 자기효능감을 높여 주며 긍정적인 감정을 느끼게 한다(Eggen & Kauchak, 2010).

셋째, 전략을 사용한다. 학습자가 효과적인 전략을 수행하기 위해서는 그 전략을 수행할 수 있는 세부 기술을 습득해야 한다. 예를 들어, 철민이가 일주일 중 어느 한 요일에 집중하여 7장을 전부 푸는 것보다는 매일 한 장씩 나누어서 풀수 있는 전략을 사용하는 것이 훨씬 효과적일 것이다. 또한 민정이가 '이야기를 읽고 10행으로 요약할 수 있다'와 같은 독후감 쓰기 목표를 정했다면, 민정이는 먼저 요약하는 기술을 익혀야만 한다.

넷째, 초인지(metacognition)전략을 사용한다. 목표를 수행하는 전 과정은 초인지(또는 메타인지, 상위인지)에 근거를 두고 있어야 한다. 예를 들어, 철민이나 민정이가 자신의 공부하는 습관을 먼저 충분히 인식하고 있어야 스스로 공부시간을 점검할 수 있고, 그런 다음에야 공부시간을 더욱 늘리거나 더욱 효과적인 학습전략을 실제로 수행할 수 있다. 교사가 먼저 자신의 사고과정을 학습자에게 시범 보이거나, 학습자로 하여금 현재 하고 있는 공부법에 대해 생각해 보도록 함으로써 학습자는 좀 더 초인지적으로 되어 갈 수 있을 것이다.

교사는 다양한 난이도의 여러 과제와 다양한 학습장면을 설정해 모든 학생에게 성공 경험의 기회를 주도록 노력해야 한다. 학습자에게 과제에 대한 선택권이 주어질수록, 과제에 대한 배경지식이 많을수록 과제에 대한 흥미는 증가하며(Schraw & Lehman, 2001), 과제 자체에 대한 흥미가 없는 경우에도 과제가 미래의 목표를 달성하는 데 중요하고 유용하다고 생각되면 동기가 유발된다. 교사는 학습자가 스스로 목표를 설정하고 장기적인 목표와의 관련성 속에서 설정한 목표의 중요성을 인식하도록 해야 할 것이다.

5) 귀인이론

(1) 귀인이론의 인과적 차원

귀인이론(attribution theory)은 학습자가 자신의 성공과 실패를 설명하려는 동기에 대한 인지적 이론이다(Weiner, 1992). 영어 시험에서 좋지 못한 성적을 받은 학습자는 각자 나름대로 그 원인을 설명하려고 한다.

- "나는 언어에 대한 재능이 통 없나 봐."(자신의 능력 부족으로 귀인)
- "시험을 위하여 충분한 공부를 하지 못했던 것 같아."(자신의 노력 부족으로 귀인)
- "이번 시험 문제는 나한테 너무 어려웠던 것 같아."(과제의 난이도로 귀인)
- "내가 예상했던 문제가 하나도 안 나왔어! 행운이 따르지 않은 거야."(운으로 귀인)

낮은 시험 성적에 대하여 '나는 언어적 재능이 없나 봐'와 같이 자신의 능력 부족으로 그 원인을 돌리는 학생이 있는가 하면, 어떤 학생은 '시험을 위하여 충분한 공부를 하지 못했다'와 같이 자신의 노력 부족으로 돌리는 경우도 있다. 또한 '출제된 시험 문제가 너무 어려웠다'와 같이 과제의 난이도 자체로 원인을 돌리는 학생이 있는가 하면, '예상 문제를 영 잘못 짚었다. 즉, 운이 없어서 이번 시험을 망쳤다'고 말하는 학생도 있다. 이와 같이 학습결과의 성공과 실패 원인을 어느 곳으로 돌리느냐에 관한 것이 귀인이론이다. 이러한 귀인이론은 성공이나 실패의 원인을 찾으려고 하고 그 원인을 무엇으로 귀인하느냐에 따라서 학습자의 후속 행동과 정서적 경험이 영향을 받는다고 본다(Weiner, 1992). 학습자가 자신의 성공과 실패의 원인을 어떻게 생각하느냐에 따라서, 즉 좋은 성적을 얻게 된 원인이 어디에 있었다고 생각하는지에 따라서 후속 학습에 대한 동기수준은 달라진다.

앞선 예처럼 학습자가 가장 많이 귀인하는 것은 자신의 능력, 노력, 과제의 난이도, 운이다. 이와 같은 귀인은 원인의 소재(locus of control), 안정성(stability), 통제 가능성(controllability)이라는 세 가지 차원으로 분류할 수 있으며, 이 세 차원

귀인이론
자신의 성공과 실패에 대한 학습자의 설명이 동기와 행동 및 정서에 어떠한 영향을 끼칠 것인지에 관한 이론

원인의 소재
성공과 실패의 원인을 자신의 내부나 외부 중 어느 쪽으로 돌리느냐의 차원

안정성
성공과 실패의 원인이 시간의 경과나 과제에 따라 변하는지 변하지 않는지의 차원

통제 가능성
성공과 실패의 원인이 자신의 의지에 따라 통제될 수 있는지의 차원

모두가 동기에 중요한 시사점을 준다(Weiner, 1986).

원인의 소재란 성공과 실패의 원인을 내부로 돌리느냐, 외부로 돌리느냐의 차원이다. 그 원인을 자신의 노력이나 능력으로 돌리면 내적 요인으로 귀인한 것이며, 과제의 난이도나 행운과 같은 것으로 돌리면 외적 요인으로 귀인한 것이다. 모든 요인을 외적으로만 귀인하려는 학습자는 동기 유발의 수준이 낮다.

안정성은 성공과 실패의 원인이 변할 수 있느냐 없느냐의 차원이다. 노력이나 운은 변할 수 있기 때문에 불안정하지만 능력이나 과제 난이도는 변할 수 없기 때문에 안정적이다.

통제 가능성은 학습자가 성공과 실패에 대해 책임감을 수용하는 정도나 학습 상황을 제어하는 정도를 말한다. 노력은 통제 가능하나 능력이나 운, 과제의 난이도는 학습자가 통제 불가능하다. 이러한 관계를 정리해 보면 〈표 11-3〉과 같다.

학습자가 성공과 실패를 외적 요인보다는 내적 요인으로, 안정적 요인보다는 불안정적 요인으로, 통제 불가능한 요인보다는 통제 가능한 요인으로 귀인할 때 동기는 증가한다(Ames, 1992). 학습자의 노력으로 귀인하는 것은 학습자 자신이 책임감을 느끼므로 실패 시 죄책감을 갖게 되고 동시에 노력은 불안정하므로 미래에 더 노력하여 성취하고자 하기 때문에 학습동기는 가장 증가할 것이다. 실패를 능력으로 귀인하면 학습자는 무능감을 느끼고 미래의 성공을 기대하지 않게 되므로 과제에 대한 동기를 상실하게 된다.

학습자는 자신의 성공과 실패의 원인을 귀인할 때 늘 비슷한 방식으로 반응하는 경향이 있다. 나아가 어디로 귀인하는가의 경향은 앞으로 선택하는 과제의 종류, 과제의 수행 속도, 과제 지속력에 영향을 미치는 것으로 나타났다(Bar-Tal,

표 11-3 영어 시험 실패에 대한 귀인

귀인	차원 분류		예시
능력	내부	안정 / 통제 불가능	나는 어학에 소질이 없어.
노력		불안정 / 통제 가능	시험 공부를 열심히 하지 못했어.
과제 난이도	외부	안정 / 통제 불가능	영어 시험이 너무 어려웠어.
운		불안정 / 통제 불가능	운이 나빠서 공부하지 않은 부분에서 시험 문제가 출제되었어.

1978; Weiner, 1974). 국내 연구에 따르면, 학업성취가 높은 집단은 성공을 능력과 같은 내적 요인으로 귀인하고, 성취 수준이 낮은 집단은 실패를 능력 부족으로 귀인하며 성공은 오히려 운에 귀인하는 정도가 높았다고 한다. 또한 실패를 누적적으로 경험한 학습자일수록 학업의 실패를 내적 요인, 즉 자신의 무능력이나 노력의 부족으로 지각하는 경향이 높았다(박영신, 1989).

귀인유형은 학습자의 자아개념과도 관련이 있다. 학생이 성공을 내적 요인('나는 머리가 좋아' 혹은 '내가 노력을 많이 했기 때문이야')으로 귀인하고, 실패를 외적 요인('정말 운이 없었어')으로 귀인했을 때 학습자는 긍정적인 자아개념을 형성하였다(Johnson, 1981). 또한 성공은 자신의 능력으로, 실패는 자신의 노력 부족으로 귀인했을 때 학습자의 자기유능감은 높아졌다(Schunk, 1984).

귀인은 학습자뿐만 아니라 교사에게도 영향을 미친다. 만약 교사가 학생의 학업성취도를 자신의 교수법에 귀인한다면 그 교사는 잘 가르치기 위하여 더욱 노력할 것이다. 그러나 학생의 성취 부진을 학생의 배경지식 부족, 열악한 집안환경과 같은 교사의 통제를 넘어서는 다른 원인으로 귀인한다면 그들의 가르치려는 노력은 감소할 것이다(Eggen & Kauchak, 2010).

(2) 귀인훈련 프로그램

만약 바람직한 귀인유형을 지니고 있다면 학습자의 동기는 증가할 것이며 그에 따라 학습의 결과 또한 향상될 것이다. 그러므로 바람직하지 않은 귀인유형을 지닌 학습자는 훈련을 통하여 바람직한 귀인유형으로 바꾸어야 한다(Robertson, 2000; Weiner, 1980). 한 실험의 예로, 학습된 무기력을 보이는 학습자에게 성공적이거나 성공적이지 못한 경험을 하게 했다. 특히 학습자가 과제수행을 성공적으로 하지 못했을 때 실험자는 학습자에게 노력 부족이나 효율적이지 못한 전략이 실패의 원인이라고 말하였다. 상담을 받지 않은 통제집단에 비해 자신의 노력과 전략에 대한 귀인훈련 상담을 받은 실험집단의 학습자는 25회의 상담 후 과제를 할 때 지구력이 향상되고 더 효율적인 전략을 사용하며 과제 수행 실패에 적절하게 대처하였다(Dweck, 1975).

체계적인 귀인훈련 프로그램은 학습자의 바람직하지 못한 귀인유형을 적절히 바꿀 수 있으며, 자신의 능력이 부족하다는 고정관념에 사로잡힌 학습자에게 큰 도움을 줄 수 있다. 따라서 학습자가 자신의 실패에 체념하거나 자신의 탓이 아니라는 책임감이 결여된 모습을 보일 때, 교사는 체계적인 귀인훈련 프로그램을 시행하여 학습자의 귀인유형과 성취동기를 개선할 수 있어야 한다. 교사는 다음과 같은 단계의 프로그램을 시행할 수 있다.

성취동기
어떠한 목표를 성공적으로
수행하기 위하여 노력하는
인간의 일반적인 욕구

첫 번째 단계로, 노력귀인으로 갈 수 있도록 한다. 노력귀인이란 성공이나 실패의 원인을 자신의 노력으로 돌리는 것을 의미한다. 실패의 원인을 능력으로 귀인하는 경우 성공에 대한 기대감은 감소하고 과제에 대한 지속적인 참여가 결여된다. Weiner는 '실패 → 능력 부족 → 무력감 → 성취 감소'의 귀인유형을 '실패 → 노력 부족 → 죄책감과 수치심 → 성취 증가'의 형태로 바꾸는 것을 귀인훈련 프로그램의 목적으로 보았다(Weiner, 1986). 또한 교사가 학생의 내적 귀인을 체계적으로 강화하고 교사 스스로 내적으로 귀인하는 모습을 보여 주었을 때 학습자가 내적 통제성을 학습할 수 있었다(Andrews & Debus, 1978). 그러므로 바람직하지 않은 귀인유형을 지닌 학습자는 우선 귀인훈련 프로그램의 첫 단계인 노력귀인으로 갈 수 있도록 도와주어야 한다.

두 번째 단계로, 노력은 많은 것을 성취하도록 하지만 실패를 무조건 노력으로 귀인한다고 해서 모든 문제가 해결되는 것은 아니며, 실제로 적절하지 못한 경우도 있다. 다른 학생보다 더 많이 노력하고 최선을 다하여 시험을 준비한 학생에게 "네가 충분히 노력을 하지 않았기 때문에 결과가 좋지 못한 거야."라는 말은 오히려 학습자에게 '아무리 노력해도 안 된다'와 같은 좌절감만 안겨 줄 것이다. 그러므로 학습자가 충분히 노력했음에도 결과가 좋지 않을 때는 전략귀인으로 가도록 한다. 전략귀인이란 실패의 원인을 자신의 학습방법이나 학습전략 등으로 귀인하는 것을 의미한다. 즉, 학습방법이나 습관을 스스로 점검해 보고 더욱 바람직한 방법으로 바꾸어 주는 전략이 필요하다.

세 번째 단계는 마지막 단계로, 만약 노력귀인과 전략귀인을 다 거쳤음에도, 즉 충분한 노력과 적절한 전략을 사용했음에도 결과가 좋지 않을 때는 포기하도록 유도함으로써 학습자의 기대 자체를 수정하고 새로운 길을 모색하는 것이 현명하다.

연구문제

1. 사례에 나타난 담임교사의 언행에 대하여 Maslow의 욕구위계이론을 적용하여 논하시오.

   〈사례〉

   초등학교 1학년 3반을 담당한 교사가 이제 막 학교에 입학한 어린 학생들에게 다음과 같은 말을 하였다.

   "너희들은 더 이상 유치원생이 아니다. 학교는 규율을 중시한다. 수업시간에 화장실 가는 것은 금지하며, 쉬는 시간에도 화장실 가고 싶은 사람은 손을 들고 허락을 받은 다음에 가도록. 또한 쉬는 시간에 화장실에 안 갈 사람은 제자리에 조용히 앉아서 다음 시간 수업 준비를 한다."

2. '학습자의 내재동기를 지속적으로 높이는 것이 교사의 과제이다'라는 말에 대하여 논하시오.

3. 학습과제는 동기 유발에서 매우 중요하다. 교사가 어떻게 학습과제를 조직하고 제시하는 것이 바람직한지에 대해 동기이론을 근거로 논하시오.

4. 학습자의 바람직한 귀인유형을 위해 교사가 시행할 수 있는 귀인훈련 프로그램에 대하여 논하시오.

제12장

교수 · 학습이론 및 교수방법

교사가 인성이나 다른 능력을 갖추었다고 해도 가르치는 일을 제대로 하지 못한다면 유능한 교사, 훌륭한 교사라 할 수 없을 것이다. 교사가 잘 가르치기 위해서는 자신이 가르치는 교과에 적합한 최선의 교수방법을 탐색하기 위해 노력해야 한다. '최고의 교수방법'이란 단 하나만 존재하는 것이 아니므로 교사는 수업 상황에 맞는 다양한 수업모형과 교수방법을 개발하고 적용할 수 있는 통찰력을 갖추어야 한다. 이 장에서는 수업이 이루어지는 과정과 수업방법에 대해 다룰 것이다.

1. 교수 · 학습과정

교수 · 학습과정은 [그림 12-1]과 같이 크게 세 단계로 나눌 수 있다. 수업목표의 설정, 교과 내용의 분석, 학습자 특성 진단, 교수방법 결정, 평가계획 수립 등을 포함하는 계획(planning)단계, 세워진 계획대로 수업을 진행하는 실행 (implementation)단계, 그리고 목표에 대한 성취도를 측정하고 평가하는 평가 (evaluation)단계이다.

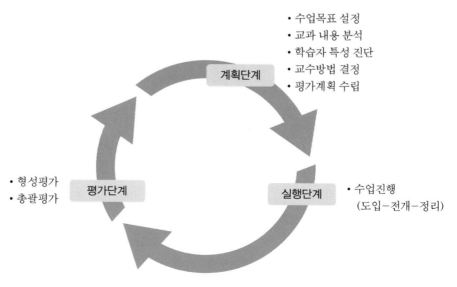

[그림 12-1] 교수 · 학습과정

1) 계획단계

교수계획을 하기 전에 교사는 다음과 같은 지식을 갖추어야 한다([그림 12-2] 참조). 첫째, 수업목표를 설정하고 학습과제를 분석할 수 있는 교수설계에 관한 지식이 필요하다. 둘째, 학습자의 특성에 대한 지식이다. 학습자의 능력과 선수학습 정도, 학습유형 등의 개인적인 특성도 미리 알고 있어야 한다. 셋째, 교과내용에 대한 지식이다. 교육과정, 학습내용의 조직과 구성에 관한 지식이 필요하다. 넷째, 교수방법에 대한 지식이다. 다양한 교수방법을 알고 있어서 수업내용에 가장 적절한 교수방법을 선택할 수 있어야 하며, 교수매체에 대한 지식도 갖추고 있어야 한다. 다섯째, 학습자를 오래 가르쳐 온 경험에서 나오는 암묵적 지식(tacit knowledge)이 필요하다. 암묵적 지식은 학습자를 관찰하고 수업을 하는 과정을 통해 터득된 지식으로 수업이 좀 더 다양하고 융통성 있게 이루어지게 함으로써 교사의 의사결정과 수업계획에 영향을 주는 지식이다(Borich, 2000).

[그림 12-2] 교수 계획단계에 투입되는 요소

(1) 수업목표 설정

교수 · 학습과정에 대한 계획에서 가장 먼저 해야 할 일은 **수업목표**(instructional objectives)를 정하는 것이다. 여기서 수업목표는 교실 수준에서의 목표로 교육과정(curriculum)의 목적이나 목표보다 단기적으로 특정한 교수 · 학습과정을 통해서 학습자가 달성하는 성취 수준을 의미한다. 따라서 수업목표는 세분화된 구체적인 행동목표로 진술해야 한다.

Robert Mager(1975)에 따르면, 수업목표란 학습자가 학습을 성공적으로 마쳤을 때 학습자에게 기대하는 변화를 교수자와 학습자 간의 의사소통이 가능하도록 기술한 것이다. 또한 수업목표란 학습자가 자신의 학습 경험을 성공적으로 끝냈을 때 학습자가 행동으로 보일 수 있는 행동성취유형을 기술한 것이다. 이와 같이 수업목표를 규정한 Mager는 무엇보다 수업목표가 의미 있는 정확한 진술이어야 하므로 다음의 다섯 가지 조건을 고려하여 수업목표를 제시해야 한다고 주장하였다.

첫째, 수업목표 진술은 학습자가 성취하게 될 행동이 무엇인지를 분명하게 규명하여야 한다. 수업목표에서 제시되는 행동은 가능한 한 세분화된 단위의 기능이나 지식에 맞추어 구체적인 행동으로 분류되어야 하며 다양한 수준과 종류의 행동이어야 한다.

둘째, 수업목표 진술에서 종착행동은 행위동사(action verbs)를 활용하여 진술한다. 이때 행위동사는 수업목표, 즉 수업의 의도를 알 수 있는 분명한 의미의 용어여야 한다. 예컨대, '알다(know)' '이해하다(understand)' 등과 같이 뜻이 모호한 암시적 행위동사보다는 '쓴다(write)' '차이를 발견하다(differentiate)' 등과 같이 뜻이 분명하고 특수하며 구체적이고 명시적인 행위동사를 사용하여야 한다.

셋째, 종착행동을 활용한 수업목표는 종착행동이 발생하는 조건(condition)을 함께 제시해야 한다. 이는 교수 · 학습과정에서의 자극과 반응 부분을 분명하게 표현해야 함을 의미한다. 자극은 주어지는 자료 또는 상황 조건 등을 의미하며, 반응은 그러한 특정 자극에 의해 생성되는 행동이다.

넷째, 수업목표는 종착행동의 성취가 어느 정도로 이루어져야 그 목표가 달성되었다고 판정할 수 있는지, 그 성취준거(performance criterion)를 밝혀야 한다.

다섯째, 수업목표는 교수자가 무엇을 가르치는가보다는 학습자가 무엇을 할

〈예〉

- 10문제 중 9문제를 10분 이내로 풀 때, 계산기를 사용하지 않는 암산으로,
  (준거)   (조건)

  덧셈을 할 수 있다.
  (행동)

- 사실과 의견에 관한 진술문을 구분하여 표시해 오는 과제를 75% 이상
  (준거)

  정확하게 해 올 때, 단 ○○일보의 최신 기사 중에서, 사실인 기사에는 F,
  (조건)   (행동)

  의견인 기사에는 ○를 표시할 수 있다.

수 있느냐는 측면에서 진술되어야 한다.

　이와 같이 수업목표를 준거, 조건, 행위동사로 분명하게 진술하는 것은 학습자가 교수 · 학습과정에서 자신의 진전을 평가하고 스스로 학습을 적절히 변화시켜 나갈 수 있게 하는 형성평가의 장점이 있다. 교수자도 매일매일의 수업과정을 수업목표에 비추어 검토할 수 있는 기회를 갖게 되며, 수업에서 무엇을 가르치고 배우며, 얼마나 효과가 있고, 어느 수준으로 성취해 나가고 있는가를 확인할 수 있다.

　학습목표는 교수자가 가르치려고 한 것을 학습자가 집중해서 잘 배웠다면 할 수 있어야 하는 것(규명하다, 설명하다, 계산하다, 모형을 만들다, 비판하다, 설계하다 등)에 대한 명확한 진술문이다(Felder & Brent, 2003; Gronlund, 2008; Mager, 1997). 목표는 일반적으로 다음과 같이 기술한다. "이 강의가 끝날 때에(이번 달에, 6장이 끝날 때, 이 수업이 끝날 때에는) 학생들은 ~을 할 수 있어야 한다" 또는 "학기말 시험을 잘 보기 위해, 당신은 ~를 할 수 있어야 한다"와 같이 학생이 수업을 통해 무엇을 할 수 있는지에 관해 진술한다.

　학습목표가 효과적으로 활용되기 위해서는 학기 초와 수업시간에 수업목표를 학습자에게 행동적 용어로 분명하게 제시하고 교사가 그 행동을 관찰할 수 있어야 한다. 학습자가 지정된 과제를 수행할 수 있는지 없는지 교사가 판단할 수 없다면 그 목표는 적절하지 못하다. 교사가 학생들의 과제 수행을 보거나 수행 결과를 판단하기 위해서는 관찰 가능한 목표여야 한다. 관찰 가능하려면 '알다' '배

우다' '이해하다'와 같은 단어를 사용하지 않는 것이 좋다. '알다' '배우다' '이해하다'는 중요한 목표이지만 행동적 용어가 아니라서 관찰하기가 어렵기 때문에 학습목표에는 적합하지 않다.

1950년대 초 시카고 대학교 Benjamin Bloom은 목표를 세 개의 영역으로 분류했는데, 인지적 영역(지식, 개념 이해, 사고 및 문제해결능력 습득을 포함한 지적 성과; Bloom & Krathwohl, 1956), 정의적 영역(흥미, 태도 및 가치의 발달을 포함한 정서적 성과; Krathwohl, Bloom, & Masia, 1984), 그리고 심리운동적 영역(실험실 및 임상 절차를 수행하는 것을 포함하는 운동역량 성과; Simpson, 1972)으로 분류하였다.

[그림 12-3]에서 왼쪽 그림은 Bloom이 제시한 일련의 위계적 목표 수준이다. '지식' '이해' '적용'은 상대적으로 낮은 수준의 목표이며 '분석' '종합' '평가'의 순으로 높은 수준의 목표이다. 이후 Bloom의 인지적 영역의 목표 수준이 Anderson과 Krathwohl(2001)에 의해 재구성되고 명사가 동사로 바뀌었다. 오른쪽 그림이 수정된 목표의 위계이다.

학습목표는 과목 전체에 대한 학습목표와 차시별 학습목표가 다르게 진술될 수 있다. 과목 전체의 학습목표는 '분석하다' '평가하다' '창조하다'와 같이 상위 수준의 목표로 진술하는 것이 바람직하다. 교수자는 대부분의 수업시간을 지식을 기억하고 내용에 대한 이해를 높이는 데 사용하기보다는 학습자가 상위 수준의 목표를 달성할 수 있도록 수업을 설계해야 한다.

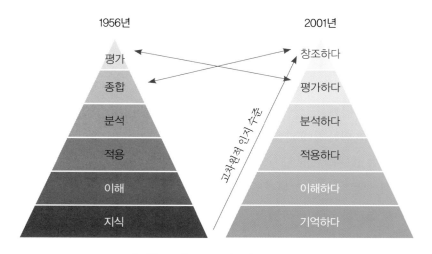

[그림 12-3] Bloom의 교육목표 분류

대부분의 교육활동은 인지적 성과에 중점을 두고 있지만, 실제 교실에서 교사는 인지적 영역에 포함되지 않는 학생의 태도, 가치, 감정 등에 초점을 두는 정의적 영역(affective domain)에 대한 수업목표도 세울 수 있다. 정의적 영역의 수업목표는 수용에서 반응, 가치화, 조직화, 인격화까지 5단계로 구분할 수 있다(Krathwohl, Bloom, & Masia, 1964). 즉, 학생이 정의적인 행동을 단순히 받아들이는 수준부터 인격화하는 수준까지 5단계로 분류된다. 높은 단계의 정의적 수업목표로 올라갈수록 다른 사람의 느낌, 태도, 가치에 좌우되지 않고 학생 스스로의 결정이나 가치판단에 따른다.

- **수용**(receiving): 수용 수준의 수업목표는 학생들이 어떤 현상이나 자극을 수동적으로 받아들이고 그것을 인식하는 것을 의미한다. 이 수준의 학생들은 단지 듣거나 주의를 기울이면 된다. 수용 수준을 나타내는 동사로는 '알아차릴 수 있다' '들을 수 있다' 등이 있다(예: 자리를 뜨지 않고 모차르트 협주곡을 모두 들을 수 있다).

- **반응**(responding): 반응 수준의 수업목표는 학생들이 어떤 자극에 대해 반응을 하거나 기대되는 행동을 보여 주는 것을 의미한다. 반응 수준을 나타내는 동사로는 '따라 할 수 있다' '연습할 수 있다' 등이 있다(예: 교사의 지시에 따라 악기를 연습할 수 있다).

- **가치화**(valuing): 가치화 수준의 수업목표는 학생들에게 강요하지 않아도 어떤 상황에서나 일관된 태도와 믿음을 가지고 행동하는 것을 의미한다. 학생들은 확신을 가지고 행동해야 하며, 자신이 좋아하는 것과 그렇지 않은 것을 확실하게 말할 수 있어야 한다. 가치화 수준을 나타내는 동사는 '의견을 말할 수 있다' '토의할 수 있다' 등이 있다(예: 국제적인 이슈로 떠오른 기후변화에 대한 자신의 의견을 말할 수 있다).

- **조직화**(organization): 조직화 수준의 수업목표는 학생들이 가치가 있는 것과 가치가 없는 것을 판단할 수 있고, 각자의 가치관에 따라 올바른 선택을 하는 것을 의미한다. 조직화 수준을 나타내는 동사는 '의견을 결정할 수 있다' '구분할 수 있다' 등이 있다(예: 사형제도에 대한 찬성과 반대 견해를 비교하고 자신의 신념과 맞는 의견을 결정할 수 있다).

- **인격화**(characterization): 인격화 수준의 수업목표는 학생들이 자신의 가치관에 따라 지속적이고 일관성 있는 행동을 하는 것을 의미한다. 이 수준의 학생들은 이전 단계에서 요구한 행동을 모두 마스터하고 있어야 한다. 또한 자신의 가치체계와 사회의 가치체계 사이에서 큰 마찰 없이 행동할 수 있어야 한다. 인격화 수준을 나타내는 동사는 '보여 줄 수 있다' '결정할 수 있다' 등이 있다(예: 교실 안팎에서 장애가 있는 학우들을 도와줄 수 있다).

Harrow(1972)와 Moore(1992)는 심리운동 영역(psychomotor domain)의 수업목표를 단순한 모방에서 능숙하게 해내는 순응까지 5단계로 분류하였다. 심리운동 영역에서는 단계가 높아질수록 좀 더 복잡하고 빠른 운동기능을 요구한다.

- **모방**(imitation): 모방 수준의 수업목표는 학생들이 관찰 가능한 행동을 보고 나서 그것을 그대로 따라 하는 것을 의미한다. 예를 들어, 교사가 현미경의 표본접시에 슬라이드를 어떻게 놓는지 보여 주고 학생들은 그 행동을 따라 하게 하는 것이다. 이 수준에서 학생들은 어떤 행동을 관찰하여 따라 하고 그것을 반복하면 된다.
- **조작**(manipulation): 조작 수준의 수업목표는 학생들이 시각적인 모델 없이 설명을 듣거나 읽고 특정 행동을 하는 것을 의미한다. 모방단계의 학습결과와 조작단계의 학습결과는 거의 비슷하다. 단, 조작단계에서 수업목표는 목표행동에 대한 설명이 말이나 글로 제시된다는 것이 다르다.
- **정확**(precision): 정확 수준의 수업목표는 학생들이 어떤 행동을 정확하게 하는 것을 의미한다. 학생들은 자신의 행동을 조절하여 실수가 없도록 해야 한다.
- **연합**(articulation): 연합 수준의 수업목표는 학생들이 여러 단계의 행동을 순서에 따라 정확하게 행동하는 것을 의미한다.
- **순응**(naturalization): 순응 수준의 수업목표는 학생들이 배운 기술이나 행동을 능숙하게 해내는 것을 의미한다. 순응단계에서 학생들은 배운 행동을 자동적으로 할 수 있어야 한다.

(2) 학습자의 특성 진단

교수 · 학습과정에서 학습자의 특성을 파악하여 학습지도 계획을 세우는 단계를 **출발점 행동**(entering behavior)의 진단이라 한다. 출발점 행동을 파악하기 위해서 진단평가(diagnostic evaluation)를 활용할 수 있는데, 진단평가는 교수 · 학습을 시작하기 전에 학생들의 학습 특성을 미리 파악하여 학생들의 학급을 편성하거나 교수 · 학습을 설계하는 것과 같은 목적을 가지고 시행되는 평가를 말한다.

출발점 행동의 진단은 학습자의 능력, 적성, 학습유형, 성취 수준, 선수학습 정도 등을 중심으로 이루어진다. 학습자의 특성에 맞추어 이루어지는 수업을 적응적인 수업(adaptive instruction)이라고 하며 학습자의 특성에 적합한 교육을 계획하고 실행할 수 있는 교사를 반성적인 교사(reflective teacher)라고 부른다. 반성적인 교사는 학습자를 가르칠 때 어떻게 가르치는 것이 성공적이고 가장 적절한 수업인지 스스로에게 질문하고 수업에 대해 비판하는 태도를 갖는 교사를 말한다(Borich, 2000).

이 밖에도 계획단계에서는 교사가 수업에서 다룰 교과 내용을 분석하고 수업목표를 효과적으로 달성하기 위한 교수방법을 결정하며, 수업목표에 대한 성취도를 확인하기 위한 평가방법, 평가문항 등에 대한 계획을 수립하기도 한다.

> **출발점 행동**
> 수업이 시작되기 전에 진단되어야 하는 학습자의 특성으로 선행학습의 정도, 적성, 지능 등의 인지적 요인뿐만 아니라 학습자의 동기, 흥미, 학습 습관 등의 정의적 요인도 포함

2) 실행단계

실행단계는 교사가 교실에서 실제 수업하는 단계에 해당하며, 교사는 대개 한 차시 수업을 도입, 전개, 정리의 단계로 구분하여 진행한다. 도입 부분에서는 주로 학생의 동기 유발, 학습목표 확인, 학습활동 안내를 실시하고, 전개 부분에서는 주요 학습활동을 하며, 정리 부분에서는 마무리 활동, 학습내용 정리, 차시 학습 예고 등을 한다.

실행단계가 중요한 이유는 교수 · 학습의 핵심적 활동이 바로 수업이기 때문이다. 수업목표에 따라 적절한 수업방법과 매체를 선정하고 활용한다. 교사는 형성평가를 통해 수업목표의 달성 여부를 확인하며, 형성평가 결과와 학습 집단의 특성에 따라 개인차를 고려하는 수업방법을 적용할 수 있다. Cronbach와 Snow (1977)는 학습자의 개인차를 수업방법에 반영하는 연구를 통해 **적성-처치 상호작**

> **적성-처치 상호작용 모형**
> 학습자의 '적성'과 수업방법인 '처치'의 상호작용 결과가 수업의 질을 결정한다고 보며, 학습자 개인의 특성에 따라 어떤 수업방법을 사용할지 고려

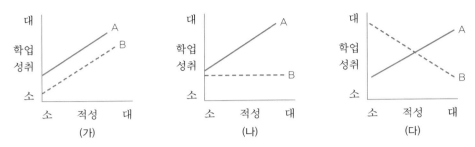

[그림 12-4] 적성-처치 상호작용의 세 가지 유형

주: 수업처치-교사 중심 설명(A)과 학생 중심 토의(B)

용(Aptitude-Treatment Interaction: ATI) 모형을 발표하였다. '적성'은 학습자 개인의 학업적인 특성을 의미하며, '처치'는 학습자 개인의 특성에 따라 어떤 수업방법을 사용할 것인지를 고려하는 것이다. 즉, 적성-처치 상호작용(ATI) 모형은 학습자의 적성과 교육적 처치의 상호작용 결과가 수업의 질을 결정한다고 보았다.

적성-처치 상호작용(ATI) 모형의 주요 관심은 여러 가지 수업방법을 언제, 어떻게, 어떤 학습자에게 사용하여야 학습자의 학습효과를 증가시킬 수 있는가이다. [그림 12-4]와 같은 세 가지 경우를 예상할 수 있다.

두 개의 선이 평행한 (가)는 적성과 수업처치 간 상호작용이 없다. 수업처치 A(설명)가 적성 수준과 상관없이 언제나 수업처치 B(토의)보다 더 효과적이다. (나)에서는 두 개의 선이 비록 교차하지는 않지만, 그 기울기가 적성 수준에 따라 확연히 다르다. 즉, 적성 수준이 높은 학생에게는 수업처치 A(설명)가 훨씬 더 효과적이고, 반대로 적성 수준이 낮은 학생에게는 수업처치 A, B 간에 큰 차이가 없다. (다)는 두 개의 선이 교차하여 적성의 정도에 따라 처치방법의 효과는 정반대로 되어 있다. 즉, 적성 수준이 낮은 학생에게는 수업처치 B(토의)가, 적성 수준이 높은 학생에게는 수업처치 A(설명)가 효과적이다.

이러한 적성-처치 상호작용(ATI) 모형은 적응적 교육모형이라는 새로운 교육관을 정립하였다. 학생의 개인차에 알맞은 교육적 처치를 적절히 제공하여 학습자의 개인차와 교육적 처치 간에 적응적 상호작용을 촉진해야 한다는 것이다. 그러나 학습자의 적성 변인이 너무 복잡하고 수업처치의 방법 또한 매우 다양하기 때문에 학습자의 어떤 적성이 어떤 처치방법과 최적으로 결합되는지 확인하기는 어렵다. 따라서 적성-처치 상호작용(ATI) 모형은 이상적이기는 하지만 현실적이지는 못하다는 비판이 있다.

3) 평가단계

일반적으로 교육평가는 교수 · 학습과 관련하여 시행하는 목적과 시점에 따라 크게 진단평가(diagnostic evaluation), 형성평가(formative evaluation), 총괄평가(summative evaluation)로 나누어 볼 수 있다. 진단평가는 대부분 수업을 시작하기 전에 활용하는 것이고, 수업 실행 후에는 형성평가와 총괄평가가 활용될 수 있다. 형성평가는 교수 · 학습이 진행되는 동안에 학습자의 학습에 대한 정보를 수시로 획득하고 이를 다시 교수 · 학습에 피드백하여 학습자의 학습 향상을 목적으로 이루어지는 평가를 의미한다. 형성평가는 교사가 교수 · 학습 진행 상황에 따라 평가의 내용, 방법, 형식 등을 자유롭게 결정하여 운영할 수 있다는 점에서 교수 · 학습의 일부분으로 통합되어 있다고도 할 수 있다. 총괄평가는 학습자에 대한 교수 · 학습이 모두 완료된 후에 성취도 또는 성적 평정을 주목적으로 하여 시행되는 평가를 의미한다.

학습자를 평가하는 주체가 누구냐에 따라서는 자기평가, 동료평가, 교사평가로 나누어 볼 수 있다. 자기평가와 동료평가는 관찰을 통해 알기 어려운 학습자의 학습 정보를 획득하여 교수 · 학습을 개선하기 위해 활용할 수 있으나, 평가 결과의 객관성과 공정성을 담보하기 어렵기 때문에 성적 산출을 위한 목적으로 사용하기에는 다소 어려운 점이 있다. 교사평가는 평가 결과를 교수 · 학습 개선을 위한 목적으로 사용하는 데 제한이 있을 수 있으나 학교 성적에 반영하기에는 용이하다.

2. 교수 · 학습이론

학습자의 인지적 정보처리과정을 다룬 대표적인 교수 · 학습이론에는 Bruner의 발견학습과 Ausubel의 유의미학습이 있다. 발견학습의 초점은 학습자 스스로 과제의 원리를 먼저 발견하는 것에 있다. 학습자는 교사가 제시한 다양한 예시를 바탕으로 추론하여 원리를 발견한 후에 그 내용을 내면화한다. 발견학습과 대조적으로 유의미학습은 교사가 과제의 원리를 잘 정리된 형태로 학습자에게 설명한다. 학습자는 스스로 발견할 필요가 없고 제공된 자료를 잘 습득하여 자신의 기존 인지구조에 통합시키는 학습과정을 거친다. 발견학습과 유의미학습은 모두 새로운 과제가 학습자의 인지구조와 관련될 때 의미 있는 학습이 구성될 수 있음을 강조한다.

인지적 정보처리과정과 수업에 관한 체계적인 연구결과들을 결합하여 만들어진 포괄적인 교수·학습이론은 Gagné의 학습조건 이론이다. 발견학습이나 유의미학습이 학습의 과정에 초점을 두고 어떻게 가르칠 것인가의 교수방법을 중요하게 설명한다면, Gagné는 학습의 내용을 기준으로 과제를 분석하고 이러한 과제가 학습되는 상황을 포괄적으로 설명하여 학교 수업의 설계에 직접적으로 도움을 주었다.

구성주의 학습이론은 외부에서 형성된 지식을 학습자가 받아들이는 것이 아니라 학습자가 기존의 학습을 바탕으로 새로운 지식을 구성해 나간다고 보는 심리학 및 철학적 관점이다. 구성주의 학습이론에서 강조하는 다양한 수업 원리 및 교사의 역할은 학습자의 지식 구성을 촉진하는 학습 환경을 조성하는 것으로 교사 중심 교육에서 학습자 중심 교육으로의 변화를 이끌어 냈다.

1) Bruner의 발견학습

사고에 관한 Jerome Bruner의 연구는 개념학습과 사고의 발달을 촉진하는 교육적 접근에 대해 관심을 보였다(Woolfolk, 2007). Bruner는 학습주제의 구조에 대한 정확한 이해, 능동적 학습, 학습에서의 귀납적 추리의 가치를 강조하였다.

학습주제의 구조(subject structure)는 한 분야의 기본적인 개념, 이들 간의 관계 또는 전체 패턴과 같은 정보를 말한다. Bruner는 학습자가 자신이 학습하고 있는 주제의 구조를 이해한다면 학습이 더 의미 있고 유용하며 잘 기억될 것이라고 보았다. 정보의 구조를 잘 파악하기 위해서는 학습자가 능동적이어야 한다. 즉, 교사의 설명을 단순히 받아들이기보다 학습자 스스로 학습내용의 주요 원리를 파악하는 것이다. 이러한 과정을 **발견학습**(discovery learning)이라고 한다. 발

발견학습
학생이 스스로 학습의 기본 원리를 발견하기 위한 학습

견학습에서는 교사가 예시(example)를 제시하고, 학습자는 이들 예시 간의 관계, 즉 학습주제의 구조를 발견할 때까지 공부한다.

발견학습은 구체적인 사례를 이용하여 일반적인 원리를 추출해 내는 **귀납적 추리(inductive learning)**를 통해 이루어진다. 예를 들어, 학생에게 삼각형을 보여 주면서 삼각형이 아닌 도형들도 충분히 제시해 주어 학생은 결국 삼각형이 갖추어야 할 기본 특징이 무엇인지 발견하게 된다.

발견학습은 귀납적 접근법을 통하여 학습자의 직관적 사고(intuitive thinking)를 촉진한다. 교사는 학습자에게 불완전한 증거에 근거하여 추측하도록 한 다음, 이 추측을 체계적으로 증명하거나 반증하게 함으로써 직관적 사고를 키울 수 있다. 예를 들어, 조수의 흐름과 선적사업에 대하여 학습한 후, 교사는 학생에게 세 개의 항구가 있는 지도를 보여 준다. 그리고 학생에게 어느 항구가 주요 항구가 될지를 추측하게 한다. 학생은 체계적인 연구를 통해 자신의 추측을 확인하는 절차를 거치게 된다.

다음은 Bruner의 발견학습을 활용한 수업전략이다.

> **귀납적 추리**
> 구체적인 사례를 통해 일반적인 원리를 도출

발견학습을 활용한 수업전략(Woolfolk, 2007, p. 292)

- 교사는 가르치고자 하는 개념의 예시(example)와 그렇지 않은 예시(nonexample)를 제시한다.

예

- 포유동물에 대하여 가르치고자 할 때 그 예(사람, 캥거루, 고래, 고양이, 돌고래, 낙타)를 든 다음, 그렇지 않은 예(닭, 물고기, 악어, 개구리, 펭귄)를 제시한다.
- 학생에게 추가로 포유동물의 예와 그렇지 않은 예를 질문한다.

- 교사는 학생의 직관적인 추측을 촉진한다.

예

- 교사는 단어의 정의를 말해 주는 대신, 학생이 그 단어와 관련된 단어를 생각해 보고 그것이 무엇을 의미하는지 추측해 보는 활동을 하게 한다.
- 교사는 성급하게 답을 말해 주지 말고 몇 가지 답이 나올 때까지 기다린다.
- 교사는 발견학습에서 학생이 주제에서 너무 벗어나지 않도록 안내해 주는 질문을 사용한다.

> ■ 교사는 학생이 개념 간 관계를 이해하도록 도와준다.
>
> **예**
>
> • 다음과 같이 질문한다.
>   "우리는 이 사과를 무엇이라고 할까?" ("과일") "우리는 과일로 무엇을 할까?"
>   ("먹어요.") "우리는 먹는 것을 무엇이라고 할까?" ("음식")
> • 도형 그리기, 목차 쓰기 또는 요약하기를 이용하여 개념 간의 연결을 강조한다.
>
> ■ 교사는 질문을 하고는 잠시 후에 학생에게 답을 찾아보도록 한다.

Bruner(1960, 1962)는 발견학습이 학습경향성, 지식의 구조, 학습의 계열, 강화에 대한 지침들을 모두 포함해야 한다고 보았다. 발견학습은 학문의 결과보다 사고과정을 중요시하므로 학습자에게 교과를 최종 형태로 제공하는 것이 아니라 그 최종 형태를 학습자 스스로 조직하도록 요구한다. 따라서 교사는 학습자의 인지구조를 파악하고 개념에 맞는 자료를 제시해 주며, 학생의 질문에 답을 할 때는 개념의 정의보다 탐구의 과정을 일깨워 주는 안내자 역할을 해야 한다.

(1) 발견학습의 주요 개념

① 학습경향성

학습경향성(predisposition toward learning)은 학습준비도, 출발점 행동과 유사한 개념으로 학습하고자 하는 의욕, 동기, 경향을 의미한다. 발견학습에서는 학습자가 탐구심과 호기심을 가지고 다양한 대안을 탐색해야 하므로 학습경향성이 중요하다. 교사를 비롯한 타인과의 정서적 유대, 학습자의 사회경제적 상황 등이 학습자의 동기에 영향을 주고 학업성취의 차이를 유발한다. 학습경향성을 높이기 위해서는 학습자의 탐색행동을 지속시킬 수 있는 적절한 난이도의 과제가 필요하다. 너무 쉽거나 어려운 수업은 학습자의 학습동기를 저하시키기 때문이다. 학습자가 일정한 방향으로 탐색을 지속하도록 과제 목표를 명확히 제시하는 것도 중요하다.

② 지식의 구조

지식의 구조(structure of knowledge)는 학문의 기저를 이루고 있는 일반적 아이디어 및 원리, 기본 개념을 의미한다. Bruner는 모든 지식이 구조를 지니므로 학교에서는 지식을 전달하는 것이 아닌 학습자가 지식의 구조를 발견하도록 가르쳐야 한다고 하였다. Bruner는 '어떤 학습과제든지 아동의 발달단계에 맞게 구조화하여 제시하면 어떤 아동이라도 효과적으로 학습할 수 있다'는 가정하에 나선형 교육과정(spiral curriculum)을 제안하였다.

나선형 교육과정은 동일한 내용을 처음에는 쉽게 제시하고 학년이 올라감에 따라 점차 심화, 확대하여 결국 어려운 내용을 완전히 이해하게 되는 교육과정을 의미한다. 예를 들어, 고등학교에서 다루는 수학 교과의 확률과 통계 개념을 다룬다면, 먼저 초등학교에서는 초등학생의 지적 수준에 적합하도록 그 내용을 쉽게 조직하여 평균, 띠그래프, 원그래프 등을 배우고, 중학교에서는 편차, 분산, 도수분포표, 산포도 등의 수준을 배우도록 한다. 그리고 고등학교에서는 순열과 조합, 확률, 정규분포 등을 배우도록 하여 학년이 올라갈수록 더 어려운 내용으로 심화, 확대해 가면서 교육과정을 배열하는 것이다.

③ 학습의 계열

학습의 효과는 학습의 계열(sequence of learning)을 어떻게 조직하느냐와 관련되어 있다. 수업은 학습자가 이해, 변형, 전이하는 데 도움이 되도록 학습자료가 순서대로 조직되어 제시되어야 한다. 중요한 개념이 반복 경험될 수 있도록 하지만 단순한 반복이 아니라 심화되고 확대된 반복 학습이 이루어지도록 학습내용이 조직되어야 한다. 모든 학습자에게 최적의 단일 계열은 있을 수 없으며 선행학습, 발달단계, 학습과제의 특성, 학습자의 개인차 등 여러 요인에 따라 학습의 계열은 달라질 수 있다.

④ 강화

수업 장면에서 강화(reinforcement)는 학습자가 성취에 대한 만족감을 얻도록 하거나 실패와 오류를 교정하도록 도움을 주어 반복적인 실패를 예방하는 역할을 한다. 강화는 학습자의 특성에 맞게 개별화되어 제공되어야 하며 외적 보상보다 내적 보상이 중요하다. 학습의 즐거움에 연결되는 발견의 기쁨, 성취의 만족감 등의 내적 보상은 외적 보상보다 강하다.

(2) 학교현장에서의 시사점

Bruner는 지식을 학습자가 가장 쉽게 학습할 수 있도록 구조화해야 한다고 제안한다. 교과의 구조를 이해하면 그 교과를 이해하기 쉽고, 언제라도 필요할 때 재구성이 가능하며, 전이효과를 기대할 수 있다. 이를 위해서는 단지 지식을 전달하고 암기하는 교수방법이 아니라 학습자 스스로 지식을 발견하고 탐구해야 한다. 수업은 학습결과로서 지식을 획득하는 것뿐만 아니라 탐구하는 방법적 측면인 문제해결과정을 학습하는 것까지 포함해야 한다.

Bruner의 교수·학습이론이 우리에게 주는 시사점은 다음과 같다. 첫째, 지식의 발견과정에서 학습자가 능동적으로 참여하는 것은 학습내용을 더 깊이 이해할 수 있게 해 주고, 지적·정의적 노력을 하게 한다. 학습자는 스스로 배운다는 것에 대한 가치를 부여하고 학교 학습·탐구 활동에 대해 긍정적인 태도를 형성할 수 있다. 둘째, 학습자는 외적인 보상보다는 내적인 만족을 얻게 되므로 앞으로의 과제를 잘 학습하고자 하는 강한 동기를 가지고 노력하게 된다. 그러나 Skinner(1968)는 발견학습이 학습자에게 더 유익하다는 연구결과를 반박하면서 학습에 필요한 행동을 형성하기 위해서는 내적 동기에만 전적으로 의존해서는 안 되고 지속적인 교사의 지시와 피드백이 필요하다는 점을 강조하였다.

2) Ausubel의 유의미학습을 위한 설명식 교수이론

David Ausubel(1918~2008)은 Bruner의 발견학습에 대한 대안으로 설명식 수업(expository teaching)을 제시하였다. Ausubel은 교사가 많은 양의 학습 정보를 학습자에게 의미 있고 효과적으로 전달하는 방법에 관심을 두었다. 교사는 학습자의 흥미, 선행학습 수준을 고려하여 학습자에게 일반적인 아이디어에서 구체적인 아이디어로 학습내용을 제시하는 교사 중심적인 수업을 하며, 학습자는 발견이 아닌 수용을 통해서 지식을 습득한다. 그런데 이렇게 제시된 자료를 그냥 수용하는 것은 학습자를 수동적으로 만들고 무조건적 암기가 될 수 있어서 발견학습처럼 의미 있는 학습이 되기 어렵다. Ausubel은 이러한 결점을 보완하기 위해 교사가 학습자의 인지구조에 알맞은 과제를 만들고 학습자의 사고를 활성화하여 학습자의 인지구조를 변화시키는 유의미학습(meaningful learning)을 주장하였다.

　학습자가 특정 지식을 학습하면 지적 위계(intellectual hierarchy)를 가진 인지구조가 형성된다. 이러한 인지구조 안에는 새로운 지식이 기존의 인지구조와 관계를 맺는 데 근거가 되는 정착지식(anchoring idea)이 존재한다. 위계적인 인지구조는 추상적이고 일반적이며 포괄적인 개념이 상위에, 구체적이고 사실적인 개념이 하위에 존재하는 구조이다. 사람들은 이미 이전의 경험과 학습을 통해 많은 정착지식을 구성하고 있다. 새로운 과제의 학습은 활성화된 정착지식이 새로운 학습과제에 의해 의미를 구성하면서 인지구조가 성숙하고 발전하는 것이다. 유의미학습 또는 유의미 언어학습(meaningful verbal learning)이란 학습자가 새로운 학습과제를 자신의 인지구조, 즉 기존에 가지고 있는 지식과 의미 있게 관련지어 학습하는 것을 의미한다. 이때 관련을 짓는다는 것은 언어적 정보나 개념 간에 관련성을 찾아 결합하는 것이다.

> **정착지식**
> 학습자의 인지구조에 이미 형성되어 있는 지식

> **유의미학습**
> 학습자가 새로운 학습과제의 내용을 자신의 인지구조와 의미 있게 관련지어 학습을 수행하는 것

(1) 선행조직자 수업 모형

　유의미학습에서 교사는 새로운 학습과제를 학습자의 인지구조에 적합하도록 선정하고 구성하여 제시하는 것이 중요한데 이를 위해 선행조직자를 활용한다. Ausubel(1968)은 선행조직자를 '현재 과제를 유의미하게 학습하기 전에 학습자가 이미 알고 있는 내용과 알 필요가 있는 내용 간의 격차를 메워 주는 역할'을 하는 것으로 정의하고 수업 초기에 선행조직자를 전략적으로 활용하였다. 즉, 선행조직자는 새로운 학습을 촉진하기 위해 새로운 과제를 본격적으로 공부하기 전에 제시되는 지도나 도표, 개념도, 학습할 내용의 중요 상위개념 등의 자료이다. 선행조직자는 본시 수업의 개념적 틀을 형성하는 것으로 추상성(abstraction), 일반성(generality), 포괄성(inclusiveness)에서 새로운 과제보다 더 높은 수준의 개념이나 원리를 의미한다. 선행조직자는 새로운 지식을 의미 있게 학습하는 데 필요한 관련 정착지식을 자극하고 활성화하는 역할을 한다.

　선행조직자는 비교조직자와 설명조직자로 구분된다. 비교조직자는 학습할

> **선행조직자**
> 새로운 학습에 앞서 추상적이고 일반적이며 포괄성 정도가 높은 자료를 제시하는 것

과제와 인지구조 내에 있는 지식 간에 상당한 유사성이 있는 경우 이들 간의 유사성과 차이점을 분명히 하여 상호 간의 변별력을 증진시킬 것을 목적으로 제시하는 자료이다. 비교조직자는 인지구조를 활성화시킴으로써 이미 존재하고 알고 있지만 서로 간의 적절한 관련성을 찾지 못했던 것들을 이해시키는 데 도움을 준다. 정삼각형을 배우기 전에 정삼각형, 직각삼각형, 이등변삼각형의 그림을 제시하는 것이 비교조직자의 사례가 될 수 있다. 설명조직자는 학습과제가 학습자가 알고 있는 기존의 지식과는 전혀 관계가 없는 새로운 것이어서 이를 학습자의 인지구조에 끌어들이기 위한 발판으로 사용되는 조직자를 뜻한다. 따라서 설명조직자는 일반적 개념을 의미하는 것으로 은유와 직유의 개념을 가르치기 전에 비유적인 표현의 의미를 설명하거나, 돌고래에 대한 과제를 다루기 전에 포유동물에 대해 설명하는 자료를 활용하는 것 등이 사례가 될 수 있다.

Joyce, Weil과 Calhoun(2004)는 선행조직자를 활용한 수업을 선행조직자의 제시, 학습내용 제시, 인지구조의 강화의 3단계 수업절차로 설명하였다.

① 선행조직자의 제시

교사는 수업목표를 명확히 하고 선행조직자를 제시하며 학습자들이 관련 경험과 지식을 생각하도록 한다. 학습목표를 명확히 하는 것은 교사의 수업 방향 설정과 학생의 동기 유발에 도움이 되어 유의미학습을 촉진한다. 선행조직자는 학습자의 기존 지식이나 경험과 관련 있는 내용들이 포함되도록 해야 하지만 단순히 이전에 학습한 내용의 복습이나 요약과는 다르다. 학습자에게 지난 시간에 배운 내용을 회상하도록 하는 것은 복습이고 자료의 핵심 부분만 모아서 제시하는 것은 요약으로, 새로운 학습과제보다 일반성, 포괄성의 정도가 높은 선행조직자와 구분되어야 한다. 선행조직자는 학습내용의 본질적인 특성, 원리를 반영해야 하며 학습자가 충분히 이해할 수 있도록 반복 설명되어야 한다.

② 학습내용 제시

효과적인 유의미학습이 이루어지도록 하기 위해서 교사는 학습과제를 학습자가 이해하기 쉽게 정리하고 구조화하여 제시해야 한다. 선행조직자와 학습내용이 상호 관련성 속에서 제시되어야 하고 먼저 제시하는 내용이 나중에 제시하는 내용을 포괄할 수 있도록 상위 개념에서 하위 개념으로 위계적으로 수업내용이 구성되도록 한다. 학습내용은 학습자의 인지구조와 관련을 맺을 수 있도록 조직된 유의미한 학습과제여야 한다.

③ 인지구조의 강화

학습자는 자신의 인지구조에 새로운 학습내용이 통합되고 정착되도록 해야 한다. 학습자가 능동적으로 학습내용을 수용할 수 있게 교사는 학습자에게 학습내용의 본질을 설명하도록 요구한다. 학습자는 선행조직자와 학습내용, 기존의 인지구조를 통합시키고 위계적으로 개념화하며 학습을 점검한다.

(2) 학교현장에서의 시사점

Ausubel의 교수 · 학습이론은 지금까지 없었던 새로운 이론은 아니지만 효과적인 수업이 무엇인지에 대한 정보를 주었다는 점에서 의미가 있다. 선행조직자를 활용하는 수업에서는 교사의 지도하에 수업내용이 체계적이고 조직적으로 학습자에게 전달된다. 유의미학습을 강조하는 수업은 핵심 내용에서부터 단계적으로 개념이 이해되고 구조화되는 내용일 때 효과적이다.

그러나 Ausubel의 이론은 선행조직자가 무엇을 말하는지 명확하지 않고, 기존의 인지구조를 바탕으로 새로운 의미를 구성하는 학습의 과정만을 강조하고 있다는 점에서 비판을 받는다. 학습자가 사전지식이 없는 경우에는 포괄적이고 추상적인 선행조직자의 제시가 학습을 돕기 어렵다. 또한 선행조직자를 강조함으로써 교사 위주의 수업이 될 수 있으며, 교사의 능력이나 자질에 따라 수업의 질이 좌우된다는 문제점도 있다.

3) Gagné의 학습의 조건

Robert Mills Gagné(1916~2002)는 인간의 다양한 수행과 기능을 분석하여 좋은 수업을 위해서는 무엇이 고려되어야 하는지에 대해 정리하였다. Gagné는 그동안 실험실 연구를 바탕으로 이루어진 학습이론은 학습을 단지 하나의 과정으로 설명하며 모든 학습에 적용될 수 있는 학습원리는 없다는 점을 지적하였다.

그는 학습의 결과로 일정한 능력이 성취되며 이러한 능력은 학습자의 인지과정과 수업에서 이루어지는 환경적 자극에 의하여 획득된다고 하였다.

(1) 학습결과

Gagné에 의하면 학습결과(outcomes of learning)란 학습자가 지속적으로 특정 행위를 할 수 있는 능력(capabilities), 교수 · 학습을 통해 성취되어야 할 목표를 의미한다. 학습능력, 즉 학습의 결과는 언어정보, 지적기능, 인지전략, 태도, 운동기능의 다섯 가지 유형으로 분류되는데, 여기서의 분류는 Bloom 등의 경우처럼 어떠한 복잡성이나 중요성에 비추어 위계적인 순서가 설정되어 있는 것이 아니다.

Gagné는 학습결과를 다섯 가지 유형으로 분류하였다. 언어정보(verbal information)란 조직화된 정보 또는 지식으로서, 학습자가 자신의 용어를 사용하여 정보를 진술하는 능력을 의미한다. 정보처리이론에서 명제적 지식(propositional knowledge), 선언적 지식(declarative knowledge), 혹은 ~에 관한 지식(knowing that)을 의미하며, Bloom의 교육목표 분류에서 인지적 영역의 지식과 비슷한 맥락이다.

지적기능(intellectual skills)은 읽기, 쓰기, 숫자 등의 상징을 이용하여 환경과 상호작용하는 능력을 의미한다. 앞서 제시한 언어정보가 내용(what)이라고 본다면 지적기능은 방법적 지식(knowing how) 또는 절차적 지식(procedural knowledge)에 속하며, Bloom의 교육목표 분류에서 인지적 영역의 이해, 적용, 분석, 종합, 평가 능력과 비슷한 맥락이다. 이는 단순히 어떤 개념과 속성에 대한 사실적 지식과 구별되며, 사실적 지식을 사용하고 구별하고 분류하는 등의 능력을 의미한다.

인지전략(cognitive strategies)은 학습자가 자신의 학습, 기억, 사고, 행동을 관리하는 기능을 의미한다. 학습자가 사고기법, 문제분석법, 문제해결법 등을 학습하여 자신의 내적 인지과정을 조절하거나 통제하는 초인지적(metacognitive) 사고기능으로서 학습자 자신의 내면적인 행동과 연관된다. 인지전략은 학습자가 학습하고, 기억하고, 문제를 해결해야 하는 상황을 반복적으로 경험하면서 향상되며, 이러한 전략은 비슷한 상황의 문제해결에서 전이되어 활용된다.

태도(attitudes)는 특정한 방식으로 행동하는 것을 선택하는 것으로 개인의 선호 경향성이며 Bloom의 교육목표 분류에서 정의적 영역의 수업목표와 관련된다. 타인에 대한 배려, 관용, 학습에 대한 긍정적 태도 등을 형성하는 것은 교수학습에서 중요한 수업목표이다.

운동기능(motor skills)은 단순한 행동에서 복잡한 수준까지의 행동을 수행하는 능력이며 Bloom의 교육목표 분류에도 동일한 영역이 있다.

(2) 학습의 조건

학습결과는 내적 학습조건과 외적 학습조건의 상호작용 결과로 얻어진다([그림 12-5] 참조). **내적 학습조건**(internal conditions of learning)이란 새로운 정보를 획득하기 위해 필요한 내적 상태와 정보를 처리하는 인지과정을 의미하며 선행학습, 학습동기, 자아개념, 주의력 등을 예로 들 수 있다. **외적 학습조건**(external conditions of learning)이란 학습자의 내적 인지과정을 돕는 환경적 자극으로 교수사태(instructional events)라고 한다. 의도적으로 계획된 학습은 다양한 과제와 학습과정 그리고 각기 다른 학습과정을 통해 학습된 결과, 학습이 이루어지는 조건(conditions) 등을 포함하여 설명될 수 있으며 이러한 학습원리는 다양한 상황에서 활용될 수 있다.

> 내적 학습조건
> 새로운 정보를 획득하기 위해 필요한 내적 상태와 정보를 처리하는 인지과정
>
> 외적 학습조건
> 학습자의 내적 인지과정을 돕는 환경적 자극

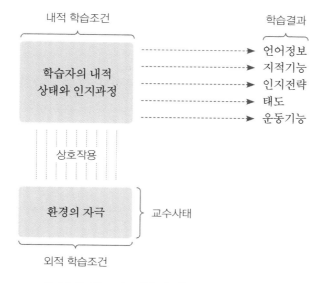

[그림 12-5] 교수 · 학습의 기본 요인(Gagné, 1985)

Gagné와 Briggs(1979)는 학습자의 내적 인지과정이 9단계로 이루어져 있으며 이러한 인지과정에 따라 교수사태를 설명하였다.

표 12-1 학습자의 인지과정과 교수사태

	인지과정	교수사태
학습을 위한 준비	주의집중	주의집중 유발
	기대	수업목표 제시
	작업기억으로 재생	선행지식 자극
획득과 수행	선택적 지각	자극자료 제시
	의미론적 부호화	학습 안내 제공
	재생과 반응	성취행동 유발
	강화	피드백 제공
학습의 전이	재생을 위한 암시	성취행동 평가
	일반화	파지와 전이 높이기

① 학습을 위한 준비

• **주의집중 유발**: 학습자의 주의집중이 없다면 학습은 이루어지지 않으므로 수업 시작뿐만 아니라 수업 진행 전 과정을 통해 학습자의 주의를 이끌어 내는 것은 중요하다. 그러므로 교사는 학습자의 흥미나 호기심을 자극하고 주의를 집중할 수 있는 다양한 기술을 지녀야 한다. 교사는 학습자의 시선을 교사에게 집중시키고 학습내용에 대한 관심을 끄는 방법으로 언어적 · 비언어적 자극이나 시청각적 자극 등을 사용한다. 또한 학습자에게 흥미로운 질문을 하거나, 그림이나 사진, 도표, 관련 동영상 등을 먼저 제시하면서 수업을 전개한다.

• **수업목표 제시**: 학습자에게 수업목표를 명확하게 알려 주는 단계이다. 목표란 학습자에게 기대하는 학습성과이며, 이는 수업이 종료되었을 때 학습자에게서 나타나기를 기대하는 성취행동을 의미한다. 교사는 수업의 첫 단계에서 학습자 자신이 달성해야 할 목표를 인지하고 기대를 갖도록 학습동기를 유발한다. 교사가 학습과제를 다루기에 앞서 학습목표를 학습자에게 제시해 주면 학습자는 기대를 가지고 학습내용에 더욱 주의를 집중하게 될 것

이다. 학습목표는 학습자가 성취해야 하는 행동을 알 수 있고, 적절한 도전
감을 갖도록 설정해야 한다.

- **선행지식 자극**: 새로운 학습은 관련된 선행지식에 의존하여 이루어진다. 따
라서 교사는 학습자가 전에 배운 관련 내용을 회상하여 새로운 정보를 이해
하고 기억하는 데 활용하도록 한다. 선행지식을 자극하는 방법에는 수업 도
입부에 이전 시간에 배운 내용을 복습함으로써 회상에 도움을 주거나, 복습
만으로 충분하지 않을 경우 필수적인 선행지식을 다시 설명해 준다. 교사는
학습자의 선행지식을 끌어내는 과정에서 학습자가 잘못된 개념을 갖지 않
도록 유의해야 한다.

② 획득과 수행

- **자극자료 제시**: 학습자료 또는 교재 등의 자극이 구체적인 상황과 함께 학습
자에게 제시되는 단계이다. 이때 자극을 주는 자료는 수업의 주제와 관련이
있어야 하며 말로 설명하거나 시범을 보이거나 매체를 활용하여 제시될 수
있다.

- **학습 안내 제공**: 수업에서 사고와 탐구를 자극하기 위해 질문, 단서, 암시, 제
시 등의 학습 안내를 제공하는 단계로 새로운 능력을 나중에 회상할 수 있
도록 부호화하는 데 도움을 준다. 교사가 정답을 알려 주는 것보다 학습자
스스로 사고하고 탐구할 수 있도록 단서나 힌트를 제공해 주는 것이 더 바
람직하다. 학습자의 개인차에 따라 단서나 힌트를 다르게 제시하는 것도 효
과적이다.

- **성취행동 유발**: 학습자의 효과적인 부호화를 위해서 학습자가 새롭게 배운
것과 이미 알고 있던 것을 통합된 지식으로 확인하는 기회를 갖도록 한다.
수업목표를 달성했는지 확인할 수 있는 연습문제를 풀어 보거나 수업내용
에 대한 질문에 대답하도록 하고 실습하는 등의 성취행동을 유발한다.

- **피드백 제공**: 학습자의 성취행동이 목표대로 달성되었는지 피드백을 제공하
는 단계이다. 학습을 마친 후 수행결과에 대한 피드백은 중요하다. 교사는
학생의 성취행동에 대하여 고개 끄덕임, 미소 또는 언어적인 칭찬 등 여러
가지 방식으로 피드백을 제공할 수 있다. 피드백을 통하여 학습목표를 달성

한 학습자는 강화를 받고, 달성하지 못한 학습자는 부족한 부분을 확인하여 수정할 수 있게 된다.

③ 학습의 전이

• **성취행동 평가**: 성취행동이 적절하게 유발되면 계획한 학습이 잘 이루어졌다는 표시이며 이것이 학습성과의 평가이다. 교사는 미리 계획을 세워 학습성과에 대한 평가를 체계적으로 해야 한다. 평가방법은 학습결과의 유형에 따라 달라질 수 있다. 예를 들어, 언어정보는 학습한 정보를 시험을 통하여 평가할 수 있고, 지적기능은 학습된 개념 및 법칙을 새로운 상황에 적용해 보도록 함으로써 수행결과를 평가할 수 있다.

• **파지와 전이 높이기**: 파지(把持)란 학습한 내용을 기억하고 있는 것을 의미하고, 전이(轉移)란 새롭게 학습된 정보를 다른 상황으로 일반화하거나 적용할 수 있는 것을 말한다. 전이는 학습의 가장 중요한 목표 중 하나이다. 만약 수업한 내용 자체만이 학습되고 그에 대한 전이가 이루어지지 않는다면 학습자는 평생 동안 학습을 해야만 할 것이다. 일반적이고 보편적인 내용을 학습하여 기억하고 특수한 상황마다 일반적인 내용을 전이하여 이해하는 것은 학습의 최종 목표이다. 파지와 전이를 높이는 방법은 학습결과의 유형에 따라 다르다. 예를 들어, 언어정보는 학습자가 배운 정보를 자신의 표현으로 설명하도록 하거나 더 발전시켜 보는 연습을 해 보도록 하고, 지적기능은 일정한 간격을 두고 복습의 기회를 제공함으로써 증진할 수 있다. 인지전략은 여러 가지 다양한 문제 상황에서 해결책을 찾는 경험을 하고, 운동기능은 계속적인 연습을 하는 것이 파지와 전이를 강화한다.

이와 같은 외적 학습조건으로서의 교수사태는 내적 학습조건인 내적 인지과정과 상호 긴밀한 관계를 맺는다. 또한 이는 수업의 절차인 도입, 전개, 정리의 과정과도 연관된다. 물론 이와 같은 순서는 절대적인 것이 아니라 수업 목표 및 방법 등에 따라 유동적이다.

(3) 학습의 위계

학습의 결과로 성취될 능력을 목표로 설정하고 적절한 교수사태를 선택하는 것은 교수설계에서 중요하다. 또한 복잡한 기능을 학습하기 위해서는 학습과제 분석(learning task analysis)을 통해 핵심적 선행학습 요소를 확인하는 것이 필요하다.

Gagné(1985)는 학습내용이 단순한 것에서 복잡한 것으로, 낮은 수준에서 높은 수준으로 위계를 이루고 있다고 보았다. 따라서 학습은 위계에 따라서 이루어져야 하며 위계적으로 낮은 수준의 핵심 지식이 먼저 학습되지 않는다면 후속 학습이 이루어질 수 없다. 학습의 결과는 학습의 위계에 따라 과제분석되어야 하고 이를 근거로 수업계획이 이루어진다.

다섯 가지 학습능력 중에서 위계가 가장 분명한 영역은 지적기능이다. 지적기능의 학습은 신호학습, 자극-반응학습, 연쇄학습, 언어연합학습, 변별학습, 개념학습, 규칙학습, 고차적 규칙학습의 여덟 가지 유형으로 나뉘며, 제시된 순서대로 학습의 위계를 이루고 있다.

> **학습과제분석**
> 가르쳐야 할 내용을 분석하는 과정. 최종 학습과제의 학습유형을 확인하고 배워야 하는 하위 학습내용과 학습절차를 분석

① 신호학습(signal learning)

학습의 위계상 가장 단순한 형태로서 고전적 조건형성 과정을 통해 수동적으로 행동이 획득되는 것을 의미한다. 신호로서 제시되는 자극에 무조건적으로 반응하도록 학습된다. 특정 동물에 대한 공포반응과 같이 인간의 감정적 반응은 이 유형의 학습으로 이루어진다.

② 자극-반응학습(stimulus-response learning)

조작적 조건형성 과정을 통해 학습자가 의지를 가지고 자극에 반응하는 학습이다. 이때의 반응은 능동적이라는 점에서 신호학습과 구별된다. 학습자는 강화가 주어질 때 더 잘 반응한다. 학습자가 교사의 질문에 대답을 잘했을 때 즉시 칭찬해 주는 것과 같은 경우가 이에 해당된다.

③ 연쇄학습(chaining learning)

단순한 자극-반응 결합능력을 소유한 학습자가 학습된 자극-반응을 특정한

순서에 따라 동시에 연결하여 사용할 수 있는 능력을 학습하는 것을 의미한다. 현미경으로 관찰하기, 농구공 드리블하기 등을 예로 들 수 있다.

④ **언어연합학습**(verbal association learning)

언어를 연결하여 사용할 수 있는 능력을 학습하는 것을 말한다. 화학기호 암기, 영어 단어 외우기 등을 들 수 있다.

⑤ **변별학습**(discrimination learning)

유사한 여러 대상을 구별할 수 있는 능력의 학습으로 다른 대상의 차이점을 구별하고 각각 다르게 반응하는 것을 의미한다. 예를 들어, 어린아이가 옷감 질의 차이를 부드럽다거나 거칠다는 식의 말로 표현은 하지 못하더라도 그 차이를 느끼고 반응할 수 있는 것을 말한다. 변별학습은 생활 속에서 경험이 쌓여 가면서 세밀하고 정교해진다.

⑥ **개념학습**(concept learning)

개념학습은 사물의 공통적 속성을 개념화하는 것으로 이전에 학습한 언어적 연결이 개념학습을 돕는다. 책이나 컴퓨터 등과 같이 구체적 개념에 대해서 여러 대상의 공통 속성을 이해하거나, 평화, 자유 등과 같은 추상적 개념들에 대한 학습이 이에 해당된다.

⑦ **규칙학습**(rule learning)

규칙은 세 개 이상의 개념이 연결되어 구성된다. 수학의 계산 규칙, 과학적 원리 등의 학습을 의미하며 학습자가 규칙을 문제해결에 적절하게 적용함으로써 규칙의 활용을 보여 줄 수 있어야 한다.

⑧ **고차적 규칙학습**(higher-order rule learning)

여러 개의 규칙을 조합하여 새로운 사태의 문제를 해결할 수 있는 능력에 대한 학습으로 문제해결학습이라고도 한다. 이전에 배운 규칙들이 기억에서 인출되어 더욱 복잡한 문제해결에 적용된다. 예를 들어, 아동이 사다리꼴의 넓이를 계산할 경우에 이미 알고 있는 사각형과 삼각형의 넓이를 계산하는 규칙을 조합해서 적용하는 것이다.

(4) 학교현장에서의 시사점

Gagné 이전에는 학습현상과 교수과정을 접목하여 교수 · 학습에 대한 이론적인 측면과 현실적인 측면을 포괄적으로 정리한 연구가 거의 없었다. Gagné는 구체적인 교수모형을 제시하지는 않았지만, 학습의 주요 변인에 대한 분석과 이러한 변인을 고려하여 수업을 어떻게 조직해야 할 것인지에 대해 설명함으로써 수업을 위한 유용한 활동 지침을 제공하였다는 점에서 의미가 있다. 나아가 수업의 처음부터 끝까지 어떻게 해야 하는지와 관련된 체계적이고 명확한 교수설계모형의 개발에 영향을 주었다는 점에서 시사하는 바가 크다.

Gagné는 학습자의 인지과정에 적합한 수업을 제공해야 한다고 하였다. 학습이 이루어지기 위해서는 새로운 학습을 위한 선행지식이 학습되어야 하며 학습하려는 동기가 형성되고 지속적으로 유지되어야 한다. 준비되지 않은 학습자에게 외적 조건인 수업의 수행은 더 이상 학습이 아니다. 또한 정보처리이론은 학습과 기억이 여러 단계의 활동을 통해 이루어지고 있음을 보여 주므로, 수업은 여러 정보처리과정에 영향을 미치는 다양한 활동으로 구성되어야 한다. 기대하는 학습의 결과를 과제분석하여 각 수업의 목표로 계획해야 하며 교수사태는 학습의 결과를 성취하도록 설계해야 한다.

4) 구성주의 학습이론

(1) 구성주의 학습이론 개념

구성주의 학습이론은 지식이 외부에 고정적으로 존재하는 것이 아니라 학습자가 지식을 스스로 구성하는 것으로 보는 이론이다. 학습자는 기존의 학습을 바탕으로 정보를 의미 있게 학습하고 스스로 새로운 지식을 발견하고 적용할 수 있다. 학습자는 과거의 지식과 경험으로 해결되지 않는 새로운 정보와 문제에 직면할 때 기존의 지식을 수정하고 새로운 지식을 만들어 낸다. 학습자의 능동적이고 적극적인 역할을 강조한다는 점에서 구성주의 학습이론은 학습자 중심

교육(learner-centered instruction)이라고 한다.

　구성주의 학습이론은 새로운 이론은 아니며 Piaget의 인지발달이론과 Vygotsky의 인지발달이론, Bruner의 발견학습과 Ausubel의 유의미학습 등 다양한 이론이 강조해 온 핵심원리들이 합쳐져 만들어진 교수 · 학습이론이다. 구성주의 학습이론은 환경이 학습자 개인에게 미치는 영향을 강조하는 행동주의이론이나 개인의 정신 내에서 일어나는 인지처리과정을 강조하는 정보처리이론과는 지식과 학습에 대하여 다른 관점을 지니고 있다. 기존의 교수 · 학습이론과 구성주의 학습이론을 비교하면 〈표 12-2〉와 같다.

표 12-2 교수자 중심의 교수 · 학습이론과 구성주의 학습이론 비교

	[교수자 중심] 기존 교수 · 학습이론	[학습자 중심] 구성주의 학습이론
지식	• 지식은 고정되어 있는 것 • 지식은 외부에 객관적으로 존재함 • 지식의 일반성, 보편성을 강조	• 지식은 가변적인 것 • 지식은 개인의 경험에 의한 해석으로 끊임없이 수정되고 변화될 수 있음 • 지식의 개별성과 특수성을 강조
교수 학습	• 교수자 중심으로 이루어짐 • 교사가 학습자에게 지식을 전수하는 역할을 하므로 교사의 역할이 절대적임 • 교사가 학습목표, 내용, 방법, 평가 등 일련의 교수 · 학습과정을 모두 결정하는 주도권을 지님 • 외부에 있는 일반적 지식을 학습자 내부로 전이시키는 것을 학습으로 간주함	• 학습자 중심으로 이루어짐 • 학습자는 스스로 지식을 구성하는 능동적 · 적극적 존재임 • 학습자가 선행지식에 근거하여 지식을 재구성함 • 학습자가 환경(맥락, 상황)을 고려하여 다른 학습자들과의 사회적 상호작용을 통해 지식을 구성함 • 교사는 보조자, 촉진자, 코치의 역할
관련 이론	• 행동주의이론: 환경이 개인에 미치는 영향을 강조함 • 정보처리이론: 학습이 일어나는 환경, 맥락보다는 개인의 정신 내에서 일어나는 인지처리과정을 강조함	• Piaget의 인지발달이론을 발전시킨 인지적 구성주의: 인지발달에 있어 개인의 인지적 활동을 강조함 • Vygotsky의 인지발달이론을 발전시킨 사회적 구성주의: 인지발달에 있어 사회적 상호작용을 강조함

첫째, 구성주의 학습이론은 지식이 고정된 것이 아닌 상대적인 것으로 수정되거나 변화될 수 있다고 본다. 기존 교수 · 학습이론에서는 지식이 외부에 독립적으로 존재하기 때문에 모든 사람이 동일하게 인식할 수 있다고 가정한다. 그러나 구성주의 학습이론에서 지식은 다른 사람에게 완전한 형태로 전수될 수 없고 학습자가 이해하고 구성하는 것에 따라 수정되고 새롭게 만들어진다. 개인의 경험, 선행지식, 흥미, 태도 등에 따라 개인마다 구성되는 지식은 다르며 지식이 적용되는 상황과 맥락에 따라 지식에 대한 의미는 달라진다.

둘째, 구성주의 학습이론에서 학습자는 교수 · 학습과정에서 중심이 된다. 교수자 중심 교육에서 교사는 효과적으로 외부의 지식을 학습자의 내부로 전이시킨다. 지식을 전수하는 역할을 하는 교사가 교육의 목표, 내용, 방법, 평가 등을 결정하고 학습자는 교사가 전달하는 지식을 수동적으로 받아들이는 역할을 한다. 반면, 구성주의 학습이론에서 학습자는 스스로 개인의 경험에 기초하여 의미를 만들어 나가는 인지활동을 하거나 다른 학습자와 상호작용하는 가운데 지식을 구성하는 능동적인 역할을 한다. 구성주의 학습이론에서 교사는 교단에 서서 강의를 통해 지식을 전수하는 사람이 아니라 학습자를 가이드하고 학습자가 스스로 의미 있는 발견을 하도록 기회를 제공하는 학습의 보조자, 촉진자, 코치이다.

구성주의 학습이론은 지식이 어떻게 구성되는가에 대한 관점에 따라 다양한 관점이 존재하는데 Piaget 이론에 기반을 두고 개인의 인지과정을 강조하는 인지적 구성주의와 Vygotsky 이론에 기반을 두고 사회적 환경과의 상호작용을 강조하는 사회적 구성주의가 대표적이다. 인지적 구성주의와 사회적 구성주의는 지식 구성의 다른 측면을 설명하고 있지만 실제 학습에서는 개인의 인지활동과 사회적 상호작용의 두 가지 측면이 함께 협력적으로 이루어질 때 지식이 구성될 수 있다.

인지적 구성주의(cognitive constructivism)는 지식이 개인의 내적 인지활동을 통해 구성된다고 보는 관점이다. 학습자는 새로운 정보를 접했을 때 인지적 불평형의 과정을 경험하게 되고 개인의 경험과 선행지식을 바탕으로 지식을 구성해나간다. 학습자가 어떤 경험을 하고 어떻게 의미를 찾아 나가는가 하는 것이 지식구성에서 핵심이므로 교사는 학습자의 인지적 갈등과 불균형을 일으키는 과

인지적 구성주의
지식이 개인의 내적 인지 활동을 통해 구성된다고 보는 구성주의 관점

제를 제시하고 학습자가 스스로 원리를 발견할 수 있도록 실험이나 경험의 기회를 제공한다. 학습자가 스스로 개념을 찾아낼 때 이러한 지식을 더욱 효과적으로 학습할 수 있다. 교사는 학습자가 지식을 구성하는 인지활동을 경험하고 난 후에 스스로 성찰하는 시간을 갖도록 독려한다. 성찰은 학습자가 앎과 학습의 과정을 스스로 점검할 수 있는 능력이므로 매우 중요하다. 교사는 학습자를 대상으로 문제해결을 위해 효과적으로 사고하고, 정보를 처리하는 방법에 대한 시범이나 코칭을 제공할 수 있다.

사회적 구성주의(social constructivism)에서 지식은 사회적 맥락 안에서 협력적으로 구성된다. 학습자는 개인의 경험에 기초하여 지식의 의미를 만들어 가지만 여러 학습자와 서로의 관점을 논의하는 등 상호작용을 하면서 개인적인 수준을 넘어서는 깊이 있는 사고를 할 수 있게 된다. 학습자는 깊이 있는 사고를 하는 다른 학습자를 보면서 모델링을 하기도 하고, 자신의 이해와 관점이 적절한지를 평가하기도 한다. 동료 학습자와 논의하는 과정에서 타인의 생각, 관점을 이해하게 되고, 자신의 의견을 조율하고 협상하는 과정을 거치면서 동료 학습자와 공유되는 아이디어만이 사회적으로 유용한 것으로 받아들여질 수 있음도 깨닫는다. 사회적 구성주의에서는 문제를 해결하는 과정에서 의견을 교환하고 협력할 수 있는 상황을 조성하는 것을 강조한다. 교사는 학습자가 어떻게 질문하면 좋은지, 어떻게 의견을 교환하는지 등 다른 학생들과 상호작용하는 방법을 시범 보일 수 있다.

사회적 구성주의
지식은 사회적 맥락 안에서 협력적으로 구성된다고 보는 구성주의 관점

(2) 학교현장에서의 시사점

학습자 중심 교육은 스스로 지식을 발견하고 구성할 수 있는 학습환경이 제대로 조성되어 있을 때 효과적으로 구현될 수 있다. 교수자는 학습자가 정보를 제대로 이해하고 문제를 해결할 수 있도록 수업을 설계하여 제공하고 학습자는 그 과정에서 자신의 전략을 의도적으로 사용하면서 스스로 이 과정을 경험해 나간다. 구성주의 학습이론은 협동학습, 문제중심학습, 프로젝트중심학습 등의 학습자 중심 교수방법으로 구현되며 학교현장의 변화에 기여하였다.

학습자 중심 교육
학습자가 능동적으로 지식을 구성하도록 하는 교육

구성주의자들은 교수 · 학습과정이 기초적인 원리에서부터 전체를 구성하는 (bottom-up) 것이 아니라 전체적인 구성에서 출발하여 세부적인 것을 학습하는

(top-down) 과정이어야 한다고 강조한다(Slavin, 2018). 학습자는 해결해야 하는 복잡한 문제에서부터 시작하여 과제를 해결하기 위해 요구되는 기본 지식과 기술을 발견하고 학습해 나간다. 예를 들면, 기본적인 문법과 철자를 배운 후에 좀 더 심화된 기술을 배우도록 순차적으로 쌓아 가면서 읽기, 쓰기를 배우는 것이 아니라 실제적인 읽기, 쓰기 과제를 수행하면서 필수적인 문법과 철자를 스스로 학습하도록 하는 것이다. 이러한 구성주의자들의 설계는 쉽고 기초적인 개념과 원리부터 먼저 배우기 시작하는 기존의 교수 · 학습의 순서와 정반대이다.

지식을 능동적으로 구성하는 것은 개인이므로 학습자의 자율성을 강화하도록 해야 한다. 구성주의자들이 이상적으로 생각하는 학습자는 효과적인 학습전략을 언제 어떻게 적용할지 알고 있는 자기조절학습자(self-regulated learner)이다 (Barnes, 2013). 자기조절학습자는 복잡한 문제를 여러 단계로 쪼개거나 다양한 해결책을 시험해 본다. 자기조절학습자는 학습 자체에 흥미를 느끼도록 자신을 동기화하며 학습을 계획하고 관리할 수 있다. 효과적인 학습전략을 잘 활용하는 학습자는 학습에 대한 만족도 크고 성취도 증가한다.

교사는 학습자에게 실제 상황, 유의미한 맥락 속에서의 학습이 가능한 복잡하고 실제적인 문제를 제시하고 학습활동의 구조를 설계하여 가이드라인을 제공하는 학습의 촉진자, 코치, 조력자이다. 실제 생활에서 단순한 원리로 해결할 수 있는 문제는 없으므로 실제적 과제(authentic task)는 여러 측면을 포함하고 있어서 정답이 없고 다양한 해결책이 가능해야 한다. 학습자는 이러한 문제를 해결하는 과정에서 필요한 지식을 스스로 학습하고 실제적 맥락과 관련하여 지식을 구성하게 된다.

학습활동을 성공적으로 이끄는 데 또래 친구들과의 상호작용이 매우 중요하다. 학습자는 문제에 대해 비슷한 나이의 동료 학습자들과 토의하면서 자신의 생각을 서로 공유한다. 생각을 공유하는 것은 어렵고 복잡한 개념들을 잘 이해할 수 있게 하고 논리적인 사고를 발전시키는 것을 돕는다. 자신의 생각과 다른 사람의 생각이 다를 때에는 서로 다른 의미에 대해 토의와 협상을 한다. 사회적 환경 속에서 깊이 있는 이해가 이루어지고 나면 학습자는 지식을 내면화할 수 있다. 소규모 모둠 활동을 위해서 교사는 학습의 의미와 이해를 강조하도록 과제를 구조화하고 여러 의견이 토의 또는 설명되도록 지도해야 한다.

3. 교수방법

교수방법에서 최고(best)의 정답은 없고 최적(best-fit)의 방법만이 존재할 뿐이라는 말이 있듯이, 모든 상황에서 똑같은 효과를 거둘 수 있는 교수방법이란 없다. 온라인 강의 및 인터넷 자료를 활용한 수업과 학습자 중심 교수방법들이 활용되면서 교수방법은 더욱 다양해졌고 서로 혼합되어 사용되고 있다. 교사는 어떤 교수방법이 자신이 가르치는 교과에 가장 적절한지를 꾸준히 연구해야 한다. 여기서는 강의법, 토의법, 협동학습, 문제중심학습, 프로젝트중심학습, 거꾸로 학습의 개념과 특징, 운영방법에 대해 알아볼 것이다.

1) 강의법

강의식 수업은 가장 오랜 역사를 가진 보편화된 교수방법이다. 강의법은 교사가 언어적인 방법으로 지식을 전달하기 때문에 의사소통이 일방적으로 이루어지며, 학생은 강의 내용을 듣고 수동적으로 이해한다. 강의법은 교수자 중심의 전통적인 방법이라는 비판을 받아 왔지만 강의법의 본질을 이해하고 교수 · 학습과정 요소의 특성에 맞추어 적절히 활용한다면 얼마든지 효과적인 교수방법이 될 수 있다. 강의식 수업의 장단점은 〈표 12-3〉과 같다.

강의법은 장점도 많지만, 단점 또한 많다. 단점을 보완하기 위해서는 수업시간 내내 강의법만 고수하지 말고 다른 교수방법을 병행하여 수업에 학습자가 참여할 수 있는 기회를 만드는 것이 좋다. 즉, 학습자의 주의집중 시간은 15~20분 정도이므로, 교사는 20분 이상 한 주제에 대한 이야기를 늘어놓지 않도록 한다. 15분이 경과된 후에는 이야기의 주제를 바꾸거나, 개별 활동을 중간에 넣거나, 협동학습을 하도록 하거나, 15분간 강의의 핵심 내용을 옆 학생과 공유하도록 하는 등 활동의 변화를 만든다. 강의의 마지막은 배운 내용을 복습하는 활동(예:

표 12-3 강의식 수업의 장점과 단점

장점	단점
1. 단시간에 다양한 지식을 많은 학습자에게 동시에 가르칠 수 있음	1. 학습자의 개성과 능력이 무시될 가능성이 있음
2. 교사의 언어능력에 따라 학습자를 쉽게 동기화할 수 있고 학습자의 이해력을 높임	2. 학습자의 활동 기회를 제약하여 수업태도가 수동적으로 되기 쉽고 동기 지속이 어려움
3. 학습량, 수업시간 등을 교사가 자유롭게 조절할 수 있음	3. 교사의 능력 여하와 충분한 수업 준비, 계획 여하에 따라 수업의 효율성이 좌우됨
4. 교과서 내용을 교사의 능력 범위 내에서 보충, 첨가, 삭제하는 것이 편리함	4. 고등정신 기능을 기르는 데는 다소 불충분함
5. 정보의 유포가 손쉬움	
6. 특별한 자료가 없어도 수업이 가능함	
7. 수업자의 의지대로 학습환경 변경이 가능함	
8. 기본적 기술교수에 적합함	
9. 심리적으로 안정을 추구하는 학습자에게 적합함	

마인드맵 또는 다이어그램을 그리거나 옆의 친구와 오늘 배운 것에 대해 나누는 활동) 을 통해 학생들이 학습한 내용을 잘 기억할 수 있도록 한다.

2) 토의법

토의를 활용하는 교수방법은 교수자와 학습자 간 그리고 학습자 간의 상호작용을 전제로 한다. 토의란 대화와는 달리 비교적 다수가 서로 의견을 교환해 가면서 문제를 원만하고 바람직하게 해결해 가는 방법이다. 토의식 수업을 통해 학생들은 자유롭게 의견을 발표하고 타인의 의견을 수용하면서 가치 있는 결론을 도출하는 데 필요한 태도와 습관을 기를 수 있다. 토의식 수업의 장단점은 〈표 12-4〉와 같다.

토의식 수업 유형은 집단의 규모와 활동방식에 따라 원탁토의, 버즈토의, 배심토의, 공개토의, 심포지엄, 세미나로 나뉠 수 있다. 원탁토의(round table discussion)는 토의의 가장 기본적인 형태로, 5~10명으로 구성된 집단이 주제

표 12-4 토의식 수업의 장점과 단점

장점	단점
1. 학습자의 적극적인 참여를 유도함 2. 의사소통능력, 사고능력, 비판적 분석능력을 신장함 3. 민주적인 태도와 가치관을 함양함	1. 수업 준비나 과정에 시간이 많이 소요됨 2. 학습자가 다른 사람의 반응에 민감하거나 방관자적인 태도를 취할 수 있음 3. 불확실하거나 이해하기 어려운 개념, 사실에 대한 효과적인 결론이 어려움

에 대해 자유롭고 상호 대등하게 의견을 교환하는 방식이다. 버즈토의(buzz discussion)는 특정 주제에 대해 6명으로 구성된 소집단이 6분간 토의한 후 전체가 함께 모여 토의결과를 종합하고 결론을 내리는 방법이다. 배심토의(panel discussion)는 특정 문제에 대한 소수의 전문가 집단과 다수의 일반 청중으로 구성되어 사회자의 진행에 따라 소수의 전문가 집단이 특정 주제에 대해 서로 상반된 의견을 개진하는 방식이다. 공개토의(forum discussion)는 일반 청중이 토의에 직접 참여하여 특정 주제에 대해 의견을 제시한 전문가와 질문을 주고받는 형태이다. 심포지엄(symposium)은 토의 주제에 대해 권위 있는 전문가 몇 명이 각자의 의견과 지식을 발표한 후 이를 중심으로 사회자가 토의를 진행하는 방식이다. 세미나(seminar)는 주제 발표자의 공식적인 발표에 대해 참가자들이 질의하거나 의견을 제시하는 방식이다.

토의식 수업이 효과적으로 이루어지기 위해서는 사전에 치밀한 계획을 세우고 그 계획에 따라 수업을 전개해 나가야 한다. 사전 준비로, 우선 토의를 통해 얻고자 하는 목적을 분명히 정하는 것이 필요하며, 토의의 목적과 집단의 특성을 고려하여 토의 유형과 집단 크기를 결정한다. 학생의 고차원적인 사고능력을 개발할 수 있는 토의 자료를 준비하며, 토의에 소요될 시간을 계획하고 교실상황을 고려하여 자리를 배치한다. 토의식 수업은 교실의 물리적 · 심리적 환경의 영향을 받으므로 교실 구조가 토의식 수업에 적합하지 않거나, 수업 분위기가 지나치게 경쟁적인 경우에는 효과를 기대하기 힘들다. 학생들이 토의 전 주제와 관련된 정보를 탐색하거나 학습할 수 있는 기회를 제공하는 것은 토의 주제에 관심을 갖도록 유도하는 데 도움이 된다.

토의 진행 단계에서는 학습자들이 문제를 확인하고 다양한 관점에서 분석한 후, 문제해결을 위한 여러 대안을 도출하여 그중 최적의 대안을 선택해서 발전시키도록 한다. 학생들이 기록, 발표, 시간점검 등에 대해 역할을 분담하도록 하고, 토의가 끝날 무렵 토의한 결과에 대해 발표하고 토의 과정과 결과에 대해 스스로 성찰할 수 있도록 한다.

3) 협동학습

협동학습은 학습능력이 각기 다른 학습자가 동일한 학습목표를 달성하기 위하여 소집단 내에서 함께 활동하는 대표적인 학습자 중심 교수방법이다. 〈표 12-5〉는 협동학습의 장단점이다.

협동학습 모형에는 팀성취 분담(Student Teams-Achievement Division: STAD)모형, 팀 게임 토너먼트(Team Game Tournament), 직소(Jigsaw)모형 등이 있다. 대표적인 협동학습 모형으로 팀성취 분담모형과 직소모형의 내용과 실시 방법은 다음과 같다.

> **협동학습**
> 각기 능력이 다른 학습자가 공통의 학습목표를 달성하기 위해서 소집단을 이루어 함께 학습 활동을 하는 교수학습 방식

표 12-5 협동학습의 장점과 단점

장점	단점
1. 집단 구성원 전체가 협력하여 지식을 습득함으로써 혼자 학습할 때보다 교과에 대한 지식이 증대함 2. 구성원 서로가 학습하는 것을 배움 3. 관계 맺는 능력 및 사회관계 기술 습득이 가능함 4. 협력, 협동의 가치를 습득함 5. 토론과 논쟁을 통하여 높은 수준의 사고력이 발달함	1. 많은 시간과 노력이 소모됨 2. 학습자끼리 잘못 이해한 것을 정답으로 오해할 우려가 있음 3. 소수의 우수한 학습자의 주도로 나머지 학습자가 소외되고 심리적으로 위축되기 쉬움 4. 무임승차 효과: 학습능력이 낮은 학습자가 적극적으로 학습에 참여하지 않아도 학습능력이 높은 학습자의 성과를 공유함 5. 봉 효과: 학습능력이 높은 학습자는 자신의 노력의 성과가 다른 학습자에게 돌아가기 때문에 학습에 적극적으로 참여하지 않음 6. 링겔만 효과: 책임을 다하지 못하는 학생이 집단 속에 가려져 눈에 띄지 않는 경우가 발생함

(1) 팀성취 분담모형

협동학습에서 가장 오래되고 널리 사용되는 수업모형으로 팀성취 분담 (Student Teams-Achievement Division)모형이 있다. STAD모형은 존스 홉킨스 대학교에서 개발한 학생 팀학습(Student Teams Learning) 프로그램 중 하나로 발전되었으며, STAD모형은 ① 교사의 수업안내, ② 소집단 학습과 토론, ③ 향상점수에 따른 소집단보상 등의 특징이 있다.

STAD모형은 수업절차가 비교적 간단하고 소집단 보상을 통해 협동학습의 효과를 쉽게 달성할 수 있는 장점이 있다. 반면, 교사가 사전에 소집단 학습지와 정답지를 만들어야 하고 개인별 기본점수와 개인 및 소집단의 향상점수를 계산해야 하는 번거로움이 있다. STAD모형의 실시 순서 및 내용은 다음과 같다.

① 1단계: 소집단(모둠) 구성

교사는 성별, 학업성취 등 학생의 특성을 고려하여 이질적인 학생들 4~6명씩 소집단(모둠)을 구성한다. 교사는 먼저 강의, 토론, 시청각 자료 등 다양한 방법을 통해 학습내용을 학생들에게 안내한다.

② 2단계: 소집단 학습과 토의/정답지와 비교, 채점

교사는 각 소집단에게 학습지와 학습자료를 배부한다. 학생들은 각자 학습자료를 읽고 학습문제에 대해 잠정적으로 자신의 답을 적어 본다. 그다음, 학생들은 소집단별로 모여 각자 돌아가면서 학습문제를 읽고 자신이 생각한 답을 말하며, 그것에 대해 구성원들과 토의하여 해답을 도출한다. 학생들이 학습문제를 모두 푼 후에 교사는 각 소집단에게 정답지를 제공한다. 소집단은 정답지와 비교하여 자신의 학습지를 채점하고 틀린 문제의 경우 왜 틀렸는지 논의한다.

③ 3단계: 퀴즈와 개별평가

소집단의 학습활동이 끝나면 학생들이 학습내용을 얼마나 이해했는지를 평가하는 퀴즈(형성평가)를 실시한다. 각 학생은 개별적으로 퀴즈를 풀어야 하고 같은 소집단 구성원이라도 서로 도와주어서는 안 된다.

④ 4단계: 향상점수에 의한 소집단 보상

교사는 과거 퀴즈에서 각 학생이 받은 기본점수와 현재 퀴즈점수를 비교하여 각 학생의 점수가 얼마나 향상되었는지 점수로 산출한다. 학생 개인별 향상점수가 산출되면 소집단별로 구성원들의 향상점수를 합하여 소집단 전체의 향상점수를 산출한다. 교사는 향상점수가 우수한 개인과 소집단에 대해 보상한다.

(2) 직소모형

직소(Jigsaw)모형은 아동들이 여러 조각을 서로 협동하여 완성하는 조각그림 맞추기 퍼즐(Jigsaw puzzle)에서 유래한 것이다. 직소모형에는 Jigsaw I과 Jigsaw II가 있다. Jigsaw I의 구체적인 실시 순서 및 내용은 다음과 같다.

① 1단계: 집단 구성하기/학습지 배부

교사는 성별, 학업성취 등 학생의 특성을 고려하여 이질적인 학생들 4~6명으로 집단을 구성한다. 교사는 집단의 각 학생에게 학습내용과 관련된 하위주제와 문제(탐구문제 또는 토론문제)가 기록된 학습지를 각각 하나씩 나누어 준다. 집단에 속한 각 학생은 전체 학습내용의 부분들을 나누어 받게 된다.

② 2단계: 전문가 집단에서 학습하기

각 집단에서 같은 하위주제와 문제를 부여받은 학생들끼리 모여서 전문가 집단을 구성한다. 각 전문가 집단은 그들에게 부여된 하위주제와 문제에 대하여 서로 협력하여 집중적으로 학습한다. 전문가 집단 학습이 끝나면 학생들은 원래 자신이 속한 집단으로 돌아가서 학습한 내용을 다른 학생들에게 가르칠 준비를 한다(전문가 집단은 4~5명 정도가 되도록 한다).

③ 3단계: 집단에서 다른 학생 가르치기

학생들은 돌아가면서 전문가 집단에서 하위주제와 문제에 대하여 학습한 내용을 다른 학생들에게 가르쳐 준다. 교사는 각 전문가 학생이 학습지에 기록된 내용을 그대로 읽지 말고 자기의 말로 다른 학생들에게 설명해 주도록 지도한다.

④ 4단계: 전체 학습지 작성하기

학생들은 전문가 집단에서 학습했던 하위주제를 서로 결합하여 전체 학습지를 만든다. 수업시간에 여유가 있다면 교사는 1~2개 집단이 전체 학습지를 학급 앞에서 발표할 기회를 부여한다.

⑤ 5단계: 개별평가와 개별보상

교사는 학생들이 전문가 집단과 각 집단에서의 협동학습을 통해 학습내용을 얼마나 이해했는지 퀴즈(형성평가)를 통해 개인별로 평가한다. 다음으로 교사는 개인별 점수를 산출하여 우수한 학생을 개인별로 보상한다.

Jigsaw I에서 학생들은 전문가 집단 활동을 통해 각자 자신이 해결해야 할 학습주제에 집중하기 때문에 학습의 전체적인 계획과 내용을 알기 어렵다. 또한 평가가 개인별로 이루어지기 때문에 학생들이 각 집단에서 다른 학생들을 가르칠 때 적극적으로 도와주지 않는 등 학생 간 협력이 잘 이루어지지 않는 단점도 있다. 따라서 Jigsaw I이 잘 운영되기 위해서는 학생들이 전문가 집단에서 하위주제와 문제를 충실하게 탐구하는 능력뿐만 아니라 학생이 자신의 집단으로 돌아와서 다른 학생을 열심히 가르치고 다른 학생의 설명을 경청하도록 하는 것이 필요하다.

Jigsaw II는 Jigsaw I의 개별보상에 집단보상이 추가된 것으로 Slavin은 Jigsaw I의 평가방식으로는 협동학습의 효과를 제대로 거두기 어렵다고 주장하면서, 기존의 Jigsaw I에서 STAD모형의 평가방식을 결합한 Jigsaw II를 제시하였다.

Jigsaw II는 교사가 학습의 전체적인 계획과 내용을 설명해 주고 학생이 하위주제를 자율적으로 선택하여 공부하도록 한다. 또한 Jigsaw II는 소집단 활동의 성공과 개인의 책무성을 더 높이기 위해서 향상점수에 의한 소집단 보상을 새로 추가한다. 따라서 Jigsaw II는 Jigsaw I보다 구성원의 책무성이 좀 더 강조되고 보상의 상호의존성이 높아짐에 따라 집단 활동이 효과적으로 이루어질 수 있다는 장

점을 가진다.

협동학습에서 가장 중요한 것 중의 하나가 조를 구성하는 일이다. 지금까지의 연구결과에 따르면 구성원 간에 도움을 주고받을 수 있는 이질적인 편성이 효과적인 것으로 나타났다. 다양한 기준을 고려하여 서로 도움이 될 수 있도록 상보적으로 편성하면 결국 집단 구성의 이질성은 커지게 마련이다. 대체로 4~6명이 하나의 팀을 이루는 협동학습에서 집단을 이질적으로 편성할 때 사용되는 기준에는 능력 수준, 친숙도, 동기 수준, 사회경제적 지위, 성별, 민족성 등 다양하다. 한편, 집단 간에는 전체 능력에 있어서 동질적이어야 하는데, 이는 집단 간의 경쟁유도에 필수적이다. 즉, 협동학습의 집단을 구성할 때 집단 내 구성원은 이질적으로, 집단끼리는 동질적으로 구성하는 것이 좋다.

조 편성에서 또 한 가지 중요한 것은 편성한 집단을 얼마나 오래 유지하느냐의 문제이다. 즉, 집단의 안정성에 관한 문제이다. 집단을 자주 바꾸는 경우, 여러 학습자와 폭넓은 교류를 갖게 되는 이점이 있으며 같은 구성원끼리 깊어질 수 있는 불화나 갈등을 미연에 방지한다는 이점도 있다. 반면, 너무 자주 바꾸게 되면 어느 정도 형성된 친화관계가 없어지고 새로 짜인 집단의 구성원과 다시 사귀어야 하는 심리적 부담감이 따를 수 있다. 집단을 어느 정도 오래 지속하는 경우, 깊이 있는 관계가 형성되어 협동심을 발휘할 수 있다는 장점을 갖게 된다. 그러나 이 문제는 어느 쪽이 바람직하다고 단정적으로 말하기 어려우며, 교수자의 통찰과 판단에 따라, 때로는 학습자의 요구에 따라 결정하는 것이 좋다.

협동학습에서 평가방법은 채점 기준을 정해 개별점수, 집단점수, 발전점수 등을 주어 집단 내의 응집력과 집단 간의 경쟁력을 유도한다. 평가를 집단보상으로만 하는 경우 무임승차 효과와 봉 효과로 인하여 학습활동이 효과적으로 이루어지기 어렵다. 발전점수(improvement score)는 각 학생마다 자신의 기준점수(base score)를 정하고 이에 비해 얼마나 점수가 향상되었는지를 측정하는 것이다. 기준점수는 지난 학기의 성적이나 첫 교시의 사전 성취도를 검사하여 측정할 수 있다. 이 기준점수를 바탕으로 매번 퀴즈 등의 점수가 그전보다 얼마나 올라갔는가를 계산하여 발전점수를 결정한다. 소집단에서 점수의 측정은 소집단 구성원 각자의 발전점수에 의해서 계산된다.

> ### 모두 함께 협력하는 협동학습 만들기
>
> - 소집단 구성원의 개별 발전점수의 합이나 평균을 토대로 집단 성적 산출하기
> - 개인별 학습진전도 및 역할 수행 점검하기
> - 소집단의 구성원에게 소제재의 학습과제를 배분하기
> - 소집단에서 함께 생각하여 무작위로 지적된 번호의 학생이 답하기
> - 앞에서 발표한 학생의 말을 바꾸어 자신의 언어로 진술하기
> - 다른 학생에게 들은 아이디어 진술하기
> - 개인별로 몇 개씩 받은 발언 카드의 개수만큼만 발언 기회 갖기

4) 문제중심학습

문제중심학습
실제 세계의 비구조화된 문제로 시작하여 문제를 해결하는 과정을 통해 필요한 지식을 학습자 스스로 배울 수 있도록 이끌어 가는 교수방법

문제중심학습(Problem Based Learning: PBL)이란 '문제로 시작하는 수업'이라고 할 수 있다. 문제중심학습에 대해 Levin(2001)은 "학습자가 실제 세계의 문제와 이슈에 대한 내용 지식, 비판적 사고, 문제해결 기술을 적용하도록 장려하는 교수방법"이라고 정의하였으며 Eggen과 Kauchak(2001)은 "문제해결 기술과 내용을 가르치고 자기주도적 학습을 하게 하기 위하여 설계된 교수전략"이라고 정의하였다. 문제중심학습에서 학습자는 현실 속에서 학습자와 서로 복잡하게 얽혀 존재하는 비구조화된(ill-structured) 문제, 즉 우리 인간이 경험하는 실제 문제를 해결해야 한다. 이러한 문제를 해결하는 과정에서 학습자는 스스로 학습을 의미 있게 느끼고 적극적으로 참여하며 문제해결력을 기른다.

비구조화된 문제
문제해결의 방법이나 과정이 다양하고 그 해결책을 평가하는 기준도 다양한 문제

문제중심학습의 주요 특성은 다음과 같다.

첫째, 문제중심학습에서의 학습은 학습자 중심이다. 교수자의 안내를 받지만 학습자는 자기 자신의 학습에 책임을 져야 한다. 학습자는 문제를 더 잘 이해하고 해결하기 위해 무엇을 알아야 하는지를 확인하고, 문제해결을 위해 필요한 정보를 어디에서 얻을 것인지를 결정하여 수집한다. 학습자는 수집된 정보를 가지고 문제해결에 필요한 지식이나 이해에 도달하기 위해 개별화된 학습을 한다.

둘째, 학습은 소집단별로 이루어진다. 한 소집단은 5명에서 8~9명의 학습자로 구성된다.

셋째, 교수자는 조력자 또는 안내자의 역할을 한다. 교수자는 문제해결전략의 모델이 되거나, 학습 중간에 초인지적 질문을 한다. 예를 들어, '어떻게 그것을 알게 되었는가?' '이와 같은 상황에서 어떤 가정을 할 수 있는가?'와 같은 질문을 통해 학습자가 학습과정에서 자기성찰을 하고, 결과보다는 과정 중심의 경험을 할 수 있도록 한다.

넷째, 문제는 학습자에게 학습을 위한 자극이 될 수 있어야 한다. 의과대학의 문제중심학습에서는 환자나 지역사회 건강과 관련

표 12-6 문제중심학습의 전개과정

단계	구체적인 활동
1단계: 수업 도입	• 수업에 대한 소개 • 수업 분위기 조성(교수자의 역할, 튜터 소개)
2단계: 문제 개발	• 문제에 대한 관심과 주도권 부여 • 문제 탐색 및 발견 • 소집단을 구성한 후, 각자의 역할 분담
3단계: 문제 분석 및 협동학습	• 문제에 대해 이미 알고 있는 지식 종합 • 문제를 해결하기 위해 학습해야 할 지식 도출 • 문제해결을 위한 구체적 실천계획 마련 • 각 요소에 대한 역할 분담 및 학습자료 선정, 추후 학습 일정 계획 수립
4단계: 자기 주도적 학습 및 협동적인 문제의 재검토	• 개인적으로 할당된 과제를 수행 • 관심영역에 대한 조사나 지식을 보충하기 위해 해당 영역의 전문가를 활용하거나 관련 문헌 등을 고찰 • 개별적으로 학습한 정보들을 집단 구성원과 공유하고, 기존 해결안에 대해 재검토 실시 • 가설 수립, 사실 확인, 학습과제 도출, 실천계획 수립 등의 학습활동을 반복함으로써 문제를 구조화하고 해결방안을 도출함
5단계: 결과물 제시 및 발표	• 자기주도적 학습 및 협동학습 결과 발표
6단계: 성찰	• 학습한 지식의 일반화 및 정리 작업 • 자기평가 실시

된 문제가 텍스트, 비디오, 시뮬레이션 등 다양한 형태로 제시된다. 이러한 문제는 학습자에게 학습에 대한 동기를 부여하고 실제성에 직면하게 한다. 학습자는 문제를 이해하고자 하는 노력 속에서 무엇을 학습해야 할 것인지를 알게 된다.

다섯째, 문제중심학습은 맥락 중심적이다. 학생이 현실 세계에서 만날 수 있는 문제와 유사한 문제를 제시하여 학생의 동기를 유발한다.

이러한 문제중심학습의 전 과정은 문제를 개발하는 과정, 개발된 문제를 중심으로 교수 · 학습활동과 평가를 계획하는 과정 그리고 실제 교실에서 수업을 실행하고 평가하는 실천의 과정으로 나뉜다. 이와 같은 과정은 이전의 과정으로 다시 돌아갈 수 있는 순환적 성격을 갖는다.

문제중심학습을 통해서 얻을 수 있는 교육적 효과는 다음과 같다.

첫째, 문제중심학습을 통해서 기대할 수 있는 성과 중 가장 중요한 것은 창의적 문제해결력 신장이다. 학습자는 실생활의 맥락 속에서 비구조화된 문제를 발견하고 해결하는 과정을 통해 창의적 문제해결력을 기를 수 있다.

둘째, 지식 습득과 전이가 일어나는 데 용이하다. 학습자는 창의적 문제해결력을 발휘하기 위해 창의적 · 비판적 사고력뿐만 아니라 전문지식도 습득해야 한다. 문제중심학습은 학습자의 지식 습득 동기를 유발하는 데 효과적이다. 이러한 동기가 잘 유발될수록 지식의 습득뿐만 아니라 장기간의 파지 및 적용 효과를 기대할 수 있다.

셋째, 실제적이고 맥락적인 문제는 학습자의 흥미를 유발하는 데 적합하다. 학습자가 문제를 해결하기 위해 필요한 방법과 자료를 발견하는 순간 또는 문제를 해결하는 순간에 느끼는 희열은 학습에 대한 흥미를 유발하는 데 중요한 역할을 한다.

넷째, 학습자가 주인의식을 가지고 끝까지 문제를 해결해 나가도록 함으로써 자기주도적 학습력을 신장할 수 있다.

다섯째, 학습자는 문제중심학습의 과정을 통해서 소집단별로 탐구할 문제를 선정하고, 자료를 찾아 서로 설명해 주고, 문제해결책을 생각하고, 발표하는 등의 활동에서 협동심을 키울 수 있다.

그러나 문제중심학습의 수업방법에 익숙하지 못한 경우에는 다음과 같은 문제점도 발생할 수 있다.

첫째, 문제가 구체적이지 못하고 포괄적으로 설계되었을 경우 학습자는 문제를 분석하고 해결방안을 도출하는 과정에서 혼란을 겪고, 수업목표 달성에 실패할 수 있다.

둘째, 한 학기에 다루어야 하는 문제 수가 많거나 수강 인원수가 많을 경우 학기 내내 발표와 토론 시간이 부족하여 어려움을 겪게 된다.

셋째, 교수자의 코칭 기술에 좌우되기 쉽다. 교수자가 코칭 기술이 숙달되지 못한 경우에는 학습자가 토의 주제에서 벗어나지 않게 유도하거나 소극적인 학습자에게 적극적인 토의를 하도록 촉진하는 데 어려움이 있다.

넷째, 학습자가 학습결과물에만 치중하는 경향을 보이면서 학습과정의 중요성에 대한 인식이 결여될 수 있다.

5) 프로젝트중심학습

프로젝트중심학습(Project-based Learning)은 문제중심학습과 함께 대표적인 학습자 중심의 교수법이다. 20세기 진보주의자들의 프로젝트 수업에서 발전된 프로젝트중심학습은 프로젝트를 중심으로 학습자가 학습을 계획하고 설계하며 결과물을 만들어 내는 과정에서 새로운 지식과 기술을 습득하는 교수법이다.

프로젝트중심학습과 문제중심학습은 학습자가 주도적으로 지식을 구성하고 교수자는 문제해결을 촉진하는 코치의 역할을 한다. 두 교수방법은 프로젝트나 문제를 중심으로 학습내용이 구성되며 학생들 간의 활발한 상호작용을 중시하므로 유사하다. 그러나 두 교수방법은 다른 점이 있다. 프로젝트중심학습은 과제 해결이 중심이어서 최종 결과물에 초점을 맞추는 반면, 문제중심학습은 현실 세계에서 발생할 수 있는 문제에 직면하여 학습자가 스스로 해결하고자 하는 내적 동기를 가지고 문제와 관련된 지식을 탐구하며 해결해 가는 학습과정에 초점을 둔다. 그리고 프로젝트중심학습에서는 일반적으로 무엇을 해야 할지에 대한 지침이 구체적으로 주어지는 활동 중심의 과제형인 반면, 문제중심학습은 학습자가 무엇을 해야 할지를 제시된 문제 안에서 스스로 발견해야 한다.

프로젝트중심학습은 일반적으로 4단계로 구성되는데, 첫 번째 단계는 프로젝트 도입 단계로, 프로젝트를 함께 수행할 소집단을 구성하고, 각 집단의 합의를

프로젝트중심학습
프로젝트를 중심으로 학습자가 스스로 학습을 계획하고 결과물을 만들어 내는 학습 과정을 강조하는 학습자 중심의 교수학습 방법

통해 프로젝트 주제를 선정한다. 프로젝트 주제는 학습자들이 직접 느끼는 문제의식을 바탕으로 실제 적용이 가능한 주제를 선정한다. 두 번째 단계는 프로젝트 계획 단계로, 프로젝트 수행을 위한 일정 계획을 수립하고 조사 영역을 결정한다. 세 번째 단계는 프로젝트 전개 단계로, 책, 전문가, 인터넷 자료 등 다양한 자원을 탐색하고 분석 및 종합하며, 토론과 협동학습을 한다. 마지막 단계는 프로젝트 정리 단계로, 결과물을 작성하여 발표하고 학습과정에 대해 성찰을 하며 서로 피드백을 주고받는다.

　프로젝트가 수행되는 동안 교수자는 안내자 또는 촉진자의 역할을 하며 학습자가 결과물을 도출하는 데 필요한 지식과 기술을 제공한다. 프로젝트중심학습의 성공요인은 학습자의 자발적인 태도와 소집단 내에서의 원활한 상호작용이다.

표 12-7 프로젝트중심학습의 전개과정

단계	주요 과제	구체적인 활동
1단계: 프로젝트 도입	소집단 구성	• 프로젝트를 함께 수행할 집단 구성 • 각 집단 구성원별 역할 규정
	프로젝트 주제 선정	• 각 집단의 합의를 통해 프로젝트 주제 선정 －프로젝트 주제는 가급적 실제 적용이 가능하고 학습자들이 직접 느끼는 문제의식을 바탕으로 구성
2단계: 프로젝트 계획	프로젝트 수행을 위한 계획 수립	• 프로젝트 관련 조사 및 분석 영역 설정 • 프로젝트 수행을 위한 일정 계획 수립
3단계: 프로젝트 전개	관련 자원 탐색 및 공유	• 책, 웹자료, 전문가 등 다양한 출처를 고려하여 자원 탐색 • 수집한 자료의 분석, 종합 및 공유 －커뮤니티를 활발히 활용
	협동학습과 문제해결	• 자원 탐색 및 분석 과정에서 토론 및 협동학습 실시
4단계: 프로젝트 정리	결과물 작성	• 산출된 결과물을 정리하고 체계화된 보고서 형태의 결과물을 협동적으로 작성
	결과물 발표	• 가능하다면 현장전문가를 포함한 발표의 장 마련
	성찰	• 학습과정에 대한 개인별 성찰 실시
	평가	• 집단 간 결과물 상호 평가 및 피드백

6) 거꾸로 학습

거꾸로 학습 또는 플립러닝(Flipped learning)은 학교에서의 강의식 수업과 집에서의 숙제로 구성된 전형적인 학습과정을 거꾸로 하는 교육모형을 말한다. 즉, 가정에서 동영상 강의를 학습하고, 학교 수업시간에는 예습을 통해 습득한 개념을 적용해 보는 역발상적 학습법이다. 여기서 핵심은 사전 동영상 학습보다는 교실수업 공간의 재발견에 있다. 학교 교실은 함께 모여 토의하고 문제를 해결하는 공간이고, 사전 동영상 학습은 학습자를 더 깊고 넓은 배움으로 이끄는 출발점으로 활용해야 한다(Bergman & Sams, 2014). 직접적인 강의와 구성주의 학습이 통합된 이 교수방법의 장단점은 〈표 12-8〉과 같다.

거꾸로 학습의 절차를 살펴보면, 우선 교수자는 사전에 학습자가 배울 주요 개념과 지식을 영상자료로 제작하거나 웹사이트의 관련 자료를 선별하여 학습자에게 제공한다. 학습자는 집에서 자신의 속도에 맞춰 제공된 자료를 수업 전에 학습한다. 이러한 예습은 거꾸로 학습의 성공을 좌우하는 가장 중요한 요소이다. 예습이 제대로 이루어지지 않으면 수업시간의 활동은 제한될 수밖에 없다. 학교 수업의 도입 부분에서 학습자는 예습한 내용 중 의문사항을 질문하고, 교수자는 학습자의 질문에 답을 하며 학습자들의 학습상황을 파악한다. 이와 더불어 교수자는 수업시간에 해야 할 활동을 소개한다. 본격적인 수업 전개에서 학습자는 사전에 습득한 지식을 토대로 교수자가 제시한 활동, 예를 들어 토론, 토의, 프로젝트학습, 문제중심학습 등을 수행한다. 학습자가 활동을 수행하는 동안 교수자는 학습상황을 모니터링하고 개별 또는 팀별 처치와 피드백을 한다.

> **거꾸로 학습**
> 학습자가 교실 수업에 앞서 동영상 등을 활용한 사전 학습을 한 후, 교실에서의 강의식 수업을 받는 형태로 흔히 플립러닝이라고도 함

표 12-8 거꾸로 학습의 장점과 단점

장점	• 수업내용에 대한 개별화 학습이 가능하여 학생들의 학습결손을 줄일 수 있음 • 교사와 학생 간 그리고 학생들 간의 상호작용을 높임 • 학생들이 자신의 학습에 대해 책임을 가지도록 함 • 동료교수를 강화하고 배운 지식의 활성화를 도움
단점	• 개인 및 환경 차이로 인해 예습에 대한 개인차가 심할 수 있음 • 교수자가 사전 동영상 제작 등 수업 준비를 많이 해야 한다는 부담감이 큼

〈강의식 수업〉

교실에서 강의

집에서 숙제

〈거꾸로 교실〉

집에서 학습

교실에서 학습자 중심 활동

[그림 12-6] 강의식 수업과 거꾸로 학습 모형

특히 교수자는 학습부진 또는 느린 학습자를 위한 개별화 학습을 진행한다. 마지막으로, 학습자는 자기 및 동료 평가를 시행하고 학습 성과에 대한 피드백을 받는다. 교수자는 다음 학습을 예고하고 과제를 안내하며, 학습자의 고차원적 사고력 개발을 위한 다양한 추가 자료를 제공한다.

　거꾸로 학습을 활용한 수업에는 전문성을 갖춘 교수자가 학습의 전 과정에 절대적으로 필요하다. 거꾸로 학습에서 교수자는 수업의 안내자, 조력자, 코치의 역할을 수행해야 하는데, 수업 전 학생들이 어떤 내용을 학습하고 와야 하는지, 교실 수업의 효과를 최대화하기 위해 학습내용을 어떤 활동에 적용해 보는 것이 좋은지, 수업 진행상 발생할 수 있는 문제점들은 무엇인지에 대해 충분히 고민하고 철저히 준비해야 한다. 즉, 교수자가 동영상 제작, 수업활동 개발, 학습자 특성에 따른 개별화된 학습자료 제작, 학습자들의 유연한 팀 활동을 위한 다양한 협동 기술 마련 등 수업 준비에 만전을 기해야 수업이 성공적으로 이루어질 수 있다.

연구문제

1. 김 교사는 ○○중학교에 부임한 초임교사이다. 김 교사가 수업 준비를 위해 단계를 구분하고, 수업의 각 단계에서 고려해야 할 점을 중심으로 논하시오.

2. 박 교사는 협동학습을 활용하여 수업을 진행하고 있다. 그런데 학생 중 일부는 과제에 열심히 참여하지도 않는 팀원과 같은 평가를 받아야 한다는 사실에 불만이 많다는 것을 알았다. 이러한 경우 박 교사는 어떤 평가방법을 활용하면 좋을지 논하시오.

3. 자신이 중·고등학교 시절에 경험한 수업 중 가장 좋았던 수업과 싫었던 수업을 생각해 보고, 그 이유를 수업모형 또는 수업방법 측면에서 설명하시오.

제3부

교수자의 이해

제13장

교사의 자질

"교육의 질은 교사의 질 그 이상도 그 이하도 아니다."라는 말이 있듯이 교육에서 교사의 역할은 매우 중요하다. 그중에서 교사의 가장 중요한 역할은 가르치는 것이다.

가르친다는 것은 다양한 능력을 요구하는 복합적인 활동이다. 즉, 가르치는 내용에 대한 폭넓은 지식, 학생의 심리와 정서에 대한 공감과 배려, 수업과 학생에 대한 효과적인 관리와 통제 등의 전문성을 갖추어야 한다. 교사는 수업 실행과 함께 학교라는 조직 안에서 구성원의 역할을 수행하기도 한다. 즉, 가르치는 전문성뿐만 아니라 동료교사와의 관계 속에서 성공적인 교직 생활을 유지하기 위해서는 교직에 대한 신념, 인성 및 태도도 중요한 요소이다. 교사의 학생에 대한 기대와 생각은 교사 자신도 모르는 사이에 학생의 성취뿐만 아니라 정서, 나아가 학생의 미래에도 중요한 영향을 미칠 수 있다. 이와 같이 교사 전문성, 교사 효능감, 학생에 대한 교사의 기대 등은 교사의 자질로서 중요한 측면이다.

1. 교사 전문성

교사가 갖추어야 할 전문성은 여러 측면이 있지만 Shulman(1986) 등 여러 연구에서 구분한 것과 같이 인지적·정의적·행동적 측면에서 구분해 볼 수 있다. 인지적 측면은 교수·학습과 관련하여 교사가 갖추어야 할 지식 차원을 의미하고, 정의적 측면은 교직을 성공적으로 수행하는 데 필요한 신념 차원을 의미하며, 행동적 측면은 교수·학습 관련 지식이나 교직 신념이 실제 학급운영과 수업 중에 나타나는 능력을 의미한다.

수업은 교육활동의 핵심이다. 효과적인 수업지도를 위하여 교사는 수업내용과 관련된 전공 지식 및 관련 지식을 충분히 갖고 있어야 한다. 또한 이러한 내용을 학생들에게 효과적으로 전달하기 위해서는 내용에 적합한 교수방법을 알고 있어야 한다. 수업방법의 다양성이란 수업에서 보여 주는 전달방법의 다양성과 융통성을 의미한다. 수업 중에 다양성을 추구하는 효과적인 방법 중 하나는 질문을 하는 것이다. 다양한 형태의 질문이 사용될 수 있으며, 질문이 수업의 진행속도, 순서와 잘 통합되면 수업방법의 다양성이 효과적으로 나타난다(Chuska, 1995; Wilen, 1991). 수업방법의 다양성을 보여 줄 수 있는 또 다른 방법으로는 학습자료, 교수매체, 전시물 그리고 수업 공간 등을 효과적으로 활용하는 것이 있다. 교실에서 물리적인 학습환경의 구성과 시각적인 다양성은 수업방법의 다양성에 영향을 미칠 수 있다. 이는 단원평가, 수행평가, 학생의 수업참여도에 영향을 미치게 된다. 예를 들어, 다양한 활동과 학습자료를 사용한 수업에서 학생의 문제행동이 적게 나타났다는 연구 보고가 있다(Emmer, Evertson, Clements, & Worsham, 1997; Evertson, 1997).

이 밖에도 학습자의 인지적 · 성격적 발달 특징에 대한 지식과 이해를 가진 교사는 학생 지도 과정에서 효과적으로 대처할 수 있다. 또한 교사는 교직 업무와 관련된 문제나 현실 쟁점 등을 종합적으로 이해 · 분석하고, 합리적으로 문제를 판단하여 문제해결을 위한 창의적인 대안을 제시할 수 있는 문제해결능력이 필요하다.

교사 전문성 중 신념 관련 요소에는 교사의 가치관, 인성 및 태도, 교직소명의식 등이 포함된다. 교사가 어떠한 신념을 갖고 있는가는 교사의 가르치는 활동과 학생을 대하는 태도뿐만 아니라 교직 생활 전반에 중요한 영향을 미칠 수 있다. 즉, 인간과 교육에 대한 바람직한 가치관을 바탕으로 교직을 성공적으로 수행하고자 하는 사명감과 노력은 교사의 수업활동과 더불어 미래 교직 생활 설계에도 직결되는 요소로서 중요하다.

교사는 교육현장에서 긍정적인 정서를 경험하기도 하고 부정적인 정서를 경험하기도 한다. 특히 부정적인 정서의 누적된 경험은 교직에 대한 스트레스, 회의감 등을 비롯하여 결국 교직을 포기하게끔 하기도 한다. 따라서 교사의 감정조절, 분노조절, 스트레스 관리 등 육체적 · 심리적 소진(burn-out)에 대해서 사전에 예방할 수 있도록 하는 것이 필요하다.

이 밖에도 교사의 신념과 관련된 요소로는 동료교사와의 관계 속에서 자신이 맡은 역할과 의무를 충실하게 이행하는 책임, 동료교사의 필요나 요구에 공감하고, 공동의 목표를 위해 함께 노력하는 협동심 등의 인성 및 태도가 필요하다.

교사 전문성 중 기술 요소에는 수업 실행, 학급경영, 학교 행정 업무 처리 등이 포함될 수 있다. 수업 실행과 관련된 기술로는 교과 내용에 대한 전문성을 바탕으로 학생들에게 요구되는 학습성과를 성취할 수 있도록 학습을 촉진하고 안내하는 능력을 의미한다. 학생들이 수업에 동기를 가지고 참여할 수 있도록 하는 능력, 학생의 사고력을 촉진하는 질문 능력, 각종 교수·학습자료를 적절히 활용하는 능력 등이 있다.

학습과정에 있어서 학생의 적극적인 참여는 학생이 교과를 학습하는 데 얼마나 많은 시간을 몰두하는가의 정도를 의미한다. 이를 학습 참여도라고 하는데, 학생이 적극적으로 수업내용 및 학습활동과 상호작용하면서 학습에 전념한 시간의 비율을 의미한다. 비록 교사가 순수하게 수업에 전념하는 시간이 많고, 가능한 한 많은 수업내용을 가르치더라도 학생은 수동적인 자세를 보일 수 있다. 이는 곧 학생이 교육받은 내용에 대해 능동적으로 사고 또는 활동하지 않거나 배운 것을 활용하지 않는다는 것을 의미한다(Marx & Walsh, 1988; Savage, 1991).

이러한 학생의 수동적인 모습은 자신도 모르게 수업에서 이탈되어 있음을 나타낸다. 의자에서 일어나거나, 잡담하거나, 다른 책을 읽거나, 주의집중을 하는 것처럼 보이지만 교묘하게도 딴생각을 하고 있는 것 등이 모두 수업에서 이탈되어 있다는 증거이다. 학생의 약 25%가 수업시간에 다른 생각이나 행동을 하고 있다고 한다. 이러한 이탈행동을 교정하는 것은 힘든 일이며, 이를 위해서는 학습과제의 난이도를 조정하는 등 학생에게 요구되는 인지 수준의 변화가 필요하다(N. Bennett & Desforges, 1988; Brophy, 1996; Dolye, 1983). 또한 학생들의 학습과정을 지속적으로 탐색 및 점검하고 학습상태를 종합적으로 진단하여 학습과정에서 나타난 문제점에 대한 적절한 피드백과 해결방안을 제공하는 것도 필요하다.

학급경영과 관련하여 필요한 교사 전문성은 학생의 학업 관련 내용뿐만 아니라 학생의 사회적·심리적 제반 환경을 파악하고 그 데이터를 관리하며 학교의 교육방침을 이해하고 학급경영을 계획하고 실천하며, 피드백으로 학급을 합리적으로 이끌어 나가는 것이다. 또한 넓은 의미에서 학교라는 조직과 관련된 행정 사항을 처리할 수 있는 업무 능력도 필요하다.

교사 전문성에 대한 여러 논의 중 미국 교사 전문성 기준 국가위원회(National Board for Professional Teacher Standard)는 교사에게 기대하는 태도, 전담 교과목에 대한 지식과 교수법에 대한 지식, 학생 학습에 대한 이해, 실무경험의 필요성, 학습공동체 구성원으로서의 협력적 역할 등을 교사 전문성의 기준으로 제시하

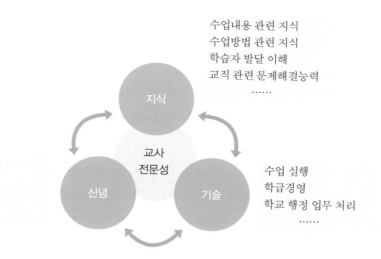

수업내용 관련 지식
수업방법 관련 지식
학습자 발달 이해
교직 관련 문제해결능력
......

지식

교사
전문성

가치관
인성 및 태도
교직소명의식
......

신념

기술

수업 실행
학급경영
학교 행정 업무 처리
......

[그림 13-1] 교사 전문성의 구성 요소

고 있다. 이는 전문성을 갖춘 교사가 되기 위해서는 해당 수업내용 관련 지식과 수업방법에 관한 것뿐만 아니라 관련된 다면적 역할도 잘 감당할 수 있어야 함을 제시한 것이다(곽병선 외, 2012).

[그림 13-1]과 같이 교사의 인지적·정의적·행동적 측면의 전문성은 서로 긴밀하게 연관되어 있으며, 교사는 교실에서의 학생과의 관계, 학교라는 조직의 다른 구성원과의 관계 속에서 전문성 신장을 위해 장기적인 계획을 수립하고 실천하려는 노력이 필요하다.

2. 교사효능감

교사 전문성의 지식, 신념, 기술의 세 가지 차원은 교사의 전문성을 구성하고 결정하는 데 모두 중요한 요소이다. 이 중에서도 특히 학생들을 효과적으로 가르칠 수 있고 훌륭한 인성을 가진 인간으로 교육할 수 있다는 교사로서의 능력에 대한 신념이 무엇보다 중요한데, 이것이 바로 **교사효능감**(teacher efficacy)이다. 교사효능감에 대한 연구에 따르면, 교사효능감은 교사의 성별, 학력, 교직경력, 직무 스트레스, 직무만족, 집단적 교사효능감(collective teacher efficacy), 학교

교사효능감
교사와 관련된 요인이 학생의 성취에 얼마나 영향을 미칠 수 있을 것인지에 대한 교사의 지각

조직 풍토 등에 따라 다르게 나타난다.

교직경력과 교사효능감의 관계는 일관되게 나타나지 않는 경향이 있다. 즉, 어떤 연구에서는 정적 선형관계이지만 또 다른 연구에서는 곡선관계를 보고한 경우도 있다. 곡선관계인 경우는 초임교사 때 낮은 교사효능감이 경력이 쌓이면서 점점 증가하다가 정년이 가까워지면서 다시 낮아지는 경향을 보고하고 있다. 이와 같은 이유로 교사의 연령 증가와 함께 생리적 · 심리적 변화가 진행되기 때문으로 추정하기도 한다(Klassen & Chiu, 2010). 이러한 교직경력과 교사효능감의 관계 연구에서는 교직경력의 범위를 어떠한 간격으로 분류하여 비교했는지를 확인해야 한다. 이러한 범위를 종합하여 분석한 결과, 일반적으로 초임교사로부터 교직경력 10년까지는 교사효능감이 증진되는 경향이 나타나다가 그 후로는 그 수준을 유지하거나 오히려 감소하는 경향이 나타나는 것을 볼 수 있다(김아영, 2012).

Goddard(2001)는 집단적 교사효능감이란 학생들에게 긍정적 영향력을 행사하기 위해 필요한 행동을 실행하는 교직원 전체의 지각으로 정의하였다. 집단적 교사효능감과 개인적 교사효능감 간의 관계에 대한 연구결과는 둘 간의 상관이 중간 정도로 나타난다고 보고하고 있다(Goddard, Hoy, & Woolfolk-Hoy, 2000; Ware & Kitsantas, 2007).

한편, 교사효능감은 교사 개인의 다양한 정서나 행동에 대한 유의미한 예측변인이면서 동시에 학생의 인지적 · 정의적 측면에도 중요한 영향을 미친다.

교사효능감의 학생의 학업과의 관련성에 대한 대표 연구는 Ashton과 Webb (1986)의 연구이다. 그들은 교사 변인이 학생의 성취에 얼마나 영향을 미칠 수 있을 것인지에 대한 교사의 지각을 교사효능감이라 하고 **일반적 교수효능감**(general teaching efficacy)과 **개인적 교사효능감**(personal teacher efficacy)으로 구분한다. '일반적 교수효능감'은 가르치는 행위에 대한 효능감으로 학생들을 가르쳐서 학업성취를 변화시킬 수 있다는 교사의 지각을 의미한다. '개인적 교사효능감'은 자기 자신의 가르치는 능력에 대한 지각을 의미한다.

일반적 교수효능감이 낮은 교사는 학생의 실패를 당연한 것으로 받아들이고 그 원인을 학생의 지능, 불우한 가정환경, 비협조적인 행정 등의 외부 요소로 돌리기 때문에 교사는 책임감을 느끼지 않고 스트레스를 받지 않는다. 반면, 개인

일반적 교수효능감
가르치는 행위에 대한 효능감으로 교수행위와 학습 결과 간의 일반적 관련성에 대한 교사의 지각

개인적 교사효능감
자기 자신의 가르치는 능력에 대한 교사의 지각

적 교사효능감이 낮은 교사는 학생의 실패에 대해 개인적 책임감을 느끼고 자신의 능력 부족을 인정하여 스트레스, 죄책감, 수치심을 경험하게 된다.

교사효능감이 높은 교사와 낮은 교사는 여러 가지 점에서 차이를 보인다. Ashton(1984)은 중학교 교사를 대상으로 주제통각검사를 실시하여 교사효능감이 높은 교사와 낮은 교사 간의 차이점을 〈표 13-1〉과 같이 제시하였다.

교사효능감이 높은 교사는 학생을 가르치는 직무가 중요하고도 의미가 있다고 생각하며, 교사 자신이 학생의 학습에 긍정적인 영향력을 갖고 있다고 판단하여 개인적인 성취감을 맛본다. 또한 학생이 발전하기를 기대하며 대부분의 학

표 13-1 교사효능감이 높은 교사와 낮은 교사의 비교(Ashton, 1984, p. 29)

구분	교사효능감이 높은 교사	교사효능감이 낮은 교사
개인적 성취에 대한 지각	학생과 함께하는 일을 긍정적으로 여기며, 긍정적인 영향을 미칠 수 있다고 본다.	자신이 가르치는 일에 대해 자주 실망하고 좌절한다.
학생의 성취에 대한 기대	학생의 진보를 기대하며, 학생이 자신의 기대를 실현해 줄 것으로 기대한다.	학생이 실패하는 것을 예상하지 못하며, 수업에 대한 노력을 기울이지 않고 부정적인 행동을 많이 한다.
학생의 학습에 대한 책임감	학생이 학습한 정도를 아는 것은 자신의 책임이며 학생의 실패를 자신의 책임이라 생각하고 좀 더 도움이 될 만한 방향으로 자신의 교수방법을 검토한다.	학생이 학습하는 것에는 자신에게 책임을 두지만, 학생의 실패는 학생의 가정환경이나 능력, 동기, 태도 등의 관점에서 그 이유를 설명한다.
목표달성을 위한 전략	교수·학습을 계획하고 목표를 수립하고 달성하기 위한 전략을 세운다.	특별한 목표를 가지지 않으며, 목표달성에 대한 확신을 가지지 못하고 전략도 세우지 않는다.
정서	가르치는 행위와 학생의 존재 가치를 인정한다.	학생에 대하여 부정적인 태도를 갖고 실망을 자주 표현한다.
학생 통제관	자신에게 학생의 학습에 대한 영향력이 있음을 확신한다.	학생에 대해 무력감을 경험한다.
민주적 의사결정	성취목표 달성을 위한 목표와 전략을 결정하는 데 학생을 포함한다.	학생의 학습전략과 목표를 강제로 부과하고 의사결정을 독단적으로 한다.

생이 그 기대를 충족해 준다고 본다. 학생의 학습에 대한 개인적인 책임감을 느껴서 학생에게 도움이 되는 방법으로 교수방법을 검토한다. 목표를 정할 때도 자신과 학생에게 민주적인 방법으로 알맞게 설정하여 성취하기 위한 전략을 세우며, 학생과 교사 자신에게 긍정적인 생각을 하여, 교사 자신이 학생의 학습에 영향력이 있다고 확신한다.

반면, 교사효능감이 낮은 교사는 가르치는 일에 대해 자주 실망하고 좌절하며, 학생이 실패할 것을 예상하지 못하고, 수업에 노력을 기울이지 않는다. 교사는 학생의 학습에 대해 책임감을 가지기는 하지만 실패의 원인을 학생 개인이나 학생의 환경 탓으로 돌린다. 교수·학습에 대한 목표와 전략을 세우지 않으며, 학생에 대한 부정적 태도, 즉 실망, 무력감을 표시한다.

한편, 학습에 대한 교사효능감은 학생의 성취 수준에 따라 학생에게 다른 영향을 미칠 수 있다. 학업성취도가 높은 학생의 경우 교사효능감이 높고 낮음에 상관없이 자신의 수행이 적절하다고 느끼며, 자신의 능력에 대해 긍정적으로 평가한다. 그러므로 성취 수준이 높은 학생의 포부 수준이나 자아개념에 교사효능감이 큰 영향을 미치지 않는다. 반면, 학업성취도가 낮은 학생의 경우는 교사효능감이 중요한 영향을 미칠 수 있다. 낮은 성취도를 가진 학생은 일반적으로 자신의 학습능력을 부정적으로 평가하고, 미래에 대해서도 확신을 가지지 못하기 때문에 외재적으로 동기화되는 경향이 있다. 이런 측면에서 볼 때 교사효능감이 낮은 교사는 학업성취도가 낮은 학생에게 교사의 낮은 기대를 전달하여 학생의 외적 동기 유발을 어렵게 만들 수 있다.

3. 교사의 기대

기대는 '일이 이루어지기를 바라고 기다림'을 의미한다. 우리는 일상생활에서 자연스럽게 상대방에 대한 이러한 기대가 일어나는 것을 관찰할 수 있다.

학교현장에서 교사는 학기 초 학생의 지난해 성적이나 이전 담임교사가 쓴 생활기록부와 같은 객관적 자료 또는 학생의 외모, 옷차림, 행동 등 교사의 주관적 판단에 의해 이미 학생에 대한 기대를 형성하기도 한다. 이러한 교사의 기대, 즉 기대효과는 두 가지 종류로 학생에게 영향을 미친다.

1) 교사의 기대효과: 자기충족적 예언과 기대유지 효과

교육현장에서 교사 기대에 관한 관심이 등장한 것은 Robert Rosenthal과 Lenore Jacobson의『교실에서의 피그말리온(Pygmalion in the classroom)』(1968)이다. Rosenthal과 Jacobson은 한 초등학교 학생들에게 비언어적 지능검사를 실시하면서, 교사에게는 이 검사를 학력검사라고 거짓으로 소개하였다. 검사를 실시한 후 학급마다 학생 수의 약 20%에 해당하는 학생 명단을 교사에게 주면서 명단에 포함된 학생은 이후 놀라울 정도의 지적 성장을 보일 것이라고 알려 주었다. 그러나 그 명단은 무작위 추출법으로 뽑힌 명단에 불과하였다. 8개월 후 이 학교의 학생에게 똑같은 비언어적 지능검사가 실시되었고, 그 결과 교사에게 주어진 명단 속의 학생이 의미 있는 지적 성장을 보였다.

50여 년 전에 이루어진 연구이지만 Rosenthal과 Jacobson의 연구는 교사의 자기충족적 예언(self-fulfilling prophecy)이 교실에서 이루어지고 있음을 증명한 것이다. 자기충족적 예언이란 사실은 아니지만 기대가 실현될 것이라는 믿음을 가지고 노력한다면 결국 원래의 기대가 실현될 수 있다는 것이다. 이 연구에서는 교사가 특정 학생에 대해 더 큰 발전이 있을 것이라고 기대하면 그들을 자극하고 격려하는 방법으로 다루게 되어 실제로 교사의 기대가 실현된다는 결과를 보여 주었다.

또 다른 교사의 기대효과는 기대유지 효과(sustaining expectation effect)이다. 이는 교실에서 빈번히 발견되는 현상으로, 교사는 처음에 학생의 능력을 여러 가지 면에서 측정하여 비교적 정확히 판단하고 그에 맞추어 학생에게 반응한다. 수업이 진행되면서 이러한 교사의 행동에는 아무 문제가 없지만, 학생이 어떤 향상을 보였을 때 교사가 학생의 향상 정도에 맞추어 학생에 대한 기대를 수정하지 않으면 문제가 발생된다. 교사의 바뀌지 않는 기대가 학생의 성취를 교사의 기대 수준에 계속 머물게 하기 때문에 이를 기대유지 효과라고 부른다. 기대유지 효과가 작용하면 교사의 적절한 수업 제공뿐만 아니라 학생 개인에 대한 기대를 높이고 성취를 격려할 기회가 줄어든다. 실제로 기대유지 효과는 자기충

자기충족적 예언
사실이 아니지만 기대하였기 때문에 기대한 바가 실현되는 것

기대유지 효과
학생의 향상을 인정하지 않고 항상 그 수준일 것이라는 교사의 생각이 실제로 학생의 수행을 그 수준에 머물게 하는 것

족적 예언 효과보다 더 흔하게 발생한다.

Good과 Brophy(1991)는 교사의 기대효과 형성과정을 다음과 같이 제시하고 있다.

첫째, 교사는 특정 학생에게 특정한 행동과 높은 성취를 기대한다.

둘째, 이러한 기대 때문에 교사는 각각의 학생에게 각기 다르게 행동한다.

셋째, 교사의 각기 다른 취급행동은 학생에게 교사가 그로부터 무엇인가 다른 행동과 성취를 기대하고 있다는 것을 전달한다. 그리고 교사의 학생에 대한 각기 다른 취급은 학생의 자아개념, 성취동기, 포부 수준 등에 영향을 준다.

넷째, 교사의 학생에 대한 각기 다른 취급이 시간이 경과해도 지속되고, 학생이 교사의 이러한 취급에 어떤 방식으로든 적극적으로 대응하고 거부하지 않는다면 시간이 경과함에 따라 학생의 성취 수준과 행동은 처음 교사가 해당 학생에게 기대했던 수준에 더욱 밀접하게 접근한다.

교사는 다양한 요인에 근거하여 학생에 대한 기대를 형성하게 된다. 즉, 가정배경(부모의 학력과 직업, 부모의 교육적 관심, 학교 임원 또는 학교 후원, 지역사회 유지 등), 신체적 특성(성별, 단정한 용모, 건강한 신체 등), 누가기록 정보(이전 학업성취도, 지능검사 점수 등 각종 심리검사 기록, 이전 담임교사 정보 등), 수업태도, 성격 특성 등이 학생에 대한 기대 형성의 중요한 정보원이 될 수 있다.

Brattesani 등(1984)과 Weinstein(1989)의 연구에서는 교실에서 학생에 대한 교사의 지각이나 기대가 매우 중요함을 입증하였다. 특히 교사의 지각이나 기대는 그저 학생 개개인에 대한 어떤 단순한 예언 문제가 아니라 다른 학생과의 비교로서 차별로 나타날 때 문제가 심각해짐을 연구에서 입증하고 있다. 예를 들어, 학업성적이 높은 학생과 낮은 학생에 대한 교사의 태도에 크게 차별이 있는 경우, 그것은 학생의 내재적 동기 형성이나 학습 태도 및 결과에 상당한 영향을 미치는 것으로 나타났다. 또한 교사의 그러한 차별성 있는 지각과 기대는 학생에 대한 교사의 정서적 표현이나 반응에서도 차이를 가져오며, 그것은 결과적으로 학생의 학습 성패의 귀인과 기대감에 크게 영향을 미치는 것으로 나타났다.

물론 학업성적이 높은 학생과 낮은 학생의 모든 차이가 단지 교사의 기대 때문만은 아닐 것이다. 어떤 교사는 학생에 대해서 세심한 기대를 형성하고 있지 않으며, 기대를 가지고 있다고 해도 그것이 학생에게 전달되지 않는 한 영향을 미치지 않을 수도 있다. 한편, 학생의 개인차도 해당 학생이 교사의 기대와 일치하는 결과를 낳는 정도에 영향을 줄 수 있다. Brophy(1982)는 타인과의 상호작용에서 다른 사람이 자신에게 주는 작은 단서에도 민감하게 반응하는 타인지향적인 학생일수록 교사에게 의존적이고, 교사를 많이 좋아하는 학생일수록 교사의 기대에 많은 영향을 받는다고 하였다.

2) 교사 기대의 부정적 효과 피하기와 칭찬

교사가 학생에게 낮은 기대를 가지면 그 기대가 부정적인 영향을 미치기 때문에 결국 학생에게 어떤 기대도 형성해서는 안 되는 것인가? 아니면 오직 학생에 대한 긍정적인 기대를 갖는 것이 최선일까? 둘 중의 어떤 것도 적절한 대안은 아니다(Good & Brophy, 1991).

첫째, 기대는 억제할 수도 피할 수도 없다. 우리는 다른 사람과 상호작용을 하면서 상대방에 대한 기대를 가지게 된다. 아무리 교사가 그 학생에 대한 다른 정보를 차단하더라도 역시 기대감이 형성된다. 그리고 효과적인 수업계획을 하도록 도와준다는 측면에서 학생에 대한 정보를 차단하는 것은 좋지 못하다. 둘째, 긍정적인 기대를 통해 학생에게 성취할 수 있다는 긍정적인 믿음을 전달해 주는 것은 좋지만, 학생이 성취할 수 없는 비현실적인 높은 기대나 믿음은 오히려 학생에게 부담과 좌절, 실패를 안겨 주기 쉽다.

다음은 교사 기대의 부정적 효과를 피하는 전략이다(Woolfolk, 2007). 교사가 학생에 대한 고정적인 낮은 기대를 가지지 않으며, 교사의 낮은 기대가 학생에게 전달되지 않도록 하는 것도 중요한 교사의 자질이다.

교사 기대의 부정적 효과를 피하는 전략(Woolfolk, 2007, p. 501)

1. 학생의 시험 결과, 지난 학년의 생활기록부, 다른 교사의 평가에서 얻을 수 있는 정보를 조심스럽게 사용해야 한다.
- 학기 초 지난 학기 생활기록부나 지난 학년 성적을 보지 않는다.
- 다른 교사의 평가를 비판적 · 객관적으로 받아들인다.

2. 집단 편성에서 융통성을 가진다.
- 학생의 성취를 검토해 보고, 새로운 집단 편성을 시도해 본다.
- 집단에 따라서 다른 과제를 편성한다.
- 다양한 능력의 학생을 같은 집단에 편성한다.

3. 모든 학생에게 도전적인 과제를 제공한다.
- "이 문제는 쉬우니, 선생님은 네가 잘할 수 있으리라는 것을 안다"라고 말하지 않는다.
- 다양한 난이도의 문제를 제공하고, 모든 학생이 추가 점수를 받기 위해 좀 더 어려운 문제를 풀도록 격려한다.

4. 토론 중에 학업성취도가 낮은 학생이 어떻게 반응하는지에 관심을 기울인다.
- 성취도가 낮은 학생에게는 문제를 풀 수 있는 힌트나 시간을 더 준다.
- 좋은 대답에 대해서는 충분히 칭찬해 준다.
- 성취도가 낮은 학생의 이름을 자주 불러 준다.

5. 평가나 훈육의 절차는 공정하게 한다.
- 같은 위반은 같은 처벌을 받게 한다. 무기명 질문지를 통해 교사가 얼마나 공정한지 학생에게 물어볼 수 있다.
- 학생의 정보를 보지 않고 점수를 채점한다. 때로는 다른 교사에게 의견을 물어볼 수 있다.

6. 모든 학생이 학습할 능력을 가지고 있다는 사실을 알린다.
- 기준에 미치지 못하는 과제에는 도움이 되는 구체적인 첨삭을 하여 되돌려 준다.
- 질문에 즉시 답하지 못하는 학생은 기다려 주고 대답을 생각해 낼 수 있도록 도와준다.

7. 모든 학생이 학습과제에 참여하도록 유도한다.
- 학생 각자가 읽고, 말하고, 대답할 기회가 공평하게 주어지고 있는지를 계속 점검한다.

8. 교사의 비언어적 행동을 점검한다.
- '어떤 학생에게는 가까이 접근하고, 어떤 학생에게는 그렇지 않은지' 그리고 '어떤 학생이 다가오면 미소를 짓고, 어떤 학생에게는 인상을 쓰지 않는지' 스스로 점검한다.
- 교사의 말투가 학생에 따라 어떻게 변화하는지 점검한다.

　교사는 일반적으로 사용하는 칭찬에 대해서도 다시 생각해 보아야 한다. 교사는 칭찬을 많이 해 주면 좋을 것이라고 생각한다. 왜냐하면 칭찬은 학생의 내재적 동기 형성에 도움을 주는 것으로 생각하기 때문이다. 그러나 칭찬을 효율적으로 적절히 사용하지 못하면 오히려 내재적 동기 형성에 좋지 않은 영향을 미칠 수도 있다.

　첫째, 교사는 낮은 기대의 학생을 격려하고자 할 때 과제와 상관이 없는 것이나 덜 중요한 것을 칭찬하곤 한다. 예를 들어, 수학 문제를 다 푸는 것이 과제인 경우 교사가 학생에게 숙제장을 깨끗이 잘 정리했다고 칭찬하는 것은 별 도움이 안 된다. 만일 학생이 과제와 관련 없는 것에 교사가 칭찬하는 것을 자신의 능력 부족으로 받아들인다면 문제는 더 악화된다.

　둘째, 칭찬은 학생의 발달단계 측면을 고려해서 해야 한다. 나이 어린 학생은 노력이나 능력을 비슷한 것으로 인지하기 때문에 노력에 대해 칭찬하는 것을 자신의 능력에 대한 칭찬으로 받아들이지만, 노력과 능력을 다른 것으로 지각하고 있는 고학년 학생에게 지나치게 노력을 칭찬하는 것은 그들의 능력에 대해 교사가 낮은 기대를 하고 있다고 해석할 수 있기 때문에 유의해야 한다.

　이러한 예를 통해 볼 때 칭찬은 어떤 상황에서나, 무조건 누구에게나 절대적으로 긍정적인 것은 아니다. 칭찬과 훈육 두 가지 모두 효율적으로 이루어져야만 학습자의 내재적 동기 형성에 도움을 줄 수 있다. 〈표 13-2〉는 Brophy(1981)가 밝히고 있는 효율적인 칭찬과 비효율적인 칭찬의 비교 내용이다.

표 13-2 효율적인 칭찬과 비효율적인 칭찬(신명희, 2002, p. 205)

효율적인 칭찬	비효율적인 칭찬
1. 칭찬할 경우가 생겼을 때만 칭찬한다.	1. 아무 때나 생각 없이 그냥 칭찬한다.
2. 잘한 것만을 분명하게 칭찬한다.	2. 그냥 전체적으로 잘했다고 칭찬한다.
3. 주의 깊게 지켜보았더니 잘하는 것을 보았다고 하면서 칭찬한다.	3. 지나가다가 우연하게 보았는데 잘하더라고 하면서 칭찬한다.
4. 어떤 판단 기준을 내세워 그것에 비추어 보니 잘했다고 칭찬한다.	4. 아무런 기준도 없이 그냥 남들처럼 했으니 잘한 것이라고 칭찬한다.
5. 무엇을 잘했는지 그것의 가치와 내용에 대하여 구체적인 정보를 제공한다.	5. 아무런 구체적인 설명 없이 그냥 잘했다고 칭찬한다.
6. 학습자 자신이 과거에 수행한 것과 현재 수행한 것을 연계하여 칭찬한다.	6. 학습자 자신보다는 다른 학습자와 비교해서 얼마나 잘했는지를 보고 현재의 수행을 칭찬한다.
7. 학습자 자신이 무엇을 잘했는지를 분명하게 이해하도록 한다.	7. 무엇을 잘했는지보다는 다른 친구보다 얼마나 잘했는지를 따져 비교한다.
8. 어려운 과제를 해낸 값진 노력을 인정한다.	8. 기울인 노력에 대해서는 언급하지 않는다.
9. 성공의 원인을 학습자의 노력과 능력으로 귀인하여 칭찬한다.	9. 성공 요인을 운, 재수 등 다른 외적 요인에 귀인하여 칭찬한다.
10. 학습자가 성공을 거둔 과제에 관련된 행동에 초점을 맞추어 칭찬한다.	10. 선생님 말에 귀를 기울였기에 성공을 거두었다는 것 등에 초점을 맞추어 칭찬한다.

연구문제

1. 교사 전문성의 세 차원을 설명하고 바람직한 교사의 모습에 대해서 논의하시오.

2. 교사 전문성 차원에서 교사효능감에 대해 설명하고, 교사효능감이 학생에게 미치는 영향에 대해서 논의하시오.

3. 교사의 기대와 칭찬은 학생들의 인지적·정서적 발달에 중요한 영향을 미친다. 교사의 입장에서 이러한 기대와 칭찬을 효과적으로 잘 활용할 수 있는 방안에 대해서 논의하시오.

교육심리학의 지식과 방법을 잘 이해하고 있는 교사는 효과적인 학급운영에 도움을 받을 수 있다. 효과적인 학급운영을 위해서는 학급에 문제가 발생한 후가 아니라 발생하기 전의 예방이 중요하다. 그러나 교사가 아무리 훌륭하게 역할을 잘 해낼지라도 학급에서 문제가 발생할 가능성은 존재한다. 이와 같은 경우 교사는 생활지도 및 상담활동을 통해 문제해결을 위해 노력해야 한다. 따라서 학생 개인의 특성과 요구를 고려한 학급운영 및 생활지도 방법, 상담활동 등은 교사의 중요한 역할이다.

1. 학급운영

교사는 숙제를 누구에게 내는지, 언제까지 내야 하는지 등 학생의 끊임없는 질문에 대답하느라, 또는 수업시간에 계속 떠드는 학생을 야단치느라 수업시간의 많은 부분을 낭비하고 있다. 교사가 수업시간 중에 학급운영에 시간을 쓴다면 학생의 학습시간은 줄어들 것이다. 수업시간이 학습 이외의 무엇인가에 의해서 방해받을 때, 교사는 그 상황을 분석할 수 있어야 하며 문제를 해결하기 위해 어떤 방법을 취해야 할지를 결정할 수 있어야 한다. 학생의 잘못된 행동에 대한 교사의 대처를 훈육(discipline)이라 하고, 질서 있는 학급환경을 만들고 유지하는 교사의 전략을 학급운영(classroom management)이라 한다.

학급에서 학습 이외의 문제에는 시간을 낭비하지 않고 효과적으로 학급을 운영하는 것은 중요하다. 시간이 부족해서 계획한 학습량을 끝까지 마치지 못하거나 충분히 다루지 못한다면 학생이 그 부분의 내용을 잘 학습했으리라고 기대할 수 없다. 충실한 학습이 이루어지기 위해서는 학습에 좀 더 많은 시간을 할애하여야 한다. 이것을 할당된 시간(allocated time)이라고 한다. 그러나 단순히 학습에 시간을 더 할애한다고 해서 저절로 학생의 학업성취가 올라가지는 않으며 주어진 시간을 효과적으로 사용해야 한다. 즉, 학생을 적극적으로 학습에 참여하게 하는 과제 투입시간(time on task)을 늘려야 한다.

따라서 수업시간의 질적 관리를 위해 학급운영이 필요하다. 학급운영은 학생

훈육
학급 내의 질서를 확립하기 위해 사용하는 기법으로, 학생의 잘못된 행동에 대한 교사의 대처

학급운영
생산적이며 효율적인 학습이 이루어지도록 학급환경을 유지하는 것

을 훈육하는 데 허비되는 노력을 줄여 주기 때문에 숙련된 교사는 문제예방을 위한 학급운영을 중요하게 생각한다. 효과적인 학급운영은 학생의 학습에 대한 참여를 증가시키고 수업 방해 행동을 감소시키며 학생이 수업시간을 효과적으로 사용하게 함으로써 학업성취를 높여 준다.

학급에서 일어나는 문제의 대부분은 규칙이나 수업의 절차를 모르기 때문에 일어난다. 학기 초에 교사가 학생에게 학급 내에서 지켜야 할 규칙, 절차, 위반 시 주어질 제재 등을 분명하고 구체적으로 명시한다면 수업 진행에 지장을 줄 문제를 사전에 예방하는 것은 물론 잘못된 행동을 훈육하느라 보내는 시간을 줄일 수 있다.

1) 학급운영의 계획과 실행

학생은 규칙과 절차에 따라 수업시간에 하도록 기대되는 행동이 있다. 규칙(rule)은 학급에서 기대되는 활동과 금지되는 활동을 구체화해 놓은 것이며, 절차(procedure)는 학급에서 활동이 진행되는 정해진 단계를 말한다.

교사는 새 학년, 새 학기가 시작되기 전에 학급 내에서 따라야 할 규칙과 절차를 정한 후 학기 시작 직후에 학생에게 기대하는 행동이 무엇인지를 명확하게 알려 주어야 한다. 예를 들어, '수업 중 옆 사람과의 잡담 금지'와 같은 규칙을 명시하여야 하며, 때로는 이런 규칙을 써서 교실 벽에 붙여 놓는 것도 필요하다. 학기 초에 교사가 학생에게 한 학기 동안 그 수업에서 지켜야 할 규칙과 절차를 명확하게 전달하면(예: 수업에 10분 이상 늦으면 출석으로 인정되지 않는다, 수업 진행을 방해하는 소음으로 2회 이상 지적받으면 자동으로 교실에서 퇴장당한다 등) 수업진행을 방해하는 행동을 줄일 수 있다. 학급규칙은 학생의 행동에 대한 기준을 세우는 것으로 효과적인 학급운영에 필수 요소이다. 학급규칙의 설정 지침은 다음과 같다(Evertson, 1987).

• 학급의 규칙은 학교의 교칙과 일치하도록 정한다. 교사는 학교 또는 지역사회의 정책과 모순되지 않도록 학급의 규칙을 정해야 하는데, 규칙을 준비하고 학생에게 제시하기 전에 반드시 학교나 지역사회의 정책을 살펴본 후 그

것과 일관된 규칙을 만들도록 한다.

- 규칙은 분명하게 진술한다. 불분명하게 진술된 규칙은 학생의 행동에 영향을 미치기 어려우며, 모호한 규칙은 오히려 학습을 방해한다. 예를 들어, '수업 전에는 반드시 준비하여 들어온다'는 규칙은 그 의미가 불분명하다. 따라서 구체적으로 '매 수업시간 전에는 그 시간에 필요한 자료를 가지고 온다'고 하는 편이 의미가 더 분명하다.

- 규칙이 있어야 하는 근본적이고 합리적인 이유를 강조한다. 이 규칙이 왜 있어야 하고 중요한지를 학생이 이해한다면 규칙을 지킬 가능성은 높아진다. 학생이 규칙이 있어야 하는 이유에 대해 생각해 보는 경험은 규칙의 필요성과 의미를 이해하는 것을 돕는다. 반면, 아무런 근거나 이유 없이 규칙을 지키도록 강요한다면 학생은 교사에게 일방적인 구속감을 느끼고 규칙을 지키는 것에 대해 의심과 회의감을 가지게 된다.

- 규칙은 긍정적으로 진술한다. '싸움하지 않기' '왕따하는 일 없기'보다는 '친구들과 사이좋게 지내기'로, '준비물 없이 학교 오지 않기'보다는 '수업에 필요한 준비물 가져오기'의 긍정문으로 진술하는 것이 바람직하다. 규칙을 긍정적으로 진술하는 것은 학생에게 긍정적인 기대를 주고 학생의 책임감 형성에 도움이 되는 반면, 부정적인 진술은 학생에게 규칙은 하지 말아야 할 것이라는 신념만 가지게 한다.

- 규칙의 수는 최소화한다. 학생이 규칙을 어기는 가장 흔한 이유 중의 하나는 규칙을 잊어버리기 때문이다. 교사는 중요도를 고려하여 최소한의 필수적인 규칙만을 정하도록 한다.

- 규칙을 만들 때 학생을 참여시킨다. 교사의 권위에 의해 강요된 규칙은 학생에게 저항감을 가지게 할 수 있으므로 학급 전체가 참여하여 토의과정을 통해 규칙을 만들게 되면 학생 스스로 적극적으로 규칙을 지키게 된다.

학급운영을 효율적으로 하는 교사는 비효율적인 교사에 비해 학생의 학습진행 정도를 지속적으로 점검해 나가는 데 더 유능하였다(Evertson & Emmer, 1982). 개개 학생의 능력에 맞게 과제가 주어졌는지를 조사하고 그에 따라 수업방식을 바꾸기도 하고 제출해야 할 과제에 대해서도 자세히 설명하였다. 또한 학생이 과제를 정확하게 이해하고 있는지, 과제가 어느 정도 진행되고 있는지를 계속해서 파악하며, 제출된 과제는 적절한 피드백과 함께 학생에게 되돌려 줌으로써 과제를 완성할 수 있도록 하였다. 효율적인 학급운영이 교사의 감독 아래에서 재미없고 경직된 수업이 이루어지는 것을 의미하는 것은 아니다. 학급에서 수업을 방해하는 바람직하지 않은 행동이 사라짐으로써 수업은 매끄럽게 진행되고, 교사는 학생으로 하여금 협동적인 분위기 속에서 학습에 적극적으로 참여하게 하며 학생과의 상호작용을 더 많이 하게 된다.

학급규칙 만들기의 예

- 규칙의 수를 전체 3~5개 정도가 되도록 하세요.
- 규칙을 충분히 설명하고, 위반 시의 특정 후속결과에 대해서도 논의하세요.
- 규칙은 모든 학생이 볼 수 있는 장소에 게시하세요.
- 모델링과 연습을 통해 규칙을 가르치고, 학생이 모두 학습했는지 확인하세요.
  예) 퀴즈 보기 등
- 정기적으로 규칙을 검토하고, 새로운 학생이 전학 왔을 때에도 다시 검토해 주세요.
- 문제행동 발생 시, 문제행동과 대응되는 학급규칙을 언급하고 학생에게 기대되는 바람직한 행동을 설명해 주세요.

나를 사랑한다.	다른 사람을 존중한다.	학교 물건을 아낀다.	문제가 생기면 선생님께 알린다.	급식시간에 질서를 지킨다.

※ 학급별 규칙을 삽화로 제작하여 게시하거나 손막대용으로 제작하여 활용할 수도 있다.

2) 성공적인 학급운영의 기술

성공적으로 학급을 운영해 나가기 위해서는 문제가 발생한 후가 아니라 발생하기 전에 예방하는 것이 필요하다. 교사의 행동이 학생의 행동에 미치는 영향을 연구한 Jacob Kounin(1970)은 효율적인 교사와 비효율적인 교사를 비교했을 때,

훈육 면에서는 큰 차이가 없으나 문제행동을 예방하는 면에서는 효율적인 교사가 더 유능함을 밝혔다. 그는 효율적인 학급환경과 교사의 특징을 몇 가지 변인을 통해 설명하였는데 함께 있음, 동시처리, 파문효과, 원활함, 집단경계이다.

(1) 함께 있음

함께 있음(withitness)은 교실 내에서 일어나는 모든 것을 교사가 알고 있고, 함께하고 있음을 학생에게 전달하는 것을 말한다. 교사는 학급에서 어떤 일이 일어나고 있는지 언제나 알고 있고, 함께하고 있음을 학생에게 보여 주어야 한다. 이는 학생이 그 사실을 언어적으로 또는 비언어적으로 알도록 하는 것을 의미한다. 학생이 학급에서 진행되는 일을 교사가 다 알고 있다고 느낄수록 학급 내에서 문제행동이 일어나는 횟수는 점차 줄어든다.

유능한 교사는 '머리 뒤에 눈을 가지고 있는' 것처럼 문제가 발생할 가능성이 있을 때 즉시 개입하고 문제가 심각해지도록 내버려 두지 않는다. 교사는 소수의 학생과만 상호작용하는 것이 아니라 모든 학생과 눈맞춤을 하면서 학급을 둘러보기 때문에 학생은 자기 자신이 항상 교사의 관심을 받고 있다고 느낀다. 반면, 비효율적 교사는 학생의 잘못된 행동에 너무 늦게 개입하고(timing error), 엉뚱한 학생을 야단치거나(target error), 학생의 잘못된 행동에 지나친 과잉반응(overaction error)을 보인다.

(2) 동시처리

동시처리(overlapping)는 교사가 동시에 여러 상황을 처리하는 것을 말한다.

교사는 여러 상황을 동시에 처리할 수 있어야 한다. 수업 중에 두 학생이 떠들고 있다고 가정해 보자. 만약 교사가 수업을 갑자기 멈추고 두 학생을 불러 세워 야단을 치거나 벌을 준다면, 수업 흐름은 끊어지고 다른 학생의 수업 집중도 또한 떨어질 것이다. 교사는 학생들의 주의를 수업 외 상황으로 돌리게 하기보다는 수업을 진행하며 떠드는 학생 쪽으로 천천히 다가감으로써 학생의 긴장감을 유발하여 떠드는 행동을 멈추게 하는 동시에 수업의 흐름도 방해되지 않게 할 수 있다.

(3) 파문효과

파문효과(ripple effect)란 교사의 즉각적이고 효과적인 제지로 학생의 문제행동을 효과적으로 처리하는 것이다. 예를 들어, 학급 전체에게 벌을 주는 방법보다 학급에서 영향력 있는 한 학생을 이용하여 전체 학급의 문제행동을 줄일 수 있다. 소란한 학급 분위기로 인해 수업 진행이 어렵다고 가정하자. 만약 교사가 이런 분위기를 무시하고 수업을 진행하게 되면, 조용히 있던 학생도 떠드는 학생의 행동을 따라 하게 되고 결국 학급 전체에 영향을 주게 된다.

이때 학급에서 학생들에게 가장 영향력이 있는 한 학생을 지적한 후 전체 학생들이 보는 앞에서 주의를 준다면 이를 지켜본 다른 학생도 조용하게 만들고 긴장도 유지할 수 있다. 그러나 특정 학생을 지적하여 야단치는 행동은 잘못 활용할 경우 교사의 행동이 불공평해 보일 수 있고, 그 학생에게는 상처가 될 수도 있으므로 교사의 말과 행동은 신중해야 한다. 또한 특정 학생만 계속 지목되지 않도록 주의해야 할 것이며, 결국에는 학급 전체 학생들에게 교사가 의도하는 메시지가 잘 전달이 되도록 왜 이렇게 하는지 언급해 줄 필요가 있다.

(4) 원활함

원활함(smoothness)은 강의나 수업이 큰 문제없이 시작부터 끝까지 진행되는 정도를 말한다. 원활함을 보여 주는 교사는 학급활동을 효과적으로 연결하는 처리 절차를 밟는다. 예를 들어, 반장이 숙제를 수거해 오는 동안 교사는 숙제에 관한 질문을 받는다. 아무런 질문이 없다면 교사는 이전 시간에 배운 내용을 복습하거나 숙제를 다시 살펴본다. 이와 같이 수업은 논리적인 순서로 짜여 있고 필요한 수업자료가 준비되어 있으며 시종일관 원활하게 진행된다. 원활함을 가진 교사는 한 학생의 질문이나 행동으로 수업이 흐트러지거나 사소한 내용을 불필요하게 반복함으로써 수업이 산만해지는 것을 피한다.

(5) 집단경계

집단경계(group alerting)란 학급의 모든 학생이 주의집중을 할 수 있도록 하는 학급운영 기술을 말한다. 예를 들어, 질문을 할 때 출석부의 이름을 순서대로 부르면 누가 지적될 것인지 학생들이 미리 예상하게 되어 수업이 진행되는 동안 지루해하거나 관심을 다른 곳으로 돌리게 된다. 따라서 질문할 때 예상할 수 없는 순서로 지적하거나, 한 학생이 나와서 문제를 풀 때 다른 학생은 노트에 같은 문제를 풀도록 하거나, 모든 학생이 동시에 문제를 풀고 답을 비교해 보도록 지도한다.

3) 학급의 문제를 해결하는 방법

(1) 훈육

아무리 교사가 유능해도 학급에서 일어나는 모든 문제를 사전에 예방할 수는 없다. 만약 학생이 학급에서 문제행동을 보인다면 교사는 어떻게 대처해야 하는가? 모든 교사는 학급 내에서 학생의 문제행동에 부딪힐 수밖에 없는데, 이때 학급 내의 질서를 확립하기 위한 기법인 훈육(discipline)을 사용해야 한다.

문제행동을 보이는 학생에게 왜 자신의 행동이 문제가 되고 자신이 그 행동에 책임을 져야 하는지 이해하도록 도움을 주는 것이 교사가 할 수 있는 가장 이상적인 방법이다. 그러나 학생이 자신의 행동을 책임질 능력이 없거나 책임질 의지가 없을 때에는 시간 제약과 안전 문제 등을 고려해 본다면 교사가 직접 개입하는 행동주의적 접근이 더 효과적일 수 있다. 훈육에 대한 행동주의적 접근에서는 효율적인 학급운영을 위해 바람직한 행동은 강화하고 바람직하지 못한 행동에는 벌의 사용과 행동수정을 제안한다. 교사는 학생에게 불쾌하거나 화난 표정을 보이는 것에서부터 언어적으로 질책하거나, 학생의 정적 강화를 박탈하고 타임아웃(time-out)을 사용하여 교실에서 격리하기도 하며 체벌을 주기도 한다. 그러나 체벌은 주의 깊게 사용되어야 하며 그렇지 못할 때는 오히려 학생의 저항심과 분노심을 불러일으키기 쉽다.

처벌을 사용하는 지침은 다음과 같다.

첫째, 처벌은 가능한 한 적게 사용하여 학급 분위기에 방해가 되지 않도록 한다. 둘째, 문제행동에 대해서 즉시 처벌하고 그 행동에 대해 직접적으로 처벌한다. 셋째, 문제행동을 제거할 정도까지만 처벌한다. 넷째, 논리적이고 체계적으로 감정을 배제한 채 침착하게 처벌한다. 즉, 절대로 화난 감정으로 학생을 처벌해서는 안 된다.

교사가 하루에도 여러 차례 발생하는 바람직하지 않은 행동을 효과적으로 다루면서도 수업 방해를 받지 않기 위해서는 언제, 어느 정도까지 개입해야 하는가?

교사가 학생을 훈육하는 데 사용한 시간은 학생의 학업성취도와 부적 상관이 있음을 많은 연구(Crocker & Brooker, 1986; Evertson, Emmer, & Brophy, 1980; Stallings & Kaskowitz, 1974)가 보여 주고 있다. 수업시간에 학생이 떠들 때마다 불러 세워 이유를 묻고 야단을 치고 벌을 준다면 상대적으로 수업 진행은 방해를 받게 된다.

Slavin(1991)의 '최소개입의 원칙(the principle of least intervention)'은 문제행동에 대한 교사의 개입이 수업 진행과 다른 학생을 방해하지 않도록 최소한으로 빨리 이루어져야 한다는 것을 의미한다. 학급에서 나타날 수 있는 문제는 한두 번 일어나는 사건(수업시간에 옆 친구와 잡담하기)부터 만성적 문제행동(한 학생이 반복적으로 다른 학생을 괴롭히기)까지 매우 다양하다. 위반행위가 이처럼 다양하기 때문에 교사의 반응 역시 다양할 수 있다. 개입은 가능한 한 수업을 방해하지 않도록 해야 가르치는 시간을 최대한 확보할 수 있다. 학생이 행한 바람직하지 않은 행동의 정도에 따라 교사가 어느 정도 개입해야 하는지를 다음과 같이 구분할 수 있다(Eggen & Kauchak, 2001).

첫째, 바람직한 행동을 칭찬하는 것은 무엇보다도 현명한 개입이다. 학생이 바람직한 행동을 할 때마다 칭찬하려는 노력은 가치 있는 활동이며, 특히 바람직하지 않은 행동에 대한 예방 측면에서 효과적이다.

둘째, 부적절한 행동을 무시한다. 바람직하지 않은 행동을 감소시키는 한 방법은 학생이 바람직하지 않은 행동을 할 때 교사가 강화를 주던 것을 멈추고 그 행동을 무시하는 것이다.

셋째, 간접적인 신호를 사용한다. 수업시간에 떠들고 있는 학생과 눈을 맞추거나 해당 학생 가까이로 다가간다. 그래도 떠드는 행동을 멈추지 않으면 가볍게 한 손을 학생의 어깨에 올려놓거나 학생이 집중해야 할 과제를 손으로 가리키는 등의 간접적인 신호를 통해 주의를 환기한다. 이때 교사는 학생이 부적절한 행동을 실제로 멈추었는지를 확인한 후 다시 하던 일로 돌아가야 한다. 이러한 비언어적 메시지를 학생에게 보냄으로써 수업은 중단하지 않고 학급 내의 사소한 문제행동을 줄일 수 있다.

넷째, 제지(desist)를 사용한다. 교사가 학생의 바람직하지 못한 행동에 대해 가장 많이 쓰는 대처법이다. 학생이 어떤 행동을 그만두도록 하는 교사의 언어적 또는 비언어적 의사 전달법으로 "민수야, 선생님의 허락을 받고 자리를 움직일 수 있는 거야." "민수야! 조용히 해."라고 하며 입에 손가락을 갖다 대거나, 짜증을 내거나, 화난 얼굴 표정을 짓는 것 등이 제지를 사용한 예이다. 교사의 분명하고 단호한 표현과 어조는 제지의 효과에 중요한 영향을 미친다. 또한 교사는 학생의 바람직하지 못한 행동을 규칙 또는 행동의 결과와 연관시킨다. 예를 들어, "은진아, 그런 행동은 하지 말아야지."보다 "은진아, 우리 교실에서 다른 학생을 괴롭히는 것과 관련된 규칙은 무엇이지?" "은진아, 네 행동이 정은이의 감정을 얼마나 상하게 하는지 생각해 봤니?" 등으로 말하는 것이 바람직하다. 학생은 교사의 적대적·감정적 금지와 명령보다는 규칙과 그 규칙의 결과를 상기시켜 주는 것에 잘 반응한다.

제지할 때 교사의 어조는 엄격해야 하지만 화난 것으로 보여서는 안 된다. 교사가 유치원 학생을 거칠게 제지하면 학생은 더 산만해지며, 초·중·고등학생을 거칠게 제지하면 학생은 교실에서 불안함을 느낀다. 반면, 부드러운 꾸지람, 대안적인 행동의 제시, 효과적인 질문기법 등은 교실에서 시간 외 업무를 하루 20분 정도 줄여 주는 것으로 보고되고 있다(Borg & Ascione, 1982).

다섯째, 바람직하지 못한 행동에 상응하는 결과를 적용한다. 분명한 언어적 또는 비언어적 의사 전달, 학급에서 일어나고 있는 모든 일을 교사가 알고 있고 함께하고 있음을 학생에게 전달하는 것은 학생의 바람직하지 못한 행동을 제지하는 데 필수적이다. 그러나 이와 같은 방법을 사용하더라도 단순한 제지만으로

[그림 14-1] 개입 수준(Eggen & Kauchak, 2001, p. 296)

충분치 않을 때가 있다. 이런 전략이 효과적이지 못할 때 교사는 학생의 바람직하지 못한 행동에 상응하는 결과를 적용해야 한다.

교실상황은 복잡하고 대처해야 할 일이 많기 때문에 언제나 문제를 논리적인 결과를 적용하여 해결할 수는 없다. 다음의 예는 또 다른 효과적인 대안이다.

바람직한 훈육의 예(Eggen & Kauchak, 2001, pp. 506-508)

준호는 똑똑하고 활동적인 5학년 학생이다. 준호는 말하는 것을 좋아하지만, 담임교사가 화내기 전에 어디서 말하는 것을 멈춰야 할지를 아는 것 같다. 준호는 규칙과 그 이유를 이해하지만 잡담을 절제하기가 어렵다. 교사가 준호의 행동을 무시하는 것은 효과가 없었다. 준호의 부모에게 전화한 것이 한동안 도움이 되었지만 얼마 지나지 않아 준호는 교사를 괴롭히는 원래의 행동을 다시 하였다.

마침내 교사는 준호에게 한 번 경고를 주고 난 뒤, 잡담하는 것을 다시 들키면 준호가 교실 밖으로 쫓겨날 것이라고 했다. 교사는 준호를 불러 새로운 규칙을 설명했다. 다음 날 준호는 수업이 시작되자마자 떠들기 시작했다. 교사는 "준호야! 네가 떠드는 동안 너는 공부할 수 없고 다른 학생이 공부하는 것도 방해하고 있어. 어서 수업에 집중해야지." 준호는 멈추고 자기 일로 돌아갔지만 5분 후 다시 떠들기 시작했다. "준호야!" 교사는 준호의 책상 뒤로 다가가며 이야기했다. "나는 이미 너에게 경고했지. 이제 벌 받을 장소로 가야지." 일주일 후 준호는 학급의 다른 학생과 조용한 분위기에서 공부하였다.

준호가 한 행동은 초등학교와 중학교 수업시간에 일어나는 흔한 행동이다. 이러한 유형의 행동은 신체적인 폭력행동보다 교사를 더 힘들게 할 때가 많으며, 수업 진행을 위해서도 가볍게 무시되어서는 안 된다. 교사의 일관성 있는 대처가 준호와 같은 학생의 행동변화를 가져오는 데 중요한 요인이 되었다. 준호는 자신의 행동을 이해하고 자신을 통제할 능력이 있었다. 준호는 자신의 두 번째 규칙 위반이 처벌을 불러온다는 것을 깨닫고 처벌을 받았을 때 행동을 재빨리 바꾸어 더 이상 처벌을 받지 않도록 하였다.

(2) 효율적인 의사교환

훈육에 대한 새로운 접근법으로서 Thomas Gordon의 교사 효율성 훈련(Teacher

> **교사 효율성 훈련**
> Gordon이 개발한 방법으로 교사와 학생 간의 대화를 통한 의사교환의 기술을 발달시키는 데 중점을 둔 훈련

Effective Training: TET)을 들 수 있다. 교사 효율성 훈련에 따르면 학급 내 문제가 발생했을 때 교사와 학생 간의 대화를 통한 의사교환이 가장 중요하다. 즉, 교사 효율성 훈련의 목적은 효율적인 의사교환의 기술을 발달시켜 교사와 학생 간의 관계를 개선하는 데 있다. 그렇다면 효율적인 의사교환을 위해서 교사는 어떻게 행동해야 하는가?

① 학생의 말을 적극적으로 경청하기

의사교환을 할 때 우리는 단순히 단어를 교환하는 것이 아니라 그 단어 속에 숨겨져 있는 메시지를 함께 전달한다. Gordon은 효율적인 의사교환의 방법으로 적극적 경청을 제시한다. 적극적 경청이란 교사가 학생의 말을 판단하거나 비판하지 않고 요약하거나 풀어 다시 정리하면서 학생의 말에 귀를 기울이는 것이다. 이때 학생은 자신의 생각과 감정이 수용되고 이해받고 있다고 느낀다. 적극적 경청의 장점은 학생 스스로 문제의 근원이 무엇인지 생각하고 해결하도록 도움을 주는 것이다. 또한 학생은 교사와 적극적으로 대화하려고 노력하고 교사에 대한 신뢰감을 발달시켜 상호 이해하고 존중하는 교사와 학생 관계로 발전될 수 있다.

적극적 경청
학생의 말을 판단하거나 비판하지 않고 요약하거나 풀어 다시 정리하면서 귀를 기울이는 것

② 나 전달법(I-message)를 통한 대화하기

나 전달법(I-message)를 통한 대화는 상대방에 대한 비난 없이 내가 느끼는 감정을 솔직하게 전달하는 의사소통 방법이다. '너 전달법(You-message)'을 통한 대화는 공격적이거나 부정적인 표현을 하게 되어 상대방도 방어적으로 표현함으로써 원활한 의사소통 이루어지지 않는 반면에 '나 전달법'을 통한 대화는 상대방과의 관계 향상에 효과적인 의사소통 방법이다. '나 전달법'의 중요성은 다음과 같다. 첫째, 의사전달과 감정전달을 함께할 수 있다. 둘째, 상대방이 방어적이지 않게 된다. 셋째, 상대방도 감정을 표현할 때 솔직한 전달법을 사용하는 것을 배워 개방적인 의사소통이 이루어진다. 넷째, 상대방이 인격적으로 나쁘다는 의미를 피하게 되므로 긍정적인 관계가 유지된다.

나 전달법
상대방에 대한 비난 없이 내가 느끼는 감정을 솔직하게 전달하는 의사소통 방법

'나 전달법'의 세 가지 요소는 다음과 같다. 첫째, 내가 수용할 수 없는 상대방의 행동을 비난 없이 단순히 서술한다. 둘째, 그 행동으로 인한 나의 감정과 느낌

을 설명한다. 셋째, 내가 그런 감정과 느낌을 갖게 된 그 행동의 결과를 간단하게 서술한다.

- 나 전달법의 3요소

1. 내가 수용할 수 없는 상대방의 행동을 비난 없이 단순히 서술한다.

   (네가 ~하면) "네가 시끄럽게 떠들면"

2. 그 행동으로 인한 나의 감정과 느낌을 설명한다.

   (나의 감정과 느낌) "선생님은 너무 속상해."

3. 내가 그런 감정과 느낌을 갖게 된 그 행동의 결과를 간단하게 서술한다.

   (왜냐하면~) "왜냐하면 수업을 제대로 할 수가 없거든."

예시: '나 전달법' 및 적극적 경청을 사용한 교사와 학생의 대화

교사: 준성이가 수업 중에 계속 떠드니깐 선생님은 수업을 하기가 힘들구나. 어떻게 하면 준성이가 수업시간에 집중할 수 있을까…… 선생님도 답답하고 힘들어.

준성: 선생님, 죄송한데요…… 칠판 글씨가 잘 안 보여서 그래요. 옆에 친구한테 물어볼 수밖에 없거든요.

교사: 그래? 잘 안 보인다고 계속 물어볼 수도 없고……, 문제네.

준성: 옆 친구한테 물어보는 것이 수업에 많이 방해가 되는 줄 몰랐어요. 작은 소리로 물어본다고 했는데…….

교사: 응……. 수업에 방해될 줄 몰랐구나.

---

③ 갈등이 지속될 때 타협전략 사용하기

적극적 경청과 '나 전달법'을 사용했지만 실패하고, 학생이 바람직하지 않은 행동을 계속한다면 교사와 학생은 갈등상황에 놓이게 된다. 갈등상황에서는 서로를 더 나쁜 사람으로 보게 되어 행동을 정확하게 지각하는 것이 점차 힘들어진다. 교사와 학생 간의 갈등은 어떻게 해결해야 하는가? 학생이 교사의 요구를 전적으로 따를 수도 있고 반대로 교사가 학생의 요구를 받아들일 수도 있다. 두 경우 모두 누군가는 패자가 되기 때문에 좋은 해결방법은 아니다.

Gordon(1981)은 '아무도 지지 않는 방법(no-lose method)'을 제안하는데 교사와 학생 모두의 요구가 해결되는 방식을 사용하도록 한다. 누구든 한 사람만이 전적으로 양보하기를 기대하지 않으며 서로에게 존중하는 마음을 갖도록 하는 이 방법은 다음의 문제해결 전략 단계를 거친다.

- 1단계: 문제의 규정(개입된 행동은 정확히 무엇인가? 각 사람은 무엇을 원하는가?)
- 2단계: 가능하면 여러 가지 해결책 생각해 내기(많은 아이디어를 생각해 내지만 아직 평가를 내려서는 안 된다)
- 3단계: 각 해결책 평가하기(아이디어를 거부할 수 있고, 어떤 해결책도 받아들일 수 없으면 다시 아이디어를 수집한다)
- 4단계: 결정 내리기(합의에 의해서 양쪽이 다 만족하는 해결책을 선택한다)
- 5단계: 해결책의 실행 결정하기(누가, 언제, 어떻게 등의 실행 방법을 결정한다)
- 6단계: 해결책의 성공 평가하기(일정 기간 동안 해결책을 시도한 후 만족하는지, 변화를 원하는지에 대한 의견을 교환한다)

2. 생활지도

1) 생활지도의 원리

생활지도
학생이 삶에서 직면하는 여러 가지 문제를 스스로 해결하고 극복할 수 있도록 지원하는 과정

생활지도(guidance)는 학생이 삶에서 직면하는 여러 가지 문제를 스스로 해결하고 극복할 수 있도록 지원하는 과정이라 할 수 있다. 교사가 생활지도에서 고려해야 할 일반적인 원리는 다음과 같다.

첫째, 생활지도는 예방을 목적으로 한다. 문제가 일어났을 때 해결을 도와주는 것도 중요하지만 사전에 문제가 일어나지 않도록 지도해야 한다. 즉, 심리적 문제를 제거하거나 교정하는 것도 생활지도의 중요한 부분이지만 학생의 바람직한 성장을 조성하는 것은 더욱 중요한 일이다.

둘째, 생활지도는 모든 학생을 대상으로 한다. 지능이 낮거나 공부를 못하는

학생, 신체적인 결함이 있거나 고립된 학생만이 생활지도의 대상이 아니다. 지능이 높고 공부도 잘하며 신체적으로도 정상이고 사회적으로도 잘 적응되어 있는 학생까지도 생활지도의 대상이 된다.

셋째, 생활지도는 학생의 자율적·자발적 행동을 돕는다. 학생이 당면한 문제를 교사가 대신 해결하는 것이 아니라 학생 스스로 당면한 문제를 해결할 수 있도록 기회를 마련해 준다.

넷째, 생활지도는 연속적이고 장기적으로 이루어져야 한다. 학생 스스로 문제를 해결할 수 있는 능력을 기른다는 것은 삶을 영위하는 데 중요한 기술이다. 따라서 생활지도는 장기적 계획 아래 연속적인 지도과정으로 이루어져야 한다.

마지막으로, 생활지도는 임상적인 판단에만 의존할 것이 아니라 과학적 정보를 근거로 정확하고 객관적인 절차에 따라 실시되어야 한다. 즉, 학생에 대한 심층 자료를 다양하게 수집하여 편견 없이 지도해야 한다.

2) 생활지도의 영역과 활동

(1) 생활지도의 영역

생활지도는 직업진로 지도에서 시작되었으나 이후 영역이 확대되어 교육활동의 중요한 영역을 차지하고 있다. 생활지도의 영역은 그 내용과 조직 형태에 따라 다음과 같이 구분할 수 있다.

① 내용
- **교육 지도**: 1학년 신입생 오리엔테이션, 학습부진아, 특수학급 등
- **인성 지도**: 정서·성격문제, 학습습관 적응 등
- **직업 지도**: 진학 및 직업 정보 제공, 진학 및 직업적성, 진학 및 직업선택 등
- **사회성 지도**: 교우관계, 이성 문제, 가족 문제 및 대인관계 등
- **건강 지도**: 신체장애, 각종 질병, 위생 및 기타 건강 문제 등
- **여가 지도**: 여가 선용, 각종 취미·오락활동, 놀이 등

② 형태
- **개인 지도**: 일대일 대응의 내담자 중심
- **집단 지도**: 비슷한 문제를 지닌 집단(소집단 및 학급) 단위

(2) 생활지도의 활동

① 학생조사활동

학생조사활동(student inventory service)은 학생을 정확히 이해하고 지원하는데 필요한 각종 자료를 수집하는 활동이다. 학생조사활동의 범위는 가정환경, 출신학교의 성적, 적성, 학습 및 직업 흥미, 지적 능력, 신체 및 정신 건강, 교외 생활, 성격 및 장래계획 등이다. 학생조사활동의 방법은 각종 표준화 심리검사, 학업성취도 검사 등이 있으며 그 밖에 환경 조사, 질병 검사, 생활사 조사, 가족 관계 조사, 교우관계 조사, 관찰에 의한 행동 누적 기록 및 기타 필요하다고 생각되는 여러 조사방법이 활용되고 있다.

② 정보제공활동

정보제공활동은 학생, 교사, 학부모 등이 요구하는 정보를 수집해서 제공하는 활동이다. 학생의 생활지도에 도움이 되는 정보제공활동(information service)을 세 가지 측면으로 나누어 열거하면 다음과 같다.

- **교육 정보**: 학교생활, 상급학교 진학, 장학금, 학습방법, 도서관 이용방법 등
- **직업 정보**: 직업군 또는 직업의 종류, 직업에서 요구되는 기능이나 적성, 직업 조건 및 전망 등
- **개인 및 사회 적응 정보**: 자기이해, 대인관계, 가족관계, 성교육, 가치관·도덕·종교 등

이와 같은 정보는 학교 자체에서 조사하거나 각종 인쇄물을 이용해 수집, 정리, 보관하여 개인상담이나 집단활동을 통해 제공한다. 그러나 정보의 제공은 그 자체가 교육과정이라는 사실에 유념하여 학생의 요구, 흥미, 학업성취도에

맞추어 교육적으로 이루어져야 한다.

③ 상담활동

상담활동(counseling service)은 생활지도에서 핵심적인 활동이다. 내담자와 상담자 사이의 인간관계를 통해 문제해결능력을 신장하고, 정신건강을 증진하며 적응을 돕기 위한 활동이다. 즉, 상담활동은 전문 자격을 갖춘 상담자와 도움이 필요한 내담자의 만남을 통해서 내담자의 문제해결을 돕는 활동을 말한다. 상담활동의 목표는 학생으로 하여금 최대한으로 자율적인 발달, 즉 책임과 독립심을 키우고 현실적인 자기이해를 성취할 수 있도록 돕는 데 있다. 상담활동은 각 상담자마다 내담자의 문제를 이해하기 위한 접근방법을 달리하고 그에 따른 구체적 과정에서도 차이가 있지만, 학교에서 상담이 이루어지기 위해서는 우선 상담자가 내담자의 모든 면을 수용해야 한다. 둘째, 상담자는 내담자에 대한 공감적 이해를 할 수 있어야 한다. 그리고 상담자는 진실함을 가지고 내담자를 만나고 상담에 임해야 한다.

④ 배치활동

생활지도의 또 다른 목표는 학생에게 알맞은 다음 단계나 집단에 배치되어 그 생활에서 원만히 적응할 수 있도록 돕는 것이다. 배치활동(placement service)이란 학생의 능력이나 흥미에 맞게 적절하게 배치하는 활동을 말한다. 학교에서 배치활동은 직업 지도, 진학 지도, 학과선택 지도 등에서 학생의 능력과 적성을 파악하여 현재의 자신을 정확하게 이해하는 데 도움을 제공하는 활동이다. 배치활동은 개인과 사회의 필요에 따라 이루어지며 각종 조사활동, 정보활동에서 얻은 자료를 근거로 할 때 합리적인 정치활동을 기대할 수 있다.

⑤ 추수활동

추수활동(follow-up service)은 생활지도를 받은 학생의 추후 적응상태를 지속적으로 관찰하여 더욱 효과적으로 적응하도록 도와주는 활동이다. 즉, 추수활동은 일정 기간 생활지도를 받았던 학생이 진학하거나 졸업한 후 사회적응을 제대로 하고 있는지를 지속적으로 확인하는 활동이다. 또한 학생의 계속적 발전에 관심을 가진 상담자 또는 학교가 생활지도의 효과성을 알아보기 위하여 실시하기도 한다. 추수활동을 통하여 학교의 생활지도 계획 및 지도 방법을 반성·평가하고 개선을 위한 자료로 활용할 수 있다.

3. 상담

상담(counseling)은 심리치료와 유사한 활동으로서 우리나라에서는 상담과 심리치료라는 용어가 혼용되는 경향이 있다. 일반적으로 심리치료는 병원과 같은 임상장면에서 비교적 심각한 심리적 문제, 즉 심리장애나 정신질환을 지닌 사람을 치료하는 활동을 지칭하는 반면, 상담은 학교나 기업과 같은 비임상장면에서 비교적 심각성이 경미한 문제나 적응과제를 돕는 활동을 지칭한다. 우리나라에서는 임상심리학자와 정신과 의사가 하는 상담활동의 경우 심리치료라고 칭하고 상담심리학자들이 하는 치료적 활동의 경우는 심리상담으로 칭해 왔다. 그러나 최근에는 상당수의 임상심리학자와 정신과 의사가 임상장면에서 자신이 하는 치료적 활동을 심리상담으로 지칭할 뿐만 아니라 상담심리학자 역시 자신의 활동을 심리치료라고 부르는 현상이 나타나고 있어 그 구분이 모호해지고 있다 (권석만, 2012).

체계적인 이론과 구체적인 기법을 잘 구비하고 있는 주요한 상담이론 중 여기서는 정신분석, 행동주의, 합리적 정서행동, 인간중심 상담이론을 중심으로 설명한다.

1) 정신분석 상담이론

(1) 개요

정신분석(psychoanalysis)은 Freud에 의해 창시된 상담이론이다. 정신분석 상담이론에서는 인간의 마음이 원초아(id), 자아(ego), 초자아(superego)로 구성되며 이러한 심리적 세력 간의 정신역동(psychodynamics)에 의해서 인간의 행동이 결정된다고 보았다. 또한 유아는 인간의 본능적 충동만을 가진 상태로 어린 시절의 경험을 통해 성격구조가 형성되며 부모와의 상호작용 중 갈등 경험은 무의식 속에 축적되어 성장한 후에 발생하는 심리 문제의 근원을 이룬다. 인간은 성장하면서 자아가 발달하여 성격의 중심으로 자리 잡게 되는데, 자아는 성적 · 공격적 충동의 자각으로 인한 불안을 완화하기 위하여 다양한 방어기제를 발달시킨다.

정신분석 상담이론의 목적은 내담자의 무의식을 의식화하는 것이다. 자유연상, 꿈분석, 전이분석, 저항분석 등과 같은 다양한 상담기법을 통해서 내담자로 하여금 자신의 무의식적 갈등을 자각하게 함으로써 무의식에 지배받지 않고 자아를 중심으로 자기 삶의 진정한 주인이 되게 하는 것이다.

(2) 상담기법

정신분석 상담에서는 내담자가 자신의 무의식적 갈등과 관련된 정보를 많이 내놓을 수 있게 유도한다. 이를 위해서 상담자는 중립적인 태도를 취하는 것과 내담자의 특정한 반응에 남다른 주의를 기울이기보다는 내담자의 모든 반응에 고르게 주의를 기울이는 것이 중요하다. 내담자의 무의식을 의식화하는 정신분석 치료기법에는 자유연상, 꿈분석, 전이, 저항, 해석 등이 있다.

첫째, 자유연상(free association)은 내담자로 하여금 무엇이든지 자기 자신의 생각에 떠오르는 대로 말하도록 하는 방법이다. Freud는 자유연상을 촉진하기 위해서 환자를 긴 의자(couch)에 눕게 하고 눈맞춤을 피할 수 있도록 내담자의 머리맡에 앉아서 치료하기도 하였다. 상담자는 내담자의 이야기를 경청하며 그 내용뿐만 아니라 목소리, 감정 등과 같은 다양한 반응을 자세히 관찰한다. 상담자는 자유연상 내용을 다른 자료와 통합하여 내담자의 무의식적 갈등을 이해하고 해석하는 데 활용할 수 있다.

둘째, Freud가 "꿈은 무의식에 이르는 왕도"라고 말한 것처럼 꿈분석(analysis of dream)은 내담자의 무의식적 요구를 찾아내고 내담자로 하여금 해결되지 않은 문제에 대한 통찰력을 얻게 하는 중요한 절차이다. 이러한 꿈을 분석할 때는 꿈의 내용이 아니라 꿈에 상징적으로 나타나 있는 동기상의 갈등에 초점을 둔다.

셋째, 전이(transference)는 내담자가 과거에 중요한 타인에게 느꼈던 감정이나 환상을 무의식적으로 상담자에게 나타내는 것이다. Freud는 초기에 전이를 상담을 방해하는 것으로 여겼지만 이러한 전이반응 속에 내담자의 중요한 무의식적 갈등이 담겨 있다는 것을 발견하고 중요한 치료 수단으로 발전시켰다. 상담이 효과적으로 진행되려면 전이관계가 잘 형성되어야 하며 전이분석을 통해서 내담자의 무의식적 갈등과 방어기제가 자각될 수 있다. 한편, 상담자 역시 내담자에게 전이현상을 나타낼 수 있는데 이를 역전이(countertransference)라고 한다. 이는 내담자의 반응을 왜곡하여 받아들일 수 있기 때문에 최소화하여야 한다.

넷째, 저항(resistance)은 상담의 발전을 저해하고 내담자가 무의식적 요구를 표출하는 것을 방해한다. 따라서 상담자는 이러한 저항을 지적해 내어야 하며 내담자는 만일 그가 실제로 갈등을 해결하기 원한다면 저항에 직면해야 한다.

다섯째, 해석(interpretation)은 꿈이나 자유연상, 저항, 상담관계 등에서 나타난 내담자 행동의 의미를 상담자가 지적하고 설명하고 때로는 가르치기도 하는 것이다. 그 목적은 자아를 새로운 자료에 동화하게 하여 더 깊은 무의식의 자료를 밝히는 과정을 촉진하는 것이다. 내담자에 의해서 수용되지 않는 해석은 무의미하기 때문에 상담자는 내담자의 저항과 방어를 잘 다루어 가며 신중하게 해석해야 한다. 해석은 내담자가 해석할 내용에 대해 어렴풋한 인식을 하고 있을 때 해 주는 것이 바람직하며, 상담자가 제시하는 해석의 정확성보다는 내담자가 받아들일 수 있는 수용상태에 따라 해석의 효과가 달라진다. 따라서 상담자는 성급하고 무리한 해석이 역효과를 가져올 수 있음을 유념해야 한다.

이와 같이 정신분석적 접근은 내담자의 과거 경험의 어두운 면이 현재 갈등의 한 원인이 되어 내담자의 성장을 방해하고 있다는 것을 상담자가 알아야 한다. 그러나 특히 정신분석학 정통파의 모든 개념을 곧이곧대로 받아들이는 것은 합당하지 않다. 단지 Frued가 제시했던 여러 개념과 상담기법을 이해하고 활용함으로써 내담자가 보이는 문제행동의 역동성을 깊이 이해할 수 있으며 상담과정에 깊이를 더할 수 있을 것이다.

(3) 방어기제

Freud는 1926년 『억압, 증상과 불안(Inhibitions, Symptoms and Anxiety)』에서 자아는 불안을 감소시키기 위해 방어기제를 사용한다고 주장하며 자아가 느끼는 불안의 세 가지 유형을 주장하였다. 즉, 불안에는 외부의 실재적 위협에 대한 현실불안(reality anxiety)과 개인의 내부에서 발생하는 신경증적 불안(neurotic anxiety), 도덕적 불안(moral anxiety)이 있다. 신경증적 불안과 도덕적 불안과 같이 원초아, 자아, 초자아 간의 내면적 갈등으로 인한 불안을 감소시키기 위해 자아가 발달시키는 기능을 방어기제(defense mechanism)라고 한다.

방어기제는 원초아의 충동과 이에 대립되는 초자아의 압력으로부터 자아를 보호하기 위한 전략이므로, 불안을 유발하는 문제를 직접 해결하는 것이 아니라 감정이나 정서를 관리하기 위한 전략이다. 즉, 방어기제는 자아를 보호하고, 불안과 위협을 최소화하는 기능을 한다.

방어기제는 두 가지 특징을 갖고 있다. 첫째, 방어기제는 현실을 부인하거나 왜곡한다. 둘째, 방어기제는 무의식적으로 작동하기 때문에 당사자도 전혀 의식하지 못하는 자기기만적인 특징이 있다. 방어기제는 완전히 무의식적인 수준에서 작동한다. 따라서 만약 다른 사람이 방어기제를 사용하고 있다고 지적하면 그 사실을 단호하게 부인하는 경향이 있다.

방어기제가 반드시 해로운 것은 아니다. 방어기제는 개인에게 도움을 줄 수도 있고, 해로울 수도 있다. 방어기제를 가끔 사용하는 것은 지극히 정상이며 불안을 감소시켜 정상적인 생활을 영위하는 데 도움을 준다. 단, 방어기제를 과도하게 사용하면 불안을 유발한 진정한 원인을 정확하게 인식하기 어렵다.

Freud가 억압, 부인, 투사 등과 같은 기본적인 방어기제를 소개하였으며, 그의 막내딸인 Anna Freud가 1936년 『자아와 방어기제(The Ego and the Mechanisms of Defense)』를 통해 〈표 14-1〉과 같이 다양한 방어기제를 소개하였다.

표 14-1 방어기제의 종류와 내용

방어기제	내용
억압 (repression)	Freud에 따르면 억압이 다른 모든 방어기제의 기저를 이루며, 수용하기 힘든 원초적 욕구나 불쾌한 경험이 의식에 떠오르지 못하도록 무의식 속에 눌러 두는 것을 뜻한다. 억압은 의식적인 경험을 무의식적인 것으로 전환하는 것으로서 가장 일반적인 방어기제이며 불안의 원천이기도 하다. 계속 외부로 표출되려고 하는 억압된 충동은 말실수, 농담, 꿈 등을 통하여 나타나기도 한다.

부인 (denial)	자신의 감각이나 사고 또는 감정을 심하게 왜곡하거나 인식하지 못함으로써 고통스러운 현실을 부정하는 것이다. 위협적인 현실에 대하여 눈을 감는 것이므로 거부라고 표현하기도 한다. 예를 들어, 죽은 가족이 잠시 어디에 가 있다고 믿으면서 그의 죽음을 인정하지 않은 채 부정하는 것이다.
반동형성 (reaction formation)	받아들이기 어려운 심리상태와 반대되는 행동을 함으로써 불안을 회피하는 것이다. 무의식적인 수준에서 성적 충동이 강한 사람이 지나치게 금욕적으로 되거나, 공격적 충동이 강한 사람이 평화주의자가 되거나, 음주욕구가 강한 사람이 금주운동에 참여하는 것도 반동형성의 사례가 된다.
투사 (projection)	위협적 충동을 다른 곳으로 그 탓을 돌림으로써 위장한다. 예를 들어, 직장상사에게 적개심을 지닌 부하직원이 자신의 적개심을 상사에게 투사하여 그가 자신을 미워한다고 인식하는 것이다. 또한 '도둑은 다른 사람도 모두 도둑이라고 생각한다.'라는 엘살바도르의 격언은 투사를 표현한 예이다.
대치 (displacement)	자신의 감정이나 욕구를 위험한 사람이나 대상에게 표출하지 않고, 재조정해 그것을 덜 위험한 대상에게 표현하여 대리적으로 충족하는 것을 말한다. 예를 들어, 부모에게 분노를 표현하는 것이 두려운 아동은 애완동물을 발로 걷어차는 것으로 대치할 수 있다.
합리화 (rationalization)	자신의 행동에 대한 실제 이유를 숨기기 위하여 무의식적으로 자기를 정당화하는 설명을 만들어 낼 때 일어난다. 따지 못한 포도를 보고 신 포도일 거라며 자기방어를 하는 이솝 우화의 여우처럼 원하는 것을 얻지 못했을 경우 처음부터 그것을 원하지 않았다고 변명을 하는 것을 예로 들 수 있다. 또한 습관적으로 음주를 하는 사람이 '단지 친구들과 사귀기 위해서' 술을 마신다고 말하는 것을 예로 들 수 있다.
퇴행 (regression)	현재의 성장 단계보다 더 이전의 단계로 후퇴함으로써 불안을 회피하는 것이다. 초등학교 입학식 날 불안한 아동이 엄지손가락을 빠는 구강기적 만족으로 퇴행할 수 있다.
동일시 (identification)	다른 사람의 특징을 자신의 것으로 여기면서 불안을 감소시키려고 하는 것이다. 강한 힘을 가진 아버지의 행동을 일부 따라 하면서 마치 자신이 아버지처럼 강한 힘을 가진 것으로 느끼는 어린아이의 경우를 예로 들 수 있다.

지성화 (intellectualization)	정서적인 주제를 이성적인 주제로 전환하여 추상적으로 다룸으로써 불안을 회피하는 것이다. 일부러 지성적인 어휘를 과다하게 사용한다거나, 추상적이며 무미건조하게 세부 설명을 한다거나, 그다지 중요하지 않은 설명을 장황하게 한다거나 함으로써 그것에 연결된 감정적 고리를 피하거나 무마하는 것이다. 내담자가 상당히 감정적인 과거 사건을 논리적 입장에서 내용만 차분하게 설명하는 경우가 이에 해당한다.
승화 (submission)	성적 · 공격적 충동을 사회적으로 수용될 수 있는 건설적인 목표로 전환함으로써 불안을 해소하는 것이다. 공격적 충동을 운동으로 표출한다든가, 성적인 충동을 그림, 음악 등 예술적 행동으로 표현하는 것을 말한다.

2) 행동주의 상담이론

(1) 개요

행동주의 상담이론은 행동주의 심리학 이론체계에 바탕을 두고 인간의 부적응 문제를 추상적인 개념으로 설명하기보다 관찰과 측정이 가능한 외현적 행동으로 설명하며, 과거 경험보다는 현재의 문제행동에 초점을 맞춘다. 행동주의 상담이론은 정신분석 상담이론을 비판하며 상담이론의 양대 산맥을 이루었고, 최근에는 인지행동이론으로 발전하기도 하였다. 행동주의 상담이론의 대표 학자로는 Skinner를 비롯하여 상호억제기법과 체계적 둔감법으로 알려진 Wolpe, 행동주의와 인지심리학의 다리 역할을 한 Bandura 등이 있다.

행동주의 상담이론에서는 인간의 부적응행동이 어떤 환경 요인에 의해서 학습되고 지속되며 강화되는지에 초점을 맞춘다. 이러한 이해의 바탕 위에 잘못된 학습에 의해 형성된 문제행동은 제거하고 치료적 학습을 통해 적응행동으로 대체함으로써 내담자의 적응을 개선하는 것이 행동주의 상담이론의 주된 목표이다.

문제행동의 제거와 적응행동의 습득은 고전적 조건형성, 조작적 조건형성, 모델링을 비롯한 다양한 학습의 원리와 기법을 통해서 이루어진다. 부적응행동을 제거하고 적응행동을 습득하기 위한 상담기법으로 행동수정, 역조건화, 체계적 둔감법, 노출법 및 홍수법, 사회적 기술훈련 등과 같은 다양한 기법을 제시하였다. 이와 같이 행동주의 상담이론의 장점은 매우 구체적인 치료기법을 다양하게 제시하고 있으며, 이러한 기법은 문제행동의 특성에 따라 선택되어 체계적인 계획하에 사용된다는 점이다. 상담기법은 크게 부적응행동을 감소시키는 기법과 적응행동을 증진하는 기법으로 나누어 볼 수 있다.

(2) 상담기법

① 부적응행동을 감소시키는 기법

• 소거

소거(extinction)는 부적응행동이 반복되어 나타나도록 강화하는 요인을 제거하는 것이다. 예를 들면, 수업 중 뒤를 돌아보고 떠드는 학생은 교사가 계속 관심을 기울여 줌으로써 강화를 받을 수 있다. 따라서 학생이 이러한 행동을 했을 때 교사가 관심을 기울여 주지 않으면 서서히 그러한 행동이 감소된다.

• 노출법

노출법(exposure)은 내담자가 두려워하는 자극이나 상황에 반복적으로 노출하여 직면하게 함으로써 그러한 자극상황에 대한 불안을 감소하는 방법이다. 노출 및 반응방지법은 문제행동을 하게 되는 자극상황에 노출하되 문제행동을 하지 못하게 함으로써 자극상황과 문제행동의 연합을 차단하는 방법이다. 예를 들어, 반복적인 손 씻기 행동을 하는 강박장애 환자의 경우, 더러운 자극에 노출하되 손 씻는 행동을 하지 못하게 한다. 환자는 처음에는 불안 수준이 높아지지만 시간이 지남에 따라 점차적으로 완화되어 결국에는 불안을 느끼지 않는 상태에 이르게 된다.

처음부터 강한 불안을 유발하는 자극에 노출하는 급진적 노출법 중 하나가 홍수법(flooding)이다. 이는 내담자에게 강한 불안을 유발하는 자극에 노출하고 불안이 감소될 때까지 노출을 계속하는 방법이다. 이러한 급진적 노출법은 내담자의 불안을 높여 심한 불쾌감을 줄 수 있으므로 신중하게 사용해야 한다.

- 체계적 둔감법

체계적 둔감법(systematic desensitization)은 부적응적 증상을 제거하는 대표적 기법으로, 특히 공포증과 같은 불안장애의 치료에 효과적인 것으로 알려져 있으며 Wolpe에 의해 개발되었다. 체계적 둔감법은 병존할 수 없는 새로운 반응(신체적 이완)을 통해 부적응적 반응(공포반응)을 억제하는 상호억제(reciprocal inhibition)의 원리를 이용하는 기법으로 이미 조건형성이 이루어진 부적응적 반응을 해체하는 새로운 조건형성이 이루어진다는 점에서 탈조건형성(deconditioning)이라고도 한다.

체계적 둔감법의 첫 번째 단계는 내담자에게 불안을 대치할 이완반응을 가르치는 것이다. 내담자가 불안상황을 상상하더라도 이완상태로 유지할 수 있도록 충분한 이완훈련을 하는 것이 중요하다. 두 번째 단계는 불안위계(anxiety hierarchy)를 구성하는 것으로서 불안을 일으키는 사건을 평가하고 불안의 정도에 따라서 위계를 정한다. 정교한 불안위계를 만들기 위해서 내담자는 다양한 불안유발상황에 대해서 주관적 불편척도(subjective units of discomfort scale: SUDs)를 사용하여 완전한 이완상태인 0점에서 가장 불안한 상태인 100점까지 점수를 할당하게 한다. 세 번째 단계는 둔감화(desensitization) 단계로서 이완상태에서 낮은 수준의 불안유발자극에 노출하는 것이다. 즉, 이완된 상태에서 조금씩 강한 공포 상황에 노출하면서 만약 환자가 공포를 느낀다고 보고하면 공포자극의 노출을 멈추고 긴장을 이완한다. 충분히 이완되면 다시 약한 공포 상황부터 제시한다. 공포 자극 상황은 실제로 제시할 수 있고 상상을 통해 제시할 수도 있는데, 뱀에 대한 공포를 지녔던 사람이 이와 같은 체계적 둔감법을 통해 뱀을 만지고 목에도 두를 수 있는 상태로까지 바뀔 수 있다.

② 적응행동을 증진하는 기법
- 행동수정

행동수정은 부적응행동에 대해서는 강화물을 제거하고 새로운 적응행동에 대해서는 긍정적 강화를 주는 방법이다. 예를 들어, 수업시간에 산만한 행동을 하는 학생에 대해서 교사가 관심을 주지 않고 무시하다가 학생이 수업에 집중할 때만 칭찬을 해 주고 상을 주는 등의 방법으로 강화해 준다. 이런 과정을 반복하면서 학생의 산만한 행동은 서서히 줄어들고 수업 중 집중하는 시간이 길어진다. 이와 같이 행동수정은 문제행동을 교정하고 바람직한 행동을 습득하는 데 효과적인 기법이다.

• 모델링

모델링(modeling)은 모델의 적응행동을 관찰하고 모방하게 함으로써 적응행동을 학습하게 하는 방법이다. 특히 적응행동을 어떻게 해야 하는지 잘 모르는 사람에게 적응행동을 학습시키는 데 효과적이다. 예를 들어, 대인관계 기술이 부족한 학생에게 다른 학생이 친구에게 인사를 하고 웃는 모습으로 말을 건네는 모습을 관찰하게 하여 그와 비슷한 행동을 하도록 유도할 수 있다. 이때 본보기가 되는 사람은 호감을 줄 수 있어야 하고, 강화를 받는 모습이 함께 제시되면 효과적이다. 또한 내담자가 실제 장면에서 모방한 적응행동을 할 때 적절한 강화를 해 주면 효과적이다.

• 토큰경제

토큰경제(token economy)는 토큰, 스티커 등이 일정한 개수가 모이면 실제적인 강화물로 교환하는 방법을 통해 바람직한 행동을 유도하는 것이다. 이 방법은 조작적 조건형성을 이용한 것으로, 먼저 강화하고자 하는 표적행동을 구체적으로 정한 후 보상이 주어지는 분명한 행동규칙을 정해서 모든 구성원이 이해하고 행동하도록 한다. 또한 보상은 공정하고 일관성 있게 주어져야 하며, 강화물은 분명하고 실질적이며 구성원에게 의미 있는 것이어야 한다. 예를 들어, 초등학교에서 학생들이 바람직한 행동을 할 때마다 교사가 스티커를 주며 일정 수의 스티커가 모이면 학생들이 좋아하는 것을 할 기회를 주는 방법 등이 있다.

3) 합리적 정서행동 상담이론

(1) 개요

합리적 정서행동 상담이론(Rational Emotive Behavior Therapy: REBT)은 Albert Ellis에 의해 발전되었으며, 인지적 요인의 중요성을 강조한 최초의 상담이론이라고 할 수 있다. 인간을 단순히 외부자극에 반응하는 존재로 파악한 행동주의 상담이론과 달리, 합리적 정서행동 상담이론에서는 외부자극에 대한 개인의 반응을 매개하는 신념체계, 즉 해석방식의 중요성을 강조한다. 따라서 행동주의 상담이론이 주류를 이루었던 1950년대에 인지적 요인의 중요성을 강조하며 행동주의 상담이론의 지평을 넓히고 인지행동 상담이론으로 발전하는 데 중요한 기여를 하였다.

인간은 누구나 비합리적 신념을 갖고 있다. 하지만 그 실체와 그것이 현재 우리의 생활 속에서 어떤 영향을 끼치고 있는지 정확하게 알고 자신을 바꾸어 좀 더 합리적인 사고를 하도록 노력한다면 훨씬 현명하고 행복한 삶을 살 수 있을 것이다.

합리적 정서행동 상담이론(REBT)은 그 명칭에서도 알 수 있듯이 인간의 인지, 정서, 행동이 상호작용하는 과정에서 인지가 핵심이 되어 정서와 행동에 영향을 미친다는 점을 강조하고 있다. 합리적 이성에 근거하여 부적응적인 정서와 행동이 개선될 수 있음을 주장하며, 비합리적 신념을 합리적 신념으로 바꿀 수 있는 다양한 인지적 · 정서적 · 행동적 기법을 내담자에 맞게 적용한다.

Ellis는 인간의 고통은 외부 사건 자체가 아니라 그에 대한 생각으로 인해 발생한다는 가정에 근거하여 부적응행동을 이해하는 개념체계인 ABC 이론을 제시하였다. 선행사건(A)에 대한 신념(B)이 정서적 · 행동적 결과(C)를 유발한다는 설명체계를 통해 자극과 반응을 매개하는 인지적 중요성을 강조한 것이다. ABC 분석을 통해 파악된 비합리적 신념(B)은 논박(D)을 통해서 효과적인 것(E)으로 변화되고, 그 결과 새로운 감정(F)이 나타나게 된다. 이와 같이 ABC가 부적응행동을 설명하는 모델이라면, DEF는 상담과정을 보여 주는 모델이다(〈표 14-2〉 참조).

표 14-2 REBT의 ABCDEF 모델

구분	설명	예
A(Activating event) 선행사건	일반적으로 어떤 감정의 동요, 행동에 영향을 끼치는 사건	친구와 만나기로 약속한 시간이 다 되었는데도 친구는 오지 않고 있다. 친구는 아무 연락도 없고 나는 계속 기다려야 하는 상황이다.
B(Belief system) 신념체계	어떤 사건, 행위 등과 같은 환경적 자극에 대해서 개인이 가지게 되는 태도, 신념체계, 사고방식	나는 다른 사람과 약속 시간에 1분이라도 늦는 것은 절대 있을 수 없는 일이라고 생각한다.
C(Consequence) 결과	선행사건을 경험한 뒤 개인의 신념체계를 통해 사건을 해석함으로써 생기는 정서적·행동적 결과	약속된 시간에서 5분이 지났을 뿐인데 초조해지기 시작한다. 나는 불안해하다가 결국은 화가 난다. "어째서 10분이 지났는데도 나타나지 않는 거지? 연락도 없이 말이야! 어떻게 나와의 약속에 늦을 수 있는 거지? 약속 시간에 늦는 것은 정말 있을 수 없는 일이야!"
D(Dispute) 논박	자신의 외부 현실에 대한 내담자의 왜곡된 사고, 신념을 논박하는 것(B의 메시지에 의문을 던짐)	"정말 1분이라도 늦으면 안 되는 걸까? 약속 장소로 오는 도중에 사고가 났다거나, 성격이 느긋한 것은 아닐까?"
E(Effect) 효과	비합리적인 신념에 논박하거나 직면한 결과(D과정 질문에 대답함)	"약속 시간에 상대방이 늦는 것은 기분 좋은 일이 아니지만, 조금 늦는 것 정도야 이해할 수 있어." "많이 늦는다면 화가 나겠지만 내가 화를 낸다고 해서 그 사람이 더 일찍 올 수 있는 것도 아니잖아."
F(Feeling) 새로운 감정	상황에 적절한 느낌을 갖게 되는 것	나는 약속 상대가 늦는 것으로 인한 심한 분노 대신 새로운 감정 'F'를 느낄 것이다.

(2) 상담기법

① 인지적 기법

비합리적 신념 논박하기(disputing)는 REBT의 가장 핵심적인 치료기법으로 내 담자의 비합리적 신념을 포착하여 논박하는 것이다. 대부분의 사람은 자신의 삶 에 강력한 영향을 미치는 특별한 신념을 지니고 살아가지만 이러한 신념을 자각 하지 못하거나 그 신념의 논리성, 현실성, 실용성에 대해서 의문을 제기하지 않 는다. 따라서 논박하기는 내담자의 삶을 부적응적인 것으로 몰아가는 비합리적 신념을 포착하여 바꾸는 기법이다.

논박하기는 다양한 방식으로 이루어질 수 있는데 상담자가 다양한 질문을 던 짐으로써 내담자가 스스로 자기신념의 비합리성을 깨닫도록 유도하는 소크라테 스식 문답법, 강의식 설명을 통해서 내담자의 비합리적 신념을 논박하여 바꾸는 방법으로 설명식의 논박법, 내담자의 비합리적 신념을 직접적으로 논박하기보 다 그 신념을 과장하거나 우스꽝스러운 것으로 희화화함으로써 그 신념의 비합 리성을 깨닫게 하는 풍자법, 내담자와 유사한 사건을 경험했지만 심각한 정서적 문제없이 살아가거나 오히려 성장의 기회로 승화한 사람들을 모델로 제시하는 대리적 모델링 방법이 있다.

이 밖의 인지적 기법에는 내담자가 상담시간 외에 개인적으로 자신의 비합리 적 신념을 찾아 논박하고 합리적 신념을 찾아보는 인지적 과제를 주는 방법, 독 서나 교육적 활동(예: 시청각 자료 보기, 강연이나 워크숍 참가 등)을 통해 내담자가 자기문제에 대한 이해를 높이도록 하는 방법이 활용되고 있다.

② 정서적 기법

• 합리적 정서 심상법

합리적 정서 심상법(rational emotive imagery)은 내담자가 문제상황에서 느낄 수 있는 적절하고 건강한 정서를 찾을 수 있도록 돕는 방법이다. 상담자는 내담 자에게 눈을 감게 한 후 그에게 부정적 감정을 일으킨 문제상황을 떠올리도록 한다. 내담자가 문제상황을 충분히 떠올리면 그때 느끼는 고통스러운 감정을 구 체적으로 명명하게 한다. 다음으로, 상담자는 내담자에게 그 고통스러운 감정을 합리적인 수준의 건강한 부정적 정서로 바꾸도록 요청한다. 내담자가 이러한 상태에 도달하면 서서히 현실로 돌아와 눈을 뜨게 한다. 상담자는 내담자의 고통스러운 감정이 어떻게 건강한 감정으로 바뀌게 되었는지, 그 상황에서 어떤 생각을 바꾸었는지 또는 어떤 속말과 대처방법을 사용했는지 등을 탐색한다.

• 합리적 역할극

합리적 역할극(rational role playing)은 내담자가 심리적 고통을 겪었거나 그러할 것으로 예상되는 상황을 상담자와 함께 역할연기를 통해 체험해 보는 방법이다. 상담자와 내담자는 함께 구체적인 상황을 설정하고 기본적인 시나리오를 만든 후에 서로 역할을 맡아 상황을 재연한다. 동일한 상황에 대해서 다양한 시나리오로 각색하여 여러 번 역할극을 할 수 있으며 때로는 내담자와 상담자가 서로의 역할을 바꾸어 역할극을 할 수도 있다. 역할극이 끝나면 상담자는 내담자에게 역할을 하면서 어떤 생각과 감정이 들었는지를 질문한다. 이러한 역할극은 내담자가 자신의 비합리적 신념을 확인하는 기회가 될 수 있을 뿐만 아니라 내담자에게 다양한 피드백을 해 주는 기회가 되기도 한다.

• 유머

내담자 중에는 자신의 잘못을 지나치게 심각하고 진지하게 고민하는 사람들이 있다. 유머(humor)는 내담자의 비합리적 신념을 극단적으로 과장하여 우스꽝스러운 결론에 도달하게 함으로써 그 어리석음을 익살스럽게 깨닫도록 하는 방법이다. 예를 들어, 상담자는 내담자에게 자신의 비합리적 신념을 노랫가락에 맞추어 부르도록 권하는 방법을 사용하기도 하는데, 이 방법은 유머를 통해서 내담자가 자신의 잘못을 가벼운 마음으로 바라보도록 도울 수 있다.

③ 행동적 기법

사람들은 수치스럽게 여기는 행동을 스스로 비난하며 다시는 시도하지 않으려 한다. 수치심 깨뜨리기 연습(shame attacking exercises)은 비도덕적이고 불법적이거나 다른 사람에게 피해를 주어서는 안 되지만 우스꽝스럽고 어리석으며 바보 같은 행동을 통해 이루어져야 한다. 이러한 연습을 통해서 내담자는 자신의 행동에 대한 불안과 부적절감을 덜 느끼게 될 뿐만 아니라 타인의 인정을 받지 못하더라도 충분히 견딜 수 있다는 것을 깨닫게 된다. 20대 초반에 Ellis는 여성에게 다가가는 공포를 극복하기 위해 다양한 시도를 하였다. 그중 하나로, Ellis는 브롱크스 식물원에서 한 달 동안 100여 명의 여성에게 다가가서 데이트를 신청했다. 그중 1명의 여성만이 데이트에 동의했으나 결국 그녀도 약속 시간에 나타나지는 않았다고 한다. 비록 데이트에는 성공하지 못했지만 그는 이러한 경험을 통해서 수치심에서 벗어날 수 있었다. 이와 같이 상담자는 내담자에게 수치심을 극복하기 위해 모르는 사람에게 돈 빌리기, 거리에서 노래 부르기 등 다양한 행동을 많은 사람 앞에서 해 보도록 권유한다.

이 밖에도 내담자가 특정한 과제를 성공적으로 수행했을 때 보상하고 실패했을 때 벌칙을 주는 강화와 벌칙 기법, 내담자에 부족한 행동기술을 향상할 수 있도록 교육하고 훈련하는 기술훈련(skills training), 겉으로 보기에 내담자가 상담을 통해 변화하고자 하는 모습과 반대로 행동해 보도록 하는 역설적 과제(paradoxial homework) 등과 같은 다양한 행동기법이 활용되고 있다.

4) 인간중심 상담이론

(1) 개요

인간중심 상담이론은 Rogers에 의해 발전되었으며 정신분석과 행동주의가 지배하던 1960년대의 심리상담 분야에 커다란 영향을 미쳤다. 그는 상담이론과 기법에 대한 상담자의 지식보다 상담자의 태도와 인간적 특성이 중요함을 강조하였다. 또한 상담자가 내담자와 맺는 관계의 질이 상담결과를 결정하는 중요한 요인이라고 강조하였다.

이러한 주장은 상담자의 전문적 역량이 성공적인 상담의 핵심 요소라고 믿는 기존의 견해와 상반되는 것이었다. 그에 따르면, 상담자와 내담자의 성장촉진적 관계를 위해서 상담자가 지녀야 할 필수적인 세 가지 태도는 무조건적 긍정적 존중(unconditional positive regard), 공감적 이해(empathetic understanding), 진솔함(genuineness)이다. 즉, 내담자는 자신의 모든 것을 수용하며 존중해 줄 뿐만 아니라 자신의 경험을 공감적으로 잘 이해해 주는 상담자와 진솔한 대화를 나눌 수 있을 때, 그동안 왜곡하고 부인해 왔던 자신의 진정한 모습을 자각하고 수용함으로써 자기개념과의 통합을 이루게 된다. 인간중심 상담이론에서 상담자의 핵심 역할은 내담자가 자신의 특성과 경험을 열린 마음으로 탐색하여 자각하게 함으로써 있는 그대로의 자기 모습을 더 잘 수용하고 존중할 수 있도록 성장촉진적인 분위기를 제공하는 것이다.

인간중심 상담이론은 Rogers 자신의 성장 경험을 반영한 것으로서 그의 내담자에 대한 연민과 이해가 깊어지면서 이론체계도 더욱 심화되었다. 인간중심 상담이론의 발전과정은 크게 3단계로 구분할 수 있는데, 첫째는 비지시적 상담의 단계로서, 내담자에 대한 공감적 이해를 강조하는 Rogers의 독자적인 이론이 생성되기 시작한 시기이다. 둘째는 내담자 중심 상담의 단계로서, 기법보다 내담자 자체를 중시하면서 이론체계를 발달시킨 단계이다. 마지막은 인간중심 상담의 단계로, 개인상담을 넘어서 부부, 집단, 정치 변화에 이르기까지 상담의 적용범위를 확대한 시기이다.

인간중심 상담이론의 궁극적인 목표는 내담자가 '온전히 기능하는 사람'이 되도록 돕는 것이다. 내담자가 직면한 문제의 해결뿐만 아니라 내담자의 심리적 성장을 목표로 한다. 내담자의 심리적 성장을 위해서는 내담자가 자신의 경험을 좀 더 잘 자각하고 인식하여 있는 그대로의 자기 모습을 잘 수용하는 것이 중요하다. 타인을 즐겁게 하거나 그들의 기대를 충족하기 위해서 위선적인 삶을 사는 것이 아니라 진정한 자기 자신과 접촉하는 것이 필요하다. 이렇게 되면 내담자는 현실을 더 정확하게 인식하여 자신의 문제를 더 효과적으로 해결할 뿐만 아니라 타인에게도 덜 방어적인 태도를 나타내게 된다.

(2) 상담기법

① 진실하려고 노력하기

상담자는 내담자를 돕고자 하는 진정한 관심을 지니고 있어야 하며 이러한 관심을 내담자에게 전달할 수 있어야 한다. 진실하다는 것이 상담자의 모든 생각과 감정을 내담자에게 그대로 전달하라는 의미는 아니다. 상담자가 자신의 유능함을 과시하거나 내담자의 호감을 얻기 위해 자신의 실제와는 다른 모습을 보이는 것은 적절하지 않다. 내담자는 진실하게 느껴지지 않는 상담자를 신뢰하기 어려울 것이다. 예를 들어, 상담자가 내담자의 속마음을 충분히 이해하지 못한 채 "당신이 어떤 마음인지 알겠어요."라고 표현하는 것은 내담자에게 진실하게 느껴지지 않는다.

상담자가 내담자에게 진실해지기 위해서는 먼저 자기 자신을 잘 바라볼 필요가 있다. 자신의 내면세계를 편안하게 받아들일 수 있어야 내담자에게도 그것을 적절하게 드러낼 수 있기 때문이다.

② 적극적으로 경청하기

상담자는 내담자의 내면세계를 이해하기 위해서 그가 말하고 행동하는 것에 주의를 기울이며 경청하는 적극적인 태도가 중요하다. 내담자에 대한 진정한 관심과 공감 노력은 적극적 경청으로 나타난다. 내담자를 마주 보고 몸을 기울이고 눈맞춤을 하는 것, 내담자가 언급한 내용과 관련해서 적절한 얼굴 표정이나 행동반응을 나타내는 등 경청기술이 필요하다. 이러한 반응을 통해서 내담자는 상담자가 자신에게 진정한 관심을 가지고 주의를 기울이고 있음을 느끼게 된다. 따라서 적극적 경청은 내담자의 자기표현과 자기탐색을 촉진할 수 있다.

③ 공감적으로 반영하기

반영하기(reflecting)는 상담자가 내담자의 내면세계에 대해서 이해한 바를 전달하는 것이다. 상담 초기단계에서는 상담자가 내담자의 언어적 표현에 근거하여 가장 두드러진 생각과 감정을 반영해 준다. 그러나 상담자가 내담자를 더 잘 알게 될수록 언어적 표현 이면의 생각과 감정에 대한 공감적 추측이 가능해진다. 상담자의 공감적 이해가 정확할 수도 있지만 그렇지 않을 수도 있다. 그러나 상담자는 이러한 공감적 이해를 내담자에게 전달하여야 한다. 예를 들어, 상담자는 "제가 이해하기로는…… 당신이 ……하게 느끼고 있는 것 같아요."와 같은 표현을 통해서 자신의 공감적 이해가 얼마나 정확한지를 탐색해 볼 수도 있다.

④ '지금 여기'의 즉시성

내담자가 상담자의 관계 속에서 경험하고 있는 '지금 여기(here and now)'에서의 즉시적인 생각과 감정은 상담에서 가장 중요한 재료이다. 상담에서 내담자의 과거 경험을 이해하는 것도 중요하지만 상담자가 내담자의 과거 경험에 초점을 맞추는 것은 내담자로 하여금 '지금 여기'에서의 경험에 대해서 다룰 수 있는 기회를 감소시키게 된다. 따라서 효과적인 상담이 되기 위해서는 '지금 여기'에서 경험되는 생생한 체험을 다루는 즉시성이 중요하다. 상담자는 "지금 어떤 느낌이 드나요?" "당신의 말을 들으니 ……한 감정이 느껴지네요."와 같이 내담자의 경험을 즉각적으로 탐색하고 자신의 경험을 즉각적으로 전달할 수 있다.

이와 같이 인간중심 상담이론에서 즉시성을 강조하는 이유는 상담자와 내담자가 서로의 관계에서 갖게 되는 생각과 감정을 즉각적으로 탐색하고 확인하며 논의할 수 있기 때문이다.

연구문제

1. 교사는 수업 중 소란스럽게 하는 민수 때문에 신경이 쓰인다. 교사는 다른 학생의 학습에 방해가 되지 않는 범위 내에서 민수의 문제행동에 개입하려고 한다. 어떤 방법을 활용할지에 대해 논의하시오.

2. 중1 지원이는 수업시간에 내준 숙제도 하지 않고 수업 준비물도 제대로 챙겨 오지 않는다. '나 전달법(I-message)'과 '적극적 경청'을 활용하여 지원이의 문제행동 지도에 대해 논의하시오.

3. 성욱이는 상습적으로 다른 학생에게 폭력을 행사하는 중2 남학생이다. 성욱이의 문제행동을 해결하기 위해 적용한 상담이론을 제시하고 그 근거에 대해 서술하시오.

04

제4부

평가

평가는 학습자의 학습이나 교수자의 수업 그리고 학급 또는 학교 운영에 영향을 준다. 예를 들어, 학습자 입장에서 평가 결과는 학생의 인지적·사회정서적 측면에 긍정적 또는 부정적 영향을 줄 수 있고, 교수자 입장에서는 수업 개선에 도움을 주게 되며, 학급 또는 학교 운영 측면에서는 학생을 학급에 배치하거나 학생을 선발하는 데 활용할 수 있다.

이러한 평가의 중요성 및 영향력을 감안한다면 교사는 올바른 평가 목적과 방법을 충분히 익혀야 한다. 그리고 교사는 철저한 교수·학습 계획 속에서 평가를 시행하고 평가를 통해 산출된 결과를 어떻게 활용할 것인지에 대한 깊은 고민을 해야 한다. 평가가 올바르게 시행되면 그 평가 결과는 신뢰성과 타당성을 갖게 된다. 즉, 교사는 평가 결과를 통해 학생이 무엇을 얼마만큼 배웠는지에 대해 쉽게 파악할 수 있고 현재의 교수·학습과정을 재설계하는 데 피드백을 받을 수 있으며, 평가 결과는 학생을 이해하고 상담하는 데 좋은 참고 자료가 될 수 있다.

교육현장에서 올바른 평가가 시행되기 위해 교사는 무엇을 어떻게 해야 하는가? 이 물음에 대한 답을 이 장에서 살펴보고자 한다.

1. 평가의 의미 및 목적

측정
어떤 대상에 대하여 정보나 자료를 수집하여 수량화하는 과정

평가
어떤 대상에 대한 양적·질적 특성을 파악하여 가치판단 및 의사결정하는 과정

평가라고 할 때 많이 혼용되는 단어가 측정(measurement), 검사(test), 사정(assessment), 평가(evaluation)이다. 그러나 이러한 단어의 개념은 혼용될 수 없는 각기 다른 의미를 지니고 있다. 측정은 어떤 대상에 대한 특성을 수량화하는 것으로 직접측정과 간접측정으로 나누어질 수 있다. 성격, 동기, 신념, 흥미, 가치관, 지능 등과 같은 인간에게 잠재된 특성은 직접적으로 측정하기 어려워 간접적으로 측정할 수밖에 없다. 간접측정을 위해 사용되는 도구가 검사이다. 즉, 검사란 점수 또는 다른 형태의 수량적 자료를 산출하기 위해 사전에 결정된 반응 유형을 요구하는 질문 또는 과제이다. 사정은 의사결정에 필요한 자료를 수집하고 평가하는 과정이다. 의사결정에 필요한 자료는 양적 혹은 질적 자료일 수 있

다. 양적 자료는 수량적 형태로 제시된 자료를 의미하고 질적 자료는 서술적 형태로 제시된 자료이다. 수량화하는 것이 측정이기 때문에 사정이 측정보다 포괄적인 용어이다. 평가는 사정을 통해 한 개인 혹은 대상에 대한 양적·질적인 특성을 파악한 후 이에 대한 가치판단을 하여 미래 방향을 설정하는 것이다(국립특수교육원, 2009). 예를 들어, 수학 담당인 임 교사가 고등학생인 예원이의 수리능력을 평가한다고 가정해 보자. 예원이의 수리능력을 평가하기 위해 임 교사는 중간고사나 기말고사를 통해 예원이의 수학 학업성취를 측정하였다. 그 결과, 예원이는 100점을 받았다. 그리고 수학 교과목에 대한 성취동기, 수학 과목에 대한 흥미, 수리력을 측정할 수 있는 지능검사 등 표준화 검사를 통해 수학에 대한 예원이의 잠재된 특성 및 능력을 발견하였다. 또한 예원이는 수학 교과목에 대한 포트폴리오를 우수하게 잘하였다. 임 교사는 여러 가지 자료를 통해 예원이가 수학적 재능이 있다고 판단하고 전국 수학경진대회에 참가토록 하였다. 결국 예원이는 전국 수학경진대회에서 우수한 성적을 거두었다. 이를 통해 임 교사는 예원이가 수학에 대한 남다른 능력 및 잠재능력이 있어 향후 세계적인 수학자가 되리라 판단하고 대학에서 수학을 전공할 것을 권유하였다. 예원이의 예에서 측정, 검사, 사정, 평가의 개념을 살펴본다면, 측정은 중간고사나 기말고사를 통해 수학 과목에서 100점을 받은 것이며, 검사는 성취동기 검사, 흥미검사, 지능검사 등을 통해 수리능력을 측정한 것이다. 그리고 사정은 중간·기말고사, 여러 가지 표준화 검사, 포트폴리오 등을 통해 양적·질적인 정보를 수집하여 의사결정을 하는 과정이며, 평가는 임 교사가 측정, 검사, 사정 등의 여러 가지 방법을 활용하여 수학 교과목에 대한 남다른 재능을 발견하고 예원이가 향후 수학을 전공하여 세계적인 수학자로 성장하도록 방향을 설정해 주고 가치판단을 하는 것이다.

교사는 학생 개인에 대한 평가뿐만 아니라 설정한 교육목표에 따라 학생들을 가르치고 난 후 그 목표가 얼마나 달성되었는지, 학생들이 얼마만큼 배우고 성취했는지, 학생들에게 어떠한 변화나 진전이 있었는지, 그 목표는 적절한 것이었는지, 교수법은 적절했는지 등에 대해 알고 싶어 한다.

교사는 평가를 통해 학생과 교수·학습과정에 대한 정보를 얻을 수 있고, 이 자료를 기반으로 적절한 의사결정을 내릴 수 있다. 예를 들어, 학생들의 선행학습 수준을 알아보기 위해 실시한 진단평가의 결과는 학생들의 수준에 대한 정보를 교사에게 제공해 주고, 교사는 이 자료를 토대로 수준별 교육이 가능하도록 소집단을 어떤 방식으로 구성할 것인지를 결정할 수 있을 것이다.

따라서 교육평가는 교수·학습에 대한 의사결정을 내리는 데 필요한 모든 절차를 포함하는 과정으로 교사에게 교수·학습활동에 대한 정보를 줄 뿐만 아니라 학생이 교수·학습과정을 통해 어떻게 변화·진전되는지를 파악할 수 있도록 해 준다.

교육평가는 다음과 같은 다양한 목적을 위해 사용될 수 있다.

첫째, 교사는 다양한 방식으로 수집한 정보를 통해 교수·학습과정을 설계하고 수정할 수 있는 피드백을 받는다(Ormrod, 2006; Slavin, 2009). 즉, 교사는 평가를 통해 설정한 교수목표가 적절했는지, 교수전략이 효과적이었는지 등에 대한 정보를 제공받는다. 예를 들어, 모든 학생이 과제를 빠르고 쉽게 한다면 교수목표를 좀 더 높게 설정해야 할 것이다. 또한 형성평가 혹은 총괄평가에서 많은 학생이 특정 문항에 대해 오답률이 높았다면 학생들이 이해하기 쉬운 수업자료를 사용하거나 다른 교수법을 시도해야 할 것이다.

둘째, 교사는 학생의 발달 수준이나 능력 수준을 진단하여 학생을 이해하고 그에 적합한 의사결정을 내릴 수 있다(Ormrod, 2006). 다양한 검사도구를 통해 어떤 학생이 학업적, 사회적, 정서적으로 특별한 도움이 필요한지를 판별해서 그 학생들에게 적절한 도움을 줄 수 있다.

셋째, 학생은 교수·학습과정에서 자신들이 무엇을 얼마만큼 성취했는지 평가를 통해 확인하게 된다. 정기적으로 이루어지는 평가를 통해 학생은 자신의 강점과 약점에 대한 피드백을 제공받을 수 있고, 이를 통해 학습에 도움을 받는다. 따라서 학생의 학습을 촉진하기 위해 제공되는 피드백은 반드시 학생이 어떤 부분에서 성공적이었으며, 어떤 부분에서 어려움을 느끼고 있는지에 대한 구체적인 정보를 포함해야 한다(Ormrod, 2006). 예를 들어, 학생이 작성한 논술을 평가할 때 단순히 전체 등급만을 매겨 주는 것이 아니라 학생이 주어진 주제에 대한 초점을 이해하고 있는지, 적절하고 관련 있는 예를 사용하였는지, 논리적 흐름이 타당한지 등에 대한 구체적인 피드백을 주어야 한다.

넷째, 평가는 학생의 동기에 긍정적 또는 부정적 영향을 미칠 수 있다. 높은 성적이나 상장은 외재적 동기로서 학생의 노력을 촉진할 수 있지만, 반대로 낮은 점수를 받은 학생은 위축되고 의욕을 상실할 수 있다(Woolfolk, 2007). 따라서 학생의 노력을 유인하기 위해서는 평가가 모든 학생에게 불가능한 것이 아닌 도전할 만한 것이어야 한다(Slavin, 2009). 평가는 학생의 이전 수행을 토대로 실시하고, 학생의 수행 향상을 목적으로 해야 하며, 성공을 향해 학생이 나아가도록 촉진하는 것이어야 한다(Slavin, 2009). 그렇지 않다면 많은 학생은 실패를 경험하게 될 것이고, 이러한 반복적인 실패 경험은 학생을 위축시켜 결국 부정적인 자아개념이 형성될 수 있다.

다섯째, 평가는 부모에게 학생을 이해할 수 있는 정보를 제공해 준다. 부모는 학교에서 자신의 아이가 어떻게 생활하고 있는지, 어느 정도의 발달 변화를 보이고 있는지에 대한 정보를 제공받을 수 있다. 또한 학교나 교육청 등에서 기관 평가 자료로 활용될 수 있다.

2. 평가의 관점 및 유형

1) 평가의 관점

교육현장에서는 우수한 학생을 선발하여 적합한 학급에 배치하거나 학생이 정해진 학습목표를 달성했는지를 확인한다. 이러한 학생의 선발 및 학습목표 달성 정도 확인과정은 평가활동을 통해 이루어진다. 전자는 선발적 관점에서 보는 평가관이고 후자는 발달적 관점에서 보는 평가관이라 할 수 있다.

선발적 관점에서의 평가활동이란 평가를 통해 학생들의 능력에 순위를 매겨 서열화하고 이 중 능력이 뛰어난 학생들을 선발하는 것이다. 이러한 관점을 가진 교육관이 선발적 교육관이다. 선발적 교육관은 뛰어난 능력을 갖춘 소수의 학생만이 계획되고 의도된 교육 목적이나 수준에 도달할 수 있다고 보는 관점이다. 현재 대학입학시험인 대학수학능력시험이 선발적 평가관을 대표하는 예라 할 수 있다.

발달적 관점에서의 평가활동이란 학생에게 적합한 교수·학습활동을 제시한다면 어떤 학생이든지 계획되고 의도된 교육 목적이나 수준을 달성할 수 있다는 것이다. 이러한 관점을 가진 교육관이 발달적 교육관이다. 즉, 교육은 인간에게 잠재되어 있는 능력을 이끌어 내는 것으로서 능력이 뛰어난 소수의 학생만을 선발하여 가르치기보다는 각 학생의 잠재된 가능성을 개발하는 데 그 목적이 있어야 한다는 것이다.

따라서 학교 및 교사는 평가의 목적 및 활용에 따라 선발적 관점에서의 평가를 사용할 것인지, 혹은 발달적 관점에서의 평가를 사용할 것인지를 취사선택할 수 있으며, 두 가지 평가관 모두 장단점이 있기 때문에 어떤 평가관이 옳다 혹은 그르다의 문제로 판단해서는 안 된다.

2) 평가의 유형

(1) 규준참조평가와 준거참조평가

규준참조평가(norm-referenced evaluation)와 준거참조평가(criterion-referenced evaluation)는 학생의 점수를 어떻게 해석하느냐에 따라 분류되는 평가유형이다.

규준참조평가는 한 학생의 성취도가 규준집단, 즉 또래집단의 성취 정도와 비교하여 어느 정도의 수준인지를 평가하는 것이지만, 해당 학생의 기본 지식이나 기술이 얼마나 제대로 습득되었는지를 알려 주지는 않는다. 규준(norm)과 비교하여 개별 학생이 어느 정도의 위치에 있는지를 상대적으로 제시해 주기 때문에 학생을 선발하거나 분류하는 데 유용한 평가이다. 따라서 학생에게 외재적 동기를 유발시킬 수 있는 장점이 있지만, 이는 과도한 경쟁 유발로 이어질 수 있는 단점이 있다. 또한 경쟁적인 교실 분위기는 학생을 위축되게 하고 서로 돕고 협동하는 또래관계에 방해가 될 수 있다(Eggen & Kauchak, 2004).

준거참조평가는 한 학생의 성취 정도를 미리 정해 놓고 그 목표에 해당 학생이 도달했는지 여부를 평가하는 것이다. 즉, 준거참조평가는 정해져 있는 절대적인 준거(criterion)에 비추어 학생을 평가한다. 교사는 다양한 준거를 통해 학생이 습득해야 할 교육목표나 기술 및 지식을 제대로 완수했는지, 학생의 취약점이 무엇인지를 알 수 있다(Ormrod, 2006). 이러한 준거참조평가는 학생에게 내재적 동기를 유발하고, 성취감을 더 많이 느끼게 하며, 진정한 학습효과를 알게

규준참조평가 한 학생의 성취를 규준집단과 비교하여 해석하는 평가

규준집단 검사 응시자를 대표할 수 있는 표집(sample) 집단

준거참조평가 한 학생의 성취 정도를 정해져 있는 절대적인 준거에 의해 평가

해 주는 장점이 있다. 또한 수업과정 중에 실시하는 형성평가를 통해 초기에 설
정한 교육목표나 준거를 학생의 발달 및 성취 수준에 맞게 조절할 수 있다.

성취평가제

　　2012학년도 1학년부터 중학교와 특성화고 · 마이스터고 전문교과, 그리고 2014학년도
1학년부터 모든 고등학교의 보통교과에 적용된 성취평가제는 상대적 서열에 따른 평가가
아니라 '학생이 무엇을 어느 정도 성취하였는지'를 평가하는 제도로, 학생 간 서열중심의 평
가(규준참조평가)가 아니라 학생들이 성취해야 할 목표(성취기준)중심의 평가(준거참조평
가)를 말한다.

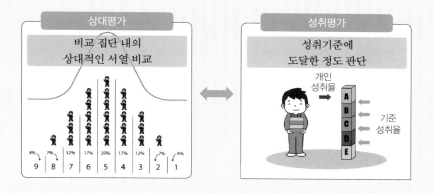

　　성취평가의 방식은 국가 교육과정에 기초하여 만들어진 해당 교과목별 성취기준에 학생
이 어느 정도 도달했는지에 따라 학생의 학업성취 수준을 평가하고 이를 'A–B–C–D–E'의
형태로 성취도를 부여하는 것이다. 여기서 사용되는 성취기준이란 각 교과목에서 학생들
이 학습을 통해 성취해야 할 지식, 기능, 태도의 특성을 진술한 것으로 학생이 무엇을 공부
하고 성취해야 하는지, 교사가 무엇을 가르치고 평가해야 하는지 교육과정을 재진술한 것
이다. 그리고 학기 단위 성취 수준은 한 학기 동안 학생이 학습한 성취기준에 도달한 정도
를 종합하여 5개의 수준(A–B–C–D–E) 또는 3개의 수준(A–B–C)으로 구분한다. 또한 성
취기준 단위 성취 수준이란 각 성취기준에 도달한 정도를 '상–중–하' 3개 수준으로 구분하
여 각 수준의 특성을 기술한 것이다.

* 성취기준 단위 성취 수준 예시: 과학

성취기준		(성취기준 단위) 성취 수준
과1221-1.* 행성 공전 궤도와 방향, 지구형 행성과 목성형 행성 등 태양계의 여러 특징을 태양계가 형성되는 과정과 관련지어 설명할 수 있다.	상	공전 궤도와 방향, 지구형 행성과 목성형 행성 등 태양계의 여러 특징을 태양계 성운으로부터 시작된 태양계 형성 과정과 연결시켜 설명할 수 있다.
	중	공전 궤도와 방향, 지구형 행성과 목성형 행성 등의 태양계 특징을 알고 이것이 태양계 성운으로부터 태양계가 형성된 것과 관련됨을 말할 수 있다.
	하	태양계 행성을 지구형 행성과 목성형 행성으로 구분할 수 있다.

* 과1221-1은 성취기준 코드를 의미함. 예) 과(교과목), 12(해당 학년군의 최종 학년), 2(대영역), 1(중영역), -1(두 개 이상의 성취기준으로 세분화한 경우)

출처: 교육부, 한국교육과정평가원(2013, 2014).

(2) 진단평가, 형성평가, 총괄평가

검사를 언제 어떤 목적으로 사용하는지에 따라 진단평가(diagnostic evaluation), 형성평가(formative evaluation), 총괄평가(summative evaluation)로 구분해 볼 수 있다.

진단평가는 수업이 시작되기 전 혹은 대단원이 시작되기 전에 학생의 출발점 행동을 평가하여 각 학생의 수준에 맞게 학생을 분류·배치하기 위해 사용된다. 학생의 선행학습 수준이나 발달 수준은 매우 다양하기 때문에 단일 교육목표를 모두에게 적용하기보다는 진단평가를 통해 학생의 수준에 맞는 교육목표를 설정하는 것이 바람직하다.

형성평가는 수업과정 중에 실시하는 평가로, 교사와 학생 모두에게 유익한 평가이다. 교사는 형성평가를 통해 수업과정의 장단점을 파악할 수 있고, 이러한 피드백은 교수 내용이나 수업 속도를 수정하는 자료로 사용할 수 있다. 학생은 형성평가를 통해 얼마나 잘해 나가고 있는지에 대한 즉각적인 피드백을 받을 수 있다. 주로 형성평가는 준거참조적이다(Slavin, 2009). 예를 들어, 형성평가의 목적은 누가 수학 과목에서 1등인지를 알고자 하는 것이 아니라, 누가 삼각함수의

진단평가
교수·학습과정 전에 학생의 출발점 행동을 파악하여 그에 맞는 배치를 목적으로 하는 평가

형성평가
수업과정 중에 실시하여 교수·학습과정에 대한 피드백을 제공하는 평가

개념을 이해하지 못하고 어려움에 빠져 있는지를 파악하는 데 있다.

총괄평가는 학기말 시험과 같이 모든 수업과정이 끝난 후 최종으로 학생의 성취 수준을 평가하기 위해 실시한다. 총괄평가는 형성평가처럼 자주 실시되지 않지만 학생의 성취도를 점검할 수 있도록 실시되어야 한다.

총괄평가
교수·학습과정이 모두 종료된 후 최종 성취도를 파악하는 평가

3. 좋은 측정도구 및 검사도구의 조건

학생이 얼마나 지식을 습득했는지 또는 어떤 능력을 가지고 있는지 평가하기 위해서는 측정도구 및 검사도구가 필요하다. 교사는 좋은 측정도구 및 검사도구를 사용해야 교사가 목적하는 바를 제대로 측정할 수 있다. 일반적으로 좋은 측정도구 및 검사도구의 조건은 다음과 같다.

1) 신뢰도

신뢰도(reliability)는 얼마나 일관되게 학생의 능력이나 지식을 측정하는지를 의미한다. 교육현장에서 평가는 인간을 대상으로 행동이나 심리적 특성을 측정하기 때문에 항상 오차가 발생한다. 예를 들어, 체중계로 몸무게를 측정하는데 첫 번째 측정 시에는 60kg, 두 번째 측정 시에는 93kg, 세 번째 측정 시에는 45kg으로 나왔다면 아무도 이 체중계를 믿지 않을 것이다. 따라서 신뢰도는 정확성, 일관성을 유지하고 측정의 오차에서 얼마나 자유로운지에 기초한 개념이다. 다시 말해, 교사가 학생에게 어떤 측정도구 및 검사도구를 반복해서 제시할 경우 그 측정 및 검사결과는 동일하게 나와야 한다. 측정도구 및 검사도구의 신뢰도에 영향을 미치는 주요 요인으로는 측정 및 검사의 특성, 측정 및 검사가 실시되는 환경이나 과정, 학생의 특성, 채점에서의 주관성을 들 수 있다(Ormrod, 2006). 측정도구 및 검사도구에서 모호한 문항이나 지시문은 신뢰도에 가장 큰 영향을 미치는 부분이다. 따라서 교사는 측정도구 및 검사도구를 제작할 때 문항이나 지시문을 명확하게 진술해야 한다. 또한 피로, 불안, 동기결여와 같은 학생의 특성, 교사의 일관성 없는 채점 등도 신뢰도에 영향을 미친다.

신뢰도
측정하고자 하는 것을 일관되게 측정하고 있는지와 관련된 개념

신뢰도 계수를 추정하는 방법으로는 검사-재검사 신뢰도(test-retest reliability), 동형검사 신뢰도(parallel-form reliability), 내적일관성 신뢰도(internal consistency reliability), 채점자 신뢰도(scorer reliability)가 있다.

(1) 검사-재검사 신뢰도

검사-재검사 신뢰도는 같은 검사를 같은 대상자에게 일정한 간격을 두고 두 번 실시하여 두 결과가 얼마나 변하지 않고 안정적인가를 알아보는 것이다. 그러나 검사-재검사 신뢰도는 검사 간격에 따라 신뢰도 계수가 달리 추정될 수 있다. 또한 시간이 지남에 따라 측정하고자 했던 대상의 특성 자체가 변화될 수 있는 문제점이 있다.

(2) 동형검사 신뢰도

동형검사 신뢰도는 문항의 내용은 다르지만 문항 특성이 비슷한 검사를 두 벌 제작하여 같은 대상자에게 실시하는 방법이다. 두 검사가 동형검사가 되기 위해서는 문항 수, 내용, 난이도 범위와 수준, 점수의 평균과 표준편차 등이 같아야 한다(이은해, 1997). 연습효과는 통제가 되지만, 문항 특성은 같으면서도 문제는 다른 검사 두 벌을 제작하는 데 어려움이 있다.

(3) 내적일관성 신뢰도

내적일관성 신뢰도는 검사를 구성하고 있는 부분 검사 또는 문항 간의 일관성 정도를 말한다. 즉, 검사를 구성하고 있는 부분 검사나 문항이 측정하고자 하는 내용을 얼마나 일관성 있게 측정하는지를 의미한다. 여기에는 반분 신뢰도(split-half reliability)와 문항내적일관성 신뢰도가 있다. 반분 신뢰도는 한 개의 검사를 제작한 후 이 검사를 두 개의 검사로 나누어 이들의 상관계수를 산출하는 방법이다. 두 개의 검사로 나누는 방식으로는 검사의 전반부와 후반부로 나누는 전·후 반분법, 홀수 문항과 짝수 문항으로 분류하는 기우 반분법, 무작위로 분할하는 단순무작위법이 있다. 문항을 나눌 때는 문항의 난이도가 고르게 분포되도록 주의해야 한다(이은해, 1997). 문항내적일관성 신뢰도는 문항 하나하나를 하나의 검사로 간주하여 이들의 유사성과 일관성을 검정하는 방법이다(성태제,

• **Lee Joseph Cronbach** (1916~2001) •

Lee Joseph Cronbach는 교육심리학, 심리검사, 측정, 프로그램 평가 분야에 지대한 공헌을 한 미국의 교육심리학자이다. Cronbach는 신뢰도 판별방법인 Cronbach의 알파(α) 계수로 유명하다. Cronbach의 알파 계수는 심리측정 도구에 대한 내적일관성 신뢰도를 측정하기 위해 가장 광범위하게 사용되고 있다.

캘리포니아 프레스노에서 태어난 Cronbach는 불과 4세에 상점에 있는 물건의 단가를 계산해서 어느 상점이 더 싸게 파는지를 말할 정도로 영특하였다. 그는 14세에 고등학교를, 18세에 프레스노 주립대학교를 졸업하고, 1937년에 UC 버클리 대학교에서 석사학위를, 1940년에 시카고 대학교에서 박사학위를 받았다. 워싱턴 주립대학교, 시카고 대학교, 일리노이 대학교를 거쳐 스탠퍼드 대학교에서 교수로 몸담았고, APA(American Psychological Association)와 AERA(American Educational Research Association) 회장을 역임했다.

2002). 검사 문항의 내적 합치도는 문항 간 동질성이 높을수록 높아진다. 내적 합치도 계수 산출은 주로 Cronbach의 알파(α) 계수를 이용하며 그 계수의 범위는 0에서부터 1의 값을 갖는다. 계수의 값이 높아질수록 신뢰도가 높음을 의미하며 일반적으로 측정 및 검사도구의 신뢰도 계수가 .6 미만으로 나타나면 내적 일관성이 결여된 것으로 본다.

(4) 채점자 신뢰도

채점자 신뢰도는 객관도(objectivity)라고도 하는데, 이는 채점자 혹은 평정자가 주관적인 판단을 얼마나 배제했는지를 의미한다(성태제, 2002). 채점자 내 신뢰도와 채점자 간 신뢰도로 분류된다. 채점자 내 신뢰도는 채점자가 주관성을 배제하고 얼마나 일관되게 채점하는지에 관한 것이고, 채점자 간 신뢰도는 여러 명의 채점자가 있을 경우 그들이 얼마나 일관되게 같은 채점을 하는지를 의미한다.

측정도구 및 검사도구의 신뢰도를 높이는 방안은 다음과 같다.

- 측정도구 및 검사도구를 제작할 때는 가급적 문항 수를 많게 한다. 문항 수가 많아야 측정오차를 줄일 수 있다.

- 문항의 난이도가 적절해야 한다. 문항이 너무 어려우면 시험불안을 일으킬 수 있고, 너무 쉬울 경우에도 부주의하게 되어 실수를 저지르거나 동기 부여가 잘되지 않을 수 있다. 이런 결과는 신뢰도 저하로 이어진다.
- 측정도구 및 검사도구 문항 제작 시 지시문을 명확히 하고, 과제를 제시할 때도 정확하고 상세하게 설명하여 검사에서 학생에게 요구하는 것이 무엇인지를 명확하게 한다.
- 학생의 능력을 구분할 수 있도록 변별력이 높은 문항으로 구성한다.
- 측정 범위를 좁게 한다. 범위가 좁을수록 문항 간 동질성이 높아지기 때문에 신뢰도가 높아진다.
- 측정 및 검사를 실시할 때는 시간을 충분히 주어 응답에 대한 안정성을 확보할 수 있도록 한다.
- 학생에게 평가 준거를 구체적으로 명확하게 제시한다.
- 모든 학생이 비슷한 조건과 방식에서 측정 및 검사가 이루어질 수 있도록 한다.
- 학생의 수행에 대한 기대가 판단에 영향을 미치지 않도록 한다.
- 측정 및 검사를 실시할 때는 학생의 상태를 고려한다. 너무 아프거나 지쳐 있을 경우에는 피하도록 한다.

2) 타당도

타당도
측정하고자 하는 것을 얼마나 제대로 충실히 측정하는지와 관련된 개념으로 검사 목적에 대한 적합성을 의미

타당도(validity)는 측정도구 및 검사도구가 측정하고자 하는 것을 얼마나 제대로 측정하고 있는지, 측정 및 검사 목적에 얼마나 적합하게 측정하고 있는지에 관한 것이다. 예를 들어, 수학 교과목에 대한 성취도는 높지만 국어 교과목에 대한 성취도가 매우 낮은 학생이 있다고 하자. 수학 시험의 문항이 어려운 어휘로 구성되어 있다면 이 학생은 해당 문제를 해결하지 못할 가능성이 매우 높다. 이 경우 어려운 어휘로 인해 수학 문제를 제대로 해결하지 못한 것은 측정하고자 하는 것을 제대로 측정하지 못했기 때문에 측정도구의 타당도를 낮게 만든 경우이다. 타당도 유형에는 내용타당도(content validity), 준거타당도(criterion-related validity), 구인타당도(construct validity)가 있다.

(1) 내용타당도

내용타당도는 논리적 사고에 입각하여 해당 전문가가 주관적으로 판단하는 타당도이다(성태제, 2002). 주로 논리적 근거에 기초하여 문항이 측정하고자 하는 영역을 고르게 나타내고 있는지 검토한다. 그러나 결과를 수량화하는 과정이 결여되어 있어 객관적이지 못하다는 논란의 여지가 있다.

(2) 준거타당도

준거타당도는 외적인 준거와 비교하여 검사가 측정하고자 하는 심리적 특성을 잘 설명하고 예측할 수 있는지를 나타내는 것이다. 준거타당도는 검사 점수와 준거 점수 간의 관계에 대한 실증적인 자료를 사용하므로 경험적 타당도 (empirical validity)라고도 한다(이은해, 1997). 준거타당도는 사용되는 준거에 따라 공인타당도(concurrent validity)와 예측타당도(predictive validity)로 나누어 볼 수 있다. 공인타당도는 이미 검증된 검사를 준거로 사용하여 검사의 타당도를 확보하는 방법이다. 즉, 타당성이 입증된 검사와 얼마나 유사한지, 연관성이 있는지를 통해 타당성을 검정하는 방법으로 공유타당도라고도 한다(성태제, 2002). 예를 들어, 새로운 지능검사를 제작했다면, Wechsler 지능검사와의 관계를 검정하여 새 지능검사가 얼마나 지능을 제대로 잘 측정하고 있는지 그 적합성을 알아보는 것이다.

예측타당도는 실시한 검사가 미래의 행동이나 수행을 어느 정도 예측할 수 있는지를 보는 것으로, 검사를 실시한 후 일정 시간이 지난 뒤에 준거자료를 수집하여 이들의 상관을 산출하는 방법이다. 예를 들어, 비행사 적성검사에서 높은 점수를 얻은 비행사가 안전운행 기록에서도 높은 기록을 보인다면 이 적성검사의 예측타당도는 높다고 볼 수 있다(성태제, 2002). 이처럼 예측타당도는 미래에 발현될 능력을 준거로 사용하여 현재의 검사가 측정하고자 하는 능력을 제대로 측정하고 있는지 파악하는 것이다.

(3) 구인타당도

구인타당도는 검사가 이론적 구인(construct)이나 특성(trait)을 어느 정도 설명하는지와 관련된다(이은해, 1997). 구인이란 보이지 않는 심리적 특성을 설명하기 위하여 정한 가설적 개념으로 동기, 자아개념, 지능과 같은 개념이 모두 포함된다(Ormrod, 2006). 구인타당도를 검정하기 위해서는 먼저 심리적인 특성이 무엇인지를 규명한 후에 이를 토대로 문항을 작성하고, 문항 간의 상관을 분석하여 그 문항들이 심리적 특성을 제대로 측정하고 있는지를 파악한다(성태제, 2002).

(4) 타당도에 대한 통합적 관점

최근에는 타당도를 유형으로 구분하기보다는 타당도에 대한 통합적 관점(unified view on validity)이 제기되고 있다. 즉, 타당도에 대한 검증 대상은 검사 자체가 아니라 검사 점수로부터 유추되는 해석과 추론이라 보고 타당도에 대한 본질에 접근하고 있다. 이러한 인식에 따라 타당도는 '수집된 모든 증거가 검사 점수에 대한 의도된 해석을 얼마나 지지하는지를 나타내는 통합된 개념'으로 정의됨으로써 타당도에 대한 통합적 관점을 갖는다(이원석, 2009; AERA, APA & NCME, 1999). 따라서 타당도 그 자체가 하나의 타당도 역할을 하는 내용타당도, 준거타당도, 구인타당도와 같은 타당도 유형은 존재하지 않게 된다(이원석, 2009; Messick, 1995).

지금까지 신뢰도와 타당도에 대해 살펴보았는데, 신뢰도가 높지 않으면 타당도를 확보할 수 없지만, 신뢰도가 높다고 해서 항상 타당도가 높은 것은 아니다. 신뢰도와 타당도의 관계는 [그림 15-1]과 같다.

<table>
<tr><td>타당하고 신뢰성
있는 측정</td><td>신뢰성 있지만
타당하지 않은 측정</td><td>신뢰성 없고
타당하지도 않은 측정</td></tr>
</table>

[그림 15-1] 신뢰도와 타당도의 관계(Linn & Gronlund, 2000)

3) 실용도

실용도는 측정 및 검사의 실시가 편리해야 한다는 것이다. 아무리 좋은 측정 도구 및 검사도구라 할지라도 실시하기가 어렵다면 문제가 있다. 따라서 교사는 측정도구 및 검사도구를 제작하거나 선택할 때 실시 과정이나 시간, 채점방법 등이 간편하고 용이한지를 점검해야 하고, 측정 및 검사 비용의 적절성이나 규준 자료가 얼마나 최신인지도 고려해야 한다.

4. 시험 문항의 유형

학교에서 교사는 학생들의 학업성취 또는 심리적 특성을 파악하기 위해 직접 출제하는 시험 또는 표준화 검사를 이용한다. 표준화 검사는 일반적 학업성취와 능력을 측정하는 데 유용하지만, 학생이 무엇을 배웠고 배우지 않았는지에 대한 정보는 제공해 주지 못한다. 따라서 교사는 교수 · 학습 목표와 관련된 학업성취를 파악하기 위해 시험 문항을 자체 제작하여 평가한다.

교사가 제작하는 대표적인 시험유형은 지필평가로, 이는 전통적 평가 형태이며 학생의 성취도를 평가하기 위해 학습내용을 가장 잘 반영할 수 있는 문항유형으로 구성되어야 한다. 지필평가에서 사용하는 시험 문항의 유형은 선택형 문항, 완성형 문항, 단답형 문항, 논술형 문항으로 나누어 볼 수 있다.

1) 선택형 문항

선택형 문항(selected-response test item)은 학생이 하나 혹은 가능한 모든 답을 선택할 수 있는 문항을 의미하며, 선다형(multiple-choice items), 진위형(true-false items), 짝찾기형 문항(matching items)이 가장 많이 사용되는 형태이다. 이들은 주어진 정보 중에서 정답을 선택하기 때문에 재인능력을 측정하는 과제로서 학생의 단편적인 지식이나 사실을 평가하는 데 적합하다. 재인과제(recognition task)는 장기기억에서 관련 정보를 회상하는 과정 중에 인출단서를 제공하기 때문에 스스로 답을 해야 하는 회상과제(recall task)보다 쉬운 편이다. 그러나 비판적 사고, 문제해결력, 추론능력, 통합적 사고능력과 같은 고차적인 사고기능을 측정하기에는 한계가 있다.

선다형은 질문과 선택지로 구성되는데, 선택지는 하나의 정답과 다수의 오답으로 이루어져 있다. 선다형은 선택지 수만큼의 우연적 적중률이 있으므로, 추측해서 정답을 맞힐 기회를 최소화하는 것이 관건이다. 따라서 오답은 그럴듯하게 작성하여 쉽게 오답임이 드러나지 않도록 해야 한다.

예 다음은 Marcia의 자아정체감 범주 중 어떤 유형에 대한 설명인가? (   )

> 현재 정체감 위기의 상태에 있으면서 자아정체감 형성을 위해 다양한 역할, 신념, 행동 등을 실험하고 있으나 아직 의사결정을 하지 못한 상태를 말한다.

① 정체감 성취   ② 정체감 상실   ③ 정체감 혼미   ④ 정체감 유예

진위형은 선택지가 두 개인 선다형 문항이라고 할 수 있다. 진위형의 가장 큰 단점은 우연적 적중률이 50%라는 것이다.

예 다음 문장이 맞으면 ○, 틀리면 ×를 표하시오.

Piaget는 감각운동기 → 전조작기 → 구체적 조작기 → 형식적 조작기 순으로 인지발달이 이루어진다고 하였다. (   )

짝찾기형 문항은 좌측에 있는 질문 목록과 우측에 있는 선택지 목록 중 서로 관련 있는 것끼리 연결하는 것이다. 구성이 잘된 짝찾기형 문항은 분석력 등 고차적인 정신능력을 측정할 수도 있지만, 반대로 단순회상능력만을 측정하는 데 그칠 수도 있다.

예 좌측의 학자 이름과 우측의 이론 중 관련 있는 것끼리 선으로 연결하시오.

Piaget •　　　　　• 욕구위계이론

Freud •　　　　　• 심리사회적 발달이론

Erikson •　　　　　• 인지발달이론

Maslow •　　　　　• 심리성적 발달이론

선다형 문항 작성 지침

- 오답을 그럴듯하고 매력적으로 만든다. 그 내용을 정확히 알고 있는 학생에게는 분명히 오답으로, 아직 완수하지 못한 학생에게는 그럴듯하게 보이도록 제시한다.
- 질문과 선택지 둘 다에 부정어를 사용하는 것은 피한다. 부정어를 사용할 때는 밑줄을 그어 강조해 준다.
- 마지막 선택지를 '위의 모든 것' 또는 '위의 어느 것도 아닌'으로 작성하는 것을 피한다. 대체로 이들이 정답이 될 확률은 매우 높다.
- 선택지의 길이는 비슷하게 작성한다. 대체로 길고 상세한 선택지가 정답인 확률이 높다.
- 정답에 대한 논리적 단서를 제공하지 않도록 한다. 질문 자체가 논리적 단서를 포함한 경우도 있고, 한 문제의 내용이 다른 문제에 단서를 제공하는 경우도 있다.
- 정답의 위치를 무선적으로 배치한다. 예를 들어, 3번에 정답이 너무 많이 분포되지 않도록 한다.
- 2개 이상의 선택지가 비슷한 의미를 가지지 않도록 한다.

진위형 문항 작성 지침

- 수업시간에 제시했거나 교재에 나왔던 내용을 그대로 사용하지 않는다.
- 진술문을 명확하게 작성한다. '일종의' '가능한' '아마도' '종종' '모두' '절대로'와 같은 용어로 진술하지 않는다. 이러한 용어는 학생이 추측해서 답할 확률을 높인다.
- 참 문장과 거짓 문장의 비율을 비슷하게 한다. 대체로 교사는 거짓 문장보다 참 문장을 더 많이 제시하는 경우가 많다.
- 진술문의 진위를 구분하는 것뿐만 아니라, 거짓 문장일 경우 틀린 부분을 수정하게 한다. 우연적 적중률을 줄일 수 있고 단순회상능력만을 측정하는 데 그치는 단점을 보완할 수 있다.

- 양측의 목록 수를 같게 하면 추측으로 정답을 맞힐 확률이 높아지므로 목록 수를 다르게 하거나 복수 선택이 가능하게 한다.
- 지시문에 선택 규칙에 대해 명시해 준다. 선택지를 복수로 선택할 수도 있으며, 선택하지 않는 경우도 있음을 명시해 준다.
- 목록을 같은 성질의 것으로 구성하는 것이 좋다. 아래의 예시에서 우측의 선택지 첫 번째 항목은 사람을 나타내고 있고, 좌측 질문 목록에서 사람에 대해 진술하고 있는 문장은 하나밖에 없다. 그러므로 임진왜란에 대해 전혀 모르는 학생도 모두 정답을 맞힐 수 있다.

가. 임진왜란 때 왜군을 격파한 조선의 배	1. 사명대사
나. 임진왜란 때 의병을 조직하여 승리를 이끈 승려	2. 명나라
다. 임진왜란의 발발 시기	3. 1592년
라. 임진왜란 당시 중국의 왕조	4. 거북선

2) 완성형과 단답형 문항

완성형 문항(completion item)은 정답을 선택하는 것이 아니라 진술문의 일부를 보충해 넣는 형태로 문장의 처음, 중간, 끝에 여백을 두어 응답을 유도하는 문항 형식이다. 단답형 문항(short-answer item)은 비교적 간단한 단어, 구, 절, 문장 혹은 수, 기호 등 제한된 형태로 답하도록 구성된다. 이들의 장점은 선택지가 제시되지 않아 회상을 통해 답을 해야 하므로 추측으로 정답을 맞힐 확률이 거의 없다는 것이다.

완성형 문항의 예

다음 괄호 안에 알맞은 단어를 써 넣으시오.

'Guilford의 지능구조모형에서 세 가지 필수적인 차원이란 정신능력이 포함되는 내용 차원, 그 요인에서 요구하는 조작 차원 그리고 그러한 조작이 내용에 작용하여 나타나는 (   ) 차원을 말한다.'

단답형 문항의 예

Erikson의 심리사회적 발달 8단계에서 각 단계의 심리사회적 위기를 순서대로 제시하시오.

완성형과 단답형 문항 작성 지침

- 완성해 넣어야 하는 부분은 핵심적인 내용으로 하여 답이 복수로 나오지 않도록 유의한다.
- 완성형 문항을 작성할 때는 문항당 한두 개 정도의 빈칸을 만든다. 너무 빈칸이 많으면 문제가 어려워지고 심지어 문제를 이해하기조차 어려워질 수 있다.
- 단답형은 어떤 유형의 답을 쓸 것인지 명확히 제시한다. 한 단어로만 써도 괜찮은지, 한 두 줄의 문장으로 설명해야 하는지 등을 구체적으로 명시한다.

3) 논술형 문항

논술형 문항은 학생이 문제에 대해 최소한 한 문단 이상의 글로 응답하는 시험 문항의 유형이다. 특히 장문의 논술(essay)은 학생의 고차적 사고능력을 평가할 때 유용하다. 논술형은 용어를 정의하는 것에서부터 주요 개념이나 사건을 비교·대조하는 것에 이르기까지 다양하고 광범위한 반응을 도출해 낼 수 있어 학생의 통합, 분석, 조직, 평가 능력을 알아보는 데 적합하다.

그러나 작문능력이 뛰어난 학생이 과대평가될 소지가 있다. 논술형 문항은 소수의 문항밖에 제시할 수 없어 광범위한 내용을 다루기가 어려울 수 있다. 또한 채점하는 데 시간이 오래 걸리고, 채점자의 주관성을 배제하기 어려워 신뢰도에 문제가 생길 수 있다.

논술형 문항의 예

선행학습에 대해 옹호 또는 반대하는 입장을 인지발달이론에 기초하여 1,200자 이내로 논하시오.

논술형 문항 작성 지침

- 분량이 긴 응답을 요구하는 문항 한 개보다는 다소 짧게 응답할 수 있는 문항 여러 개로 구성한다. 문항이 늘어날수록 평가 영역의 내용을 더 많이 다룰 수 있어 신뢰도가 높아진다.
- 학생이 어떻게 응답해야 하는지에 대한 구조화된 정보를 제시한다. 작성해야 할 전체 분량, 다루어야 할 측면, 꼭 언급해야 할 요점의 수 등을 정확히 명시한다. 구조화되지 않은 문항을 제시하면 학생이 응답을 너무 다양하게 작성할수 있고, 결국 교사는 이 다양한 응답을 일관되게 채점하기 어려워진다.
- 채점의 신뢰성을 높이기 위해 답안에 꼭 포함되어야 할 필수 요소에 대한 상세한 개요를 마련하거나 모범 답안을 작성한다. 이것과 학생의 답을 비교하여 채점한다. 루브릭을 사용하면 신뢰도를 높이는 데 도움이 된다.
- 여러 문항을 제시하고 선택하게 하는 것보다는 전체 학생이 같은 문항에 다 응답하게 하는 것이 신뢰도를 높일 수 있다.

5. 학업성취도 평가의 설계, 제작, 채점 및 피드백

1) 학업성취도 평가의 설계

학업성취도 평가에 대한 계획은 교사가 학생의 학업성취를 지필평가 혹은 수행평가와 같이 어떤 방식으로 평가할 것인지, 한 학기에 몇 번 정도 평가할 것인지, 평가에 대한 기준은 무엇인지, 반영 비율은 어느 정도로 할 것인지 등 수업을 준비하는 단계, 즉 교수설계를 할 당시에 종합적으로 수립되어야 한다.

특히 학업성취도 평가는 수업을 준비하는 단계에서 설정된 수업목표와 일치하도록 계획하여야 한다. 만약 계획하지 않고 교사가 대단원 혹은 중단원이 끝난 후에 시험 문제를 제작한다면 문제가 발생할 수 있다. 예를 들어, 교사가 수업 중에 강조했던 내용을 시험 문제로 출제하지 않을 수도 있고 이와 반대로 수업 중에 강조하지도 않았던 내용을 시험에 출제할 수도 있다. 또한 수업에서의 목표는 해당 주제를 적용하는 것이었는데 시험에서는 단순 지식을 재인 혹은 회상하는 수준에서 출제할 수도 있다. 이러한 상황은 평가의 타당도를 낮추게 된다 (Eggen & Kauchak, 2010).

　학업성취도 평가가 수업목표와 일치되고 타당도를 높이는 방법 중의 하나는 수업목표를 명백하게 세부적으로 진술하는 것이다. 그 이유는 수업목표의 설정 이 곧 성과를 평가하는 기준으로 작용하기 때문이다. 수업목표의 설정은 해당 수업시간에 학생들이 학습해야 할 내용은 무엇인지, 학습된 결과는 어떠한 행동 으로 나타나야 하는지를 기술하는 것으로 이원목적분류표를 활용하면 정교화된 수업목표를 설정할 수 있다.

　이원목적분류표는 〈표 15-1〉과 같이 수업목표를 두 가지 차원, 즉 내용과 행 동으로 분류한다. 내용이란 해당 교과목에서 학습해야 할 내용으로 제시되는 지 적 요소를 의미하며, 행동이란 해당 내용을 학습한 후 학습자에게 나타나는 행 동을 의미한다. 예를 들어, 내용은 용어(개념), 절차, 원리, 응용 등과 같은 내용 요소를 말하며, 행동은 Bloom 등(1984)이 제안한 인지적 영역에서의 교육목표, 즉 지식, 이해, 적용, 분석, 종합, 평가와 같은 요소를 말한다.

표 15-1 이원목적분류표 예시

내용＼행동	지식	이해	적용	분석	종합	평가
용어(개념)	Piaget의 인지발달단계를 나열할 수 있다.	…	…	…	…	…
절차	…	…	…	…	…	…
원리	…	…	…	…	…	…
응용	…	…	…	…	…	…
…	…	…	…	…	…	…

2) 학업성취도 평가도구의 제작

　학생의 학업성취에 대한 평가를 위해 교사는 〈표 15-2〉와 같이 이원목적분 류표를 작성하여 평가할 성취기준을 제시하고 성취기준에 대한 특성을 고려하 여 시험 문항의 유형을 선택한다. 그리고 성취해야 할 내용의 중요성 및 문항의

표 15-2 평가도구 제작 시 작성해야 할 이원목적분류표 예시

문항 번호	내용 영역	성취기준	행동 영역			난이도			배점	정답
			지식	이해	적용	어려움	보통	쉬움		
1	Piaget 인지발달	Piaget의 인지발달단계를 나열할 수 있다.	○					○	1	3
2	Piaget와 Vygotsky 인지발달	Piaget의 인지발달과 Vygotsky의 인지발달을 비교할 수 있다.		○		○			3	4
총 합계			5	4	8	6	7	4	100	-
비율(%)			29	38	33	29	42	29	100	-

난이도를 고려하여 배점을 정한다.

이원목적분류표 작성이 완성되면 교사는 성취기준에 부합되는 문항을 출제한다. 문항 출제 시 교사는 문제상황을 결정하고 문항의 체제와 발문을 구상하며 문항에 대한 난이도 및 변별도를 고려하여 문항 초안을 작성한다. 문항의 난이도란 문항의 어렵고 쉬운 정도를 의미하며 문항의 변별도란 각각의 문항이 학생의 능력을 어느 정도나 정확하게 변별할 수 있는지에 대한 것으로 상위 집단의 피험자와 하위 집단의 피험자를 잘 가려내는 정도를 말한다. 이러한 문항에 대한 초안 작성이 완료되면 교사는 선택형 문항, 완성형과 단답형 문항, 논술형 문항, 수행평가 문항의 예시 답안 및 채점 기준표를 작성한다. 그 후 교과협의회를 통해 문항에 대한 검토 및 수정·보완을 한 후 최종 문항 및 평가도구를 확정한다(교육과학기술부, 한국교육과정평가원, 2012).

문항 제작의 기본 방향은 크게 두 가지로, 하나는 학생의 능력을 타당하게 측정할 수 있는 문항을 개발하는 것이며, 다른 하나는 교육과정 및 교수·학습 상황과 연계된 평가문항을 개발하는 것이다. 학생의 능력을 타당하게 측정할 수 있는 문항 개발을 위해서는 몇 가지 고려 사항이 있다. 첫째, 출제자의 의도가 잘 전달되도록 문항의 발문 혹은 지시문은 간결하면서도 분명하게 제시되어야 하며 논술형 문항의 경우는 답에 대한 방향을 명확하게 제시해 주어야 한다. 둘째, 평가내용의

구체화로, 문항에 꼭 필요한 요소만 제시될 수 있도록 한다. 셋째, 교사가 사전에 기대했던 반응 외에 다른 반응이 나타날 가능성 여부를 사전에 검토해야 한다. 넷째, 논술형 문항 또는 수행평가의 경우에는 채점 기준을 명확히 해야 한다. 교육과정 및 교수·학습 상황과 연계된 평가문항 개발을 위해서도 몇 가지 고려 사항이 있다. 첫째, 수업시간에 다루었던 내용이 평가문항에 포함되도록 해야 한다. 둘째, 학생의 학업성취 정도에 대한 추이를 파악할 수 있도록 진단평가, 형성평가, 총괄평가를 적절히 활용해야 한다(교육과학기술부, 한국교육과정평가원, 2012).

3) 학업성취도 평가 채점 및 피드백

교사는 지필평가 또는 수행평가 실시 후 채점을 통해 학생의 학업성취를 평가한다. 채점 시에 교사는 채점 기준을 더욱 명료화하여 객관성을 확보하고 학생에게 채점 기준을 공개한다.

시험을 치른 후 교사는 반드시 학생들에게 피드백을 주어야 한다. 피드백이 없는 경우, 학생들은 같은 실수를 지속적으로 반복하기 때문에 결코 진보할 수 없다. 교사가 학생들에게 어떠한 문항에서 왜 틀렸는가에 대한 피드백을 주는 것은 학생들이 보다 적절한 전략을 배울 수 있도록 도와주며 자신의 답이 왜 틀렸는지를 알 수 있는 기회를 마련해 준다(Woolfolk, 2007). 이 경우, 교사는 학생들이 오답 노트를 작성하게 하여 틀린 부분에 대해 명확히 알 수 있도록 해 주고 같은 실수가 반복되지 않도록 지도해야 한다.

교사가 학생에게 피드백을 주는 방법에는 여러 가지가 있다. 선택형 문항의 시험을 치른 후에는 문항에 대한 답을 차근차근 설명해 주며, 논술형 문항인 경우에는 채점 기준을 알려 주고 첨삭 지도를 통해 학생이 논리적으로 문장을 기술해 나갈 수 있도록 지도해야 한다. 그리고 교사는 학생들의 잘못된 학습방법에 대해 효과적인 학습전략을 익힐 수 있도록 도와주어야 하며 어떻게 학업능력을 향상할지에 대한 대안을 제공해 주어야 한다. 또한 교사는 학생들이 시험 성적에 대해 자신의 능력 부족, 과제의 난이도, 운과 같은 잘못된 방식으로 귀인하지 않도록 지도해야 하고 노력귀인 또는 전략귀인으로 가도록 학생을 이끌어 주어야 한다.

6. 수행평가

1) 수행평가의 의미

기존의 선다형과 같은 객관식 시험의 한계점에 대한 인식은 실제적 평가 운동으로 이어져 많은 대안적인 평가가 개발되었다. 이러한 대안적인 평가의 주요 특징은 학생에게 그들이 배운 것을 답으로 서술하게 하거나 학교에서 배운 정보나 기술을 가지고 산출물을 만들거나 실제로 무엇인가를 할 수 있는지를 보이도록 요구하는 것이다. 이러한 접근을 직접평가(direct assessment), 대안평가(alternative assessment) 또는 **수행평가**(performance assessment)라고 한다(Slavin, 2009; Woolfolk, 2007).

사실, 수행평가는 새로운 평가 형태라기보다는 이미 그동안 있어 왔던 논술형 시험, 구두시험, 실기시험 형태를 의미한다. 그러나 교육개혁 운동을 거치면서 수행평가는 객관식 중심의 전통적인 평가체계와는 다른 대안적인 평가체계로서 인식되고 있다(백순근, 1999; Khattri & Sweet, 1996). 〈표 15-3〉은 전통적 평가와 수행평가의 특성을 비교한 것이다.

> **수행평가**
> 학생 스스로 자신의 지식이나 기술을 나타낼 수 있는 산출물을 만들거나, 답을 서술하거나, 행동으로 나타내도록 하는 평가방식

표 15-3 전통적 평가와 수행평가의 특성 비교(이문복 외, 2015; Wren, 2009)

특성	전통적 평가	수행평가
평가활동	학습자가 응답을 선택	학습자가 과업을 직접 수행
활동 성격	선택지에서 답을 고르는 인위적 활동	학습자의 실제적 활동
인지 수준	지식과 이해를 주로 평가	지식의 응용·분석·종합적인 수행 능력을 주로 평가
채점의 객관성	정답이 있어 채점의 객관성을 달성하기 쉬움	전통적 평가에 비해 정답이 없어 채점의 객관성을 달성하기 어려움
학습자의 숙달도 증거	학습자의 숙달도를 간접적인 증거를 통해 측정	학습자의 숙달도를 직접적인 증거를 통해 측정

수행평가는 여러 가지 기술의 협응을 요구하는 복잡한 수행 성취를 평가하는 데 적합하며, 창의성, 문제해결력과 같은 상위 수준의 인지기술을 평가하는 데 유용하다. 또한 많은 연구에서 수행평가는 지필평가보다 더 유의미하고 실제적이어서 학생에게 사고과정을 자극하고 동기를 유발하는 경향이 있다고 보고하고 있다(Khattri, Reeve, & Kane, 1998; Khattri & Sweet, 1996; Resnick & Resnick, 1996). 이러한 수행평가의 특징을 살펴보면 다음과 같다(백순근, 1999).

첫째, 수행평가는 교사의 전문적인 판단이 매우 중요한 평가방식이다.

둘째, 수행평가는 학생이 정답을 선택하는 것이 아니라, 스스로 답을 구성하거나 행동으로 나타내는 방식이다. 이러한 과정을 통해 문제해결력, 창의성, 통합력과 같은 고등 사고기능을 파악하고자 한다.

셋째, 수행평가는 교육목표가 제대로 달성되고 있는지 알기 위해 실제 상황에서 학생이 그동안 배운 지식이나 기술을 평가하는 방식이다. 즉, 추상적인 상황에서 정답을 선택하는 것이 아니라 실제적인 상황에서 교사가 직접 관찰할 수 있는 방식으로 평가하는 것이다.

넷째, 수행평가는 교육의 결과뿐만 아니라 교육의 과정도 중시하는 평가방식이다. 따라서 평가의 과정이 교육과정과 별개라기보다는 일부로 통합된 형태이다.

다섯째, 수행평가는 학생의 발달과정을 종합적으로 파악하고자 하며, 이를 위해 지속적이고 전체적으로 평가가 이루어져야 한다.

여섯째, 수행평가는 고차적 사고능력을 포함한 인지능력뿐만 아니라 행동 발달, 흥미, 태도와 같은 정의적 영역 그리고 심동적 영역에 대한 전인적이고 종합적인 평가를 목적으로 한다.

수행평가의 특징에서도 살펴보았듯이 수행평가는 과정을 중시한 평가이다. 과정 중심의 평가는 교육과정에서 설정된 성취기준에 의거하여 평가 계획에 따라 교수 · 학습과정에서 학습자의 변화와 성장에 대한 자료를 다양하게 수집하여 적절한 피드백을 제공하는 평가를 의미한다. 이는 결과 중심의 평가와 대비하여 교육과정과 교수 · 학습 그리고 평가와의 연계성을 강조한 것이다. 따라서 과정 중심의 평가를 잘 구현해 낼 수 있는 것이 수행평가이다. 수행은 구체적인 상황에서 실제적인 행동 또는 활동을 하는 과정이나 그 결과를 의미하는 것으로 학생이 지닌 지식, 기능, 태도 등의 능력을 직접적인 수행을 통해 나타내 보이는 것이기 때문에 과정을 중시하는 수행평가는 교수·학습을 통한 결과뿐만 아니라 과정을 중시하게 된다. 그러므로 과정 중심의 수행평가는 학기 초에 교수·학습과 평가를 함께 계획해야 하고, 교수·학습과 연계된 수행평가를 실시하고 이를 통한 피드백이 수시로 이루어져야 하며, 학생의 성장 과정을 누가 기록하여 학기말 평정에 활용할 수 있도록 해야 한다(한국교육과정평가원, 2017).

2) 수행평가의 설계와 채점

(1) 수행평가의 설계

Gronlund(1993)는 효과적인 수행평가의 설계를 위해 다음의 네 가지 원칙을 따를 것을 제안했다(Eggen & Kauchak, 2004에서 재인용).

첫째, 평가하고자 하는 수행의 종류를 명확하게 진술한다. 이는 학생이 무엇을 해야 하는지에 대해 도움을 줄 수 있고, 교사 또한 이와 관련된 적절한 수업내용을 설계하는 데 도움을 받을 수 있다.

둘째, 평가의 초점을 산물과 과정 중 어디에 둘 것인지 결정한다. 예를 들면, 수학 과목에서 정답을 제시하는 결과에 초점을 둘 것인지, 아니면 정답에 도달해 가는 문제해결 단계와 같은 과정에 초점을 둘 것인지를 결정하는 것이다.

셋째, 실제성을 반영할 수 있도록 평가환경을 구조화한다. 수행평가의 가치는 실제적인 과제와 관련되어 있어 학생들이 교실에서 배운 것을 실제 세계에 적용하는 것이 최종 목적이다. 백순근(1999)은 교과목의 특성이나 평가하고자 하는 능력의 특성에 따라 달라질 수는 있지만 여러 가지 수행평가 방법 중에 실제 상황에서의 평가가 수행평가 본질을 구현하는 데 가장 적합하다고 제시하였다. 따라서 교사는 가능한 한 실제성을 반영할 수 있는 평가환경을 제시하도록 해야 하며, 이때 시뮬레이션의 활용도 도움이 된다.

넷째, 명확하게 판별된 준거로 평가절차를 설계한다. 수행평가를 제작하는 데 있어 마지막 단계는 평가절차를 설계하는 것인데, 여기서 신뢰도의 문제가 관건이다. 교사가 수행평가를 실시함에 있어 많은 어려움을 느끼는 이유 중의 하나가 채점자의 주관이 개입되어 객관적이지 않다는 것이다(허인수, 2000; 홍정림, 최은경, 2002; Khattri et al., 1998). 이를 해결하기 위한 하나의 방법은 채점 준거가

표 15-4 과정을 중시하는 수행평가의 실제(한국교육과정평가원, 2017)

단계	활동	점검 사항
교육과정 운영계획	성취기준 분석	• 선정된 성취기준이 수행평가로 평가하기에 적합한가? • 성취기준과 수행 과정이 교육과정의 내용과 범위를 넘어서지 않았는가? • 통합, 재구성된 성취기준들이 수행평가로 평가하기에 적합한가?
	⬇	
	평가계획 수립	• 교과협의회(학년협의회)를 통해 평가계획을 수립하였는가? • 학업성적관리규정에서 제시한 영역, 방법, 횟수, 기준, 반영 비율 등을 포함하여 평가계획을 작성하였는가? • 교수 · 학습과 연계하여 평가계획을 수립하였는가? • 평가계획을 학생 및 학부모에게 안내하였는가?
	⬇	
교수 · 학습 및 수행평가	수행평가 과제 개발	• 수행평가 과제가 실제적인 상황에서의 수행능력을 평가할 수 있는가? • 수행평가 과제가 종합적인 고등 사고능력을 평가하는 데 적절한가? • 수행평가 과제가 긍정적이고 가치 있는 경험을 할 수 있도록 개발되었는가? • 수행평가 과제가 다양한 시도와 노력을 기울일 수 있는 형태인가? • 수행평가 과제가 성별 · 지역 · 문화적인 측면에서 특정 학생에게 유리하거나 불리하지 않은가? • 수행평가 과제가 공간, 장비, 시간, 비용 등의 요소를 고려할 때 충분히 실행 가능한가?
	⬇	
	수행평가 채점 기준 개발	• 채점 기준이 성취기준에서 요구하는 도달 목표에 맞게 제시되었는가? • 채점 기준에는 수행평가 과제 유형에 적절한 평가 요소, 배점, 세부 내용 등이 제시되었는가? • 채점 기준이 학생의 인지적 · 정의적 성장과 발달 과정을 파악할 수 있도록 개발되었는가? • 채점 기준은 학생의 결과 산출 혹은 응답 수준을 변별할 수 있도록 작성되었는가? • 채점 기준을 미리 학생 및 학부모에게 안내하였는가?
	⬇	
	수행평가 실시 및 채점	• 학생에게 수행평가에 대한 사전 안내를 하였는가? • 교수 · 학습과 연계하여 수행평가를 실시하였는가? • 학생의 인지적 · 정의적 성장과 발달 과정을 관찰하고 누가 기록하였는가? • 채점 기준표에 근거하여 공정하고 신뢰할 수 있게 채점하였는가? • 평가 결과를 공개하고 이의 신청 기간을 안내하였는가?

		↓
	수행평가에 대한 피드백	• 학생의 부족한 점을 채워 주고 우수한 점을 심화 · 발전시키는 피드백을 제 공하였는가? • 수행평가 결과와 과정에 대한 피드백을 적절히 제공하였는가? • 인지적 측면뿐 아니라 정의적 측면에서도 피드백을 제공하였는가?
		↓
학기말 평정 및 기록	수행평가 결과 기록	• 평가 결과 기록 내용은 학생의 학습동기를 긍정적으로 신장시킬 수 있는 내 용인가? • 학생의 성취 수준의 특성 및 학습활동 참여도 등 특기할 만한 사항을 학교 생활기록부 교과학습발달상황의 '과목별 세부능력 및 특기사항'란에 기록 하였는가?

잘 정의된 루브릭을 사용하여 수행평가의 신뢰도를 높이는 것이다.

(2) 수행평가의 채점

수행평가는 학생이 이해할 수 있는 채점 준거를 마련하는 것이 무엇보다 중요하다(Slavin, 2009). 따라서 수행평가에서 신뢰도와 객관성을 확보하는 방법은 학생의 각 행동에 대해 기대되는 수행의 중요도를 미리 구체화해 놓은 **루브릭**(rubric)을 활용하는 것이다. Wiggins(1995)는 루브릭의 전반적인 특징을 다음과 같이 제시하였다.

루브릭
평가에 대한 준거를 묘사하여 작성한 채점 척도

첫째, 학생이 보이는 수많은 수행을 교사가 효과적으로 변별할 수 있어야 하며, 이 변별은 신뢰할 수 있는 것이어야 한다. 즉, 시간이 지난 뒤 다시 판단하거나 또는 한번에 여러 사람이 판단할 경우에도 결과가 일관적이어야 한다.

둘째, 각 차원별로 기술되는 내용은 어떤 수준의 수행을 요구하는지 가능한 한 모두 기술하고 핵심적인 특성을 나타내도록 기술해야 한다.

셋째, 학생의 수행에 대한 질적 정보를 제공하여 학생의 강점과 약점을 파악할 수 있게 해야 한다. 이렇게 함으로써 학생에게 더 필요한 것이 무엇인지 알고 그 단점을 수정하는 데 도움이 된다.

넷째, 루브릭은 준거참조적 평가이다. 루브릭에서 제시되는 점수는 가장 우수한 경우부터 가장 부족한 경우까지 수준별로 제시되고, 수준별 변화는 연속선상에서 점차적으로 설명되어야 한다. 이와 같이 가장 높은 점수와 낮은 점수의 수준을 결정하는 것은 루브릭에서 가장 중요하다.

다섯째, 루브릭이 간단하고 구체적일수록 신뢰도와 타당도가 더 높게 나타난다.

루브릭을 사용할 때의 이점은 시간이 절약되고 사용하기 쉬우며 설명하기도 쉽다는 것이다. 또한 교사가 학생에게 어떤 수행을 기대하고 있는지를 명확하게 해 주고, 학생이 과제를 명확히 이해하는 데 도움을 준다. 학생의 수행 능력이나 기술에 대해 어떤 점이 강하고 약한가에 대한 피드백을 줄 수 있기 때문에 결과적으로 수행 능력이나 기술이 향상될 수 있고 학생의 성취를 높일 수 있다(Andrade, 2000; Chapman & Inman, 2009; Morrison & Ross, 1998; Stevens & Levi, 2005).

체육과 성취기준 '[9체05-08] 야외 및 계절 스포츠 활동 시 안전사고의 종류, 원인, 예방 대책 등을 이해하고 상황별 응급 처치 및 구조의 올바른 절차와 방법을 실천한다.'에 대한 수행평가 루브릭의 예는 〈표 15-5〉와 같다.

표 15-5 수행평가 루브릭 예: 체육과 수행평가(김기철 외, 2016)

평가 요소		배점	채점 기준
1) 심폐소생술의 절차와 방법 • 의식 확인 • 주변에 있는 특정 사람에게 119 신고 요청 • 가슴압박 및 인공호흡 • 지속적으로 심폐소생술 실시(2회 연속으로 실시)		5	심폐소생술의 올바른 절차와 방법대로 4단계 수행하였다.
		4	심폐소생술의 올바른 절차와 방법대로 3단계 수행하였다.
		3	심폐소생술의 올바른 절차와 방법대로 2단계 수행하였다.
		2	심폐소생술의 올바른 절차와 방법대로 1단계 수행하였다.
		1	심폐소생술의 절차와 방법을 지키지 못하였다.
2) 상황별 심폐소생술 상황극 제작 및 발표	올바른 구조 절차 및 방법	5	구조 절차와 방법 모두 올바르게 실시하였다.
		3	구조 절차와 방법 중 한 가지만 바르게 실시하였다.
		1	구조 절차와 방법 모두 올바르게 실시하지 못했다.

		5	심폐소생술의 절차와 방법이 나타나는 구체적인 스토리보드를 제출하였다.
스토리보드 제작		3	심폐소생술의 절차와 방법 중 하나가 부족한 스토리보드를 제출하였다.
		1	스토리보드를 제출하지 않았다.
동료평가		5	동료평가 점수 8~6점
		3	동료평가 점수 5~3점
		1	동료평가 점수 2~1점

효과적인 루브릭 사용 지침

- 준거는 평가해야 할 수행의 가장 중요하고 기본적인 측면에 초점을 둔다.
- 준거는 가능한 한 구체적으로 명백하게 진술한다.
- 분석적 채점과 전체적 채점 중에서 평가 목적에 맞는 것을 선택한다. 분석적 채점(analytic scoring)은 수행의 다양한 측면을 개별적으로 평가하여 좀 더 상세한 정보를 얻기 위해 사용한다. 전체적 채점(holistic scoring)은 학생의 수행을 한 가지 점수로 총합할 필요가 있을 때 사용한다.
- 루브릭 제작과정에 학생을 참여시킨다. 학생의 동기가 더 잘 유발되고, 학생이 과제를 명확히 이해하는 데 도움이 된다.
- 평가과정에서 루브릭에 진술되어 있지는 않지만 주요한 수행의 측면을 발견하면 따로 메모해 둔다.

3) 수행평가의 유형

수행평가의 대표적인 유형으로는 포트폴리오, 프로젝트, 협동학습, 논술, 구술, 토의 · 토론, 실험 · 실습, 면접, 관찰, 자기평가 및 동료평가 보고서, 연구보고서 작성 등이 있는데, 여기에서는 포트폴리오에 대해 살펴본다.

포트폴리오(portfolio) **평가**는 대안적 평가 중 광범위하게 사용되는 형태로 학생들이 일정한 시간 동안 작업해 온 작품 모음집을 미리 정해진 준거에 비추어 평가하는 것이다. 학생들이 일정 기간 동안 작업해 온 산출물은 학생의 발전 과

포트폴리오 평가
학생들이 일정한 시간 동안 지속적으로 작업해 온 작품 모음집을 미리 정해진 준거에 비추어 평가하는 방식

정을 평가하기 위한 증거 자료로 사용할 수 있다. 예를 들어, 미술 수업이나 작문 수업에서 학생의 모든 작품을 모아 두면, 첫 시간에서부터 마지막 시간까지의 작품들은 그 수업을 통해 학생의 능력이 어떻게 신장되어 왔는지를 보여 주는 자료가 된다(Slavin, 2009). 포트폴리오 평가의 특징을 살펴보면 다음과 같다(Eggen & Kauchak, 2004).

첫째, 일정한 기간 동안 수집한 학생의 작품은 발달적 변화를 반영한다.

둘째, 학생이 설계, 수집, 평가에 참여할 수 있다. 이러한 학생의 활동적인 개입은 학생의 학습을 신장하고 동기를 부여하는 측면에서 매우 중요하다. 학생이 자신의 작품을 평가하는 데 참여하는 것은 자신의 학습 진전 및 성과를 반성적으로 성찰할 수 있는 기회를 만들어 준다.

그러나 포트폴리오 채점에 대한 신뢰도는 다른 수행평가와 마찬가지로 상당히 낮은 편이다. 누가 채점을 하는지에 따라 같은 포트폴리오에 대해서도 다른 결과가 나올 수 있다. 따라서 교사는 구체적인 루브릭을 만들어 신뢰도를 높이기 위해 노력해야 한다.

효과적인 포트폴리오 사용 지침

- 학생에게 포트폴리오를 소개할 때 예를 많이 제시하여 포트폴리오 만드는 데 도움을 준다. 잘 구성된 포트폴리오를 준비하여 제시하는 것도 효과적이다.
- 학생에게 충분한 시간을 주어 포트폴리오를 준비하게 한다.
- 포트폴리오와 수업과정을 통합한다. 수업과정과 평가가 별개가 아니라 그 과정 자체가 평가임을 학생에게 항상 주지시킨다. 따라서 학생은 수업의 내용과 목적에 맞는 포트폴리오를 구성하여야 한다.
- 포트폴리오를 구성할 때는 자신의 작품을 선택하고 평가하는 데 학생을 참여하게 한다. 특히 최종 제출 때는 자신의 학습 진전을 잘 나타낼 수 있는 작품을 선정하도록 한다.
- 학생에게 자신의 포트폴리오에 대한 전반적인 설명이나 개관, 작품을 선택한 이유, 자기 평가에 사용한 준거, 학습 진전에 대한 자기반성적 성찰 등을 포함하도록 한다.
- 학생에게 피드백을 제공한다. 학생이 선택한 작품과 그 결정에 대해 자세하게 그리고 자주 피드백을 준다.

표 15-6 수행평가의 유형(교육부, 한국교육과정평가원, 2017)

유형	정의	특징 및 방법
논술	• 한 편의 완성된 글로 답을 작성하는 방법 • 자신의 생각이나 주장을 논리적으로 작성해야 하므로 학생이 제시한 아이디어뿐만 아니라 조직이나 표현 등의 적절성 등을 함께 평가함	• 학생이 답을 선택하는 것이 아니라 학생의 생각이나 의견을 직접 기술하기 때문에 창의성, 문제해결력, 비판력, 통합력, 정보 수집 및 분석력 등의 고등 사고능력을 평가하기에 적합함
구술	• 특정 내용이나 주제에 대해서 자신의 의견이나 생각을 발표하도록 하여, 학생의 준비도, 이해력, 표현력, 판단력, 의사소통 능력 등을 직접 평가하기 위해 활용하는 방법	• 특정 주제에 대하여 학생들에게 발표 준비를 하도록 한 후, 발표에 대하여 평가함 • 또는 평가 범위만 미리 제시하고 구술 평가를 시행할 때 교사가 관련된 주제나 질문을 제시하고 학생이 답변하게 하여 평가함
토의 · 토론	• 특정 주제에 대해 학생들이 서로 토의하고 토론하는 것을 관찰하여 평가하는 방법	• 서로 다른 의견을 제시할 수 있는 주제에 대해서 개인별 혹은 소집단별로 토의 · 토론을 하도록 한 다음, 학생들이 사전에 준비한 자료의 다양성이나 적절성, 내용의 논리성, 상대방의 의견을 존중하는 태도, 진행 방법 등을 종합적으로 평가하는 방법
프로젝트	• 특정한 연구 과제나 산출물 개발 과제 등을 수행하도록 한 다음, 프로젝트의 전 과정과 결과물(연구보고서나 산출물)을 종합적으로 평가하는 방법	• 결과물과 함께 계획서 작성 단계에서부터 결과물 완성 단계에 이르는 전 과정도 함께 중시하여 평가함
실험 · 실습	• 학생들이 직접 실험 · 실습을 하고 그에 대한 과정이나 결과에 대한 보고서를 쓰게 하고, 제출된 보고서와 함께 교사가 관찰한 실험 · 실습 과정을 종합적으로 평가하는 방법	• 실험 · 실습을 위한 기자재의 조작 능력이나 태도, 지식을 적용하는 능력, 협력적 문제해결능력 등에 대해서 포괄적이면서도 종합적으로 평가함

포트폴리오	• 학생이 산출한 작품을 체계적으로 누적하여 수집한 작품집 또는 서류철을 이용한 평가방법	• 학생의 강점이나 약점, 성실성, 잠재 가능성 등을 종합적으로 파악할 수 있고, 학생의 성장과정을 한눈에 볼 수 있어서 학생에게 유용한 피드백을 제공할 수 있음 • 일회적 평가가 아니라, 학생 개개인의 변화와 발전 과정을 종합적으로 평가하기 위해 전체적이면서도 지속적으로 평가하는 것을 강조함
관찰	• 관찰을 통해 일련의 정보를 수집하는 측정 방법	• 어느 특정한 장면이나 상황에서 발생하는 행동체계를 가능한 한 상세하고 정밀하게 탐구하기 위해 모든 신체적 기능과 측정도구를 이용할 필요가 있음 • 일화기록법, 체크리스트, 평정척도, 비디오 녹화 후 분석 등
자기평가 · 동료평가	• 수행과정이나 학습과정에 대하여 학생이 스스로 평가하거나, 동료 학생들이 상대방을 서로 평가하는 방법	• 학생들이 자신의 학습 준비도, 학습동기, 성실성, 만족도, 다른 학습자들과의 관계, 성취 수준 등에 대해 스스로 생각하고 반성할 수 있는 기회 제공 • 교사가 학생을 관찰하고 기록한 내용과 수시로 시행한 평가가 타당하였는지를 비교 · 분석해 볼 수 있는 기회 제공 • 특히 학생 수가 많아서 담당 교사 혼자의 힘으로 모든 학생을 제대로 평가하기 어렵다고 판단될 때, 동료평가 결과와 합하여 학생의 최종 성적으로 사용한다면 교사의 주관성을 배제할 수 있을 뿐만 아니라 성적 처리방식에 대한 공정성도 높일 수 있음

연구문제

1. 임 교사는 학생들에게 얼마 후에 기말고사가 있을 예정이니 열심히 시험 준비해서 노력한 만큼 좋은 성적을 거두라고 말하였다. 그런데 대부분의 학생의 표정은 시무룩해졌고 제각기 "시험 없는 나라에서 살고 싶다……." "시험이 없어도 난 잘할 수 있는데……."라며 푸념을 늘어놓았다. 과연 학생들의 말처럼 시험이라는 제도는 없는 것이 좋을까? 교사와 학생의 입장에서 시험을 통한 평가의 정당성 혹은 필요성에 대해 논의하시오.

표준화 검사

교사는 각 개별 학생의 인지, 정의, 태도 등 다양한 측면에 대한 정확한 정보를 통해 학생을 올바르게 지도하려고 노력한다. 학생에 대한 객관적이고 정확한 정보를 얻기 위해 교사는 신뢰도 및 타당도가 높은 측정도구를 활용하여 학생을 평가해야 한다. 특히 교사가 규준집단 혹은 평균적인 수준과 비교하여 각 개별 학생의 상태 및 수준 등을 파악하고 학생을 지도한다면 교수·학습에 많은 도움을 받을 수 있다. 이 경우 활용될 수 있는 측정도구가 표준화 검사이다. 학생을 좀 더 깊이 이해하기 위해 실시한 표준화 검사결과를 어떻게 해석하고 활용해야 하는가? 이 물음에 대한 답을 이 장에서 살펴보고자 한다.

1. 표준화 검사의 이해

1) 표준화 검사의 의미

표준화 검사
동일한 조건에서 동일한 절차에 따라 실시되고 채점되는 검사

표준화 검사(standardized test)는 모든 피검사자에게 동일한 검사 조건하에서 정해진 절차에 따라 전국 규모의 많은 피검사자에게 실시되며 동일한 절차 및 준거에 따라 객관적으로 채점되는 검사이다. 교사가 학생들에게 이러한 표준화 검사를 시행하는 이유는 교사 자신이 제작한 검사만으로는 학생의 성취 또는 발달 수준을 파악하는 데 한계가 있기 때문이다. 그러므로 전국적인 규준에 기초한 표준화 검사는 각 개별 학생의 점수를 전국의 비슷한 배경을 가진 규준집단의 수준과 비교하여 학생의 성취, 발달 수준, 상태 등이 어느 정도인지를 파악하는 데 보다 정확하고 객관적인 정보를 제공해 준다. 이러한 대부분의 표준화 검사는 신뢰도 및 타당도가 높은 검사로서 검사결과에 대한 해석은 규준집단 자료를 참고하여 이루어진다.

표준화 검사의 목적은 다양하다. 표준화 검사를 통해 교사는 학생의 학습 진전, 진로, 적성, 성격, 흥미 등에 대한 정보를 수집하여 학생 지도 시 의사를 결정하는 데 도움을 받을 수 있고, 표준화 검사결과는 개별 학생에 대한 강점 및 약점 등을 발견할 수 있게 하여 학생의 강점은 개발하고 약점은 보완하는 데 활용

될 수 있다. 또한 교사는 표준화 검사를 통해 수준별 학습 등이 효과적으로 이루어질 수 있도록 학생을 선발·배치하는 데 사용할 수 있고 교육 프로그램의 효과성을 평가하는 데에도 사용할 수 있다. 이 외에도 교사는 우울, 강박 등 심리적 또는 정신적 고통을 겪고 있는 학생들을 대상으로 표준화 검사를 실시하여 어떤 정신적 장애가 있는지 파악하고 의료적인 도움을 받을 수 있도록 조치를 취할 수 있다.

교사는 표준화 검사를 통해 나온 결과를 바탕으로 학생의 특성을 파악하고 교수·학습에 대한 의사결정을 하는 데 도움을 받을 수 있다. 그러나 교사는 표준화 검사에 대한 결과 활용에 있어 상당한 주의가 요구된다. 특히 표준화 검사 결과는 전체 학생과 비교하여 개별 학생에 대한 상대적 수준 또는 위치, 상태 등을 알려 주기 때문에 표준화 검사는 고위험부담검사(high-stakes testing)가 될 수 있다. 즉, 어떤 특정 검사가 성공과 실패를 가르는 기준점으로 제시된다면 특정 검사결과는 주요한 의사결정에 영향을 미칠 수 있다.

이와 같이 표준화 검사는 객관적으로 채점되는 검사로서 정확하고 객관적인 정보를 제공해 주지만 다음과 같은 몇 가지 문제점이 발생할 수 있으므로 주의를 기울여야 한다. 첫째, 표준화 검사의 표준화 과정과 검사결과에 대한 해석은 규준집단에 의해 이루어지므로 규준집단이 올바르지 못할 경우 낮은 신뢰도 및 타당도가 발생할 수 있어 좋은 측정도구가 될 수 없다. 규준에 대한 최소한의 필요조건은 대표성, 최신성, 적합성이기 때문에 표준화 검사는 한 번의 검사 제작으로 끝나는 것이 아니라 규준에 대한 재작성, 즉 표준화 검사의 주기적인 개정 작업을 통해 반드시 이러한 조건이 충족되어야 한다(송인섭, 2002; 이종승, 1987).

둘째, 표준화 검사의 오용이다. 표준화 검사의 사용 여부에 대한 결정은 교육적 서비스와 학생의 교육적 성과를 개선하는 데 유용한 것인가에 근거해서 이루어져야 하는데 충분한 검토 없이 관례적으로 검사를 사용하는 경우가 있다(최연철, 1995). 그리고 표준화 검사결과가 학생에 대한 평가뿐만 아니라 교사와 학교에 대한 평가로까지 이어져 진정한 의미에서 학생의 발달과 성취를 평가하고자 하는 검사의 목적을 왜곡할 수 있다. 즉, 수업의 많은 시간을 검사에서 요구하는 기술과 지식에 할애하고, 때로는 좋은 결과를 얻기 위해 수행이 저조한 학생을 빼놓고 검사를 치른다거나, 검사과정 중에 정답에 대한 단서를 제공하는 등의 부적절한 방법을 동원하기도 한다. 결국 진정한 의미의 진전은 알 수 없게 되고, 평가를 통해 관찰되어야 하는 성취 수준이 낮은 학생은 학교현장에서 소외되는 결과로 이어질 수 있다.

셋째, 표준화 검사의 편파성이다. 검사 편파성(test bias)이란 성별이나 민족과 같은 특정 집단에 따라 검사의 유불리(有不利)가 발생하여 검사가 불공정하다는 것을 말한다. 검사의 편파성을 판단하는 방법은 크게 세 가지로 첫 번째는 두 집단 간 점수 차이가 발생한 경우, 두 번째는 검사 문항이 특정 집단에게 유리하게 제작되었다고 전문가들이 판정한 경우, 세 번째는 집단에 따라 예측타당도가 달리 나타난 경우이다(Sternberg & Williams, 2010).

넷째, 표준화 검사에서 문화적 맥락, 즉 문화의 적절성이 충분히 고려되어야 하지만 그렇지 않은 경우도 있을 수 있다. 문화 적절성이란 검사가 피검사자의 문화적 배경과 부합하는 정도를 말한다. 검사를 피검사자의 문화와 부합하게 제작한다는 것은 피검사자가 이해할 수 있는 언어로 번안하는 것뿐만 아니라 내용이 의미하는 바를 피검사자가 이해할 수 있도록 만든다는 것이다. 이는 피검사자의 문화적 맥락이 검사 수행에 강력한 영향을 줄 수 있기 때문이다(Sternberg & Williams, 2010). 그러나 일부는 외국에서 제작된 검사도구를 아무런 문화적 검증 없이 그대로 번역하여 무분별하게 사용하고 있음에 주의하여야 한다(최연철, 1995).

다섯째, 학생의 동기가 검사의 수행에 영향을 미친다. 반대로 검사결과 또한 학생의 동기에 영향을 미칠 수 있다. 고위험부담검사는 학생을 가르는 기준으로 사용될 수 있기 때문에 낮은 검사 점수로 인해 실패를 경험한 학생은 동기가 잘 유발되지 않을 수 있다.

여섯째, 표준화 성취검사는 중요한 교수목표를 모두 반영하지는 않으며, 선다형과 같이 객관적 채점이 가능한 표준화 검사는 고차원적 기술이나 수행을 평가하는 데 한계를 지닌다.

따라서 검사결과를 가지고 학생에 대한 중요한 의사결정을 내릴 때, 그것이 학생의 학교생활 성공에 결정적인 영향을 미칠 수 있다는 점에 주의해야 한다. 많은 사람이 표준화 검사가 정교하고 포괄적이어서 학생의 전반적인 능력과 학업성취에 대해 다 알려 줄 것이라고 과신하는 경향이 있다. 그러나 표준화 검사

결과가 학생의 능력이나 특성을 모두 대변해 주는 것은 아니므로 그 사용과 해석에 신중을 기해야 한다. 표준화 검사 결과는 해당 학생을 이해하려는 하나의 참고자료임을 명심해야 하며, 한 가지 검사만으로 의사결정을 하기보다는 다양한 검사도구를 같이 사용하는 것이 바람직하다.

2) 표준화 검사의 해석

표준화 검사의 점수는 규준을 참조하여 해석되는데, 이때 규준은 피검사자를 대표할 수 있는 표본(sample)집단의 점수 분포에 기초하고 있다(Gregory, 2007). 표준화 검사에서 얻은 원점수(raw score)는 정답을 맞힌 문항의 수로 그 자체로는 의미가 없다. 그 이유는 원점수로는 규준집단과의 비교가 불가능하기 때문이다. 예를 들어, 어떤 학생이 수학 시험에서 100점 만점 중 80점을 받았고 국어 시험에서도 100점 만점 중 80점을 받았을 때, 원점수만 놓고 보면 같은 점수이다. 그러나 수학 시험의 경우 문제가 어렵게 출제되어 전체 평균 점수가 60점으로 나타났고 국어 시험의 경우에는 문제가 쉽게 출제되어 전체 평균 점수가 90점으로 나타났다. 이런 경우 이 학생은 수학 시험에서 평균 점수보다 20점 높은 점수를 받았지만 국어 시험에서는 평균 점수보다 10점 낮은 점수를 받은 것이 된다. 따라서 검사결과를 의미 있게 하려면, 원점수는 표본집단이나 규준집단과의 비교를 통해 추정된 점수로 전환되어야 한다. 원점수를 전환하게 되면 각기 다른 분포를 보이는 검사 점수 간의 비교가 가능하다. 점수를 전환하는 대표적인 방법에는 백분위 점수(percentile or percentile rank)와 표준점수(standardized score)가 있다.

백분위 점수는 주어진 점수 아래에 대응하는 누적백분율로, 개인의 상대적 위치를 제시한다(이종성, 김양분, 강상진, 강계남, 이은실, 2000). 100명의 고등학생 검사 응시자가 있다고 가정할 때, 가장 낮은 점수부터 가장 높은 점수까지 1점부터 100점을 부여하여 서열화한다. 이때 고등학생인 예진이의 원점수가 92점이고 백분위 점수가 95라면, 검사 응시자 중의 95%는 예진이의 원점수인 92점 또는 그보다 더 낮은 점수를 받았다는 것을 의미한다. 백분위 점수는 측정도구의 척도에 상관없이 의미 있게 전환될 수 있는 장점이 있지만 등간척도가 아닌 서열척도라는 단점이 있다(Domino, 2000). 즉, 백분위 점수는 서열지위만을 나타내

> **원점수**
> 정답을 맞힌 문항의 수

> **백분위 점수**
> 주어진 점수 아래에 대응하는 누적백분율

므로, 백분위 점수 50과 51의 점수 차와 백분위 점수 70과 71의 점수 차가 같지 않다는 것을 의미한다.

백분위 점수가 실제 분포를 반영해 주지 못하는 한계점을 가지고 있기 때문에 대부분의 검사에서는 표준점수를 사용한다. 표준점수는 개인의 원점수가 평균에서 얼마나 떨어져 있는지를 알 수 있도록 전환한 점수로서 각 개인의 원점수, 평균, 표준편차를 사용하여 점수를 산출하며, 백분위 점수와는 달리 등간척도로서 일관성 있는 해석이 가능하다. 표준점수는 원점수의 분포를 그대로 반영하는 기본적인 표준점수(Z)와 원점수의 분포를 정상분포(normalized distribution)시키는 정상화된 표준점수(T)로 전환될 수 있다. Z점수는 평균이 0이고, 표준편차가 1인 표준점수를 의미한다. 예를 들어, Z점수가 −1이라는 것은 개인의 원점수를 평균은 0, 표준편차는 1로 하는 Z점수로 환산했을 때, 개인의 원점수는 평균으로부터 하위 1 표준편차만큼 떨어져 있다는 것을 말한다. T점수는 Z점수를 평균 50, 표준편차 10으로 변환한 점수를 의미한다. T점수를 활용하는 이유는 Z점수를 양의 정수로 표현하기 위해서이다. 대부분의 원점수는 평균으로부터 ±3 표준편차 사이에 존재하기 때문에 T점수는 대부분 20~80 사이에 분포한다.

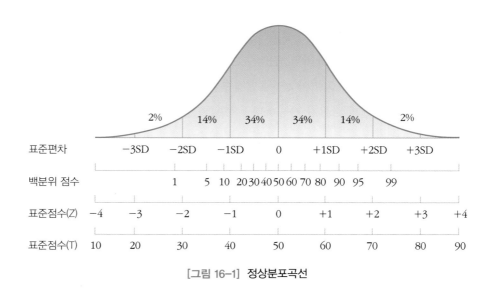

[그림 16-1] 정상분포곡선

2. 표준화 검사의 유형

1) 검사 실시방법에 따른 표준화 검사유형

검사 실시방법에 따라 표준화 검사는 개인검사와 집단검사, 양적 검사와 질적 검사, 속도검사와 역량검사, 언어적 검사와 비언어적 검사, 자기보고식 검사와 투사적 검사, 지필검사와 도구검사 등으로 구분할 수 있다.

개인검사는 한번에 한 명의 피검사자에게만 실시하는 것으로서 피검사자의 필요나 요구에 적합하게 검사를 실시할 수 있는 장점이 있지만 비용과 시간이 많이 든다는 단점이 있다. 집단검사는 여러 명의 피검사자에게 검사를 동시에 실시하는 것으로서 비용과 시간이 적게 들며 많은 피검사자의 정보를 한번에 얻을 수 있다는 장점이 있지만 각각의 피검사자에 대한 태도를 관찰하기에는 어렵다는 단점이 있다.

대부분의 표준화 검사는 측정하고자 하는 특성을 문항으로 제작하여 피검사자들이 그 문항에 응답한 것을 수량화하여 점수로 제시하는 양적 검사로 이루어져 있다. 이에 반해 질적 검사는 문장완성검사나 면접 등을 통해 어떠한 상황이나 피검사자의 행동에 대한 언어적 서술로 특성을 측정한다.

표준화 검사의 일부는 피검사자가 빠른 시간 내에 문제를 해결 또는 완성해야 하는데 이러한 검사가 속도검사이다. 이 속도검사의 경우 대부분은 문항 수가 많고 난이도가 쉽지만 시간제한으로 인해 문제를 모두 해결 또는 완성하기 어렵게 구성되어 있다. 반면, 역량검사(power test)는 문제의 난이도가 다양하게 구성되어 있고 주어진 시간 내에 해결 또는 완성할 것을 요구한다. 피검사자의 90% 정도가 주어진 시간 동안 문제를 해결 또는 완성할 수 있다면 역량검사라 할 수 있으며 지능검사, 성취도 검사 등이 역량검사에 포함된다.

표준화 검사의 대부분은 말이나 문자와 같은 언어적 형식으로 이루어져 있으며 이를 언어적 검사(verbal test)라 한다. 비언어적 검사(nonverbal test)는 언어적 형식을 제외한 그림이나 숫자, 블록, 퍼즐 등의 형식으로 이루어져 있으며, 언어 습득이 이루어지지 않은 유아나 인지력이 낮은 피검사자, 청각장애인, 외국어 사용자, 자폐아 등에게 사용된다.

자기보고식 검사는 구조적 검사라고도 하며 피검사자는 검사의 목적에 부합한 문항에 대해 일정한 형식에 따라 반응하도록 되어 있다. 대부분의 자기보고식 검사는 규준집단과 비교하여 각 개별 피검사자의 상대적 위치를 파악할 수 있으며 지능검사 및 인성검사, 성격유형 검사 등이 대표적인 자기보고식 검사이다. 투사적 검사는 비구조적 검사라고도 하며 불분명하게 제시된 과제에 대해 피검사자는 자신의 내면적인 욕구나 성향에 따라 반응하도록 되어 있다. 대표적인 투사적 검사로는 Rorschach 검사, 주제통각검사(Thematic Apperception Test: TAT) 등이 있다.

피검사자에게 종이로 인쇄된 질문지 혹은 컴퓨터 화면에 출력된 질문지를 배포하고 질문지 문항에 연필 또는 마우스로 응답하게 하는 검사가 지필검사이다. 반면, 종이와 연필 혹은 컴퓨터와 마우스가 아닌 다른 도구를 활용해 실시되는 검사가 도구검사이다. 도구검사의 예로는 손가락 민첩성과 같은 운동 능력을 측정하는 것이 있다.

2) 검사 영역에 따른 표준화 검사유형

교사는 학생의 지적·정의적 측면 등이 어떠한지에 대해 깊이 알고 싶어 한다. 이에 대한 정보를 얻고자 할 때, 교사는 표준화 검사를 활용하여 학생의 지적·정의적 측면 등을 측정한다. 지적·정의적 측면을 측정할 수 있는 표준화 검사 도구는 크게 '능력검사'와 '습관적 수행검사'로 분류할 수 있다. 능력검사는 주어진 일정 시간 동안에 피검사자가 자신의 능력을 최대한 발휘하여 주어진 문항을 해결해 가도록 제작된 것이다. 시간제한이 없는 경우도 있지만 대부분은 문항마다 정답이 있어 주어진 시간 동안 몇 문제를 해결했는지에 따라 피검사자의 점수가 결정되며, 지능검사, 적성검사, 성취도 검사가 이에 해당된다. 습관적 수행검사는 능력검사처럼 피검사자가 특정 분야를 얼마나 잘하는지 혹은 얼마나 많이 알고 있는지를 측정하는 것이 아니라 피검사자가 평소에 습관적으로 어떠한 행동을 하는지를 측정하기 위해 제작된 것이다. 이러한 습관적 수행검사에는 성격검사, 흥미검사, 태도검사 등이 있다(오은순, 정은주, 강경숙, 노정은, 이동진, 2013).

〈표 16-1〉은 교육현장에서 실시되고 있는 대표적인 표준화 검사이다.

표 16-1 검사 영역에 따른 표준화 검사

검사 영역	검사명
지능검사	한국 Wechsler 유아 지능검사 4판(K-WPPSI-IV)
	한국 Wechsler 아동 지능검사 5판(K-WISC-V)
	한국 Wechsler 성인 지능검사 4판(K-WAIS-IV)
	한국판 Kaufman 아동 지능검사 2판(KABC-II)
적성검사	일반 적성검사(GATB)
	Holland 진로발달검사(초등용), Holland 진로적성검사(중등용), Holland 계열적성검사(고등용)
성격검사	다면적 인성검사(MMPI), MMPI-2, MMPI-2-RF, MMPI-A
	표준화 성격진단검사
	한국판 Eysenck 성격검사(K-EPS)
	문장완성검사(SCT)
	주제통각검사(TAT)
흥미검사	청소년 직업흥미검사
	직업선호도검사
태도검사	자아개념검사(SCI-II)
성취도 및 진단 검사	국립특수교육원 기초학습능력검사(NISE-B·ACT)
	읽기 성취 및 읽기 인지처리능력 검사(RA-RCP)
	한국 주의력결핍·과잉행동장애 진단검사(K-ADHDDS)
	한국판 학습장애 평가척도(K-LDES)
	한국판 아동·청소년 행동평가척도(K-CBCL)
	기초학습기능 수행평가체제(BASA)
	조기 읽기 및 수학 검사(E-RAM)

3. 대표적인 표준화 검사

1) 지능검사

지능검사는 지식을 습득할 수 있는 능력, 생각할 수 있는 능력, 추상적인 추론
능력, 새로운 문제해결능력을 측정하기 위한 표준화 검사이다(Eggen & Kauchak,
2004).

지능검사는 한 명의 피검사자에게만 실시하는 개인용 검사와 한번에 많은 피
검사자에게 실시하는 집단용 검사가 있으며 아동용과 성인용으로 구분된다. 개
인용 검사는 검사자와 피검사자가 일대일로 마주 보고 검사자가 말로 차근차근
설명해 주고 피검사자도 말로 대답을 하기 때문에 실수율이 적은 편이다. 또한
검사과정에서 검사자는 피검사자가 피곤해하거나 불안해하는지를 살펴볼 수 있
으며 피검사자의 응답과정을 면밀히 관찰하여 점수를 해석하는 데 반영할 수 있
다(Eggen & Kauchak, 2004). 그러나 검사 실시가 까다롭고 시간이 오래 걸리며 검
사자가 고도로 훈련되어야 한다는 단점이 있다.

집단용 검사는 한번에 많은 수의 피검사자에게 실시할 수 있어 시간이나 비용
적인 측면에서 경제적이지만, 검사장의 분위기, 피검사자의 동기 유발 정도, 검
사 당일 피검사자의 상태, 이전에 검사를 해 본 경험 여부 등 통제하기 어려운 부
분에 많은 영향을 받으므로 개인용 검사만큼 양질의 정보를 얻기는 쉽지 않다.

대표적인 지능검사로는 Wechsler 검사의 한국판인 성인용 K-WAIS-IV
(Korean Wechsler Adult Intelligence Scale-IV), 아동용 K-WISC-Ⅴ(Korean
Wechsler Intelligence Scale for Children-Ⅴ), 유아용 K-WPPSI-IV(Korean
Wechsler Preschool and Primary Scale of Intelligence-IV), 한국판 Kaufman 아동지
능검사 2판(Korean Kaufman Assessment Battery for Children-II: KABC-II), KISE-
한국형 개인지능검사(Korea Institute for Special Education-Korea Intelligence Test
for Children: KISE-KIT) 등이 있다.

한국판 Wechsler 아동용 지능검사 5판

K-WISC-V(Korean Wechsler Intelligence Scale for Children-V)는 2014년도에 Wechsler가 개발한 WISC-V를 2019년도에 곽금주, 장승민이 한국판으로 표준화한 지능 검사이다. K-WISC-V는 아동의 전반적인 인지기능 및 인지기능의 강점과 약점을 파악하는 검사로, 대상은 만 6세 0개월~만 16세 11개월까지의 아동 및 청소년이며 검사에 소요되는 시간은 약 60~90분이고 개인검사이다. K-WISC-V는 16개의 소검사(토막짜기, 공통성, 행렬추리, 숫자, 기호쓰기, 어휘, 무게비교, 퍼즐, 그림기억, 동형찾기, 상식, 공통그림찾기, 순차연결, 선택, 이해, 산수)로 이루어져 있다. K-WISC-V의 검사 체계는 크게 세 가지로 전체척도(full index), 기본지표척도(primary index), 추가지표척도(ancillary index)로 구성되어 있으며, 전체 IQ(Full Scale Intelligence Quotient: FSIQ)와 다섯 가지 기본지표(언어이해, 시공간, 유동추론, 작업기억, 처리속도), 그리고 다섯 가지의 추가지표(양적추론, 청각작업기억, 비언어, 일반능력, 인지효율) 점수를 제공한다.

출처: https://inpsyt.co.kr

한국판 Kaufman 아동 지능검사 2판

한국판 KABC-II(Korean Kaufman Assessment Battery for Children-II)는 1983년에 Kaufman과 Kaufman이 전통적인 지능검사의 문제점을 수정 · 보완하여 아동의 지능 및 습득도를 측정하기 위해 개발한 검사도구인 K-ABC를 2004년도에 개정한 것이다. 이를 2014년도에 문수백이 한국의 문화적 특성을 고려하여 한국판 KABC-II로 표준화하였다. 한국판 KABC-II 검사 대상은 만 3세부터 18세에 이르는 아동과 청소년이며 이들의 정보처리와 인지능력을 측정하기 위해 개발된 개인지능검사로 검사에 소요되는 시간은 약 60~90분이다. 한국판 KABC-II는 검사를 통해 임상이나 교육적 측면에서의 상태를 진단할 수 있고 치료나 배치 계획을 세우는 데 유용하다. 한국판 KABC-II는 다섯 가지 하위척도(순차처리, 동시처리, 계획력, 학습력, 지식)로 분류되며 각 하위척도마다 핵심하위검사와 보충하위검사가 있고 연령에 따라 구분하여 실시한다. 다섯 가지 하위척도에 대한 하위검사로는 순차처리(수회생, 단어배열, 손동작), 동시처리(블록세기, 관계유추, 얼굴기억, 형태추리, 빠른길 찾기, 이야기 완성, 삼각형, 그림통합), 계획력(형태추리, 이야기 완성), 학습력(이름기억, 암호해독, 이름기억-지연, 암호해독-지연), 지식(표현어휘, 수수께끼, 언어지식)이 있다.

출처: https://inpsyt.co.kr

2) 적성검사

적성검사는 시간을 두고 발달된 일반적인 능력을 측정하고 앞으로의 학습에 대한 잠재력을 예측하기 위해 고안된 표준화 검사이다(Woolfolk, 2007). 성취도 검사나 적성검사 모두 발달능력을 측정하는 검사이지만, 성취도 검사가 최종적인 수행을 측정하는 것이라면 적성검사는 특정 영역에서 앞으로 얼마나 잘할 것인가를 예측하고자 한다는 점에서 검사 목적상 차이가 있다.

적성(aptitude)은 어떤 특정 분야나 영역에서의 지적 활동과 관계된 능력뿐만 아니라 정의적 특성을 포함하는 미래 예언적 속성을 가진 개념이다. 따라서 적성검사를 통해 피검사자는 자신을 객관적으로 이해할 수 있고, 자신에게 잠재된 능력이 무엇인지 파악하는 데 도움을 받을 수 있다.

적성검사는 크게 학업적 적성인 지능을 포함한 일반 적성검사와 특별한 영역에서의 특수 적성검사로 분류될 수 있다. 일반 적성검사가 전체적인 학업 수행을 예측하는 데 유용하다면, 특수 적성검사는 학생이 특정한 영역에서 어떤 수행을 보이는지를 알아보는 데 유용하다. 일반 적성검사(General Aptitude Test Battery: GATB)가 측정하는 요인은 크게 세 가지로, 첫째, 어휘력, 수리력, 일반 학습능력과 같은 인지 요인, 둘째, 공간지각, 형태지각, 사물지각과 같은 지각 요인, 셋째, 운동 협응이나 손가락 민첩성과 같은 정신운동 요인이다. 특수 적성검사에는 의학, 법학, 공학과 같은 특정 분야에서 요구하는 적성이 있는지 살펴보는 직업 적성검사와 음악, 미술 등에서 요구하는 능력을 갖추고 있는지 측정하는 예술 적성검사 등이 있다.

대표적인 적성검사로는 Holland 진로발달검사(초등용), Holland 진로적성검사(중등용), Holland 진로적성검사(특성화고등용), Holland 계열적성검사(고등용), Holland 전공적성검사(고등용)가 있으며, 예술적성검사로는 현경실의 한국 음악적성 검사(Korean Music Aptitude Test: KMAT)가 있다.

Holland 진로적성검사(중등용)

　　Holland 진로적성검사(중등용)는 Holland가 제시한 직업적 성격유형(실재형, 탐구형, 예술형, 사회형, 기업형, 관습형)을 찾는 자기보고식 검사로 안현의와 안창규에 의해 개발되었다. Holland 진로적성검사(중등용)의 대상은 중학생이며 검사는 개인용 또는 집단용으로 실시할 수 있다. 검사 문항 수는 192문항으로 검사에 소요되는 시간은 약 45분이다. Holland 진로적성검사(중등용)의 하위척도는 진로포부, 성격적성, 능력적성, 직업적성, 직업분야, 학업성적으로 구성되어 있다. 본 검사는 학생들이 전공이나 직업 선택뿐만 아니라 생애관점에서 자신의 라이프스타일을 결정하고 생애만족과 삶의 질을 높일 수 있도록 돕는 정보를 제공한다.

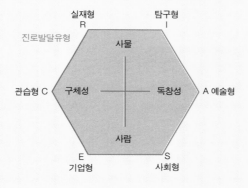

출처: https://inpsyt.co.kr

한국 음악적성 검사

　　한국 음악적성 검사(Korean Music Aptitude Test: KMAT)는 비교적 빠른 시간 안에 피검사자들의 음악적 재능을 평가하기 위해 2006년도에 현경실에 의해 개발된 검사로 대상은 초등학교 3학년부터 중학교 3학년까지이다. 본 검사는 음악 학습 경험이 없는 학생들의 잠재적 능력도 평가 가능하도록 개발되었고 서양 음악뿐만 아니라 동양 음악도 평가에 포함되어 있다. 검사 실시 형태는 청취검사 형태로 개인용 검사와 집단용 검사 모두 가능하며 소요 시간은 약 45분 정도이다. 본 검사는 박자와 가락 두 하위검사로 구성되어 있으며 박자와 가락 각각 30문항씩 총 60문항으로 구성되어 있다. 박자 검사는 3/4, 4/4, 6/8, 12/8 박자의 문항으로 구성되어 있고 서양 음악 20문항, 국악 10문항이다. 또한 가락 검사는 리듬의 요소가 배제된 똑같은 길이의 5개 음으로 이루어진 두 개의 가락 패턴을 듣고 '같은가' '다른가'를 답하도록 되어 있고 서양 음악 22문항, 한국 음악 8문항이다.

출처: https://inpsyt.co.kr

3) 성격검사

성격검사는 피검사자의 정서적 · 사회적 특성과 행동, 그리고 성향이나 기질 등을 측정하는 검사이다. 성격검사는 자기보고식 성격검사와 투사적 성격검사로 분류될 수 있다. 자기보고식 성격검사는 피검사자가 해당 문항을 읽고 그 문항이 자신을 가장 적절하게 표현하고 있다고 보는 것에 표시를 하면 된다. 자기보고식 성격검사의 예로는 다면적 인성검사(Minnesota Multiphasic Personality Inventory: MMPI), Big5 성격검사 등이 있으며, 투사적 성격검사의 예로는 Rorschach 검사, 주제통각검사(TAT)를 들 수 있다.

다면적 인성검사-청소년용(MMPI-A)

다면적 인성검사(Minnesota Multiphasic Personality Inventory: MMPI)는 본래 정신병리적 진단을 위한 검사였으나 MMPI를 통한 병리적 분류 개념이 정상인의 행동설명과 일반적 성격 특성도 유추할 수 있다는 전제하에 세계적으로 가장 널리 활용되고 있는 표준화된 성격검사이다. MMPI는 1943년 미국 미네소타 대학 병원에 재직 중인 Hathaway와 McKinley에 의해 개발되었으며, Butcher, Williams, Graham, Archer, Tellegen, Ben-Porath, Beverly Kaemmer가 MMPI-A를 제작하였다. 이를 한경희, 임지영, 김중술, 민병배, 이정흠, 문경주가 번안 · 제작하였다.

MMPI-A는 청소년용으로 개발된 검사로서, 청소년기 특징으로 나타날 수 있는 가족 및 학교에서의 문제, 또래집단과의 문제 등이 문항으로 포함되어 있다. 실시 대상은 만 13세부터 18세까지의 청소년이며 지필검사 시 소요되는 시간은 50~70분 정도로 총 478문항의 '예' '아니요'의 응답방식이다. 본 검사는 총 7개의 척도(타당도 척도, 임상 척도, 내용 척도, 임상 소척도, 성격병리 5요인 척도, 내용 소척도, 보충 척도)로 구성되어 있다. 내용 척도는 소외, 품행문제, 낮은 포부, 학교 문제와 같은 청소년 고유의 문제를 발견할 수 있도록 구성되어 있고 보충 척도는 알코올/약물 문제 인정, 알코올/약물 문제 가능성, 미성숙 등을 발견할 수 있도록 구성되어 있다.

출처: https://maumsarang.kr

주제통각검사

　주제통각검사(Thematic Apperception Test: TAT)는 대인관계와 환경에 대한 통각이나 성격의 역동 등을 알아보기 위한 검사로 모호한 그림을 보고 피검사자가 나타낸 공상을 바탕으로 검사자는 피검사자의 성격에 대한 특징적인 내용, 성격의 발달 및 구조를 분석·해석한다. TAT는 1935년에 Morgan과 Murray에 의해 개발되었고 1943년에 Murray에 의해 완성 발표된 투사적 검사로 TAT에서 보이는 그림은 다의적이며 모호해야 한다. 그림은 주로 인물이 등장하는 30매의 불분명한 카드와 1매의 백색카드로 총 31장의 그림으로 구성되어 있고, 그림을 보고 과거-현재-미래의 이야기를 꾸미도록 한다. 이 과정에서 피검사자는 자신의 선행 경험, 직접적인 자극 내용, 상상, 요구 등을 투사하게 되며, 이는 피검사자의 의식적·무의식적인 충동, 방어 및 갈등 등이 표현되어 나타난 것이다.

출처: https://inpsyt.co.kr

4) 흥미검사

　흥미란 한 개인이 어떠한 것에 대해 느끼는 특별한 관심으로서, 흥미검사는 피검사자가 어떠한 분야에 흥미가 있는지를 측정하기 위해 사용된다. 이 검사는 어떠한 분야에 흥미가 있는지와 관련 분야 직업에 대한 정보를 제공함으로써 직업을 선택하는 데 도움을 준다. 대표적인 흥미검사는 청소년 직업흥미검사와 Holland의 직업적 성격 유형론에 기초한 직업선호도검사(Vocational Performance Indicator: VPI)이다.

> 흥미검사
> 피검자가 어떠한 분야에 대해 특별한 관심을 갖고 어떻게 느끼는지를 측정하기 위해 사용하는 검사

청소년 직업흥미검사

한국고용정보원에서 2000년에 처음 개발된 후 2007년에 일부 개정을 거쳐 2021년에 전면 개정된 청소년 직업흥미검사는 청소년들이 자신의 직업적 흥미를 탐색하고 이를 기반으로 하여 효율적으로 진로 또는 직업 설계를 할 수 있도록 직업흥미에 적합한 직업과 학과에 대한 정보를 제공해 주는 검사이다. 검사 대상은 중·고등학생이며 시간제한은 없고 대략 20분 정도 소요된다. 피검사자들은 문항을 읽고 평소의 생각이나 행동대로 솔직하고 성실하게 응답하면 된다. 측정 내용은 크게 Holland 일반 흥미(6개 유형―실재형, 탐구형, 예술형, 사회형, 기업형, 관습형)와 기초흥미분야(14개 분야―기계·기술, 사회안전, 농림, 과학·연구, 음악, 미술, 문학, 공연예술, 교육, 사회, 관리·경영, 언론, 판매영업, 사무·회계)로 구분된다. 하위척도는 활동(65문항), 자신감(67문항), 직업(77문항)으로 구성되어 있다.

출처: 이요행 외(2021).

5) 태도검사

태도검사
어떤 일이나 상황에 직면했을 때 가지는 입장이나 자세를 측정하기 위해 사용하는 검사

태도란 어떤 일이나 상황에 직면했을 때 가지는 입장이나 자세로서, **태도검사**는 피검사자가 일이나 상황에 대해 어떠한 인지적·정의적·행동적 요소를 가지는지를 측정하기 위해 사용된다. 태도에 대한 측정은 주로 Likert 척도나 양극형용사 체크 양식 등을 활용한다. 예를 들어, '나는 사람의 지적 능력은 변할 수 있다고 생각한다'라는 문항에 대해 Likert 척도 사용 시 피검사자는 '전혀 동의하지 않는다'부터 '전적으로 동의한다'까지 이 문항의 내용에 동의하는 정도를 표시하게 된다. 태도검사의 예로는 자아개념검사―II(Self-Concept Inventory―II: SCI―II)가 있다.

자아개념검사-II

자아개념이란 개인이 가지고 있는 자신에 대한 견해, 즉 자기 자신에 대하여 가지고 있는 생각을 의미한다. 자아개념 속에 포함되는 요소는 자기 자신의 능력에 대한 견해뿐만 아니라 성격, 태도, 느낌 등을 모두 포괄한다. 자아개념검사-II(Self-Concept Inventory-II: SCI-II)는 이경화와 고진영이 개발하였고, SCI-I의 문항을 수정·보완하여 발전시킨 것이다. 본 검사는 인지적·정의적·사회적·신체적 자아개념 등 4개의 영역을 측정하여 인성교육이나 상담 및 생활지도에 유용한 기초자료로 활용될 수 있다. 이 검사의 대상은 유아부터 성인까지이며 각 연령별 대상에 따라 검사지의 유형이 다르다. 검사에 소요되는 시간은 유아용이 약 30분이며 초등학생부터 성인용까지는 모두 약 45분 정도이다. 유아용은 개인용 검사만 있으며 초등학생부터 성인용까지는 개인용 검사 및 집단용 검사 모두 가능하다. 유아용 SCI-II는 모두 31문항으로 이루어져 있고, 인지적 자아(언어, 수학), 정의적 자아(정서, 도덕), 사회적 자아(친구관계, 부모관계), 신체적 자아(신체능력, 신체외모)를 측정한다. 그리고 초등 저학년용 SCI-II 는 총 83문항, 초등 고학년용 SCI-II는 총 107문항으로 이루어져 있으며 초등 저·고학년 모두 인지적 자아(학업, 언어, 논리-수리), 정의적 자아(성격-정서, 도덕), 사회적 자아(친구관계, 부모관계), 신체적 자아(신체능력, 신체외모)를 측정한다. 또한 청소년용 SCI-II는 총 143문항으로 이루어져 있으며 인지적 자아(학업, 문제해결, 언어, 논리-수리), 정의적 자아(성격-정서, 도덕, 종교·영혼), 사회적 자아(친구관계, 이성친구관계, 부모관계), 신체적 자아(신체능력, 신체외모)를 측정한다.

출처: https://inpsyt.co.kr

6) 성취도 및 진단 검사

성취도 검사는 가장 광범위하게 사용되는 표준화 검사로 읽기, 쓰기, 수학, 과학, 사회, 비판적 사고능력, 상식 등과 같은 특정 영역에서 학생이 얼마나 배웠는지를 측정하기 위한 것이다(Eggen & Kauchak, 2004). **성취도 검사**는 크게 다섯 가지 목적을 위해 사용된다. 첫째, 학생이 특정 영역에서 완수한 정도를 판별하여 학습 수준을 종합적으로 평가하기 위해 사용된다. 둘째, 학생의 수행을 지역별, 전국적으로 비교하기 위해 사용된다. 셋째, 지속적인 시간을 두고 학생이 보이는 진전을 추적 관찰하기 위해 사용된다. 넷째, 학생의 미래 수행을 예측하기 위해 사용된다. 다섯째, 학습에서 어떤 어려움에 처해 있는지를 판별하기 위해 사

성취도 검사
학생이 특정 영역에서 얼마나 학습했는가를 측정하도록 설계된 검사

용된다. 성취도 검사는 학교에서 실시하는 다양한 형태의 학업성취도 시험과 우리나라 대학 입학시험인 대학수학능력시험 등이 대표적이다.

성취도 검사가 다양한 교과 영역에서 학생의 진보를 측정하기 위한 것이라면, 진단검사는 특정 지식이나 기술 영역에서 학생의 강점이나 약점에 대한 자세한 정보를 얻기 위해 개별적으로 실시하는 검사이다. 진단검사는 수학이나 읽기 영역에서 학생의 발달 수준과 각 수준의 학생 요구를 반영한 수업 설계가 수월한 저학년에서 많이 통용되고 있다. 예를 들어, 읽기 진단검사에서는 글자인식, 단어분석기술, 처음 보는 어휘, 문장에서의 어휘, 독해능력 등을 측정할 수 있다. 국내 진단검사로는 국립특수교육원 기초학습능력검사(National Institute of Special Education–Basic Academic Competence Tests: NISE–B · ACT), 읽기 성취 및 읽기 인지처리능력 검사(Reading Achievement & Reading Cognitive Processes Ability: RA–RCP), 한국 주의력결핍 · 과잉행동장애 진단검사(Korean Attention Deficit Hyperactivity Disorder Diagnostic Scale: K–ADHDDS), 한국판 학습장애 평가척도(Korean Learning Disability Evaluation Scale: K–LDES), 기초학습기능 수행 평가체제: 읽기(Basic Academic Skills Assessment: Reading, BASA: R), 아동 · 청소년 행동평가척도(Korean Child Behavior CheckList: K–CBCL) 등이 있다.

진단검사
특정 영역에서 학습자의 강점과 약점을 판별하기 위한 검사

국립특수교육원 기초학습능력검사

2017년도에 개발한 국립특수교육원 기초학습능력검사(National Institute of Special Education–Basic Academic Competence Tests: NISE–B · ACT)는 만 5~14세를 대상으로 기초학습능력을 측정하고, 특수교육대상 학생과 장애 발생의 위험성이 높은 아동을 선별하고 진단하며 교수 · 학습 계획을 수립하는 데 필요한 정보를 제공하는 것이 목적이다. 본 검사는 개인검사로 실시할 수 있으며, 읽기, 쓰기, 수학의 3개 검사로 구성되어 있고, 학년규준과 백분위수, 환산점수 등을 활용하여 기초학습능력의 지체와 정체 등을 파악할 수 있는 선별검사와 진단검사로 활용된다.

출처: 이태수 외(2017).

읽기 성취 및 읽기 인지처리능력 검사

김애화, 김의정, 황민아, 유현실에 의해 개발된 읽기 성취 및 읽기 인지처리능력 검사(Reading Achievement & Reading Congnitive Processes Ability: RA-RCP)는 개인검사로 약 90~120분 정도 소요된다. 대상은 초등학교 1~6학년 학생으로 읽기 성취 및 읽기와 관련된 인지처리능력을 측정하는 것을 목적으로 한다. 검사결과를 통해 피검사자의 읽기 성취 및 읽기와 관련된 인지처리능력이 평균을 기준으로 어느 범위에 속하는지를 파악할 수 있으며 읽기장애 학생의 진단과정에 활용할 수 있다. 본 검사는 크게 읽기 성취 검사와 읽기 인지처리능력 검사로 구분된다. 읽기 성취 검사에는 단어인지, 읽기 유창성, 읽기 이해 등 3개의 소검사로 구성되어 있으며, 읽기 인지처리능력 검사에는 자모지식, 빠른 자동 이름 대기, 음운기억, 문장 따라 말하기, 듣기 이해, 어휘 등 6개의 소검사로 구성되어 있다.

출처: https://inpsyt.co.kr

한국 주의력결핍 · 과잉행동장애 진단검사

한국 주의력결핍 · 과잉행동장애 진단검사(Korean Attention Deficit Hyperactivity Disorder Diagnostic Scale: K-ADHDDS)는 주의력결핍 · 과잉행동장애(Attention Deficit Hyperactivity Disorder: ADHD)가 의심되는 아동 · 청소년을 대상으로 그 증상 및 심도를 측정 · 평가하기 위한 검사도구로, 2004년에 이상복과 윤치연이 표준화한 검사이다. 검사 대상은 3세부터 23세까지로 ADHD가 의심되는 아동 · 청소년이며 일대일 개인검사로 진행된다. 검사 내용은 학년과 상관없이 모두 동일하며 이 검사에 소요되는 시간은 보통 3개의 하위검사를 완성하는 데 약 5~10분 정도 소요된다. 본 검사는 과잉행동 13문항, 충동성 10문항, 부주의 13문항 등 3개의 하위검사, 총 36문항으로 구성되어 있다. 과잉행동 하위검사는 쉽게 흥분하고 큰 소리를 지른다든지 침착하지 못한 행동 등을 측정한다. 충동성 하위검사는 생각하기 전에 행동한다든지 차례를 기다리기 어렵다든지 대화에 불쑥 끼어든다든지 등을 측정한다. 부주의 하위검사는 집중력이 부족하거나 자주 실수를 하거나 주의가 산만한 행동 등을 측정한다.

출처: http://www.tespia.kr

한국판 학습장애 평가척도

신민섭, 조수철, 홍강의는 McCarney의 학습장애 평가척도(Learning Disability Evaluation Scale: LDES)를 한국판(K–LDES)으로 제작하였다. 한국판 학습장애 평가척도는 표준화된 연령별 규준이 확립된 평가도구로 교사나 부모가 평가하도록 하는 학습장애 선별검사이다. 본 검사는 아동의 학습문제를 진단하고, 학습장애의 유형과 심각성에 대한 평가, 그리고 개별 학습장애 치료 프로그램 개발에 도움이 되는 정보를 제공한다. 본 검사의 대상 연령은 만 6세부터 11세까지이며 총 88문항으로 구성되어 있고 소요 시간은 약 20분이다. 본 검사는 7개의 하위영역인 주의력, 생각하기, 말하기, 읽기, 쓰기, 철자법, 수학적 계산으로 구성되어 있고 아동들이 보이는 문제를 부모나 교사가 3점 척도로 평가하도록 되어 있다. 각 하위척도 점수는 연령별 규준에 입각한 평균 10, 표준편차 3인 표준점수로 전환되며, 각각의 7개 하위척도 표준점수를 합산하여 평균 100, 표준편차 15인 학습지수(Learning Quotient: LQ)로 변환된다. 각 하위척도 평가점수가 7점 미만일 때, 그 영역에서 학습문제가 있는 것으로 간주한다.

- 주의력: 주의집중의 어려움을 평가(7개 문항)
- 생각하기: 시공간적 능력, 기계적 정보처리 능력을 평가(17개 문항)
- 말하기: 말할 때 음 빠뜨리기, 단어를 전혀 틀리게 발음하기, 대화를 잘 이어 가지 못함, 한정되어 있는 어휘력을 평가(9개 문항)
- 읽기: 단어, 행, 문장 등을 빼먹고 읽는 것과 같은 읽기의 정확성과 독해 능력을 평가(14개 문항)
- 쓰기: 반전오류(글자나 숫자를 거꾸로 씀), 띄어쓰기에서의 어려움을 평가(14개 문항)
- 철자법: 철자법, 받아쓰기에서의 어려움을 평가(7개 문항)
- 수학적 계산: 수학적 연산 및 수학적 추론에서의 어려움을 평가(20개 문항)

출처: https://inpsyt.co.kr

연구문제

1. 학생 지도 및 상담 시 표준화 검사결과를 어떻게 해석하고 활용해야 하는지에 대해 논의하시오.

참고문헌

경기도다문화교육센터 편(2009). 다문화교육의 이론과 실제. 경기: 양서원.

곽금주(2002). 아동 심리평가와 검사. 서울: 학지사.

곽금주, 박혜원, 김청택(2001). K-WISC-Ⅲ. 서울: 한국교육개발원.

곽금주, 오상우, 김청택(2011). Korean Wechsler Intelligence Scale for Children-Fourth Edition (K-WISC-IV). 서울: 학지사 심리검사연구소.

곽병선 외(2012). 창의 · 인성교육 확산을 위한 교사 전문성 제고 방안 연구. 한국교육개발원 · 한국학교교육연구원, 수탁연구 CR 2012-43-1.

교육과학기술부(2009). 2009 특수교육통계.

교육과학기술부, 한국교육과정평가원(2012). 문답식으로 알아보는 성취평가제. 홍보자료 PIM 20/2-8.

교육부(2013). 학생의 꿈과 끼를 살려 행복교육을 실현하는 중학교 자유학기제 시범 운영계획(안).

교육부(2022a). 2022년 다문화교육 지원계획. 세종: 교육부.

교육부(2022b). 2022 특수교육통계.

교육부, 한국교육과정평가원(2013). 문답식으로 알아보는 성취평가제: 중학교. 홍보자료 PIM 2013-12.

교육부, 한국교육과정평가원(2014). 문답식으로 알아보는 성취평가제: 고등학교 보통교과. 홍보자료 PIM 2014-9.

교육부, 한국교육과정평가원(2017). 과정을 중시하는 수행평가 어떻게 할까요?: 중등. 연구자료 ORM 2017-19-2.

국립특수교육원(2009). 특수교육학 용어사전. 서울: 하우.

국립특수교육원(2017). 국립특수교육원 기초학습능력검사(NISE-B · ACT) 개발 연구. 충남: 국립특수교육원.

권석만(2012). 현대심리치료와 상담이론. 서울: 학지사.

권순구, 권미경(2022). 중등 다문화교육 운영 현황 분석. 교육문화연구, 28(5), 551-571.

김기철, 유창완, 신기철, 전영한, 조기희, 차민철, 박정준, 백승수, 김택천, 노수신, 박윤혁 (2016). 2015 개정 교육과정에 따른 초 · 중학교 체육과 평가기준 개발 연구. 연구보고 CRC 2016-2-9. 충북: 한국교육과정평가원.

김동진, 이슬기(2021). 학교 다문화교육의 현황 분석: 연구자, 교사, 학생의 인식을 중심으로. 문화교류와 다문화교육, 10(5), 253-275.

김승국(2003). 특수교육학. 서울: 양서원.

김아영(2012). 교사전문성 핵심요인으로서의 교사효능감. 교육심리연구, 26(1), 63-84.

김영배(2015). 플립러닝 지원시스템 설계 원리 개발. 부산대학교 대학원 박사학위논문.

김영채(1999). 창의적 문제해결: 창의력의 이론, 개발과 수업. 서울: 교육과학사.

김인(2009). 초등학교 다문화 교육의 현황 및 지향점. 초등교육연구, 22(1), 23-42.

김주현(2022). 양성평등의 관점에서 살펴본 고등학교 '정치와 법' 교과서 삽화 분석. 시민교육연구, 54(1), 1-31.

김현철, 박혜랑(2018). 초중등학교 재학 탈북청소년의 과목별 학업성취 변화양상과 지원방안. 학습자중심교과교육연구, 18(22), 195-215.

모경환, 부향숙, 구하라, 황혜원(2018). 다문화교육을 위한 교사연수 분석과 발전 방안. 다문화교육연구, 11(3), 287-308.

문수백(2014a). 한국판 KABC-II. 서울: 학지사.

문수백(2014b). 한국판 KABC-II의 확인적 요인분석. 발달장애연구, 18(1), 1-38.

문용린(1995). 종합학습능력진단검사. 대구: 대구교육과학연구소.

박병관(2007). 학습능력검사. 서울: KPTI 한국심리연구소.

박영신(1989). 성패귀인의 측정: 학업성패귀인 차원의 재검토. 교육학연구, 27(1), 11-27.

박영주, 전미경(2020). 중 · 고등학교 '기술 · 가정' 교과서 부모삽화에 나타난 성역할 연구. 한국가정과교육학회지, 32(1), 35-50.

박영진, 장인실(2018). 이중언어를 구사하는 다문화가정 자녀 특성에 관한 연구. 다문화사회연구, 11(1), 227-260.

박희훈, 오성배(2014). 다문화가정 자녀의 학교급별 학교생활 적응에 관한 탐색. 한국교육문제연구, 32(2), 35-57.

배호순(1980). 영재판별방법에 관한 이론적 고찰. 교육개발, 2(2), 38-43.

백순근(1999). 수행평가의 이론적 기초. 초등교과교육연구, 3, 26-49.

설동훈 외(2005). 국제결혼 이주여성 실태조사 및 보건복지 지원 정책방안. 서울: 보건복지부.

성태제(2002). 타당도와 신뢰도(개정판). 서울: 학지사.

송은, 임동선(2020). 중학교 2학년 다문화청소년의 이중언어능력과 모국어 사용 정도에 따른 군집분석. 학습자중심교과교육연구, 20(11), 591-612.

송인섭(2002). 한국 표준화 검사의 문제와 발전 방향. 교육평가연구, 15(2), 1-20.

신명희(2002). 교수방법의 심리적 기초. 서울: 학지사.

신명희, 박명순, 권영심, 강소연(1998). 교육심리학의 이해. 서울: 학지사.

신명희, 서은희, 송수지, 김은경, 원영실, 노원경, 김정민, 강소연, 임호용(2013). 발달심리
　　학. 서울: 학지사.

신민섭, 홍강의, 조수철(1988). 학습장애평가척도. 서울: 학지사.

안창규, 안현의(2003). 진로적성 진단검사. 서울: 가이던스.

어윤경, 시기자, 박가열, 변정현, 박효희(2008). 직업선호도 검사 개정 연구보고서(1차년도).
　　서울: 한국고용정보원.

오은순, 정은주, 강경숙, 노정은, 이동진(2013). 표준화 검사결과 활용방안 매뉴얼. 충북: 한
　　국교육과정평가원.

유경재, 한윤영, 하주현(2011). KEDI 창의적 인성검사 개발 및 타당화 연구. 아시아교육연
　　구, 12(4), 217-247.

윤길근, 김성수, 이영훈(2008). 교육심리학. 서울: 신정.

이문복, 윤지환, 김소연, 주헌우, 권서경(2015). 고등학교 영어 말하기 수행평가 지원 시스
　　템 개발 및 시범 적용. 연구보고 RRI 2015-2. 충북: 한국교육과정평가원.

이상로, 김경린(1996). 적성진단검사. 서울: 중앙적성연구소.

이상복, 윤치연(2004). 한국 주의력결핍·과잉행동장애 진단검사: 교사·부모·치료사용. 부산:
　　테스피아.

이성봉, 김은경, 박혜숙, 양문봉, 정경미, 최진혁(2019). 응용행동분석. 서울: 학지사.

이성진(1996). 교육심리학: 그 학문적 성격과 과제. 교육심리연구, 10(1), 25-48.

이성호(1999). 교수방법론. 서울: 학지사.

이성호(2004). 교육과정개발의 원리. 서울: 학지사.

이소현, 박은혜(2011). 특수아동교육. 서울: 학지사.

이요행, 정명진, 박소연, 최효식, 윤안순, 김지민, 김미소(2021). 청소년 직업흥미검사 개
　　정 연구보고서. 기본사업 2021-026. 충북: 한국고용정보원.

이원석(2008). 타당도에 대한 통합적 관점. 교육평가연구, 21(4), 67-79.

이원석(2009). 타당도 분석을 위한 평가적 접근 모형: 통합적 관점. 교육평가연구, 22(4),
　　1079-1099.

이은해(1997). 아동발달의 평가와 측정. 서울: 교문사.

이종성, 김양분, 강상진, 강계남, 이은실(2000). 사회과학 연구를 위한 통계방법. 서울: 박영사.

이종승(1987). 표준화 심리검사의 양호도 분석. 한국교육평가연구회 학술대회. 한국교육
　　평가연구회.

이태수, 나경은, 서선진, 이준석, 김우리, 이동원, 오유정(2017). 국립특수교육원 기초학습능력검사(NISE-B · ACT) 개발 연구. 충남: 국립특수교육원.

이혜원, 이혜영(2012). 이주노동자 자녀의 학교생활 적응에 영향을 미치는 요인. 민주사회와 정책연구, 22, 132-161.

임규혁, 임웅(2007). 학교학습 효과를 위한 교육심리학(2판). 서울: 학지사.

임동선, 백수정, 김송이, 한지윤(2020). 다문화 가정 내 모국어 사용에 따른 다문화 청소년의 언어 능력 및 사회적 지지 탐색. 다문화교육연구, 13(3), 141-162.

장인실, 김경근, 모경환, 민병곤, 박성혁, 박철희, 성상환, 오은순, 이윤정, 정문성, 차경희, 차윤경, 최일선, 함승환, 허창수, 황매향(2012). 다문화 교육의 이해와 실천. 서울: 학지사.

장인실, 모경환, 김윤주, 박철희, 임은미, 조현희, 함승환(2022). 다문화교육. 서울: 학지사.

조영달, 박윤경, 성경희, 이소연, 박하나(2010). 학교 다문화 교육의 실태 분석. 시민교육연구, 42(1), 151-184.

최연철(1995). 학습준비도 검사의 오용(誤用)에 관한 고찰: 게젤 학습준비도 검사를 중심으로. 학생생활연구, 21, 83-103.

최인수, 이채호(2008). 유아 창의성에 영향을 미치는 교사 창의성, 부모 양육태도간의 구조모형 분석. 한국아동학회 2008년도 춘계학술발표논문집. 111-112.

탈북청소년교육지원센터(2022). 2022년 탈북학생 통계 현황.

한국교육과정평가원(2013). 정서 · 행동적 어려움을 지닌 초등학생 지원을 위한 수업전략과 학습환경 설계 방안의 효과성 검증. 충북: 한국교육과정평가원.

한국교육과정평가원(2017). 과정을 중시하는 수행평가, 이렇게 해요!. KICE 연구 · 정책브리프, Vol. 05. 충북: 한국교육과정평가원.

한순미, 김선, 박숙희, 이경화, 성은현(2005). 창의성: 사람, 환경, 전략. 서울: 학지사.

허인수(2000). 수행평가의 적용과 교사들의 반응. 2000년 한국초등교육학회 연차학술대회 자료집.

현경실(2006). 한국음악적성검사(KMAT)의 공인타당도 연구. 이화음악논집, 10(1), 243-263.

홍강의(2014). 소아정신의학. 서울: 학지사.

홍정림, 최은경(2002). 과학과 수행평가에 관한 중등학생의 인식 및 자아효능감 조사. 한국과학교육학회지, 22(2), 230-239.

Albanese, M. A., & Mitchell, S. (1993). Problem-based learning: A review of literature on its outcomes and implementation issues. *Academic Medicine*, 68, 52-81.

Alexander, P. (2006). *Psychology in learning and instruction*. Upper Saddle River, NJ: Prentice Hall.

Alexander, P., Graham, S., & Harris, K. (1998). A perspective on strategy research: Progress and prospects. *Educational Psychology Review, 10*(2), 129–153.

Allport, G. W. (1961). *Pattern and growth in personality.* New York: Holt, Rinehart & Winston.

Amabile, T. M. (1989). *Growing up creative: Nurturing a lifetime of creativity.* New York: Crown Publishing Group.

American Educational Research Association, American Psychological Association, & National Council on Measurement in Education (1999). Standards for educational and psychological testing. Washington, DC: American Psychological Association.

Ames, C. (1992). Classrooms: Goals, structures, and students motivation. *Journal of Educational Psychology, 84*(3), 261–271.

Anderson, J. R. (1995). *Learning and memory: An integrated approach.* New York: John Wiley.

Anderson, L., Evertson, C., & Brophy, J. (1979). An experimental study of effective teaching in first–grade reading groups. *Elementary School Journal, 79,* 193–223.

Anderson, L. W., & Krathwohl, D. R. (Eds.). (2001). *A taxonomy for learning, teaching and assessing; A revision of Bloom's taxonomy of educational objectives* (Complete edition, pp. 67–68). New York: Longman.

Anderson, T. H., & Armbruster, B. B. (1984). Studying. In P. D. Pearson, R. Barr, M. L. Kamil, & P. Mosenthal (Eds.), *Handbook of reading research* (pp. 657–679). New York: Longman.

Andrade, H. G. (2000). Using rubrics to promote thinking and learning. *Educational Leadership, 57*(5), 13–18.

Andrews, G. R., & Debus, R. L. (1978). Persistence and the causal perception of failure: Modifying cognitive attributions. *Journal of Educational Psychology, 70,* 154–166.

APA (2013). *The Diagnostic and Statistical Manual of Mental Disorders* (5th ed.). American Psychiatric Association.

Armstrong, T. (2000). *Multiple intelligences in the classroom* (2nd ed.). Alexandria, VA: Association for Supervision and Curriculum Development.

Ashton, P. T. (1984). Teacher efficacy: A motivational paradigm for effective teacher education. *Journal of Teacher Education, 35*(5), 28–32.

Ashton, P. T., & Webb, R. B. (1986). *Making a difference: Teachers' sense of efficacy and student achievement.* New York: Longman.

Assor, A., Kaplan, H., Kanat-Maymoon, Y., & Roth, G. (2005). Directly controlling teacher behaviors as predictors of poor motivation and engagement in girls and boys: The role of anger and anxiety. *Learning and Instruction, 15*, 397-413.

Atkinson, R., L. & Shiffrin, R. (1968). Human memory: A proposed system and its control process. In K. Spence & J. Spence (Eds.), *The psychology of learning and motivation: Advances in research and theory* (Vol. 2). San Diego, CA: Academic Press.

Atkinson, R. L., Atkinson, R. C., Smith E. E., & Bem, D. J. (1990). *Introduction to psychology* (10th ed.). San Diego, CA: Harcourt Brace Jovanovich.

Atkinson, J. W. (1980). Motivational effects on so-called tests of ability and educational achievement. In L. J. Fyans, Jr. (Ed.), *Achievement motivation*. New York: Plenum Press.

Ausubel, D. P. (1968). *Educational Psychology: A cognitive view.* New York: Holt, Rinehart & Winston.

Ausubel, D. P. (2000). *The acquisition and retention of knowledge: A cognitive view.* Dordresht: Kluwer Academic Publishers.

Baddeley, A. D. (1986). *Working memory: Theory and practice.* London, UK: Oxford University Press.

Baillargeon, R., Graber, M., DeVos, J., & Black, J. (1990). Why do young infants fail to search for hidden objects? *Cognition, 36*, 255-284.

Bandura, A. (1963). The role of imitation in personality development. *Journal of Nursery Education, 18*, 207-215.

Bandura, A. (1965). Influence of models' reinforcement contingencies on the acquisition of imitative responses. *Journal of Personality and Social Psychology, 1*, 589-595.

Bandura, A. (1969). *Principles of behavior modification.* New York: Holt, Rinehart & Winston.

Bandura, A. (1973). *Aggression: A social learning analysis.* Englewood Cliffs, NJ: Prentice-Hall.

Bandura, A. (1977). *Social learning theory.* Englewood Cliffs, NJ: Prentice-Hall.

Bandura, A. (1986). *Social foundations of thought and action: A social cognitive theory.* Englewood Cliffs, NJ: Prentice-Hall.

Bandura, A. (1993). Perceived self-efficacy in cognitive development and function.

Educational Psychologist, *28*, 117-148.

Bandura, A. (1997). *Self-efficacy: The exercise of control*. New York: W. H. Freeman.

Bandura, A., & Walters, R. M. (1963). *Social learning and personality development*. New York: Holt, Rinehart and Winston.

Banks, J. A. (2008). *An introduction to multicultural education* (4th ed.). Boston: Allyn & Bacon.

Banks, J. A. (2016). 다문화교육입문. (모경환, 최충옥, 김명정, 임정수 공역). 경기: 아카데미프레스. (원저는 2013년에 출판).

Barkley, R. A. (1990). *Attention deficit hyperactivity disorder: A handbook for diagnosis and treatment*. New York: Guilford Press.

Barnes, M. (2013). *Role reversal: Achieving uncommonly excellent results in the student-centered classroom*. Alezandria, VA: ASCD.

Baron-Cohen, S. (2007). 그 남자의 뇌, 그 여자의 뇌(*The Essential Difference: Men, Woman and the Extreme Male Brain*). (김혜리, 이승복 공역). 서울: 바다출판사. (원저는 2003년에 출판).

Barron, F. (1988). Putting creativity to work. In R. J. Sternberg (Ed.), *The nature of creativity*. New York: Cambridge University Press.

Bar-Tal, D. (1978). Attributional analysis of achievement-related behavior. *Review of Educational Research*, *48*, 259-271.

Baumrind, D. (1991). The influence of parenting style on adolesent competence and substance use. *Journal of Early Adolescence*, *11*, 56-95.

Bem, S. L. (1981). Gender schema theory: A cognitive account of sex typing. *Psychological Review*, *88*, 354-364.

Bennett, C. I. (2009). 다문화교육: 이론과 실제. (김옥순, 김진호, 신인순 공역). 서울: 학지사. (원저는 2006년에 출판).

Bennett, N. (1976). *Teaching styles and pupil progress*. London: Open Books.

Bennett, N., & Desforges, C. (1988). Matching classroom tasks to students' attainments. *The Elementary School Journal*, *88*, 221-224.

Bergman, J., & Sams, A. (2014). Flipped learning: Gateway to student engagement. International Society for Technology in Education.

Berliner, D. (1979). Tempus educare. In P. Peterson & H. Walberg (Eds.), *Research on teaching: Concepts, findings, and implications* (pp. 120-135). Berkeley, CA: McCutchan.

Berliner, D., & Biddle, B. (1995). *The manufactured crisis: Myth, fraud, and the attack on America's public schools.* New York: Addison-Wesley.

Betts, G. T., & Neihart, M. (1988). Profiles of the gifted & talented. *Gifted Child Quarterly, 32*(2), 248-253.

Beyer, B. K. (1995). *Critical thinking.* Bloomington, IN: Phi Delta Kappa Educational Foundation.

Biehler, R. F., & Snowman, J. (1990). *Psychology applied to teaching.* Boston: Houghton Mifflin Company.

Bloom, B. S., & Krathwohl, D. R. (1956). *Taxonomy of educational objectives: The classification of educational goals by a committee of college and university examiners. Handbook 1: Cognitive domain.* New York: Addison-Wesley.

Bloom, B. S. (Ed.). (1985). *Developing talent in young people.* New York: Ballantine.

Bloom, B., Englehart, M., Hill, W., Furst, E., & Krathwohl, D. (1984). *Taxonomy of educational objectives: The classification of educational goals. Handbook I: Cognitive domain.* New York: Longman Green.

Blumenfeld, P. C., Soloway, E., Mark, R. W., Krajcik, J. S., Guzdial, M., & Palincsar, A. (1991). Motivation project-based learning: Sustaining the doing, Supporting the learning. *Educational Psychologist, 26,* 369-398.

Boggiano, A. K., Main, D. S., & Katz, P. A. (1988). Children's preference for challenge: The role of perceived competence and control. *Journal of Personality and Social Psychology, 54,* 134-141.

Bong, M., & Clark, R. (1999). Comparison between self-concept and self-efficacy in academic motivation research. *Educational Psychologist, 34,* 139-153.

Borg, W., & Ascione, F. (1982). Classroom management in elementary mainstreaming classrooms. *Journal of Educational Psychology, 74,* 85-95.

Borich, G. D. (2000). *Effective teaching methods* (4th ed.). Upper Saddle River, NJ: Merrill/Prentice Hall.

Boyatzis, C. J., Matillo, G. M., & Nesbitt, K. M. (1995). Effects of the "Mighty Morphin Power Rangers" on children's aggression with peers. *Child Study Journal, 25,* 45-55.

Bransford, J., Derry, S., Berliner, D., Hammerness, K., & Beckett, K. L. (2005). Theories of learning and their roles in teaching. In L. Darling-Hammond & J. Bransford (Eds.), *Preparing teachers for a changing world: What teacher should learn and be able to do*. San Francisco: John Wiley & Sons.

Brattesani, K. et al. (1984). Student perceptions of differential teacher treatment as moderators of teacher expectation effects. *Journal of Educational Psychology*, 76, 236–247.

Bronfenbrenner, U. (1979). *The ecology of human development: Experiments by nature and design*. Cambridge, MA: Harvard University Press.

Brophy, J. E. (1981). Teacher praise: A functional analysis. *Review of Educational Research*, 26, 5–32.

Brophy, J. E. (1982). Research on the self–fulfilling prophecy and teacher expectancies. Paper presented at the annual meeting of the American Educational Research Association.

Brophy, J. E. (1996). *Teaching problem students*. New York: Guilford Press.

Brophy, J. E. (1998). *Motivating students to learn*. Boston: McGraw–Hill.

Brophy, J. E. (Ed.). (1989). *Advances in research on teaching* (Vol. 1). Greenwich, CT: JAI Press.

Brophy, J. E., & Good, T. (1986). Teacher behavior and student achievement. In M. Wittrock (Ed.), *Handbook of research on teaching* (3rd ed., pp. 328–375). New York: Macmillan.

Brown, A., Bransford, J., Ferrara, R., & Campione, J. (1983). Learning, remembering, and understanding. In J. Flavell & E. Markman (Eds.), *Handbook of child psychology, Vol. 3: Cognitive development* (4th ed., pp. 77–166). New York: John Wiley.

Bruner, J. S. (1960). Readiness for learning. In J. S. Bruner (Ed.), *The process of education*. Cambridge, MA: Harvard University Press.

Bruner, J. S. (1962). *The process of education*. Cambridge, MA: Harvard University Press.

Caldwell, N. K., Wolery, M., Werts, M. G., & Caldwell, Y. (1996). Embedding instructive feedback into teacher–student interactions during independent seat work. *Journal of Behavioral Education*, 6, 459–480.

Carroll, J. B. (1993). Human cognitive abilities: A survey of factor–analytic studies. NY: Cambridge University Press.

Carroll, J. B. (2003). The higher stratum structure of cognitive abilities: Current evidence supports g and about ten broad factors. *The scientific study of general intelligence: Tribute to Arthur Jensen* (pp. 5-21). Oxford, England: Elsevier.

Chandler, M., & Moran, T. (1990). Psychopathy and moral development: A comparative study of delinquent and nondelinquent youth. *Development and Psychopathology*, *2*(3), 227-246.

Chapman, V. G., & Inman, M. D. (2009). A conundrum: Rubrics or creativity/ metacognitive development? *Educational Horizon*, *87*(3), 198-202.

Chuska, K. (1995). *Improving classroom questions: A teacher's guide to increasing students motivation, participation and higher-level thinking.* Bloomington, IN: Phi Delta Kappa Education Foundation.

Clapham, M. M., & Schuster, D. H. (1992). Can engineering students be trained to think more creatively? *Journal of Creative Behavior*, *26*, 156-162.

Colby, A., Kohlberg, L., & Gibbs, J. (1979). The measurement of stages of moral judgement. *Final report to the National Institute of Mental Health.* Cambridge, MA: Center for Moral Development and Education.

Cole, M., Cole, S. R., & Lightfoot, C. (2005). *The development of children* (5th ed.). New York: W. H. Freeman.

Connell, J., & Wellborn, J. (1991). Competence, autonomy, and relatedness: A motivational analysis of self-system processes. In M. Gunnar & L. Sroufe (Eds.), *Self processes in development: Minnesota symposium on child psychology* (Vol. 23, pp. 43-77). Hillsdale, NJ: Lawrence Erlbaum Associates.

Cook, J. L., & Cook, G. (2005). *Child development: Principles and perspectives.* Boston: Allyn & Bacon.

Coopersmith, S. (1967). *The antecedents of self-esteem.* San Francisco: W. H. Freeman.

Crocker, R. K., & Brooker, G. M. (1986). Classroom control and student outcomes in grades 2 and 5. *American Educational Research Journal*, *23*, 1-11.

Cronbach, L. J., & Snow, R. E. (1977). *Aptitudes and instructional methods: A handbook for research on interactions.* New York: Irvington.

Crooks, T. J. (1988). The impact of classroom evaluation practices on students. *Review of Educational Research*, *58*, 438-481.

Cropley, A. J. (1992). *More ways than one: Fostering creativity.* Norwood, NJ: Ablex.

Cropley, A. J. (2004). 창의성 계발과 교육. (이경화, 최병연, 박숙희 공역). 서울: 학지사. (원저는 2001년에 출판).

Crozier, W. R. (1997). *Individual learners: Personality differences in education*. London: Routledge.

Csikszentmihalyi, M. (1990). *Flow: The psychology of optimal experience*. New York: Harper Collins.

Csikszentmihalyi, M. (1996). *Creativity*. New York: Harper Collins.

Dabrowski, K. (1964). *Positive disintegration*. Boston: Little, Brown.

Dansereau, D. F., Collins, K. W., McDonald, B. A., Holley, C. D., Garland, J., Dickhoff, G., & Evans, S. H. (1979). Development and evaluation of a learning strategy training program. *Journal of Educational Psychology*, 71, 64-73.

Darley, J. M., Glucksberg, S., & Kinchla, R. (1991). *Psychology* (5th ed.). Engelwood Cliffs, NJ: Prentice-Hall.

Darling-Hammond, L., & Baratz-Snowdon, J. (Eds.). (2005). *A good teacher in every classroom: Preparing the highly qualified teachers our children deserve*. San Francisco: Jossey-Bass/Wiley.

De Bono, E. (1990). *Lateral thinking*. London: Penguin Books.

Deci, E., & Ryan, R. (1985). *Intrinsic motivation and self-determination in human behavior*. New York: Plenum.

Deci, E., & Ryan, R. (1991). A motivational approach to self: Integration in personality. In R. Dienstbier (Ed.), *Nebraska symposium on motivation: Perspectives on motivation* (Vol. 38, pp. 237-288). Lincoln: University of Nebraska Press.

Deci, E., & Ryan, R. (2000). What is the self in self-directed learning? Findings from recent motivational research. In Gerald A. Straka (Ed.), *Conceptions of self-directed learning*. New York, Munchen-Berlin: Waxmann.

Dempsey, V. (1994). Context, relationships, and shared experiences: The construction of teachers' knowledge. In A. R. Priilaman, D. J. Eaker, & D. M. Kendrick (Eds.), *The tapestry of caring: Education as nurturance*. Norwood, NJ: Ablex.

Dolye, W. (1983). Academic work. *Review of Educational Research*, 53, 159-200.

Domino, G. (2000). *Psychological testing: An introduction*. Upper Saddle River, NJ: Prentice Hall.

Dowson, M., & McInerney, D. (2001). Psychological parameters of students' social and work avoidance goal: A qualitative investigation. *Journal of Educational Psychlogy*, 93, 35-42.

Dunkin, M., & Biddle, B. (1974). *The study of teaching*. New York: Holt, Rinehart &

Winston.

Dunn, R., & Dunn, K. (1992). *Teaching secondary students their individual learning styles*. Boston: Allyn & Bacon.

Dunn, R., Dunn, K., & Price, G. E. (1979). *Learning style inventory*. Lawrence, KS: Price Systems.

Dweck, C. (1975). The role of expectations and attributions in the alleviation of learned helplessness. *Journal of Personality and Social Psychology, 31*, 674–685.

Dweck, C., & Leggett, E. (1988). A social cognitive approach to motivation and personality. *Psychological Review, 95*, 256–273.

Ebbinghaus, H. (1885). *Memory: A Contribution to experimental psychology*. New York: Columbia University Press.

Eberle, B. (1971). *Scamper*. Buffalo, NY: DOK Publishers.

Eccles, J. S., Wigfield, A., & Schiefele, U. (1998). Motivation to succeed. In W. Damon (Series Ed.) & N. Eisenberg (Vol. Ed.), *Handbook of child psychology: Vol. 3, Social, emotional and personality development* (5th ed., pp. 1017–1095). New York: Wiley.

Eggen, P., & Kauchak, D. (2001). *Educational psychology: Windows on classrooms* (5th ed.). Upper Saddle River, NJ: Merrill/Prentice-Hall.

Eggen, P., & Kauchak, D. (2004). *Educational psychology: Windows on classrooms* (6th ed.). Upper Saddle River, NJ: Pearson Prentice Hall.

Eggen, P., & Kauchak, D. (2010). *Educational Psychology: Windows on classrooms* (8th ed.). Upper Saddle River, NJ: Pearson Education.

Eisenberg, N., & Fabes, R. A. (1998). Prosocial development. In W. Damon (Series Ed.) & N. Eisenberg (Vol. Ed.), *Handbook of child psychology, Vol. 3. Social, emotional, and personality development* (5th ed., pp. 701–778). New York: Wiley.

Eisenberg, N., Fabes, R. A., & Spinard, T. L. (2006). Prosocial development. In W. Damon & R. Lerner (Eds.), *Handbook of child psychology, Vol. 3, Social, emotional, and personality development* (6th ed., pp. 647–702). Hoboken, NJ: John Wiley & Sons.

Eisenberg, N., & Strayer, J. (Ed.). (1987). *Empathy and its development*. Cambridge: Cambridge University Press.

Elliot, A., & McGregor, H. (2000). Approach and avoidance goals and autonomous-controlled regulation: Empirical and conceptual relations. In A. Assor (Chair), *Self-*

determination theory and achievement goal theory: Convergences, divergences, and educational implications. Symposium conducted at the annual meeting of the American Educational Research Association, New Orleans, LA.

Emerson, M. J., & Miyake, A. (2003). The role of inner speech in task switching: A dual-task investigation. *Journal of Memory and Language, 48*, 148-168.

Emmer, E., Evertson, C., Clements, B., & Worsham, M. (1997). *Classroom management for secondary teachers.* Upper Saddle River, NJ: Prentice Hall.

Erikson, E. H. (1963). *Childhood and society* (2nd ed.). New York: Norton.

Erikson, E. H. (1968). *Identity: Youth and crisis.* New York: Norton.

Evertson, C. M. (1987). Managing classrooms: A framework for teachers. In D. Berliner & B. Rosenshine (Eds.), *Talks to teachers* (pp. 54-74). New York: Random House.

Evertson, C. M. (1997). *Classroom management for elementary teachers* (4th ed.). Needham, MA: Allyan & Bacon.

Evertson, C. M., & Emmer, E. T. (1982). Effective management at the beginning of the school year in junior high classes. *Journal of Educational Research, 74*, 485-498.

Evertson, C. M., Emmer, E. T., & Brophy, J. E. (1980). Predictors of effective teaching in junior high mathematics classroom. *Journal of Research in Mathematics Education, 11*, 167-178.

Felder, R. M., & Brent, R. (2003). Designing and teaching courses to satisfy the ABET Engineering Criteria. *Journal of Engineering Education, 92*(1), 7-25. Retrieved from www.ncsu.edu/felder-public/Papers/ABET_Paper_(JEE).pdf

Feldhusen, J. F., & Goh, B. E. (1995). Teachers attitudes and practices in teaching creativity and problem solving to economically disadvantaged and minority children. *Psychological Reports, 37*, 1161-1162.

Feldman, D. H. (1994). *Beyond universal in cognitive development* (2nd ed.). Norwood, NJ: Ablex.

Flavell, J. H. (1985). *Cognitive development* (2nd ed.). Englewood Cliffs, NJ: Prentice-Hall.

Flynn, J. R. (1999). Searching for justice: The discovery of IQ gains over come. *American Psychologist, 54*, 5-20.

Fostering, F. (1985). Attributional retraining: A review. *Psychological Bulletin, 98*, 595-512.

Freud, S. (1926). *Inhibitions, symptons and anxiety* (Standard Edition, Vol. 20). London:

Hogarth Press.

Freud, S. (1936). *The ego and the mechanisms of defense*. New York: International Universities Press.

Freud, S. (1960). *A general introduction to psychoanalysis*. New York: Washington Square Press.

Furrer, C., & Skinner, E. (2003). Sense of relatedness as a factor in children's academic engagement and performance. *Journal of Educational Psychology, 95*(11), 148-161.

Gaddy, M. L. (1998). Reading and studying from high-lighted text: Memory for information highlighted by others. Paper presented at the annual meeting of the American Educational Research Association. San Diego, CA.

Gage, N. L., & Berliner, D. C. (1992). *Educational psychology* (5th ed.). Boston: Houghton Mifflin.

Gagné, R. M. (1985). *The conditions of learning and theory of instruction* (4th ed.). New York: Holt, Rinehart & Winston.

Gagné, R., & Briggs, L. (1979). *Principles of instructional design*. New York: Holt, Rinehart & Winston.

Gardner, H. (1993). *Creating minds: An anatomy of creativity seen through the lives of Freud, Einstein, Picasso, Stravinsky, Eliot, Graham, and Gandhi*. New York: Harper Collins.

Gardner, H. (1999). *Intelligences reframed: Multiple intelligences for the 21st century*. New York: Basic Books.

Garger, S., & Guild, P. (1984). Learning style: The crucial difference. *Curriculum Review, 23*, 9-12.

Gelman, R. (2000). Domain specificity and variability in cognitive development. *Child Development, 71*, 854-856.

Getzels, J. W., & Jackson, P. W. (1962). *Creativity and intelligence*. New York: Wiley.

Gilligan, C. (1977). In a different voice: Women's conceptions of self and morality. *Harvard Educational Review, 47*, 481-517.

Gilligan, C. (1982). *In a different voice: Sex differences in the expression of moral judgment*. Cambridge, MA: Harvard University Press.

Glaser, R. (1962). *Training research and education*. Pittsburgh, PA: University of Pittsburgh Press.

Goddard, R. D. (2001). Collective efficacy: A neglected construct in the study of schools and student achievement. *Journal of Educational Psychology*, *93*(3), 467–476.

Goddard, R. D., Hoy, W. K., & Woolfolk-Hoy, A. (2000). Collective teacher efficacy: Its meaning, measure, and impact on student achievement. *American Educational Research Journal*, *37*(2), 479–507.

Goldstein, L. S., & Lake, V. E. (2000). "Love, love and more love for children": Exploring preservice teachers' understandings of caring. *Teaching and Teacher Education*, *16*(1), 861–872.

Good, T., & Brophy, J. E. (1991). *Looking in the classroom* (5th ed.). New York: Harper Collins.

Good, T., & Marshall, S. (1984). Do student learn more in heterogeneous or homogeneous groups? In P. L. Peterson, L. C. Wilkinson, & M. Hallinan (Eds.), *The social context of instruction* (pp. 15–38). New York: Academic Press.

Gordon, T. (1981). Crippling our children with disruption. *Journal of Education*, *163*, 228–243.

Gottfried, A. (1985). Academic intrinsic motivation in elementary and junior high school students. *Journal of Educational Psychology*, *82*, 525–538.

Gottfried, A. E., Fleming, J. S., & Gottfried, A. W. (1994). Role of parental motivational practices in children's academic intrinsic motivation and achievement. *Journal of Educational Psychology*, *86*(1), 104–113.

Graham, S., & Weiner, B. (1996). Theories and principles of motivation. In D. Berliner & R. Calfee (Eds.), *Handbook of educational psychology* (pp. 63–84). New York: Macmillan.

Gregg, V. R., Gibbs, J. C., & Basinger, K. S. (1994). Patterns of developmental delay in moral judgment by male and female delinquents. *Merrill-Palmer Quarterly*, *40*, 538–553.

Gregory, R. J. (2007). *Psycholgical testing: History, principles, and application* (5th ed.). Boston: Allyn & Bacon.

Gronlund, N. E. (1993). *How to make achievement tests and assessments* (5th ed.). Boston: Allyn & Bacon.

Gronlund, N. E. (2008). *How to write and use instructional objectives* (8th ed.). Upper Saddle River, NJ: Prentice Hall.

Guilford, J. P. (1956). Structure of intellect. *Psychological Bulletin*, *53*, 267-293.

Guilford, J. P. (1959). Three faces of intellect. *American Psychologist*, *14*, 469-479.

Guilford, J. P. (1988). Some changes in the structure of the intellect model. *Educational and Psychological Measurement*, *40*, 1-4.

Halford, G., & Andrews, G. (2006). Reasoning and problem solving. In D. Kuhn & R. Siegler (Vol. Eds.), *Handbook of child psychology, Vol. 2: Cognition, perception, and language* (6th ed., pp. 557-608). Hoboken, NJ: John Wiley & Sons.

Hallahan, D. P., & Kauffman, J. M. (2000). *Exceptional learners* (8th ed.). Boston: Allyn & Bacon.

Hallahan, D. P., & Sapona, R. (1983). Self-monitoring of attention with learning-disabled children: Past research and current issues. *Journal of Learning Disabilities*, *16*, 616-620.

Hallahan, D. P., Lloyd, J. W., Kauffman, J. M., Weiss, M. P., & Martinez, E. A. (2005). *Introduction to learning disabilities* (5th ed.). Boston: Allyn & Bacon.

Harkness, S., Edwards, C. P., & Super, C. M. (1981). The claim to moral adequacy of a highest stage of moral judgment. *Developmental Psychology*, *17*, 595-603.

Harlow, H. F., & Zimmerman, R. R. (1959). Affectional responses in the infant monkey. *Science*, *130*, 421-432.

Harrow, A. (1972). *A taxonomy of the psychomotor domain: A guide for developing behavioral objectives*. New York: Mckay.

Hergenhahan, B. R. (1982). *An introduction to theories of learning*. Englewood Cliffs: NJ: Prentice-Hall.

Herrnstein, R. J., & Murray, C. (1994). *The Bell Curve: Intelligence and class structure in American life*. New York: Free Press.

Heward, W. L. (2009). *Exceptional children: An introduction to special education* (9th ed.). Upper Saddle River, NJ: Merrill/Prentice Hall.

Hill, W. F. (2002). *Learning: A survey of psychological interpretations* (7th ed.). Boston: Allyn & Bacon.

Hocevar, D. (1981). Measurement of creativity: Review and critique. *Journal of Personality Assessment*, *45*, 450-464.

Inhelder, B., & Piaget, J. (1958). *The growth of logical thinking*. New York: Basic Books.

Jackson, P. (1968). *Life in classrooms*. New York: Holt, Rinehart & Winston.

Jacobsen, D. A., Eggen, P., & Kauchak, D. (2002). *Methods for teaching: Promoting student learning*. Upper Saddle River, NJ: Merrill/Prentice Hall.

Jetton, T., & Alexander, P. (1997). Instruction importance: What teachers value and what students learn. *Reading Research Quarterly*, *32*, 290-308.

Johnson, D. (1981). Naturally acquired learned helplessness: The relationship of school failure to achievement behavior, attributions, and self-concept. *Journal of Educational Psychology*, *73*, 174-180.

Johnson, D., & Johnson, R. (1994). *Learning together and alone: Cooperation, competition, and individualization* (4th ed.). Boston: Allyn & Bacon.

Jonassen, D. H., & Grabowski, B. L. (1993). *Handbook of individual differences: Learning & instruction*. Hillsdale, NJ: Lawrence Earlbaum Associates.

Jones, E. (1963). *The life and work of Sigmund Freud*. New York: Anchor Books.

Jones, M. C. (1924). A laboratory study of fear: the case of peter. *The Pedagogical Seminary and Journal of Genetic Psychology*, *31*, 308-315.

Joyce, B., Weil, M., & Calhoun, E. (2004). *Models of teaching*. Englewood Cliffs, NJ: Prentice Hall.

Kagan, J., Rosman, B. L., Day, D., Albert, J., & Phillips, W. (1964). Information processing in the child: Significances of mental growth. *Grade Teacher Magazine*, *79*, 123-130.

Karateken, C. (2004). A test of the integrity of the components of Baddeley's model of working memory in attention-deficit/hyperactivity disorder (ADHD). *The Journal of Child Psychology and Psychiatry and Allied Disciplines*, *45*(5), 912-926.

Kaufman, A. S., & Kaufman, N. L. (1983). *K-ABC administration and scoring manual*. Circle Pines, MN: American Guidance Service.

Kelly, T. A. (2001). The art of Innovation: Lessons in Creativity from IDEO, America's Leading Design Firm (Vol. 10). Broadway Business.

Khattri, N., Reeve, A. L., & Kane, M. B. (1998). *Principles and practices of performance assessment*. Mahwah, NJ: Lawrence Erlbaum Associates.

Khattri, N., & Sweet, D. (1996). Assessment reform: Promises and challenges. In M. B. Kane & R. Mitchell (Eds.), *Implementing performance assessment: Promises, problems, and challenges*. Mahwah, NJ: Lawrence Erlbaum Associates.

Kibby, M. Y., Marks, W., & Morgan, S. (2004). Specific impairment in developmental reading disabilities: A working momeory approach. *Journal of Learning Disabilities*,

37(4), 349–363.

Kiewra, K. A. (1991). Aids to lecture learning. *Educational Psychologist*, *26*, 37–53.

Klassen, R. M., & Chiu, M. M. (2010). Effects of teachers' self-efficacy and job satisfaction: Teacher gender, years of experience, and job stress. *Journal of Educational Psychology*, *102*(3), 741–756.

Knox, P. L., Fagley, N. S., & Miller, P. M. (2004). Care and justice moral orientation among African American college students. *Journal of Adult Development*, *11*(1), 41–45.

Kohlberg, L. (1963). The development of children's orientations toward moral order, Pt 1 Sequence in the development of moral thought. *Vita Humane*, *6*, 11–33.

Kohlberg, L. (1966). A cognitive-developmental analysis of children's sex-role concepts and attitudes. In E. E. Maccoby (Ed.), *The development of sex-differences* (pp. 82–173). Palo Alto, CA: Stanford University Press.

Kohlberg, L. (1969). Stage and sequence: The cognitive-developmental approach to socialization. In D. A. Goslin (Ed.), *The development of sex differences*. Stanford, CA: Stanford University Press.

Kohlberg, L. (1975). The cognitive-development approach to moral education. *Phi Delta Kappan*, *56*, 670–677.

Kohn, A. (1993). *Instructor's resource guide for Kalat's introduction to psychology* (3rd ed.). Pacific Grove, CA: Brooks/Cole.

Kolb, D. A. (1985). *The learning style inventory: Technical manual*. Boston: McBer & Company.

Kounin, J. S. (1970). *Discipline and group management in classrooms*. New York: Holt, Rinehart & Winston.

Krathwohl, D. R., Bloom, B., & Masia, B. (1964). *Taxonomy of educational objectives: The classification of educational goals: Handbook 2. Affective domain*. New York: Mckay.

Krathwohl, D. R., Bloom, B. S., & Masia, B. B. (1984). *Taxonomy of educational objectives: Handbook 2. Affective domain*. New York: Addison-Wesley.

Kruger, A. C. (1992). The effect of peer and adult-child transactive discussions on moral reasoning. *Merrill-Palmer Quarterly*, *38*(2), 191–211.

Kubie, L. S. (1958). *Neurotic distortion of the creative process*. Lawrence: University of Kansas Press.

Kuhn, D., & Dean, D. (2004). Metacognition: A bridge between cognitive psychology and educational practice. *Theory into Practice, 43*(4), 268-273.

Kuilk, J. A., Bangert, R. L., & Williams, G. W. (1983). Effects of computer-based teaching on secondary school students. *Journal of Educational Psychology, 75* (1), 19-26.

Lahaderne, H. (1968). Attitudinal and intellectual correlates of attention: A study of four sixth-grade classrooms. *Journal of Educational Psychology, 59,* 320-324.

Lazelere, R, E. (2000). Child outcomes of non-abusive and customary physical punishment by parents: An updated literature review. *Clinical Child and Family Psychology Review, 3,* 199-221.

Lepper, M., & Hodell, M. (1989). Intrinsic motivation in the classroom. In C. Ames & R. Ames (Eds.), *Research on motivation in education* (Vol. 3, pp. 73-105). San Diego, CA: Academic Press.

Lerman, D. C., & Iwata, B. A. (1995). Prevalence of the extinction burst and its attenuation during treatment. *Journal of Applied Behavior Analysis, 28,* 93-94.

Lerner, J. W., Lowenthal, B., & Lerner, S. R. (1995). *Attention deficit disorders: Assessment and teaching.* Pacific Grove, CA: Brooks/Cole.

Levin, B. B. (2001). *Energizing teacher education and professional development with problem-based learning.* Alexandria, VA: Association for Supervision and Curriculum Development.

Levina, R. E. (1938). *Voprosy Psikhologii, 14,* 105-115.

Linn, R. L., & Gronlund, N. E. (2000). *Measurement and assessment in teaching* (8th ed.). Upper Saddle River, NJ: Prentice Hall.

Lysakowski, R., & Walberg H. (1981). Classroom reinforcement and learning: A quantitative synthesis. *Journal of Educational Research, 75,* 69-77.

MacKinnon, D. W. (Ed.). (1961). *The creative person.* Berkeley: University of California Extension.

Mager, R. F. (1975). *Preparing instructional objectives.* Belmont, CA: Fearon.

Mager, R. F. (1997). Preparing instructional objectives: A critical tool in the development of effective instruction. Atlanta, GA: The Center for Effective Performance.

Marcia, J. E. (1980). Identity in adolescene. In J. Adelson (Ed.), *Handbook of adolescent psychology* (pp. 159-187). New York: John Wiley.

Marx, R., & Walsh, J. (1988). Learning from academic tasks. *The Elementary School Journal*, *88*(3), 207-219.

Maslow, A. H. (1954). *Motivation and personality*. New York: Harper & Row.

May, R. (1975). *The courage to create*. New York: Norton.

McDermott, P., Mordell, M,. & Stoltzfus, J. (2001). The organization of student performance in American schools: Discipline, motivation, verbal learning, and nonverbal learning. *Journal of Educational Psychology*, *93*(1), 65-76.

McDevitt, T., & Ormrod, J. (2002). *Child development and education*. Upper Saddle River, NJ: Merrill/Prentice Hall.

McLeod, J., & Cropley, A. (1989). *Fostering academic excellence*. Oxford: Pergamon Press.

Mead, M. (1935). *Sex and temperament in three primitive societies*. New York: Morrow.

Messick, S. (1995). Validity of psychological assessment. *American Psychologist, 50*(9), 741-749.

Midgley, C., Kaplan, A., & Middleton, M. (2001). Performance-approach goals: Good for what, for whom, under what circumstances, and at what cost? *Journal of Educational Psychology*, *93*(1), 77-86.

Milgram, S. (1963). Behavioral study of obedience. *Journal of Abnormal and Social Psychology*, *67*, 371-378.

Mischel, W. (1986). *Introduction to personality* (4th ed.). New York: Holt, Rinehart & Winston.

Moller, A. C., Deci, E. L., & Ryan, R. M. (2006). Choice and ego-depletion: The moderating role of autonomy. *Personality and Social Psychology Bulletin, 32*(8), 1024-1036.

Moore, K. (1992). *Classroom teaching skills* (2nd ed.). New York: McGraw-Hill.

Morgan, C. T., & King, R. A. (1966). *Introduction to psychology* (3rd ed.). New York: McGraw-Hill.

Morgan, M. (1984). Reward-induced decrements and increments in intrinsic motivation. *Review of Educational Research*, *54*, 5-30.

Morrison, G. R., & Ross, S. M. (1998). Evaluating technology-based processes and products. *New Directions for Teaching & Learning*, *74*, 69-77.

Mullin, C. R., & Linz, D. (1995). Desensitization and re sensitization to violence against women: Effects of exposure to sexually violent Alms on judgment of domestic violence victims. *Journal of Personality and Social Psychology, 69*, 449-459.

Murray, H. A. (1938). *Explorations in personality.* New York: Oxford University Press.

National Joint Committee On Learning Disabilities. (Ed.). (1994). Learning disabilities: Issues on definition (Revised). A position paper of the National Joint Committee on Learning Disabilities. In *Collective perspectives on issues affecting learning disability: Position paper and statement* (pp. 61-66). Austin, TX: Pro-ed.

Nisan, M. (1992). Beyond intrinsic motivation: Cultivating a sense of the desirable. In F. Oser, A. Dick, & J. L. Party (Eds.), *Effective and responsible teaching: The new synthesis* (pp. 126-139). San Francisco: Jossey-Bass.

Nodding, N. (2001). The caring teacher. In V. Richardson (Ed.), *Handbook of research on teaching* (4th ed., pp. 99-105). New York: Macmilan.

Nuthalls, G. (1999). Learning how to learn: The evolution of students' minds through the social processes and culture of the classroom. *International Journal of Educational Research, 31*(3), 141-256.

Ohlsson, S. (1984). Restructuring revisited: Summary and critique of the gestalt theory of problem solving. *Scandinavian Journal of Psychology, 25*, 65-78.

Ormrod, J. E. (2000). *Educational psychology: Developing learners* (3rd ed). Upper Saddle River, NJ: Merrill/Prentice Hall.

Ormrod, J. E. (2006). *Educational psychology: Developing learners* (5th ed.). Upper Saddle River, NJ: Merrill/Prentice Hall.

Osborn, A. F. (1963). *Applied imagination: Principles and procedures of creative problem-solving.* New York: Charles Scribner's.

Paivio, A. (1991). Dual coding theory: Retrospect and current status. *Canadian Journal of Psychology, 45*, 255-287.

Pashler, H., & Carrier, M. (1996). Structures, processes, and the flow of information. In E. Bjork & R. Bjork (Eds.), *Memory* (pp. 3-29). San Diego, CA: Academic Press.

Piaget, J. (1952). *The language and thought of the child.* London: Routledge & Kegan-Paul.

Piaget, J. (1965). *The moral judgment of the child.* New York: The Free Press.

Pintrich, P. R. (2003). A motivational science perspective on the role of student motivation in learning and teaching contexts. *Journal of Educational Psychology, 95*(4), 667-686.

Pintrich, P. R., & Schunk, D. H. (1996). *Motivation in education: Theory, research, and application*. Englewood Cliffs, NJ: Merrill/Prentice Hall.

Pintrich, P. R., & Schunk, D. H. (2002). *Motivation in education: Theory, research, and application* (2nd ed.). Upper Saddle River, NJ: Prentice Hall.

Porter, A. (1993). School delivery standards. *Educational Researcher, 22*, 24-30.

Power, F. C., Higgins, A., & Kohlberg, L. (1989). *Lawrence Kohlberg's approach to moral education*. New York: Columbia University Press.

Ratelle, C. F., Guay, F., Vallerand, R. J., Larose, S., & Senecal, C. (2007). Autonomous, controlled, and amotivated types of academic motivation: A person-oriented analysis. *Journal of Educational Psychology, 4*, 734-746.

Reid, D. J., & Johnson, M. (1999). Improving teaching in higher education: Student and teacher perspectives. *Educational Studies, 25*(3), 269-281.

Renzulli, J. S. (1978). What makes giftedness? Re-examining a definition. *Phi Delta Kappan, 60*, 180-181.

Renzulli, J. S. (Vol. Ed.). (2004). Identification of students for gifted and talented programs. In S. M. Reis (Ed.), *Essential readings in gifted education, 2*. Thousand Oaks, CA: Corwin Press.

Renzulli, J. S., & Reis, S. M. (1997). *The schoolwide enrichment model: A how to guide for educational excellence* (2nd ed.). Mansfield Center, CT: Creative Learning Press.

Resnick, D. P., & Resnick, L. B. (1996). Performance assessment and the multiple functions of educational measurement. In M. B. Kane & R. Mitchell (Eds.), *Implementing performance assessment: Promises, problems, and challenges*. Mahwah, NJ: Lawrence Erlbaum Associates.

Rhodes, M. (1961). An analysis of creativity. *Phi Delta Kappan, 42*, 305-310.

Rimm, S., & Davis, G. A. (1976). GIFT: An instrument for the identification of creativity. *The Journal of Creative Behavior, 10*(3), 178-182.

Rimm, S., Davis, G. A. (1980). Five years of international research with GIFT: An instrument for the identification of creativity. *The Journal of Creative Behavior, 14*(1), 35-46.

Robertson, J. (2000). Is attribution training a worthwhile classroom intervention for K-12 students with learning difficulties? *Educational Psychology Review, 12*(1), 111-134.

Robinson, F. P. (1961). *Effective study*. New York: Harper & Row.

Rosenshine, B. (1971). *Teaching behaviors and student achievement*. London: National

Foundation for Educational Research in England and Wales.

Rosenshine, B. (1986). Synthesis of research on explicit teaching. *Educational Leadership*, *43*(7), 60-69.

Rosenthal, R., & Jacobson, L. (1968). *Pygmalion in the classroom*. New York: Holt, Rinehart & Winston.

Roth, G., Assor, A., Niemiec, C. P., Ryan, R. M., & Deci, E. L. (2009). The emotional and academic consequences of parental conditional regard: Comparing conditional positive regard, conditional negative regard, and autonomy support as parenting practices. *Developmental Psychology*, *45*, 1119-1142.

Ryan, R. M., & Deci, E. L. (2000a). Intrinsic and extrinsic motivations: Classic definitions and new directions. *Contemporary Educational Psychology*, *25*, 54-67.

Ryan, R. M., & Deci, E. L. (2000b). Self-determination theory and the facilitation of intrinsic motivation, social development, and well-being. *American Psychologist*, *55*, 68-78.

Ryans, D. G. (1960). *Characteristics of effective teachers, their descriptions, comparisons and appraisal: A research study*. Washington, DC: American Council on Education.

Sadoski, M., & Paivio, A. (2001). *Imagery and text: A dual coding theory of reading and writing*. Mahwah, NJ: Lawrence Erlbaum Associates.

Savage, T. (1991). *Discipline for self-control*. Upper Saddle River, NJ: Prentice Hall.

Schneider, B. (2002). Social capital: A ubiquitous emerging conception. In D. L. Levinson, P. W. Cookson, Jr., & A. R. Sadovnik (Eds.), *Education and sociology: An encyclopedia* (pp. 545-550). New York: Routledge Falmer.

Schunk, D. (1984). Self-efficacy perspective on achievement behavior. *Educational Psychologist*, *75*, 48-58.

Schraw, G., & Lehman, S. (2001). Situational Interest: A review of the literature and directions for future research. *Educational Psycholgy Review*, *13*(1), 23-52.

Schunk, D. H. (1987). Peer models and children's behavioral change. *Review of Educational Research*, *57*, 149-174.

Scott, C. L. (1999). Teachers' biases toward creative children. *Creativity Research Journal*, *12*, 321-328.

Selman, R. L. (1980). *The growth of interpersonal understanding*. New York: Academic Press.

Shaffer, D. R., & Kipp, K. (2013). *Developmental psychology: Childhood and Adolescence* (10th ed.). Belmont, CA: Cengage.

Shih, S. S. (2008). The relation of self-determination and achievement goals to Taiwanese eighth graders' behavioral and emotional engagement in school-work. *The Elementary School Journal, 108*, 313-334.

Shuell, T. (1996). Teaching and learning in a classroom context. In D. Berliner & R. Calfee (Eds.), *Handbook of educational psychology*. New York: Macmillan.

Shulman, L. (1986). Those who understand: Knowledge growth in teaching. *Educational Researcher, 15*(2), 4-14.

Siegler, R. S. (2006). Microgenetic analyses of learning. In D. Kuhn & R. S. Siegler (Eds.), *Handbook of child psychology, Vol. 2: Cognition, perceptions, and language* (6th ed., pp. 464-510). Hoboken, NJ: John Wiley & Sons.

Simpson, E. (1972). *The Classification of educational objectives: Psychomotor domain*. Urbana, IL: University of Illinois Press.

Simpson, E. J. (1972). *The classification of educational objectives, psychomotor domain*. ERIC Document ED010368, Educational Resource Information Center.

Skinner, B. F. (1957). *Verbal learning*. New York: Appleton Century Crofts.

Skinner, B. F. (1968). *The technology of teaching*. New York: Appleton Century Crofts.

Slavin, R. E. (1987). Ability grouping and student achievement in elementary schools: A best evidence synthesis. *Review of Educational Research, 57*, 293-336.

Slavin, R. E. (1991). *Educational psychology: Theory and practice* (3rd ed.). Englewood Cliffs, NJ: Prentice-Hall.

Slavin, R. E. (2003). *Educational psychology: Theory and practice* (7th ed.). Boston: Allyn & Bacon.

Slavin, R. E. (2009). *Educational psychology: Theory and practice* (9th ed.). Boston: Pearson/Merrill.

Slavin, R. E. (2018). *Educational Psychology theory and practice* (12th ed.). Toronto: Pearson.

Slotte, V., & Lonka, K. (1999). Reveiw and process effects of spontaneous note-taking on text comprehension. *Contemporary Educational Psychology, 24*(1), 1-20.

Smith, S. M., & Dodds, R. A. (1999). Incubation. In M. A. Runco & S. R. Pritzker (Eds.), *Encyclopedia of creativity* (Vol. 2, pp. 39-43). San Diego: Academic Press.

Snowman, J. (1986). Learning tactics and strategies. In G. Phye & T. Andre (Eds.),

Cognitive classroom learning: Understanding, thinking problem solving (pp. 243–273). New York: Academic Press.

Snyderman, M., & Rothman, S. (1987). Survey of expert opinion on intelligence and aptitude testing. *American Psychologist, 42,* 137–144.

Sousa, D. A. (2006). *How the brain learns.* Thousand Oaks, CA: Corwin Press.

Spearman, C. (1904). "General intelligence" objectively determined and measured. *American Journal of Psychology, 15,* 201–293.

Spinath, B., & Spinath, F. M. (2005). Longitudinal analysis of the link between learning motivation and competence beliefs among elementary school children. *Learning and Instruction, 15,* 87–102.

Stallings, J., & Kaskowitz, D. (1974). *Follow through classroom observation evaluation, 1972-73.* Menlo Park, CA: Sanford Research Institute.

Sternberg, R. J. (1998). Applying the triarchic theory of human intelligence in the classroom. In R. J. Sternberg & W. M. Williams (Eds.), *Intelligence, instruction, and assessment* (Vol. 2, rev. ed., pp. 79-84). Alexandria, VA: Association for Supervision and Curriculum Development.

Sternberg, R. J. (Ed.). (1988). *The nature of creativity: Contemporary psychological perspectives.* New York: Cambridge University Press.

Sternberg, R. J., & Lubart, T. I. (1996). Investing in creativity. *American Psychologist, 51*(7), 677–688.

Sternberg, R. J., & Wagner, R. K. (1993). The geocentric view of intelligence and job performance is wrong. *Current Directions in Psychological Science, 2,* 1–5.

Sternberg, R. J., & Williams, W. M. (2002). *Educational psychology.* Boston: Allyn & Bacon.

Sternberg, R. J., & Williams, W. M. (2010). 교육심리학(2판). (김정섭, 신경숙, 유순화, 이영만, 정명화, 황희숙 공역). 서울: 시그마프레스. (원저는 2009년에 출판).

Stevens, D. D., & Levi, A. (2005). *Introduction to rubrics: An assessment tool to save grading time, convey effective feedback, and promote student learning.* Herndon, VA: Stylus Publishing.

Stipek, D. (1996). Motivation and instruction. In D. Berliner & R. Calfee (Eds.), *Handbook of educational psychology* (pp. 85–113). New York: Macmillan.

Stipek, D. (2002). *Motivation to learn: Integrating theory and practice* (4th ed.). Boston: Allyn & Bacon.

Strike, K. (1990). The legal and moral responsibility of teachers. In J. Goodlad, R. Soder, & K. Sirotnik (Eds.), *The moral dimension of teaching* (pp. 188–223). San Francisco: Jossey-Bass.

Sullivan, H. S. (1953). *The interpersonal theory of psychiatry*. New York: Norton.

Tannenbaum, A. J. (1983). *Gifted children-psychological and educational perspectives*. New York: Macmillan.

Taylor, C. W. (1960). Identifying creative individuals. In E. P. Torrance (Ed.), *Creativity: Second Minnesota conference on gifted children* (pp. 3-21). Minneapolis, MN: University of Minnesota, Center for Continuation Study.

Teddlie, C., & Stringfield, S. (1993). *Schools make a difference: Lessons learned from a 10-year study of school effects*. New York: Teachers College Press.

Terman, L. M. (1925). *Genetic studies of genius: Vol. 1. Mental and physical traits of a thousand gifted children*. Stanford, CA: Stanford University Press.

Thayer-Bacon, B. J., & Bacon, C. S. (1996). Caring professors: A model. *Journal of General Education, 45*(4), 255-269.

Thomas, E. L., & Robinson, H. A. (1972). *Improving reading in every class: A sourcebook for teachers*. Boston: Allyn & Bacon.

Thompson, G. (2008). Beneath the apathy. *Educational Leadership, 65*(6), 50-54.

Thurstone, L. L. (1938). *Primary mental abilities*. Chicago: University of Chicago Press.

Tierney, R. J., Carter, M. A., & Desai, L. E. (1991). *Portfolio assessment in the reading-writing classroom*. Norwood, MA: Christopher-Gordon Publishers.

Tolman, E. C., & Honzik, C. H. (1930). Introduction and removal of reward and maze performance in rats. *University of California Publications in Psychology, 4*, 257-275.

Torrance, E. P. (1965). *Rewarding creative behavior*. Engiewood Cliffs, NJ: Prentice-Hall.

Torrance, E. P. (1981). Predicting the creative behavior of elementary school children (1958-1980) and the teachers who made the difference. *Gifted Child Quarterly, 25*, 55-62.

Torrance, E. P. (1988). The nature of creativity as manifested in its testing. In R. J. Sternberg (Ed.), *The nature of creativity: Contemporary psychological perspectives* (pp. 43-75). New York: Cambridge University Press.

Torrance, E. P. (1995). *Why fly?: A philosophy of creativity*. Norwood, NJ: Ablex publishing Co.

Torrance, E. P., & Ball, O. E. (1984). *The torrance tests of creative thinking streamlined (revised) manual figural A and B.* Bensenville, IL: Scholastic Testing Service.

Treffinger, D. T., Isaksen, S. G., & Dorval, V. B. (2000). *Creative approaches to problem solving: A framework for change.* Kendall Hunt Publishing Company.

Vaillant, G. E. (2002). *Aging well: Surprising guideposts to a happier life from the landmark Harvard Study of Adult Development.* Boston: Little, Brown and Company.

Vansteenkiste, M., Lens, W., & Deci, E. L. (2006). Intrinsic versus extrinsic goal contents in self-determination theory: Another look at the quality of academic motivation. *Educational Psychologist, 41*, 19-31.

Vygotsky, L. S. (1956). *Izbrannye psikhologicheskie issledovaniya* [Selected psychological investigations]. Moscow: Izdatel'stvo Akademii Pedagogicheskikh Nauk.

Walberg, H. (1986). Synthesis of research on teaching. In M. C. Wittrock (Ed.), *Handbook of Research on teaching* (3rd ed., pp. 214-229). Upper Saddle River, NJ: Merrill/Prentice Hall.

Wallas, G. (1926). *The art of thought.* New York: Harcourt Brace.

Wallach, M. M., & Kogan, N. (1965). *Modes of thinking in young children.* New York: Holt, Rinehart & Winston.

Wang, M., Haertel, G., & Walberg, H. (1993). Toward a knowledge base for school learning. *Review of Educational Reaserch, 63*(3), 249-294.

Ware, H., & Kitsantas, A. (2007). Teacher and collective efficacy beliefs as predictors of professional commitment. *The Journal of Educational Psychology, 100*(5), 303-310.

Waters, E., & Sroufe, L. A. (1983). Social competence as a developmental construct. *Developmental Review, 3*, 79-97.

Watson, J. B. (1925). *Behaviorism.* New York: Norton.

Webb, K., & Blond, J. (1995). Teacher knowledge: The relationship between caring and knowing. *Teaching and Teacher Education, 11*(6), 611-625.

Webb, N. M., & Palincsar, A. S. (1996). Group Processes in the Classroom. In D. C. Berliner & R. C. Calfee (Eds.), *Handbook of educational Psychology* (pp. 841-873). New York: Simon & Schuster Macmillan.

Wechsler, D. (2003). *Wechsler intelligence scale for children* (4th ed.). San Antonio, TX: The Psychological Corporation.

Wehmeyer, M. L., Kelchner, K., & Richards, S. (1996). Essential characteristics of self-determined behaviors of adults with mental retardation and developmental disabilities. *American Journal on Mental Retardation, 100,* 632-642.

Weiner, B. (1974). *Achievement motivation and attribution theory.* Morristown, NJ: General Learning Press.

Weiner, B. (1980). *Human motivation.* New York: Holt, Rinehart & Winston.

Weiner, B. (1986). *An attributional theory of motivation and emotion.* New York: Springer-Verlag.

Weiner, B. (1992). *Human motivation: Metaphors, theories, and research.* Newbury Park, CA: Sage.

Weinstein, R. (1989). Perceptions of classroom processes and student motivation: Children's views of self-fulfilling prophecies. In C. Ames & R. Ames (Eds.), *Research on motivation in education, Vol. 3: Goals and Cognition.* New York: Harper & Row.

Weinstein, R. (1998). Promoting positive expectations in schooling. In N. Lampert & B. McCombs (Eds.), *How students learn: Reforming schools through learner-centered education* (pp. 81-111). Washington, DC: American Psychological Association.

Weisberg, R. W. (1986). *Creativity: Genius and other myths.* New York: Freeman.

Wentzel, K. R. (1997). Student motivation in middle school: The role of perceived pedagogical caring. *Journal of Educational Psychology, 89*(3), 411-419.

Wertsch, J. V., & Tulviste, P. (1994). Lev Semyonovich Vygotsky and contemporary developmental psychology. In R. D. Parke, P. A. Ornstein, J. J. Rieser, & C. Zahn-Waxler (Eds.), *A century of developmental psychology* (pp. 333-356). Washington, DC: American Psychological Association.

Westby, E. L., & Dawson, V. L. (1995). Creativity: Asset or burden in the classroom? *Creativity Research Journal, 8,* 1-10.

Wigfield, A., & Eccles, J. S. (2002). The development of competence beliefs and values from childhood through adolescence. In A. Wigfield & J. S. Eccles (Eds.), *Development of achievement motivation* (pp. 92-120). San Diego: Academic Press.

Wiggins, G. (1995). What is rubric? A dialogue on design and use. In R. E. Blum & J. A. Alter (Eds.), *A handbook for student performance assessment in an era of restructing*. Alexandria, VA: Association for Supervision and Curriculum Development.

Wilen, W. (1991). *Questioning skills for teachers* (3rd ed.). Washington, DC: National Education Association.

Williams, C., & Zacks, R. (2001). Is retrieval-induced forgetting an inhibitory process? *American Journal of Psychology, 114*, 329-354.

Williams, R. (1987). Current issues in classroom behavior management. In J. Glover & R. Ronning (Eds.), *Historical foundations of educational psyshology* (pp. 203-230). New York: Plenum Press.

Witkin, H. A., Moore, C., Goodenough, D., & Cox, P. (1977). Field-dependent and field-independent cognitive style and their education implication. *Review of Educational Research, 47*, 1-64.

Wittrock, M. C. (1991). Generative teaching of comprehension. *Elementary School Journal, 92*, 169-184.

Wittrock, M. C. (1992). An empowering conception of educational psychology. *Educational Psychologist, 27*, 129-142.

Wolf, R. M. (1964). The identification and measurement of environmental process variables related to intelligence. Unpublished doctoral dissertation, University of Chicago.

Wood, K., Bruner, J. S., & Ross, G. (1976). The role of tutoring in problem solving. *Journal of Child Psychology and Psychiatry, 17*, 89-100.

Woolfolk, A. E. (2007). *Educational psychology* (10th ed.). Boston: Allyn & Bacon.

Woolfolk, A. E. (2013). *Educational psychology* (12th ed.). Boston: Allyn & Bacon.

Woolfolk, A. E., Winne, P. H., & Perry, N. E. (2006). *Educational psychology* (3rd Canadian ed.). Toronto: Pearson.

Wren, D. G. (2009). Performance assessment: A key component of balanced assessment system. Research Brief. Virginia Beach: Virginia Beach City Public Schools. Department of Research, Evaluation, and Assessment.

Zimmerman, B. J. (2002). Becoming a self-regulated learner: An overview. *Theory into Practice, 41*, 64-70.

Zimmerman, B. J., Bandura, A., & Martinez-Pons, M. (1992). Self motivation for academic attainment: The role of self-efficacy beliefs and goal-setting. *American Educational Research Journal, 29*, 663-676.

마음사랑(https://maumsarang.kr)

인싸이트(https://inpsyt.co.kr)

테스피아(http://www.tespia.kr)

찾아보기

인명

Galton, F. 115
Gandhi, M. 140
Gardner, H. 116, 123, 124, 140
Getzels, J. W. 139
Gilligan, C. 106, 107
Goddard, R. D. 346
Good, T. 350
Gordon, T. 365, 368
Graham, M. 140
Gronlund, N. E. 295, 404
Guilford, J. P. 116, 118, 119, 137

H
Harlow, H. F. 84
Harrow, A. 298
Hausman, A. 144
Herrnstein, R. J. 131
Hocevar, D. 150
Honzik, C. H. 246
Horn, J. L. 120

J
Jackson, P. W. 23, 139
Jacobson, L. 349
Jones, E. 215
Joyce, B. 308

K
Kagan, J. 189
Kauchak, D. 330
Kekule, F. 144
Kelly, D. M. 155
Kelly, T. 153
Kogan, N. 139
Kohlberg, L. 96, 102, 103, 104, 194
Köhler, W. 247
Kolb, D. A. 190
Kounin, J. 359
Krathwohl, D. R. 296

L
Lahaderne, H. 30
Levin, B. B. 330
Linz, D. 235
Lubart, T. I. 146

M
Mager, R. 294
Marcia, J. 78
Maslow, A. H. 142, 275, 276
Mead, M. 193
Milgram, S. 105

Mischel, W. 194
Moore, K. 298
Murray, C. 131

N
Neihart, M. 163
Neill, A. S. 94
Nesbitt, K. M. 235

O
Osborn, A. F. 152, 154

P
Pavlov, I. 209, 211, 214
Piaget, J. 36, 37, 94, 95
Picasso, P. 140

R
Renzulli, J. S. 162, 167, 168
Robinson, H. A. 262
Rogers, C. R. 94, 386
Rosenthal, R. 349
Rothman, S. 115

S
Scott, C. L. 148

내용

저자 소개

신명희(Synn, Myunghi)
연세대학교 문과대학 교육학과(학사)
경북대학교 대학원 교육심리학과(석사)
미국 오하이오 주립대학교 심리학 전공(Ph.D.)
현 연세대학교 교육학과 퇴임교수

강소연(Kang, Soyeon)
연세대학교 문과대학 영어영문학과(학사)
연세대학교 대학원 교육학과(석사)
연세대학교 대학원 교육심리 전공(교육학 박사)
전 연세대학교 공과대학 공학교육혁신센터 부교수

김은경(Kim, Eunkyung)
연세대학교 교육과학대학 교육학과(학사)
연세대학교 대학원 교육학과(석사)
연세대학교 대학원 교육심리 전공(교육학 박사)
전 숭실대학교 교직과 교수

김정민(Kim, Jungmin)
연세대학교 문과대학 국어국문학과(학사)
연세대학교 대학원 교육학과(석사)
연세대학교 대학원 교육심리 전공(교육학 박사)
현 연세대학교 강사, 청소년상담사

노원경(Noh, Wonkyung)
영남대학교 사범대학 교육학과(학사)
연세대학교 대학원 교육학과(석사)
연세대학교 대학원 교육심리 전공(교육학 박사)
현 한국교육과정평가원 연구위원

서은희(Seo, Eunhee)

연세대학교 교육과학대학 교육학과(학사)

연세대학교 대학원 교육학과(석사)

연세대학교 대학원 교육심리 전공(교육학 박사)

현 가천대학교 교육대학원 교육학과 교수

송수지(Song, Sooji)

서울여자대학교 사회과학대학 교육심리학과(학사)

연세대학교 대학원 교육학과(석사)

연세대학교 대학원 교육심리 전공(교육학 박사)

현 장로회신학대학교 겸임교수

원영실(Won, Youngsil)

서울대학교 음악대학 국악과(학사)

서울대학교 대학원 음악학과(석사)

연세대학교 대학원 교육심리 전공(교육학 박사)

현 연세대학교 교육대학원 강사

임호용(Lim, Hoyong)

한성대학교 사회과학대학 경영학과(학사)

연세대학교 대학원 교육학과(석사)

연세대학교 대학원 교육심리 전공(교육학 박사)

현 한국대학교육협의회 선임연구원

교육심리학(5판)

Educational Psychology (5th ed.)

2010년 2월 25일 1판 1쇄 발행
2010년 9월 15일 2판 1쇄 발행
2013년 8월 20일 2판 8쇄 발행
2014년 3월 10일 3판 1쇄 발행
2018년 3월 15일 3판 9쇄 발행
2018년 9월 10일 4판 1쇄 발행
2023년 3월 20일 4판 10쇄 발행
2023년 4월 10일 5판 1쇄 발행

지은이 • 신명희 · 강소연 · 김은경 · 김정민 · 노원경
　　　　서은희 · 송수지 · 원영실 · 임호용

펴낸이 • 김진환

펴낸곳 • ㈜ **학 지 사**

　　　　04031 서울특별시 마포구 양화로 15길 20 마인드월드빌딩

대표전화 • 02-330-5114　　팩스 • 02-324-2345

등록번호 • 제313-2006-000265호

홈페이지 • http://www.hakjisa.co.kr

페이스북 • https://www.facebook.com/hakjisabook

ISBN 978-89-997-2880-8　93370

정가 25,000원

출판미디어기업 **학 지 사**

간호보건의학출판 **학지사메디컬** www.hakjisamd.co.kr
심리검사연구소 **인싸이트** www.inpsyt.co.kr
학술논문서비스 **뉴논문** www.newnonmun.com
교육연수원 **카운피아** www.counpia.com